早年毛泽东

传记、史料与回忆

斯诺 等著 刘统 编注

生活·讀書·新知 三联书店

Simplified Chinese Copyright © 2011 by SDX Joint Publishing Company
All Rights Reserved.

本作品版权由生活·读书·新知三联书店所有。
未经许可，不得翻印。

图书在版编目（CIP）数据

早年毛泽东：传记、史料与回忆／（美）斯诺（Snow E.）等著；刘统编注．—北京：生活·读书·新知三联书店，2011.7（2024.1重印）
ISBN 978 – 7 – 108 – 03750 – 3

Ⅰ．①早… Ⅱ．①斯…②刘… Ⅲ．①毛泽东（1893~1976）–生平事迹 Ⅳ．① A752

中国版本图书馆 CIP 数据核字（2011）第 112276 号

责任编辑　曾　诚
装帧设计　蔡立国
责任印制　董　欢

出版发行　生活·讀書·新知三联书店
　　　　　（北京市东城区美术馆东街 22 号）
邮　　编　100010
经　　销　新华书店
印　　刷　三河市天润建兴印务有限公司
版　　次　2011 年 7 月北京第 1 版
　　　　　2024 年 1 月北京第 5 次印刷
开　　本　635 毫米 × 965 毫米　1/16　印张 32.25
字　　数　445 千字
印　　数　25,001 – 28,000 册
定　　价　78.00 元

题　记

今年是中国共产党建党 90 周年，为了纪念建党和毛泽东同志，我们重新选编了这本《早年毛泽东》，作为研究中国共产党早期历史和毛泽东个人革命历程的史料，献给读者。

关于毛泽东的传记和资料，可谓浩如烟海。但是新中国成立前有关毛泽东的传记和著作，解放后很少流传和再版。虽然这些传记和著作受时代的局限，只能部分地反映毛泽东同志的情况，但这些资料以其原始性和真实性，受到研究者的重视。它们叙述的虽然都是局部，但却是珍贵的第一手资料。更重要的是这些作品当年都是以客观的态度、朴实的文笔写成的，让人读起来感觉非常生动、可信。由于时间的流逝，这些著作都已成为稀有版本，不但具有史料价值，而且具有收藏价值。本书选择了七部有关毛泽东早期生活的著作，进行整理和注释，下面分别加以简介。更翔实的绍述请参阅在书后由编注者撰写的"关于毛泽东早期传记（代后记）"。需要说明的是，这些著作出版的年代较早，专有名词、行文表述都有与现在一般规范不符之处，但并不影响读者理解。我们为尽量保存文献原貌，未做改动，只有个别显误的文字在整理中直接予以订正。

《毛泽东自传》

这是美国作家、记者斯诺记录的毛泽东口述传记。埃德加·斯诺

(Edgar Snow，1905—1972），1926年进入密苏里大学新闻学院学习。1928年来到中国。曾任欧美几家报社驻华记者、通讯员。1933年4月到1935年6月，斯诺同时兼任北平燕京大学新闻系讲师。1936年，斯诺在宋庆龄和中共白区地下党组织的帮助下，突破国民党的封锁线，于当年7月来到当时中共中央和红军总部所在地的陕北保安县城。成为进入红区的第一个外国记者。毛泽东对他非常重视，同他谈了几天关于抗战形势的问题。随后，斯诺在陕北进行了三个多月广泛的采访，接触了许多红军干部和战士。10月回保安后，毛泽东又同他谈了自己的经历和长征的主要情况。斯诺先在《密勒氏评论报》、《美亚》杂志上发表了采访毛泽东的记录，随后发表了专著《红星照耀中国》（《西行漫记》）。

因为斯诺采访毛泽东的记录发表早于《西行漫记》，所以国内读者从英文杂志直接转译，名为《毛泽东自传》。译本据不完全的统计，现在尚存的版本有十几个。军事科学院图书馆收藏有1937年9月延安文明书局出版的张宗汉译本，是目前国内最早的中文译本。当年发行量最多、影响较大的是1937年11月上海黎明书局出版的汪衡译本。早期版本文字风格各异，后面附录的内容也不同。最权威的译本是1979年人民出版社出版的吴黎平译本《毛泽东一九三六年同斯诺的谈话》。现以延安版《毛泽东自传》为底本，注释参考了吴黎平和汪衡的译本，订正了一些错误，并对一些史实作了说明。

《毛泽东的青少年时代和初期革命活动》

这是作家萧三撰写的毛泽东早期生活的传记。萧三（1896—1983），字子暲，湖南湘乡人，萧瑜之弟。湖南省立第一师范学校第三班学生，新民学会会员。1920年赴法勤工俭学。1922年加入中国共产党。次年赴苏学习，1924年回国。曾任共青团北方区委书记、共青团中央组织部部长等职。1930年以中国左翼作家常驻代表名义，出席国际革命作家会议，主编《世界革命文学》中文版并从事写作。1939年回延安。新中国成立前后从事国际交往工作和文艺活动。

萧三在东山学校和长沙湖南第一师范曾与毛泽东同学，并参加了"新民学会"和毛泽东组织的革命活动。对毛泽东的早年经历相当了解。在苏联，他曾用俄文写过《毛泽东传》。1943年秋，任弼时在延安建议萧三写一本毛主席传。1944年7月1、2日，延安《解放日报》发表了他写的《毛泽东同志的初期革命活动》部分内容。1946年7月1日，张家口《晋察冀日报》发表《大革命时代的毛泽东同志》。1946年张家口的《北方文化》月刊第1号发表《毛泽东同志传略》，许之桢主编的《毛泽东印象记》作为第一篇转载。1946—1947年华北解放区的《时代青年》发表《毛泽东同志的儿童时代》、《毛泽东同志的青年时代》。以后萧三又作了几次修订，1949年合并为《毛泽东同志的青少年时代》，由人民出版社出版。1954年再次修订为《毛泽东的青少年时代和初期革命活动》，由中国青年出版社出版。1979年萧三作了最后的修订，由中国青年出版社再版。

这本书的版本很多，内容也不一样。我们现在选定的是《时代青年》发表的《毛泽东同志的儿童时代》、《毛泽东同志的青年时代》，以及延安《解放日报》发表的《毛泽东同志的初期革命活动》，是最原始的版本。

《毛泽东思想与作风》

作者张如心(1908—1976)，广东兴宁人。1921年入梅县乐育中学学习，1926年至1929年赴苏联莫斯科中山大学留学。回国后在上海从事新文化运动。1931年加入中国共产党，并参加中国工农红军。曾任总政治部《红军报》主编、后方总政治部宣传部部长。1934年参加长征。到陕北后，任延安抗大主任教员、军政学院教育长、中央党校三部副主任、延安大学副校长。1946年后，任华北联合大学教务长，《北方文化》副主编，东北大学、东北师范大学校长、党委书记。1953年后任中共中央马列学院、中共中央高级党校中共党史教研室主任,中国科学院哲学社会科学部委员。是中共七大、八大代表,第一届、第二届全国人大代表。他长期从事理论研究工作,是中国共产党内第一个提出"毛泽东同志的思想"的人,对毛泽东思想确定为党的指导思想,做出了自己的贡献。

《毛泽东思想与作风》是1946年初,张如心在华北联合大学及张家口市的"青年讲座"上作的几场演讲。题目分别是"毛泽东的人生观"、"毛泽东的科学方法"、"毛泽东的科学预见"、"毛泽东的作风"等。演讲稿发表在晋察冀边区理论文艺刊物《北方文化》第一卷一至四期上。山东、冀南、香港等地书店纷纷进行翻印和再版,分别命名《毛泽东论》、《毛泽东的思想及作风》、《毛泽东的人生观》、《毛泽东的作风》、《毛泽东的人生观与作风》等,广为发行。这是解放区较早总结、宣传毛泽东思想的理论专著,因为是个人著作,所以比较通俗生动,有个人见解。对研究毛泽东思想的形成和在党内成为指导思想的过程,有重要的参考价值。我们根据山东渤海新华书店1946年10月的版本整理出版此书。

《毛泽东的思想》

这是美国著名作家安娜·路易斯·斯特朗于1947年在美国《美亚》杂志上发表的介绍毛泽东思想的著作。安娜·路易斯·斯特朗(Anna Louise Strong,1885—1970)早年就学于奥伯林学院。1908年获芝加哥大学哲学博士学位。她年青时积极参加进步的社会活动,反对帝国主义的第一次世界大战。1927年第一次来中国,抗战时期两次来华,积极报道中国抗战情况。1946年第五次访华时来到延安,对中共领导人和解放区进行了长达八个月的采访。她在延安的时候,正逢中国共产党第七次全国代表大会。斯特朗采访了刘少奇、陆定一等中共领导人,把这些谈话整理出来,并阅读了毛泽东的《论持久战》、《新民主主义论》、《论联合政府》等著作,写成了这本小册子。1947年在美国《美亚》杂志上发表后,影响很大。同年4月,由孟展翻译、中共地下党经营的香港光华书屋出版了中译本。这本书解放后没有再版，也没有收入斯特朗的文集。现在我们将它整理出版，具有重要的历史意义和文献价值。

《向毛泽东学习》

这是上海刚解放时出版的一本毛泽东传记，庄淡如编。人民解放军渡过长江后，迅速解放了国民党统治区的许多大城市。国统区群众在欢迎解放的同时，急需了解共产党和毛泽东的情况。上海文化界的进步人士配合这个需求，迅速出版了一批反映解放区情况、党的政策和领袖传记读物，《向毛泽东学习》作为"新生丛书"的一种，由上海新生书局1949年6月出版。

《毛泽东和我的游学经历》

这是毛泽东在长沙第一师范学校时的同学萧瑜撰写的有关毛泽东早期生活经历的回忆录。作者萧瑜（1893—1976），字子升，又名旭东，湖南湘乡人。湖南省立第一师范学校第三班学生。新民学会发起人之一。1915年一师毕业后，先后在长沙修业、楚怡学校任教。1919年留法勤工俭学，1924年回国。曾任国民党北平市党务指导委员。1927年国共分裂后，曾任国民党政府农矿部政务次长、华北大学校长、故宫博物院委员等职，后长期旅居国外。1976年在巴拉圭去世。本书是他在20世纪50年代旅居美国时完成的，最初由他的夫人译成英文，1959年在Syrancuse大学出版社出版，题为"*Mao Tse-Tung and I were beggers*"（《毛泽东和我曾经是乞丐》）。林语堂为其作序。香港明窗出版社于1988年出版了中文译本，名为《我和毛泽东行乞记》。

1989年昆仑出版社根据英文版翻译出版了这本书，名为《我和毛泽东的一段曲折经历》。这是一个选译本，也作了一些删节。英文版后面附有美国学者诺思作的注释，主要是为了让外国读者理解书中的内容，依据《西行漫记》作了一些考证和说明。我们现在根据香港中文版重新整理和注释此书，诺思的注释不再保留。英文版中有萧瑜手绘的插图，比较生动地再现了当年的情景，我们在本书中予以保留。

《毛泽东印象记》

这是一组采访和回忆毛泽东的文章。编者许之桢（1901—1964），湖南汉寿人。1921年2月在上海加入中国共产主义青年团，1922年11月到莫斯科学习，年底加入中国共产党，1924年回国。先后任中共湖北省委组织部长、宣传部长。1928—1938年在苏联工作，1938年4月回国后，任延安马列学院编译部部长、中共中央出版局秘书长。

1945年8月毛泽东赴重庆谈判，在国民党统治区产生了巨大影响。广大群众迫切要求了解毛泽东的详细情况。根据这个需求，人民出版社于1945年9月编辑了《毛泽东印象》，收录了爱泼斯坦等人写的9篇文章和新闻报道。同年11月，合众出版社在上海出版了《毛泽东在重庆》，收录的文章与《毛泽东印象》基本相同。1946年10月，许之桢编辑了《毛泽东印象记》，分为两部分，第一部分收录了萧三的《毛泽东同志传略》和外国记者写的5篇访问记。第二部分是"重庆之行特辑"，收录了解放日报和新华日报写的几篇通讯。这个版本曾在解放区广泛流传，并由三联书店在1960年内部出版。

这次整理收录的文章，是从上述的三本书中选录的。新闻报道只保留了彭子冈那篇著名的《毛泽东先生到重庆》。斯特朗的《毛泽东访问记》已经收入《毛泽东选集》第4卷，就不再重复了。将其替换为黄炎培的《延安归来》节选。

目　次

题　记 ··· 1

《毛泽东自传》　埃德加·斯诺著　张宗汉译 ················· 1

第一章　少年时代 ·· 3
第二章　动乱中的中年时代 ···································· 11
第三章　共党的展开 ·· 22
第四章　超人的忠勇和忍耐心 ································· 30
附　录　毛泽东夫人贺子珍女士小传等 ····················· 37
译后记 ·· 43

《毛泽东的青少年时代和初期革命活动》　萧　三著 ········· 47

毛泽东同志的儿童时代 ·· 49
　农家子 ·· 49
　六岁就开始劳动 ··· 50
　一位贤良的母亲 ··· 50
　一个诚实的孩子 ··· 51
　从小就好学 ··· 52

1

  从小就和被压迫者在一道 ·· 54
  但他是倔强的 ··· 56
  年十四五而志于救国 ··· 59

毛泽东同志的青年时代 ··· 62
 一 卷入辛亥革命运动的漩涡 ·· 62
   他的第一次政治行动 ·· 62
   干革命——当兵去！ ·· 63
   开始赞成社会主义 ·· 65
 二 他是怎样刻苦自学的 ··· 67
   漂泊在长沙城 ··· 67
   要求学还是靠自修 ·· 68
   学习抓住中心 ··· 70
   学问，学问，好学要好问 ··· 72
   日浴、风浴、雨浴及其他 ··· 73
   游学 ··· 74
   政治头脑，善于分析、总结、概括的头脑 ····················· 75
 三 初步的社会活动 ··· 76
   组织家的天才 ··· 76
   学生自治会 ··· 78
   第一次"搞军事"和反军阀运动 ····································· 79
   湖南革命运动的核心组织——新民学会 ························· 81
 四 站在新文化运动的前哨 ·· 83
   新文化运动开展在湖南 ·· 83
   组织留法勤工俭学，但自己不出国 ································ 85
   在北平 ··· 87
   开始了大规模的革命活动 ··· 88

毛泽东的初期革命活动 ··· 93
   组织！组织！斗争！斗争！ ··· 94

找到了、具备着和工人接近的言语 …………………… 96
　　可纪念的"七一"和"三十节" ……………………… 98
　　斗争是不简单、不容易的 ………………………………… 100
　　湖南工人运动中的几个片断 ……………………………… 103

《毛泽东思想与作风》　张如心著 …………… 111

中国人民伟大领袖毛泽东同志略历 ……………………… 113
毛泽东的人生观 …………………………………………… 115
毛泽东的科学方法——兼论新民主主义革命学说 ……… 126
　　一　毛泽东的理论与实践的统一观 …………………… 127
　　二　毛泽东的革命学说是从实践中来又被实践所证实和发展 … 131
　　三　毛泽东的科学方法既反对教条主义，也反对经验主义 …… 143
毛泽东的科学预见 ………………………………………… 147
　　一　从诸葛亮的"锦囊妙计"说起 …………………… 147
　　二　毛泽东的科学预见 ………………………………… 150
　　三　"论持久战"中的科学预见 ……………………… 155
　　四　没有预见，谈不上领导，为着领导，必须预见 … 158
毛泽东的作风 ……………………………………………… 162
　　平凡与伟大 ……………………………………………… 162
　　领袖与群众 ……………………………………………… 164
　　先生与学生 ……………………………………………… 166
　　谦逊与原则性 …………………………………………… 168
　　大胆与小心 ……………………………………………… 172
　　狠与和 …………………………………………………… 177
　　结束语 …………………………………………………… 179
人民领袖这样爱咱们
　　——吴满有去见毛主席的故事 ………………… 孔厥　180

人民歌颂毛泽东 184

《毛泽东的思想》 安娜·路易斯·斯特朗著 孟展译 187

介绍史特朗女士 189
一 毛泽东思想的来源 190
二 "毛泽东路线"的发展 196
三 毛泽东的六大著作 201
四 毛泽东科学的预见 206

《向毛泽东学习》 庄淡如编 209

序 211
第一章 少年时期 212
  一 人民的领袖 212
  二 农家子弟 214
  三 撒播革命种籽 218
  四 划时代底转变 220
第二章 革命时期 222
  五 中国革命的性质 222
  六 阶级关系的性质 227
  七 二万五千里长征 231
  八 在苦难中成长 234
第三章 红军时期 236
  九 红军发展史 236
  十 "围剿"的奇迹 240
第四章 抗战时期 244
  十一 统一阵线的过程 244

| 十二 | 统一战线的特点 | 248 |
| 十三 | 八路军的行进 | 251 |

第五章　成功时期 …… 254

十四	列宁第二	254
十五	心理武器	256
十六	新中国的创造者	259
十七	新中国的诞生	261
十八	向毛泽东学习	266

《毛泽东和我的游学经历》 萧　瑜著 …… 269

第一章	湖南——英雄与强盗之域	271
第二章	毛泽东度过其童年时代的田园	273
第三章	毛泽东为求学而奋斗	275
第四章	到学堂的路上	278
第五章	到了东山学堂	284
第六章	到长沙去	288
第七章	我们第一次谈话	293
第八章	第一师范"孔夫子"	295
第九章	许配毛泽东的杨开慧	298
第十章	我们的朋友蔡和森	301
第十一章	杨度	306
第十二章	妙高峰上竟夕谈	310
第十三章	新民学会：中国共产主义的胚胎	314
第十四章	学校放暑假了	318
第十五章	修业学校和楚怡学校	322
第十六章	"叫化"生活	327
第十七章	乞丐出发了	332

第十八章　克服第一道难关 ································ 335
第十九章　第二道难关：饥饿 ································ 339
第二十章　何胡子的家 ······································ 346
第二十一章　从何家农场到宁乡县城 ························ 350
第二十二章　沩山之行 ······································ 355
第二十三章　沩山的寺院 ····································· 361
第二十四章　到安化途中 ····································· 366
第二十五章　沙滩上的一夜 ··································· 369
第二十六章　离开沙滩之后 ··································· 374
第二十七章　安化县城中的困厄 ······························ 377
第二十八章　到益阳县城的路上 ······························ 381
第二十九章　到了益阳县城 ··································· 384
第三十章　沅江泛洪 ··· 390
第三十一章　返回长沙 ······································· 397
第三十二章　留学运动的发起 ································· 400
第三十三章　"勤工俭学"运动 ······························· 403
第三十四章　毛泽东留在北京 ································· 407
第三十五章　中共在法国的萌芽 ······························ 411
第三十六章　森林群英会 ····································· 416
第三十七章　长沙长叙 ······································· 420
第三十八章　一连串的问题 ··································· 422
第三十九章　中国共产党之诞生 ······························ 427
第四十章　最后的联系 ······································· 432

《毛泽东印象记》 许之桢编译 ································ 435

毛泽东同志略传 ······································· 萧　三　437
这就是毛泽东——中国共产党的领袖 ············ I．爱波斯坦　443

毛泽东印象记	A. 斯诺	446
毛泽东会见记	根瑟·斯坦因	450
访问毛泽东	福尔曼	460
毛泽东先生访问记	赵超构	463
延安归来	黄炎培	468
毛泽东先生访问记	孔照恺	470
毛泽东先生到重庆	彭子冈	472
我所知道的毛泽东先生二三事	柳六文	474

关于毛泽东早期传记（代后记） 刘　统　477

毛泽东自传

埃德加·斯诺 著
张宗汉 译

延安文明书局
1937

第一章 少年时代

我于一八九三年生于湖南湘潭县韶山冲乡。我的父亲是一个贫农，当他年青的时候，因负债累累，便去投军。他当了一年多的兵。后来他回到我生长的乡村里，由于拼命的节省，他靠着做小生意和其他事业赚了一点钱，便设法买回了他的土地。[1]

这时，我家已有了十五亩田，成为中农了。在这些田中，每年大约可以收获六十担谷。全家五口每年一共消费三十五担，这样，每年可以多余二十五担。靠了这个剩余，父亲积聚了一点资本，不久又买了七亩田，使我家升到"富"农的地位。这时，我们可以每年在田里收获八十四担谷。[2]

当我十岁，我家只有十五亩田的时候，一家五口是：祖父，父亲，母亲，弟弟和我自己。在我们增加了七亩田之后，祖父逝世，但又添了一个小弟弟。不过我们每年仍有四十五担谷的剩余，因此，我家一步步兴旺起来了。

这时，父亲还是一个中农，他开始做贩卖粮食的生意，并赚了一点钱。在他成为"富"农之后，他大部分时间多半花在这个生意上。他雇了一个长工并把自己的儿子和妻子都放在田里做工。我在六岁时便开始做耕种的工作了。父亲的生意并不是开店营业的。他不过把贫农的谷购买过来，运到城市商人那里，以较高的价格出卖。在冬天磨米的时候，他另雇一个短工在家里工作，所以在那时他要养活七口。我家吃得很节省，但总是吃饱的。

我八岁起，就在本乡的一个小学校里读书，一直到十三岁时候。

---

[1] 毛泽东的父亲毛贻昌（1870—1920），字顺生。早期毛泽东传记中记载其父多以字行。

[2] 吴黎平注："这里毛泽东同志说他父亲成份是富农，韶山的同志说解放后他们对毛泽东同家的成份定为中农。我想这两种说法没有矛盾，问题是时间相隔四、五十年，毛泽东同志家庭的经济情况变了。按毛泽东同志对斯诺所谈情况，他的父亲，可以说是富农成份，我清楚记得他说的是'富农'，我译为'Rich Peasant'。谈了之后，斯诺照此写成文字，黄华同志译成中文给毛泽东同志审查时，他也未改动。韶山的同志把毛泽东同志家里的成份定为中农，当然是根据临解放时的情况。"（《毛泽东一九三六年同斯诺的谈话》，人民出版社1979年版，第5页。）另据李湘文著《毛泽东家世》：1950年韶山农村划分阶级成分，乡农会曾写信给毛泽东，毛委托儿子毛岸青转达口信，家庭成分可划为富农。（人民出版社1996年版，第46页。）

每天清早和晚上,我在田里作工。白天就读《四书》。我的塾师管教甚严。[1]他很严厉,时常责打学生,因此,我在十三岁时,便从校中逃出。逃出以后,我不敢回家,恐怕挨打,于是向城上的方向走去,我以为那个城是在一个山谷的里面。我飘流了三天之后,家里才找到了我。这时我才知道,我的旅行不过绕来绕去地兜圈子而已,一共走的路程不过距家约八里。

但,回家之后,出乎我的意料之外,情形反而好了一点。父亲比较能体谅我了,而塾师也较前来得温和。我这次反抗行为的结果,给我的印象极深。这是我第一次成功的"罢工"。

我刚认识几个字的时候,父亲就开始要我记家账了。他要我学习打算盘。因为父亲一定要我这样做,我开始在晚间计算账目。他是一个很凶的监工。他最恨我的懒惰,如果没有账记,他便要我到田间做工。他的脾气很坏,时常责打我和我的弟弟们。他一个钱也不给我们,给我们吃最粗砺的东西。每月初一和十五,他总给工人们吃鸡蛋和白米饭,但很少给过肉。对于我,既没有蛋也没有肉。

我的母亲是一个慈祥的妇人,慷慨而仁爱,不论什么都肯施舍。[2]她很怜惜穷人,在荒年,她常常施米给那些跑来乞讨的人。不过在父亲的面前,她就不能这样做了。他不赞成做好事。家中因了这个问题吵闹时常。

我家有"两个党"。一个是父亲,是执政党。反对党是我、我的母亲和弟弟所组成的,有时甚至工人也在内。不过,在反对党的"联合战线"之中,意见并不一致。母亲主张一种间接进攻的政策。她不赞成任何情感作用的显示,和公开反抗执政党的企图。她说这不合乎中国的道理。

但当我十三岁时,我找到了一种有力的理由和父亲辩论,我引据经典,站在父亲自己的立场上和他辩论。父亲常喜责我不孝和懒惰。

---

[1] 毛泽东的私塾老师即其堂兄毛宇居。私塾在韶山井湾里。毛宇居后来曾负责编修毛氏族谱,建国后任湖南省文史馆馆员,1964年去世,享年83岁。
[2] 毛泽东的母亲文素勤(1867—1919)。排行第七,小名文七妹。早期毛泽东传记中多称其为文其美,系音误。

我则引用经书上的话来和他相对，说为上的应该慈爱。至于说我的懒惰，我的辩解是大人应较年青的人多做工作，而父亲的年纪既然比我大上三倍，他应该做更多的工作。并且我说我到了他那样大的时候，我一定比他更出力地工作。

这个老人继续"积聚财物"，在那个小村里可以说是大富了。他自己不再买田，但是他向别人押来很多的田。他的资本增加了二三千元。

我的不满增加起来了。辩证的斗争在我们的家庭中不断地发展着。（在说明的时候毛很幽默地引用这些政治术语，他一面笑一面追述这些事件——史诺。）有一件事，我特别地记得。当我在十三岁左右时，有一天我的父亲请了许多客人到家中来。在他们的面前，我们两人发生了争执。父亲当众骂我，说我懒惰无用。这使我大发其火。我咒骂他，离开了家。我的母亲在后面追我，恶劝我回去。我的父亲也追我，同时骂我，命令我回去。我走到一个池塘的旁边，对他威胁，如果他再走近一点，我便跳下去。在这个情形之下，双方互相提出要求，以期停止内战，我的父亲一定要我赔不是，并且要磕头赔礼，我同意如果他答应不打我，我可以屈膝一下跪。这样结束了这场战事。从这一次事件中，我明白了当我以公开反抗来保卫我的权利时，我的父亲就客气一点，当我怯懦屈服时，他骂打得更厉害。

回想到这一点，我以为我父亲的死硬派结果使他失败。我渐渐地仇恨他了，我们成立了一个真正的联合战线来反对他。这对于我也许很有益处，这使我尽力工作，使我小心地记账，让他没有把柄来批评我。

我的父亲读过两年书，能够记账，我的母亲则完全不识字。两人都出身农家。我是家庭中的"学者"。我熟读经书，但我不欢喜那些东西。我所欢喜读的是中国古代的罗曼史，尤其是关于造反的故事。在我年青时，我不顾教师的告诫，读了《岳飞传》、《水浒传》、《反唐》[1]、《三国》和《西游记》等书，而教师则深恶这些不正经的书，

---

[1] 《西行漫记》中，译者将《岳飞传》译为《精忠传》，即清人钱彩著《说岳全传》，全名为《精忠演义说本岳王全传》。《反唐》译为《隋唐》，即清人褚人获著《隋唐演义》。（三联书店1979年版，第108页。）

说它是害人的。我总是在学校里读这些书的,当教师走过面前时,就用一本经书来掩盖着。我的同学大多都是如此。我们读了许多故事,差不多都能够背诵出来,并且一再地谈论它们。关于这类故事,我们较本村的老年人还知道得多,他们也欢喜故事,我们便交换地讲听。我想我深受这些书的影响,在那种易受感动的年龄时读它们。

最后我在十三岁离开小学,开始在田中做长时间的工作,帮雇工的忙,白天完全做着大人的工作,晚上代父亲记账。然而我还继续求学,找到什么书便读,除了经书以外。这使要我读经书的父亲十分生气,尤其是当他因对方在中国旧式法庭中引用了一句适当的经书而使他官司打败以后。在深夜,我常把我的窗门遮盖起来,所以我的父亲看不见灯光。我这样读了一本我很欢喜的书,叫做《盛世危言》。[1] 该书的作者们都是主张改革的老学者,他们以为中国积弱的原因是由于缺少西洋的工具:铁器、电话、电报、轮船等,想将它们介绍到中国来。我的父亲认为读这一类的书是浪费时间的。他要我读可以助他打赢官司的如同经书那类的实际东西!

我继续读中国文学中的旧罗曼小说。有一天,我在这些故事中偶然发现一件特殊的事,即这些故事中没有耕种田地的乡下人。一切人物都是武士、官吏、或学者,从未有过一个农民英雄。这件事使我奇怪了两年,以后我便进行分析这些故事的内容。我发现这些故事都是赞美人民的统治者的武士,他们用不着在土地上工作,因为他们占有土地,显然地是叫农民替他们工作。

在少年与中年时期,我的父亲在宗教上是一个怀疑主义者,但母亲则笃信神佛。她给与她的孩子们以宗教教育,我们都因父亲是一个没有信仰的人,而感觉难过。九岁的时候,我便板起面孔讨论我的父亲对母亲欠缺礼貌的问题了。自那个时候以及以后,我们都想了许多办法来改变他的心,但没有效果。他只是责骂我们。因为他向我们进攻得太厉害了,我们退而想新的计划。但他无论如何不与神佛发生关系。

---

[1] 郑观应著,1893年出版。书中的主张和政治观点曾对戊戌变法起到先导作用。

我的读书渐渐地影响我，我自己愈来愈怀疑。我的母亲注意到我这一点，因为我们于信仰鬼神的漠不关心而责备我，但我的父亲则不说甚么。有一天他出去收账，在路上遇见一只老虎。老虎因不及提防而马上惊逃，我的父亲却格外地害怕，后来他回想老虎神秘的逃走，感觉很奇怪。他开始想他是不是没有开罪菩萨。自那时候起，他对于菩萨比较恭敬起来，有时他偶然烧香。但是当我在另一意义上堕落的程度增高时，这位老人并不管。他只有在困难的时候才向神祷告。

《盛世危言》继续动引我求学的欲望。我开始厌恨我在田里的工作。这自然是我的父亲所反对的。我们发生争执，最后我脱离家庭。我到一个失业的法律学生家里去，在那里读了半年书。以后，我在一位老学究面前攻读经书，又读了许多时事文章和其他的书。

在这时候，湖南发生一个影响我的整个人生的事件。在我们小私塾的房屋外面，我们一班学生看见从长沙回来的许多豆商。我们问他们何以大家都离开长沙。他们说是城中发生了一个大叛变，并告诉我们这回事。

那年有一个大饥荒，在长沙有好多万人没有东西吃。嗷嗷待哺的老百姓举了一个代表团见巡抚，请求救济，但他傲慢地回答他们："你们为什么没有粮食？城里多得很，我向来没有缺少过。"当他们听到巡抚的回答，他们都很发怒。他们召集民众大会，举行了一次示威运动。他们进攻满清衙门，砍下作为衙门象征的旗杆，并驱走巡抚。以后，那布政使骑着马出来，告诉老百姓，政府要设法救济他们。他说出这话显然是诚恳的，但皇帝（或许是慈禧太后吧）不欢喜他，责备他与"暴徒"发生密切关系。他被撤职。一个新巡抚来了，马上下令通缉叛党的领袖。他们中许多人被砍头，他们的头悬挂在柱子上，以警告来日的"叛徒"。[1]

---

[1] 吴黎平注："这里说的一九一〇年的长沙抢米风潮的具体情节和事实有些出入。饥民群众攻打巡抚衙门，湖南巡抚岑春蓂为群众的势力吓倒，把巡抚的职务交给了湖南布政使庄赓良。庄在未上台时表示同情群众，所以曾受到群众的欢迎，但是他在当上了代理巡抚后立即反过脸来，严厉地镇压群众，群众风潮继续发展，清朝政府下令把岑、庄二人都撤职，另调官员担任湖南巡抚。"（《毛泽东一九三六年同斯诺的谈话》，人民出版社1979年版，第12页。）

这件事，我们在私塾里讨论了数日之久。它给予我一个深刻的印象。许多学生都同情"造反的家伙"，但只是站在旁观者的立场。他们不认识这对于他们的人生有什么关系。他们不过把这事当作一个刺激的事件，感觉兴趣而已。然而我永不忘记它。我感觉得这些叛徒都是与我的家人一样，于是我深恨这样对待他们是太不公平了。

此后不久，哥老会的会员和一个地主发生冲突。他在法庭上控告他们，因为他是一个很有势力的地主，容易促成一个于他有利的判决。哥老会会员失败了。但是他们并不屈服，他们向这个地主和政府反抗，他们退到一个山上去，在那里他们建筑了他们的要塞。官兵被派去打他们，那地主说出一个谣言，说他们揭竿造反的时候，杀死了一个孩童。叛徒的领袖叫做"磨刀石彭"。叛徒最后战败，彭被迫逃亡。结果也被捕砍头。而在我们这般学生的眼光中，他是一位英雄，因为大家都对造反表示同情。[1]

第二年，新谷还没有成熟，冬米已吃完的时候，我们一村缺少粮食。穷人向富户要求帮助，他们发动一个"吃米不给钱"的运动。我的父亲是一个米商，将许多米由我们的一村运到城中去，虽然本村粮食缺少。他有一船米被穷人劫去了，他怒发冲冠。我对他不表同情。同时，我想村人的方法也是错误的。

这个时候对我另有一个影响，即某一个小学校有一个"激烈"的教员。他所以激烈，因为他反对神佛，想把神佛消取。他教人民把庙宇改为学校。他成为一个被大家议论的人。我钦慕他，并与他的意见相同。

这些事件相连地发生，给予一个已经反叛的青年头脑以一个永久的印象。在这个时期，我起始有了一些政治意识，尤其是我读了一个谈到瓜分中国的小册子。我甚至现在还能记得这小册的开头第一句："呜呼，中国将亡矣！"他讲到日本的占领高丽与台湾，中国的失去

---

[1]《西行漫记》中称其为"彭铁匠"。

安南、缅甸等。我读了这本书之后，我为我的祖国的将来担心，起始认识大家都有救国的责任。

我的父亲想要我在一个与他有关系的钱店做学徒。最初我不反对，以为这也许很有趣的。但大约在这个时候，我听到一个有趣的新学校。于是不顾我的父亲反对，立志进那个学校。这学校是在我外公的县城里。[1] 我的一个老表是那里的一个学生，他告诉了我这个新"近代"学校的变迁情形。那里经书是不大被注意的，西方的"新知识"教授得很多。教育方法又是很"激进"的。

我与我的老表进那学校，注了册。我自称为湘乡人，因为我知道那学校只收湘乡籍的学生。但后来我发现各地人都可以进，我才把我的真籍贯说出来。我付了十四吊铜板，以作我五个月的膳宿费以及我读书需要的各物件之用。我的父亲因他的朋友劝他说这个"高等"教育可以增加我的赚钱本领，最后让我入学。这是我第一次远离家乡，离家有五十里。我是十六岁了。

在这个新学校，我能够读自然科学和新西学课程。另一件值得注意的事是教员中的一位是日本留学生，他戴上一个假辫子。假辫是很容易看出来的，每个人笑他，称他是"假洋鬼子"。

我以前没有看见过那么许多儿童在一起。他们大多为地主的儿子，穿着奢侈的衣服；很少农民能够将他们的子弟送到那样的一个学校。我穿得比旁的学生都蹩脚。我只有一套清洁的袄裤。长袍学生不穿，只是教员穿，除了"洋鬼子们"以外，没有人穿西装。许多有钱的学生都轻视我，因为平常我穿破烂的袄裤。但在他们中我有朋友两个，而且是我的好同志。这二人中之一现在是个作家，住在苏联。[2]

因为我不是湘乡人，又不为人所喜。做一个湘乡人是很重要的。湘乡分为上区、中区、与下区，上区的学生与下区的学生常常打架，完全是因为乡土观念。双方好像是要你死我活似的。在这战争中我采

---

[1] 即湘乡县东山高等小学堂。
[2] 即萧子暲（萧三）。

取中立地位,因为我不是那一区的人。结果三地份的人都看不起我。我精神上感觉得不舒服。

我在这学校里有很大的进步,教员都欢喜我,尤其是教经书的,因为我古文作得不错。然而我志不在经书,我读我的老表给我的关于康有为改革运动的两本书。一本是梁启超编的《新民丛报》。这两本书我读而又读,一直等到我能背诵。我崇拜康有为和梁启超,我很感激我的老表。[1]

许多学生不欢喜假洋鬼子,因为他的假辫,但我欢喜听他谈到日本。他教音乐和英文。有一个歌是日本歌,叫做《黄海之战》。我记到当中几句很美的句子:

> 麻雀唱歌,夜莺跳舞,
> 春天的绿色田野何等地可爱。
> 石榴花红,杨柳叶青,
> 正是一幅新鲜的图画。[2]

我在那个时候,我感觉日本的美,她战胜俄国,我感觉到她值得骄傲,她很有能力。我没有想到还有一个野蛮的日本——我们今日所知道的日本。

这一切是我从假洋鬼子那里学到的。

我又记到在这个时候新皇宣统已统治了两年了。而我才最初听到皇帝与慈禧太后都死去的消息。那时我还没有成为一个反君主的人。实在地我认为皇帝以及大多官吏都是诚实的、良好的、和聪明的人。他们只需要康有为的改革。我因读中国古代著名君主——尧、舜、秦始皇、汉武帝的史实而为之心醉,读了许多关于他们的书。我在一篇讲到美洲革命的文章里最初听到美国,那文里有这样一句:"八年

---

[1] 即表兄文运昌(1884—1961),当时是湘乡县立师范学校的学生。
[2] 斯诺注:"这首歌唱的显然是日俄战争终了,缔结朴茨茅斯条约之后日本欢庆春节的情况。"(《西行漫记》,三联书店1979年版,第114页。)

之苦战后,华盛顿胜利而造成其国家。"在一本《世界大英雄传》的书里,我又读到,拿破仑、俄国喀德琳女皇[1]、彼得大帝、惠灵登[2]、葛拉德斯吞[3]、卢梭、孟德斯鸠、及林肯。

我起始想到长沙去,那是大城市,湖南的省会,离我的家一百四十里,我听到说这城市是很大的,有许许多多的人,许多的学校,巡抚衙门就在那里。这是一个伟大的地方!这个时候我很想到那里去,进一个湘乡人办的学校。那年冬季我请高小的一位教员介绍我前去。他答应了,我于是走到长沙,十分地兴奋,一半由于怕不能进去,几乎不敢希望真入那个伟大的学校。而使我惊异的,我被录取了。但是政局转变得很快,我在那里只读了半年。

第二章 动乱中的中年时代

当我在长沙的中学读书时,我第一次读到报纸,报名《民力》[4],是民族主义派的革命的报纸,里面有反抗满清的广州起义及在湘人领导下七十二烈士就难的情形[5]。我读了以后,极为感动,同时看到了《民力》里面充满了刺激的材料,同时我也知道了孙中山和同盟会的会纲。这时长沙正在第一次革命的前夜。我激动异常,就写了一篇文章,贴在学校的墙壁上。这是我第一次发表政见,可是有点糊里糊涂。我还没有放弃对于康有为和梁启超的崇拜,我不很明了他们和新领袖的区别。所以在我的文章中,我主张应将孙中山由日本召回就任新政府的总统,并以康有为任总理,梁启超任外交部长!

其时"反对外资"建筑川汉铁路的运动开始,成立议会的要求也普遍地展开,但结果皇帝只是下诏组织咨议会。于是同学们越来越激

---

[1] 即俄国沙皇叶卡德琳娜二世。
[2] 即英国威灵顿公爵(1769—1852),滑铁卢战役中击败拿破仑的联军统帅。
[3] 即格莱斯顿(1809—1898),19世纪后期英国首相,在任期间先后占领阿富汗和埃及。
[4] 即同盟会创办的《民立报》。
[5] 1911年4月27日领导广州同盟会起义的领导人是长沙人黄兴。起义失败后72烈士被葬于黄花岗。

动了。他们以反对留辫的方法来表示他们反满的情绪。我和一个朋友毅然剪去辫发，但答应跟着剪的一般人却不履行他们的诺言。因此我和我的朋友就在暗中攻击他们，并强力剪去他们的发辫，结果有十个人做了我们剪刀下的牺牲。这样，在短期内，我从嘲笑假洋鬼子的假发辫进步到要求普遍的剪发了。政治观念是如何地可以转变一个人的观点啊！

关于蓄辫我和一个法律学校的朋友发生争论，各人执持了相反的理论。这法科学生引用经书上，"身体发肤，受之父母，不敢毁伤"等话来辩论。可是我和反对蓄辫的人们在反满的政治基础上造成了相反的理论，使他开口不得。

武汉起义（一九一一年十月）[1]之后，湖南宣布戒严。政局在急遽地变动。一天有个革命党[2]得了校长允许到一个中学里面作煽动的演讲。当场有六七个学生起来声援他，痛斥满清并号召大家起来建立民国。每一个人都专心一志地听着。

听过这个演讲四五天之后，我决心加入革命军，决定和几个朋友到汉口去，同时我们向同学募了一些钱。听说汉口非常潮湿，必需穿雨鞋，我就向驻扎城外的一个军队朋友那里去借。我被卫兵拦住，这个地方已经变成十分活跃了，士兵们第一次领到子弹，他们大批地在开到街中去。

当时，叛军正在沿着粤汉路进窥长沙，战争已经开始。在城外发生十次大战。同时城内也起了叛乱，城门被中国的劳工们冲了下来。我靠了其中一个劳工的帮助，重新回进城中。然后站在一块高地上观战，直等到最后看到衙门上飘起了写着"汉"字的白旗。我回到自己的学校，那里已在军队的看守下了。

第二天，一个都督政府成立，但新都督和副都督并未做得长。一般地主和商人不满意他们。不到几天后，我去访问一个朋友时，看见他

---

[1] 即辛亥革命的武昌起义。
[2] 按《西行漫记》第116页，这个革命党人是黎元洪属下的一个官员。此后毛泽东参加了驻长沙的起义新军，当一名列兵。

们的尸首横陈街上。作为地主和军阀们的代表，谭延闿打倒了他们。[1]

现在有许多学生参加军队了。学生军已经组成，不过我不喜欢学生军，以为他们的基础太复杂。决定还是参加正规军，来帮助完成革命。清帝尚未逊位，这正是奋斗的时候。

我的饷银是七元一月——不过，已经多于目下我在红军的饷银了——其中我每月要用去两元吃饭。我还要买水，因为兵士都要从城外挑水进来，而我是学生，不屑做挑水的工作。

此外多余的饷银都用在报纸上，我变成它们的热心读者了。在革命的报纸中，有一个《湘江日报》。其中讨论到社会主义，我从这上面首次知道这个名词。我也和其他学生士兵们讨论社会主义，其实是"社会改良主义"。

我同队中有一个湖南矿工，和一个铁匠，我极喜欢他们。剩下来的都是平庸之辈，而且有一个是流氓。我又劝了两个学生参加军队。我和队长及一般弟兄都合得来。我能写，懂得一点经书，他们很佩服我的"博学"。我能够帮助他们做写家信之类的事情。

革命的结果还没有决定。满清还没有完全放弃政权，国民党内部又发生了争夺领导权的斗争。在湖南听说战事是不可避免的了。当时有许多军队都组织起来反对满清和袁世凯。湘军就是其中之一。可是，正当湘人准备起事的时候，孙中山和袁世凯成立了协定，预计的战事停止，南北"统一"，而南京政府解散。我以为革命已经过去，决定继续求学。我已经做过半年兵士了。

我开始留心报纸上的广告——彼时有许多学校开办，而且都用广告来吸收新生。我并没有特别的标准来判断学校；我不知道自己到底要做什么。一个警官学校的广告吸引了我的目光，于是就去报名。但是，在受试以前，我看到一个制皂"学校"的广告。不收学费，供给膳宿而且还可以有一点津贴。这个广告是动人的。它指出制造肥皂有

---

[1] 谭延闿（1880—1930），字祖庵，湖南茶陵人，清光绪进士，授翰林院编修。原主张君主立宪，后又以地主官僚的代表身份，投机于辛亥革命。武昌起义后，湖南同盟会负责人率领新军响应，焦达峰、陈作新被举为正副都督。谭在这个新政府中任民政都长；十多天后，他杀害焦、陈，自己当了都督。

伟大的社会利益,可以富国富民。我变换了进警官学校的念头,决定做一个制皂工程师。我又在这里交纳一元报名费。

这时,我有一个朋友做了法科学生,他怂恿我进他的学校。我又读了这法律学校的动人广告,里面保证了许多了不得的事情。它答应在三年之内教完一切关于法律的学科,保证学成可以立即做官。我的朋友不断地对我称赞这个学校,直到我最后写信回家,详述广告上的保证并请家人寄学费给我。我将自己的前途画成一幅光明灿烂的图画给家人看,将自己画成一个法律学家和大官。于是我付去一元向法律学校报名,同时等待父母的回音。

但其中忽然又有了变动。这回是一个商业学校的广告。另一个朋友劝我,以为国家正在作经济战争,目前最急切需要的,就是能够建立国家经济的经济学家。他的理论得胜了,我再花一元到商业中学报名。我真的去注册而且录取了。不过,这时我还继续留心广告,有一天看到广告,描写一个高等商业公立学校的优美。它是政府开办的,课程繁多,听说里面教员都是极能干的人。我断定还是到那里学成商业专家比较好,出了一块钱去注册,随后将我的意思写信告诉父亲。他很高兴。父亲很知道有了商业智慧的好处。我进了这个学校而且留在那里——有一个月。

我发现在这新学校中的困难就是一大半课程都是用英文教的,而我和一般同学一样,英文程度很坏,简直只认识字母。此外还有一个困难,就是校中没有英文教员。我讨厌这种情形,就在月底退学,并继续阅读广告。

我在学业上的第二次冒险是在省立第一中学,我花了一块钱报名,应了入学考试,以第一名被录取。这是一个大学校,有许多学生,毕业的也很多。校中有一个国文教员十分地帮我,因为我有文学的倾向。这位先生借了一本《御批通鉴辑览》给我,其中有乾隆的诏谕和批评。[1]

---

[1] 据李锐《早年毛泽东》(辽宁人民出版社1993年版,第21页)考证,这位国文教员是胡汝霖(1865—1949)。晚年曾任湖南大学教授。

这时，一个政府办的刊物在长沙出版。这是一个巨大的烽火，我们学生觉得它非常有意味。不久，谭延闿被袁世凯赶走了。现在袁执掌着民国的政务，同时准备他的登基。

我不喜欢第一中学。它的课程太少而规则繁琐。并且，在我读过《御批通鉴辑览》以后，我断定还是单独求学的好。六个月后，我离开学校。自己订立了一个读书的计划，规定每天在湖南省立图书馆中阅书。我十分地有规律和专心，在这个方式下费去的半年，我以为对我是极端可宝的。早上图书馆一开门我就进去。在中午只化去买两个米饼来吃的时间，这就算是我每日的午餐。每天我留在图书馆里一直读到闭馆的时候。

在这自修的时期内，我读了许多书籍，读到世界历史和世界地理。在那里我以极大的兴趣第一次阅读了世界的舆图[1]。我读了亚当·斯密士的《原富》和达尔文的《物种原始》[2]和约翰·斯陶德·密尔[3]所著的一本关于伦理学的书。我读了卢骚[4]的著作，斯宾塞的《逻辑学》和孟德斯鸠所著的一本关于法学的书。我将古希腊的诗歌，罗曼史，神话和枯燥的俄、美、英、法等国的史地混合起来。

那时，我住在湘乡县同乡会馆里。那里还有许多士兵——都是"退伍"或被解散的人，没有事做，也没有钱。会馆中的学生和兵士总是在吵架，有一夜他们之间爆发了武力的冲突。兵士们攻打学生并且要杀死他们。我逃到厕所里去躲避，一直等到打完。

这时我没有钱用；因为家里不给我金钱，除非我进学校，又因为会馆不能再住下去，我开始寻找新的托身之所。同时，我恳切地考虑了我的"职业"，并以为我最适宜于教书。于是我又开始留心广告了。现在我注意到湖南师范学校的一个动人的广告，我高兴地读了它的优点：不收学费，膳宿费很便宜。两个朋友也劝我进去。其实是他们要

---

[1] 即世界地图。
[2] 即《物种起源》。
[3] 即约翰·斯图尔特·穆勒（1806—1873），英国哲学家、逻辑学家。他的著作曾被严复译成中文。
[4] 即卢梭。

我帮他们预备入学论文。我将自己的意志写信给家里，得到他们的同意。我代两个朋友做了论文，自己做了一篇。结果一齐录取——实际上，是我被取了三次。那时我并不以为抢替[1]是一件不好的事；这仅仅是一种友谊。

在这个师范学校中，我做了五年学生，并且居然拒绝了此后一切广告的引诱。最后我真的毕业了。在湖南师范学校中，我的生活上发生许多事件。在这一时期，我的政治观念开始确定并且在校中初次得到了社会行动的经验。

新校中有许多规则，只有极少几条我是同意的。例如，我反对自然科学中的必修课程。我希望专攻社会科学。自然科学在我并无特别兴趣，我不读它们，于是这些课程的分数大都很坏。我最讨厌的就是必修的静物描生。我以为这是透底的愚笨。我总想画简单的东西，快快画完就离开课室。记得有一次画一幅"半日半山"（是苏东坡的一句名诗）[2]，我用一条直线和上边半圆圈来代表。还有一次，在图画考试时，我画了一个椭圆就算数了。我称之为鸡蛋。结果图画得到四十分，不及格。幸亏我的社会科学的分数都非常好，这样和其他课程的坏分数扯平。

这里有个国文教员，绰号"袁大胡"[3]。他揶揄我的文章，说是报人的东西。他看不起我的模范梁启超，以为他只是半通。我只得改变我的风格，攻读韩愈的文章，和熟记经史中的典故。所以，谢谢袁大胡，必要时我现在还可以做一篇清通的古文。

教员中给我最强烈的印象的就是一个英国留学生杨昌济[4]，过后我和他非常友好。他教伦理学。他是一个观念主义者，同时是一个品格高尚的人。在他的影响之下，我写了一篇文章，题目叫"心力"。那时我也是一个观念主义者，我的文章大受杨教授的赞赏。给我这篇

---

[1] 吴黎平译为："自己顶替朋友作文"。
[2] 此处有误，各译本均作唐朝诗人李白的名句"半壁见海日"。
[3] 即袁仲谦（1868—1932）。
[4] 杨昌济（1871—1920），湖南长沙人，早年留学日本、英国。1914年回国后任湖南第一师范教员、北京大学伦理学教授等职。其女杨开慧与毛泽东结婚，成为毛的岳父。

文章一百分。

另外有一个教员常给我看旧的《民报》，我总是十分高兴地读它。从这上面我愈加清楚同盟会的活动和会纲了。一天读《民报》，看到一篇记述两个中国学生漫游中国的文章，并说他们已达大香炉[1]。这使我大为感动。我要学他们的榜样，不过我没有钱，想我还是先游历湖南。

次夏，我开始以步行游湘省，走了五个县城。有一个学生，叫萧瑜，陪伴着我。我们不名一文地走了这五县。乡下人给我们吃饭和睡觉的地方；不论我们到达什么地方，总是受到欢迎和善遇。这个和我一起旅行的家伙，萧瑜后来变成了一个南京国民党的职员，在一个以前做过湖南师范学校校长，后来变成南京高级官吏的人手下，并被委做故宫博物院的管理。后来萧被人告发盗卖故宫中最宝贵的东西，并且在一九三四年带了这个款子潜逃。现在他避居大连。

我感觉自己需要几个亲密的同道，一天我在长沙报纸上登了一个广告，邀请热心于爱国工作的青年前来和我接触。我指明要坚强不屈，愿意为国牺牲的青年。广告发出后，我得到三个半答复。一是罗章龙，他后来加入共产党随后又背叛党。其余答复是两个青年的，后来变成极端的反动份子。"半"个回答是一个不加可否的青年的。他叫李立三。李听完我所讲的一切话，然后一声不响地走开，过后我们的相识并未进而成为友谊。[2]

但是，渐渐地我在我的四周建立了一群青年，这样造成了日后一个团体的核心，这个团体后来对于中国的命运和国事有极大的影响。这是一组严肃的青年，他们没有时间去讨论琐细的事情。他所说的和所做的每一件事都得有一个宗旨。他们没有时间谈恋爱或"罗曼史"，他们以为在这种国家急迫需要知识的时候，危急之

---

[1] 中国无此地名，吴黎平译为"西康省的打箭炉"，即今四川康定。
[2] 1915年秋，毛泽东发出"征友启事"，署名二十八画生（毛泽东三字的繁体共二十八画）。意欲结交于学问、时政感兴趣，能耐艰苦，有决心，直至能为国牺牲的朋友。"启事"最后引用《诗·小雅·伐木》中"嘤其鸣矣，求其友声"句。启事寄发长沙部分学校，应征者有李立三、罗章龙等五六人。

秋，是不能讨论女人或私事。我对于女人并无兴趣。我的父母在我十六岁时就给我娶了一个二十岁的女人，不过我并没有和她一起住过——此后也未有过。我不以她为我的妻子，那时根本也不去想她。[1]除了不谈女人——普通在这时期的青年的生活中极为重要——以外，我的同伴连日常生活中的琐事都不谈的。记得有一次在一个青年的家里，他和我谈起买肉的事情，并且当面叫佣人来和他商量，叫他去买。我动怒了。以后就不和他来往。我和朋友只谈大事，只谈修身齐家治国平天下的事！

我们又是热心的体育家，在寒假中，我们在田野里，山上山下，沿着城墙，跨越溪流地行走。天雨时我们就脱去衣服，名之为雨淋浴。阳光灼烁时，我也剥去衣服，名之为日光浴。春风和暖时，我们又算是一种新运动，叫"浴风"，在已经结霜的天气，我们还露宿田陌间，或是在十一月，我们还在寒溪中游泳。凡此种种，都算是"体格训练"。也许这对我的身体大有裨益，后来我是何等的依靠它！在我屡次横越华南，和从江西到西北的长征的时候。

我和其他城镇里许多学生和友人建立了广大的通信关系。渐渐地我开始了解一个有着更密切联络的组织的必要。在一九一七年，我和几个友人成立了"新民学会"。会员约七八十，其中有许多人，后来在中国共产党和中国革命史中成了有名的人物。会员的大部，在一九二七年清党时期都被杀了。同时在中国其他部份，像这类的激进团体都由那时在中国政治下占有势力的战斗青年纷纷组织起来。

这许多团体大半都是在陈独秀主编的《新青年》的影响下组织起来的。我在师范学校读书时，就开始阅读这本杂志了。并且十分崇拜陈独秀和胡适所做的文章。他们成了我的模范，代替了我已经厌弃的康有为和梁启超。

在这个时期，我的头脑是自由主义，民主改良主义及空想社会主义的有趣的混合物，我模糊地景仰"十九世纪的民主主义"，乌托邦

---

[1] 即毛泽东的发妻罗一姑（1889—1910）。因为是家庭包办婚姻，所以毛本人不同意。

主义和旧式的自由主义，但是我坚决地反对军阀和帝国主义。

我于一九一三年入师范学校，一九一八年毕业。

在师范学校读书的几年，我一共用了一百六十元——连所有学费在内！在这个数目里面，一定有三分之一是用在报纸上面的，因为经常订阅书报费每月约须一元，此外我还时常向报摊购买书籍和杂志。父亲责备我，说是浪费。他说这是在废纸上花钱。不过我已经养成了读报的习惯，而且从一九一一到一九二七，当我和中国最初的红军中坚份子爬上井岗山时，我从未停止阅读北平、上海和湖南的日报。

我在学校的末一年，母亲去世了，这样，更打断我回家的心向。是夏，我决定到北平——那时叫北京——去。当时，许多湖南学生都计划到法国去工读，在大战时，法国就是用这个方法来招募中国青年的。在去国以前，这般青年预备先在北平读法文。我帮助他们实现这个计划，在这一群留学生中，有许多是湖南师范学校的学生，后来大半都变成了著名的激进份子。我陪了几个湖南学生到北京去，不过，虽然我帮助他们实现这个计划，并且他们受新民学会的帮助，但我本人并没有到欧洲去。我认为我对于本国还未能充分了解，而且我以为在中国可以更有益地化去我的时间：

北平在我看来非常浪费，我是向朋友借钱去北平的，所以一到就得找事。那时，从前师范学校的伦理教员杨昌济在北京大学做教授。我就去求他帮我找事，他将我介绍给北大的图书馆长。这人就是李大钊，后来变成中国共产党的创立人，结果被张作霖处决。李大钊给我工作做，叫我做图书馆佐理员，薪俸是每月八块大洋。

我的职位如此之低，以致人们都不曾和我来往。我的工作之一就是登记来馆读报的人名，不过这般人大半都不把我放在眼里。在这许多人名之中，我认为有几个新文化运动著名的领袖，是我十分景仰的人。想和他们讨论关于政治和文化的事情，不过他们都是极忙的人，没有时间来倾听一个南边口音的图书馆佐理员所讲的话。

但是，我并不因此而丧气，我仍然参加哲学研究会，和新闻学研究会，想藉此能听大学里的课程。在我服务北大时所遇的人中，有两个现在是南京的高级官吏[1]，一个是中国苏维埃政府的副主席，还有个加入共产党随后又成了所谓"第三党"的党员，再有一个则后来加入加里福尼亚的三K党。在这里我也遇到了杨开慧而且发生恋爱，后来结了婚。她是我的好友杨教授的女儿。

我对于政治的兴趣继续增高，同时我的头脑愈来愈激烈。至于所以会如此的背景则上面已经讲过了。不过，当时我还在彷徨，还"在找出路"。我读了几本无政府主义的小册子，很受影响。我和一个常来看我的北大学生[2]时时讨论无政府主义和它在中国的可能性。

我自己在北平的生活是十分困苦的。我住在一个叫三眼井的地方[3]，和另外七个人合住一个小房间，我们全体挤在炕上，连呼吸的地方都没有。每逢我翻身都得预先警告身旁的人。不过在公园和故宫的宫址我看到了北国的早春，在坚冰还盖着北海的时候，我看到了怒放的梅花。北京的树木引起了我无穷的欣赏。

一九一九年我初到上海去，和准备赴法的学生一起。我只有到天津的车票，也不知道怎样可以走下去。不过，中国有句老话，"天无绝人之路"，一位同学借了十块钱给我，使我能买票到浦口。旅途中，我在曲阜下车访孔子墓。我去看了孔子和门徒濯足的溪水，圣人幼时所居的小村，我看见孔子的手植的树。我又访问颜回的住处和孟子的生地。在旅途中，我还登游过泰山，就是冯玉祥将军退隐时写爱国诗的地方。

不过当我到达浦口以后，又是一文不名了，而且车票也没有。没人有钱借给我，不知道怎样才可以离开这个地方。不过最倒霉的就是一个贼偷去了我仅有的一双鞋子！啊呀！怎么办呢？可是"天无绝人之路"，我的运气非常好。在车站外面，我碰到一个湖南的老友，他借给我足够买一双鞋子和到上海车票的钱。到了上海后，我知道有一

---

[1] 这里没有译全，据《西行漫记》第127页，"南京的高级官吏"指陈公博、段锡朋，"苏维埃副主席"指张国焘，"第三党"指谭平山，"三K党"指康白情。
[2] 即朱谦之。
[3] 今景山东街三眼井吉安东夹道7号。

大笔款子帮助学生留法，并且可以资助我回湖南。

回转长沙以后，我就在政治上作更直接的活动了。自五四运动以来，我的大部分时间都用在学生政治活动上，我是湖南学生报纸《湘江评论》的编者，这个报纸对于华南的学生运动有很大的影响。在长沙，我帮助成立"文化书社"，这是一个研究新文化和政治趋向的团体。这个社和新民学会都激烈反对当时的湖南都督大混蛋张敬尧。新民学会更是厉害，领导了一次学生大罢课来反对张要求将他撤换，同时派遣代表到北京和西南去煽动反对张敬尧，当时孙中山在西南活动，张为报复起见，就禁止《湘江评论》出版。

这件事过后，我代表新民学会到北平去，并在那里组织了一个反军阀的运动，新民学会将反张的斗争扩大而为普遍地反军阀的运动了。在北平我做了一个新闻社的社长，来推动反军阀工作。在湖南，这个运动得到了相当的成功。张敬尧被谭延闿打倒，并在湖南成立了一个新政府。这时，学会中开始分成两派，左翼右翼——左翼主张来一个社会、经济及政治的彻底改革。

一九一九年，我第二次到上海。在那里我又一度碰到陈独秀[1]。我和他第一次相见是在北京当我在北大的时候；他给我的影响也许比那里任何人所给我的都大。那时，我也见到胡适，访问他，要他援助湖南的学生斗争。在上海我和陈独秀讨论我们的计划，组织一个湖南建设协会。随后我回长沙，开始组织这个协会。我在那里得到一个教员的位置，同时，继续我在新民学会里的活动，那时学会有一个湖南独立的计划。

一九二〇年冬，我将工人第一次政治地组织起来，并开始在马克思主义理论及苏联革命史的影响上领导他们。我第二次到北平时，我读了许多关于苏联的事情同时热烈地寻找当时中国所能见到的一点共产主义书籍。三本书特别深印在我的脑子里，并且建立了我对于马克思主义的信仰，我一旦接受它是历史的正确解释后，此后丝毫没有过

---

[1] 应为1920年6月。

摇动。这几本书是《共产党宣言》，第一本以中文印的马克思主义书籍[1]；考资基[2]的《阶级斗争》，和吉古柏[3]的《社会主义史》。一九二〇夏，我在理论上和某种程度的行动上，变成了马克思主义者并且自此以后，我自认为是一个马克思主义者。同年我与杨开慧结婚。

第三章　共党的展开

一九二〇年夏，我赴沪参加会议[4]，共产党就在这个会议上成立。在中国共产党的组织中，陈独秀和李大钊占着领导的地位，无疑地，他们都是中国知识界中最灿烂的领袖。我在李大钊手下做图书馆佐理员时，已经很快地倾向马克思主义了，而陈独秀对于引导我的兴趣到这方面来，也大有帮助。我第二次赴沪时，我曾和陈独秀讨论我所读过的马克思主义书籍，陈本人信仰的坚定不移，在这也许是我一生极重要的时期，给我以深刻的印象。

在这个历史的上海第一次会议中，除我以外，只有一个湖南人[5]。参加会议的一共十二人。[6]是年十月，共产党第一省支部在湖南组织起来了，我是其中的一员。当时在其他省县中也有组织成立……同时，在法国，许多工读生组织了一个中国共产党，与中国的组织几乎同时成立……在德国也有一个中国共产党组织起来，不过较迟：党员中有朱德。在莫斯科和日本也有支部成立。

到了一九二二年五月，湖南支部已经在矿工、铁路工人、公务人员、印刷工人及造币厂工人中组织了二十个以上的工会，当时我是支部的书记。是冬，猛烈的劳工运动开始。那时共产党的工作，主

---

[1] 陈望道译本。
[2] 今译考茨基（1854—1938），德国社会民主党和第二国际领导人之一。
[3] 今译柯卡普。
[4] 记载有误。《西行漫记》第132页记载为："1921年5月，我到上海出席共产党成立大会。"
[5] 何叔衡（1870—1935），毛泽东的老朋友，和他一起创办了新民学会。1935年2月在福建被国民党杀害。
[6] 出席中国共产党第一次全国代表大会的代表还有：董必武、陈潭秋、李达、李汉俊、刘仁静、王烬美、邓恩铭、陈公博、张国焘、周佛海、包惠僧，共十三人。但据董必武、李达同志回忆，包惠僧不是作为正式代表参加会议的。

要是集中在学生和工人之间,在农民中的工作极少。多数大矿山和实际上全部学生都已组织起来。在学生和工人的战线上都有许多斗争。一九二二年冬,湖南赵省长下令处决两个工人[1],结果引起了一个广大的激动,开始反对他。在这两个被杀的工人中,有一个是右翼劳工运动的领袖。右翼运动的基础是工业学校的学生,而且是反对我们的,不过在这一次和许多次其他的斗争中,我们援助它。在工会中,无政府主义者也有相当势力,当时各工会已经组织到全湘劳工组合里面。可是,我们和他们妥协,并且用协议的方法阻止了他们许多次卤莽而无用的举动。

我被派到上海来帮助组织反赵运动。是冬(一九二二年)[2]共产党在上海召开第二次会议。我心中想去参加,可是我忘掉开会地点的地名,找不到任何同志而失去参加的机会。我回转湖南,并竭力推动工会的工作。是春,发生许多次罢工,为了争取较高的工资,较好的待遇,和争取工会的承认。多数罢工都是胜利的。五月一日,湖南发动了一次总罢工,这件事指出了中国劳工运动空前力量的成功。

共产党第三次大会是一九二三年在广州召开的,通过了那历史的决议案:参加国民党,和它合作,并组织联合战线以反对北方军阀。我跑到上海去,并在党中央委员会中工作。次春(一九二四年)我到广州去,并参加国民党第一次大会。三月间回沪,将我在共产党执行部的工作和我在上海国民党执行部中的工作合并起来。当时部中还有的几个人,就是汪精卫和胡汉民,我和他们一起工作,调整共产党和国民党的步骤。是夏黄埔军官学校成立。加伦(现在叫伐西里,布留契尔将军,任苏维埃远东红军总司令之职)担任顾问,还有其他从苏联来到的苏维埃顾问。国共的合作开始采取一个全国规模的革命运动。是年冬,我回湖南休养。在上海时,我生了病,可是回到湖南后,我组成了本省伟大农民运动的核心。

---

[1] 1922年1月,湖南省长赵恒惕下令杀害工人领袖黄爱、庞人铨,引起各界抗议活动。
[2] 应为1922年7月。

在以前我还未充分了解农民中阶级斗争的程度,可是在五卅惨案(一九二五)以后,和在随之而来的政治活动的大浪中,湖南农民变成十分地活动了。我利用我所休养的家庭,发动一个农村组织运动,在仅仅几个月内,我们组织了二十个以上的农民协会,同时引起了地主的怨毒,要求将我逮捕。赵省长派兵来抓我,我逃到广州。到达广州时,黄埔学生刚打败了两个著名的军阀[1],全城和国民党都充满了乐观的空气。孙中山先生在北平逝世后,蒋介石先生被任为总司令,汪精卫任政府主席。

我成了《政治周刊》的主编,这是一个国民党的刊物,后来曾极力攻击国民党右翼。我同时又成了训练农民运动组织者的负责人。并开了一个课程来训练他们,请的有二十一个省份的代表,包括从内蒙古来的学生。在我到广州后不久,我成了国民党宣传部的部长。[2]

我写作越来越多了,同时在共产党农民工作中负有特殊责任。根据我的研究和在组织湖南农民的工作中所得经验,我写了二本小册子,一本叫《中国社会各阶层的分析》,另一本叫《赵恒惕的阶级基础和我们当前的任务》。在第一本小册中,我主张在共产党领导下实施激进的土地政策和猛烈地组织农民,陈独秀反对这个意见,并拒绝以共产党中央机关出版。后来,它在广州的《农民月刊》和《中国青年》上发表。至于第二本书则是以小册子的形式在湖南出版的。这时我开始不满意陈的右翼机会主义政策,我们渐渐远离了,虽然我们之间的斗争一直到一九二七年才达到顶点。

我继续在广州国民党中工作,直到一九二六年三月为止。一九二六年春,在国民党左右翼和解而国共两党也重行合作以后,我回到上海,是年五月国民党在蒋介石先生领导下开第二次大会。在上海我指导着共产党的农民部,并被派到湖南作农民运动的视察员。同时,在国共合作之下,于一九二六年秋开始这历史的北伐。

---

[1] 指滇系军阀杨希闵和桂系军阀刘震寰。

[2] 1924年1月毛泽东出席了孙中山先生在广州召开的有共产党人参加的国民党第一次全国代表大会,并被选为国民党中央执行委员会候补委员。1925年10月毛泽东到广州担任国民党中央宣传部代理部长。

今日之下，我想假若当时农民运动能更彻底地组织和武装起来作反地主的阶级斗争，那末现在的情势就要大大地不同了。

可是陈独秀十分不同意我的见解。他不了解农民在革命中的任务，并将当时农民的前途估计过低，因此，在大革命的危机前夜所召开的第五次大会不能通过一个适当的土地政策。我的意见，迅速加强土地斗争，竟不加以讨论；因为党的中央委员会也为陈独秀所把持，拒绝将它提出考虑。大会将"地主"定为拥有五百亩以上的人——要在这种基础上发展阶级斗争是全然不适合和不切实际的，而且忽视了中国土地经济的特质——这样就撇开了土地问题。不过，在大会过后，一个全中国农民协会组织起来，我成了它的第一任主席。

到了一九二七年春，农民运动在湖北、江西、福建，尤其是湖南，发展成为一个惊人的军事力量，虽然共产党的态度对它很冷淡。高级官吏和军事长官开始要求镇压它，说农民协会是"流氓协会"[1]，它的行动和它的要求都是非分的。陈独秀将我调开湖南，因为那里发生了几个事件，他要我负责，并且猛烈反对我的观念。

四月间，南京和上海开始了反共的运动。在广州也发生同样的情形。五月二十一日，湖南发生了一次暴动，有几十个农人和工人被杀[2]。此后不久国共就分裂了。

许多共产党领袖现在都奉命离开武汉，到苏联或上海或其他安全的地方去。我奉命到四川，我请求陈独秀派我到湖南去，任省委员会的书记，但是十天之后，陈命我速回，责备我组织一个反对当时统治湖南的人的运动[3]。党里的事务现在是一塌糊涂了。几乎每个人都反对陈独秀的领导和他的机会主义路线，而国共合作的解体不久也使他没落。

一九二七年八月一日，贺龙和叶挺的部队，与朱德合作，领导了历史的南昌暴动，并组成了后来变成红军的第一个部队。一星期后，

---

[1]《西行漫记》译为"痞子会"。
[2] 即许克祥发动的"马日事变"。
[3] 吴黎平译为："指责我组织暴动反对当时在武汉掌兵权的唐生智。"

八月七日，党的中央委员会召集了一次特别会议，罢免陈独秀书记之职。自一九二四年在广州召开的第三次大会起，我一直是党的政治部中的人员，并促成了这次决议（罢免陈独秀）。党采取了一个新路线，放弃所有合作的希望。开始了久长的公开的争夺政权的斗争。

我被派到长沙去组织一个运动，就是后来叫做秋收暴动的。我在那里的计划是要实现五点：共产党省党部完全与国民党脱离；组织农工革命党；没收大中小地主的财产；脱离国民党在湖南建立共产党政权；组织苏维埃。当时第五点为共产国际所反对，直到后来才进展成为一个口号。

到了九月，靠了湖南的农民协会，我已经组成一个普遍的暴动，并成立农工军第一队。我的部队有三个主要的来源——农民本身，汉阳的矿工和国民党中叛变的军队。这个早期的革命军队叫做"第一农工军第一师"[1]，是经过省委会的批准后组织起来的，但是湖南委员会的和我部队的总纲领为党的中央委员会所反对，不过，它好像只采取一种观望的政策并未作切实的反对。

当我正在组织军队而仆仆往返于安源矿工及农民自卫军之间时，我被几个民团捕获。那时常有大批赤化嫌疑犯被枪毙。他们命令将我解到民团总部，要在那里杀死我。不过，我曾向一个同志借了几十块钱，我想用它贿赂护送兵来放掉我。那些士兵都是雇佣的兵，他们并没有特殊的兴趣看我被杀，所以他们同意释放我，但是那个解送我的副官不肯答应。因此我决定还是逃走，但是一直到我距民团总部二百码的地方才有机会。在这个地点，我挣脱了，跑到田野里去。我逃到一块高地，在一个池塘的上面，四周都是很长的草，我就躲在那里一直到日落。士兵们追赶我并且强迫几个农民一同搜寻。好几次，他们走到非常近的地方，有一两次近得我几乎可以碰到他们，可是不知怎样地没有发现我，虽然有七八次我抛却希望，觉得一定再要被捕了。最后，到了薄暮的时候，他们不搜寻了。我立即爬越山岭，走了整

---

[1] 应为"工农革命军第一军第一师"。

夜。我没有鞋子,我的脚伤得很厉害。在路上我碰到一个农民,他和我很要好,给我住宿随后又领我到邻县去。我身上还有七块钱,拿它来买了一双鞋子,一把伞和食物。当我最后安抵农民自卫军的时候,我的衣袋中只有两个铜元了。

随着第一师的成立,我成了它的前线敌委会[1]的主席,一个武汉军校的学生成了它的指挥员,不过他多少是因了他部下的态度而不得不就任这个职位的;随后不久就弃职加入国民党。现在他在蒋介石手下,供职南京。[2]

这个小小的军队,领导着农民暴动,向湘南移动。它冲破了成千成万的军队作了许多次战事,吃了许多次败仗。当时的军纪很坏,政治训练的水准很低,而官兵中有许多动摇份子。所以"开小差"的人很多。在第一届司令逃走后,军队改组,剩下来的队伍,约有一团人换了一个新的司令。后来他也叛变了。但是在最初的团体中有许多人还是忠诚到底,到今天还在军队中。当这一小队人最后爬上井岗山(一个近乎不毛的山寨,以前为盗匪盘据)时,他们的数目只有一千左右了。

因为秋收暴动的计划没有被中央委员会批准,又因为部队受了严重的损失,同时从城市的观点看来这个运动好像一定要失败的,现在中央委员会坚决地排斥我了。将我从政治部和前线委员会中革出。湖南的省委会也攻击我,称我们为"劫掠运动"[3]。可是我们依然带着我们的军队,留在井岗山上,一面确切觉得我们在执行正确的路线,而以后的事实也充分证明了我们的正确。新的兵士添加进来,这一师又补充起来了。我成为它的司令。

从一九二七年冬到一九二八年秋,第一师以井岗山为根据地。在一九二七年十一月,最初的苏维埃,成立于茶陵,在江西湖南省边境上,同时第一届苏维埃政府也选举出来。在这个苏维埃,及以后几年

---

[1]《西行漫记》译为"前敌委员会"。
[2] 指余洒度,当时任一师师长,不久叛变。
[3]《西行漫记》译为"枪杆子运动"。

中，我们依据了迟缓但是有规律的发展，建立了一个民主的纲领，伴随着一个温和的政策。这使井岗山备受党中"盲动主义者"谴责，他们要实施一个恐怖政策，劫掠和杀戮地主并焚烧他们的财产以摧毁他们的胆量。第一师的前敌党委会拒绝采用这种策略，于是被一般盲动者戴上了"改良主义者"的帽子。我备受他们的攻击，因为不实行一个更"激烈"的政策。

一九二七年冬，两个以前盘据井岗山附近的盗魁加入了红军。这使我们的力量增加三团左右。这两个人虽然以前是盗匪，曾率领部下投效国民革命军，现在更准备与反动势力斗争。当我留在井岗山上的时候，他们始终是忠实的共产主义者，执行党的一切命令，可是到后来，到他们单独留在井岗山时，他们又回复了昔日的强盗脾气，结果被农民杀死，[1] 因为那时他们已经组织起来，已经苏维埃化，能够保卫自己了。

一九二八年五月，朱德来到井岗山，我们的力量合并起来了。我们共同拟了一个计划要建立一个六县的苏维埃区，我们稳定和加强湘赣粤三省接境区域的共产党政权，并以此为根据地逐渐发展到更广大的区域中去。这种策略与党中央的办法相反，他们有着迅速扩展的妄想。在军队本身，朱德和我不得不与两种倾向搏斗：第一，要想立即进攻长沙，这我们以为是"冒险主义"；第二，要想退到广东省境之南，这我们以为是"退却主义"。当时我们的见解，以为我们的主要工作有二：平均地权和建立苏维埃政体。我们要武装群众以加速这种过程。我们的政策要实现自由贸易和善遇被俘的敌军，一句话，就是民主的中庸。

一九二八年秋，一个代表会议在井岗山召开，到会的有井岗山以北的苏区代表。当时各苏区的党员对于上述的政策还存在着几种不同的意见，在这次会议上，这种异点彻底地表示出来了。一小部分人以为在这种基础上，我们的前途是非常有限的，但是大多数人却信仰这

---

[1] 即王佐、袁文才，当时井冈山地区农民军的首领。1927年毛泽东率领红军到达井冈山地区后，他们接受了改编，成为红军干部。1930年2月，他们遭诬陷被错杀于永新。

个政策,当决议提出来,宣布苏维埃运动一定会胜利的时候,很容易地就通过了。不过党中央还没有对这个运动批准。一直到一九二八年冬,中国共产党第六次大会,在莫斯科召开的决议录的报告达到井岗山时,才得到批准。

关于在那个会上所采取的新路线,我和朱德是完全同意的。从那时起,党的领袖和在乡村中从事苏维埃运动的领袖间的争点完全消除,而党的调和与一致又重新建立起来了。

第六次大会的决议案综括了一九二五至一九二七年的革命的经验,南昌、广州和秋收暴动的经验,决定应该着重土地革命运动。这时,红军开始在中国其他部分出现。贺龙在西南,徐海东在东面,开始建立他们自己的农工红军。同时,在一九二七年冬,在邻近福建的江西省东北境上,也发动了一个运动,后来并由此发展成为一个强大的苏维埃根据地。在广州暴动失败之后,有一些红军都跑到海陆丰去并在那里成立了一个苏维埃[1],但因为它信奉盲动主义,很快地就被破坏了。一部分部队从那个区域里出来,与朱德和我取得联络。

当我们在井岗山上"对冒险主义斗争"的时期中,我们击败了两次军队夺山的企图。井岗山证明了是我们所建立的这一种流动部队的绝好根据地。那里有很好的天然防御,并出产足够的收成来供给一个小小的部队。它的周围有五百里,直径约八十里。在当地,它的名字是另外一个,叫大小五镇[2](真正的井岗山是附近的一个山)。

山上的情况,因来了这样多的军队,变得十分恶劣了。军队没有冬季制服,食粮也极度稀少。有几个月,我们简直靠南瓜过日子,士兵们喊出一个他们自己的口号:"打倒资本主义,吃尽南瓜!"——因为在士兵看来,资本主义就是地主和地主的南瓜。留下彭德怀在井岗山,我和朱德冲破了军队的封锁,一九二九年一月,我们在这个久

---

[1] 据《西行漫记》第144页:"一九二七年冬天,方志敏和邵式平在邻接福建的江西东北部边界,也开展了一个运动,后来发展成为强大的苏维埃根据地。广州起义失败以后,彭湃率领一部分忠心耿耿的部队到海陆丰去,那里成立了一个苏维埃,由于它执行盲动主义的政策,很快就被摧毁。它的一部分军队在古大存指挥下从那个地区突围,同朱德和我取得了联系,后来成为红军第十一军的核心。"

[2] 应为大小五井。

经战阵的山上所造的第一个居留地就算是终结了。

现在红军开始在江西一带作战,并且顺利地迅速发展起来了。我们在铜鼓建立了一个苏维埃,并和当地的红军联合起来。我们分出军力,继续占领三县并建立了苏维埃。因为在红军到达之先,那里已经有了武装的群众运动,这样,保证了我们的胜利,并且使我们能在一个稳定的基础上很快地加强了苏维埃政权。

第四章　超人的忠勇和忍耐心

红军的情况在物质和政治两方面,都开始有进步了,但其中还有许多恶劣倾向。例如,"游击主义"就是一个弱点,这反映了训练的缺乏,民主政治的夸大观念和组织的松懈等等。还有另一个倾向不得不与之搏斗的,就是"流氓性"——不喜欢在政府的严重工作中安身,喜欢变动和新的事变[1]。还有一种是军阀主义的残余,有些官长虐待甚至殴打弟兄并且随意反对自己个人所讨厌的人,而对其余的表示好感。

许多这些弱点在一九二九年十二月在闽西的一个会议召开后,都一一克服了[2]。会议讨论了各种改进的理想,消除许多误解并采用新的计划,这样奠定了红军中崇高的意识领导的基础。在这以前,这些上面提过的倾向是非常严重的,并且为党中托派和军事领袖所利用以削弱这些运动的力量。同时,进行了一个对托派的猛烈斗争,有好几人被剥夺了他们在党中和军队中的官职。我们发现了他们在战时常领导红军陷入艰难的地位,企图毁坏红军;在几次败仗以后,他们的计划是十分明显了。经验显示了他们的错误,将他们从负责的职务中革除,并且在这个会议后它们就失势了。

福建会议开辟了建立江西苏维埃政权的道路。次年,赣南全部沦于红军手中。一九三〇年二月七日,一个重要的地方会议在赣南召开,讨论苏维埃以后的纲领。到会的有党军政的地方代表。会中,土

---

[1] 即毛泽东在《关于纠正党内的错误思想》中批评的"流寇主义"。
[2] 即古田会议。

地政策经过长时间的讨论，而对"机会主义"（为反对重新分配土地的人所领导）的斗争是克服了。大会决议实施土地分配和成立苏维埃。当时，红军只是成立了地方苏维埃和县苏维埃。在大会上，大家决议建立江西省苏维埃政府于瑞金。对于这个新的纲领，农民报以热烈的援助。

渐渐地，红军对群众的工作进步了，军纪加严而组织群众的新技术也在发展起来。早在井岗山时，红军已经对战斗员订下了三条简单的规则：即服从命令；不没收任何贫农的财产；将一切没收地主的物品立即交给政府处置。在一九二九年的会议后，对于取得农民帮助的工作异常努力，在上述的三条之外，另加了八条规则：当你离开一个人家，将一切门板（睡觉用）放到原处；归还你所睡的草褥并将它卷好；对老百姓要谦和并随时加以帮助；归还一切借用的物品；赔偿一切损坏的物件；和农民以诚相等；购买一切物品须付钱；讲卫生，尤其是要在距离人家很远的地方设立厕所。[1]

这八点的施行，愈来愈见成功，到今天还是红军士兵的规律，要他们记忆并时时复诵。另有三种任务要教给红军，当作它基本宗旨的：第一，誓死与敌人斗争；第二，武装群众；第三，捐钱帮助战争。[2]

除开这种运动的政治基础不算，红军的战术也进步了，这是顺利的军事发展的原因。在井岗山时，我们有四个口号，都是游击战术的主要方法，红军就是靠了它发展起来的。这些四个字一条的口号，"敌进我退"，"敌停我扰"，"敌避我攻"，"敌退我追"。[3] 最初为许多人所反对，他们不主张采用这种战术，可是许多经验证明了它们的正确。凡是红军脱离了这种战术的时候，普通总是失败的。红军的人数很少，较敌人少一二十倍；它的资源和军需是有限的；所以只有巧妙地把计策和游击战术联合起来才有希望战胜有着广大富庶根据地的敌人。

---

[1] 这就是红军的"三大纪律八项注意"。1947年10月10日中国人民解放军总部重新颁布时对内容和文字做了修订。见《毛泽东选集》第4卷。
[2] 红军的三大任务，简称作战、扩红和筹款。
[3] 应为"敌进我退，敌驻我扰，敌疲我打，敌退我追。"

红军战术中最重要的就是，能在攻击时集中它的主力，而随后能加以迅速的分散。这就是说，要避免阵地战，而在运动中要用尽各种方法和敌人的部队接触并且击溃它。根据这种方策，虽然许多有经验的军人不赞成，红军发展了这种神奇的运动战，和迅速而有力的"速战"。

在一般的发展苏维埃区域，红军是偏于一种"波浪式"的发展的，而非不平衡的前进，即以"跳跃"获得的前进，并不巩固所占领的土地。这种政策是切乎实际的，正和上述的战术一样，是从多年的集体的军事政治的经验而来的。这些战术受当时中国共产党书记李立三的严厉批判，他说红军的方法是一种"新的右倾机会主义的倾向"。李立三希望攻击而不要防御，前进而不要巩固后方；对大城市加以惊人的攻击，伴随着暴动和极端主义。当时，李立三路线把持了苏维埃区以外的党部，并且势力很大，并在某种程度上强迫红军接受这种路线，不顾在战地中官长的判断。其结果为进攻长沙，和进攻南昌。可是在这几次冒险中红军并没有停止游击队的活动和打开它的后方让敌人进来。

一九二九年秋，红军移到赣北，攻击和占领了许多城市并击退敌军多次。当红军距南昌极近时，它突然折向西面进取长沙。在这次行军中，他们和彭德怀的部队会合。彭已经占领过一次长沙，不过终因受强大优势敌人的包围而退却。彭是一九二九年四月退出长沙，此后，即在赣南一带活动，结果大大地增加了他的军队。一九三〇年四月他在瑞金重与朱德和我会合，并在一个会议后，决定他应该在湘赣边区活动，而朱德和我则移到福建去。一九三〇年六月，我们重新建立了联络。并开始第二次进攻长沙。我们的军队都合并为第一方面军，以朱德为总司令，我为政治委员。在这种领导下，我们到达了长沙城外。

这时，中国农工革命委员会组织起来[1]，我被选为主席。当时红

---

[1] 应为"中华苏维埃共和国执行委员会"。

军在湖南的势力很广大,在江西也差不多。我的名字流传于湖南农民之间;因为捕获到我有十万重赏,不论生死,还有朱德和其他共产党。我在湘潭的土地(靠了这个地租,我在大革命时代曾用以组织湖南的农民暴动),现在为政府没收了。我的妻、妹以及我两个兄弟的妻子和我自己的儿子都被拘捕起来。我的妻和妹被处决。其余的后来都释放了。

红军的威信在农民中天天增高了,而且竟达到我的家乡湘潭;因为我听说当地的农民都相信我不久就要回转家乡,并有一天,一架飞机飞过时,他们断定这就是我。他们警告耕种我的土地的人,说我已经回来视察我的旧田庄,看看有没有树木被砍倒。假若树木砍倒的话,他们说,我要向蒋介石先生索偿!

不过第二次进攻长沙失败了。大批援军开来,城中驻扎了大军,此外,在九月间,新的军队源源开来攻击红军。在这次围攻中,只发生了一次主要的战争,此役我们消灭敌军两旅。不过,我们并没有能攻下长沙城,在几周后,我们就退回江西去了。

这次失败,帮助我们毁坏李立三"路线",并拯救了红军使它没有向武汉进攻,这是当时李所要求的。当时红军的主要工作是招募新兵,开辟新的苏维埃区,尤其是,巩固整个已经陷落红军手中的区域的苏维埃政权。因为这一类计划如进攻长沙等并非急务而且含有机会主义的原素。不过,在第一次占领后而且作为暂时的举动,不想守住这个城和建立一个政权,它的影响可以说是有益的,因为革命运动所引起反应是非常大的。所谓错误是关于战略一方面的,就是在后方的苏维埃政权还没有巩固时,企图以长沙为根据地。

但李立三将当时红军的战斗力量和民族政治背景的革命因素估计过高。他深信革命已接近成功而且不久就可以取得全国的政权。这种信仰更因受了当时的久长而疲竭的内战的鼓励,它使前途好像大大地偏护李立三。可是红军的意见以为敌人正在准备大举进攻苏维埃,只要内战一停止;而且现在不适于艰险的"盲动主义"和冒险。

在湖南事件之后,红军回到江西。尤其是占领吉安之后,在军队中，李立三主义被克服了，李本人的错误已经证明，不久他更失去在党中的势力（李现在莫斯科"研究"）。不过，在李立三主义确定地埋葬以前，在军队中有一个很危险的时期。一部分军队倾向李的路线，并要求与其他军队脱离。不过，这一部分的指挥员——彭德怀猛烈地与这种倾向搏斗，并能维持他部下的统一和对高级指挥的忠诚。但有一些军队公开叛乱了，并逮捕江西苏维埃的主席，逮捕许多官吏并根据李立三路线政治地攻击我。这件事在富田发生，就叫富田事变。[1] 富田较近吉安——当时苏维埃区的中心，这件事产生了一种激动，许多人都以为革命的前途，全要看这次斗争的结局如何了。但，因了党部的健全，红军部队的忠诚和农民的支助，这次叛变很快也就镇压下去了。为首的被捕，其余叛徒都经缴械消灭。我们的路线重新加强，坚决地镇压李立三路线，结果，以后的苏维埃运动获得了重大的进展。

现在政府[2]彻底感觉到江西苏维埃的革命潜力之大了，在一九三〇年底开始对红军的第一次的围剿。敌军总共有十万人，开始包围红区，分五路进犯。当时红军共动员四万人来对付这些军队。靠了巧妙地利用计策战术，我们克服了第一次围剿，获得了绝大的胜利。依据了迅速集中和迅速分散的战术，我们以主力分别攻击各个部队。让敌军深入苏维埃领土，然后以超越的人数对隔离的部队突然加以攻击，占据了优势的阵地，我们暂时可以包围敌人，这样反转了数量上还占优势的敌军的战略利益。一九三一年一月间，第一次围剿完全失败。我相信假若红军在这以前没有能得到以下的三个条件，胜利是不可能的。三个条件是：在集中指挥下的我们力量的巩固，李立三路线的清算，和党部对肃清红军及苏区中的 AB 团及反革命分子的胜利。

---

[1] 中共中央党史研究室著：《中国共产党历史》上卷，对"富田事变"作了新的历史结论，指出："在中央指导下进行的这场肃反斗争，不仅在中央革命根据地进行，在其他根据地也进行了。各根据地的情况虽有不同，但都程度不等地犯了扩大化的错误，给革命事业造成严重危害。……在这场肃反斗争中，被错杀的同志表现了至死忠诚于党，忠诚于共产主义事业的高尚革命精神，后来，他们陆续得到平反昭雪，并受到党的尊重和纪念。"（人民出版社1991年版，第307页。）

[2] 指南京国民党政权。

休息了只有四个月。第二次围剿开始了,由现任军政部长何应钦作最高指挥。他的军力超过二十万,分七路进攻苏区。一时苏区的情势好像很危险。因为苏维埃政权非常弱小,资源有限,而且敌军的物力几乎各方面都远胜苏区。但红军仍旧抱定了前此得胜的同一战略应付这一次进攻。让敌军的纵队深入苏区后,我们的主力突然集中在敌军第七路,打败好几团,并摧毁了它主要的进攻的力量。在我们攻击以后,马上接二连三地依次击败了第三、第六和第七路。第四路不战而退,第五路一部分被毁。在十四日之内,红军作战七次[1],行军八日,以决定的胜利结束。随着六路的溃崩或退却,第一路,蔡廷锴是指挥之一,没有大打就退了。

三个月后,以三个最有能力的指挥为辅,蒋介石先生率领三十万人作"赤区的最后一次的清剿"。蒋企图以狂风骤雨的方法扫荡"赤匪"。他开始以每天八十里的行军进入苏维埃领土的心脏。这恰恰给予了红军所最擅长的战斗的条件,它立即证明了蒋的战术严重错误。以仅有三万人的主力,靠了一串灿烂的战略,我们的部队,在五日之内攻击了五个不同的纵队,在第一战,红军俘获许多部队和大量军火,大炮和军需品。到了九月,第三次围剿已经失败,十月间蒋撤回他的军队。

现在,红军进入了一个较为平和及成长的时期,很快地扩展起来了。一九三一年十二月,第一次苏维埃大会召开,建立了苏维埃中央政府,以我为主席。朱德被选为红军总司令。同月,宁都暴动发生,万余政府军叛变而加入红军……[2]

现在,红军开始它自己的攻势,进击了好几个城市,从一九三二年起一直到长征西北为止,我个人的时间几乎全部限于苏维埃政府的工作,军事指挥交给朱德和其他人。[3]

---

[1] 应为十五天内红军作战五次。
[2] 即赵博生、董振堂领导的宁都起义,国民党第28路军两万余人加入红军,改编为红一方面军第5军团。
[3] 1932年10月中共苏区中央局宁都会议后,奉行"左"倾机会主义路线的中央领导人排斥了毛泽东的领导。此后一直到1935年1月的遵义会议期间,毛泽东被排斥在中央决策层之外。

一九三三年四月，第四次围剿开始，也许是最艰险的一次。在第一战，敌军两师被缴械，两个师长及三万人被俘。另一师，当时最精锐的一师，接着被消灭，几乎全部被缴械，师长重伤。这些接战证明了决定的特点，第四次围剿不久就结束了。

到了第五次，最后一次围剿，蒋动员了近百万的人并采用了一个新的战略和战术。在第四次围剿时，蒋已经采用德国顾问的建议开始利用封锁和堡垒制度。到了第五次围剿，他把全部信赖都放在这上面。用他的军队来实施严厉的封锁和整个地包围苏区，他谨慎地推进，一面建造汽车路，堡垒和壕沟，避免主力和红军接触，并且仅仅在堡垒的后面作战。只是完全在飞机大炮和机关枪的掩护上，作短短的推进。

这时期，我们铸了两个大错。第一是在一九三三年闽变时未曾与蔡廷锴的军队密切联合。第二是采取了单是防卫的错误战略，放弃以前用计诱敌的策略。这是一个严重的错误——要想与占优势的军队作阵地战，在这方面，无论在技术上或精神上，红军都非所长。

因了这些错误的结果，和新策略，加以在数量上、技术上远胜红军的军队，红军不得不于一九三四年，企图改变它在江西的生存条件，因为它很快地恶化起来了。而当时民族政治的情势也影响了我们移到西北去活动的决议，在日本侵略满洲和上海之后，苏维埃政府早在一九三二年二月就和日本正式宣战了。自然，这种宣战，在当时是不能发生效力的，跟着我们又发表宣言号召中国各军结成联合战线以抵抗日本帝国主义。早在一九三三年，苏维埃政府就宣布它情愿根据三个条件和任何军队合作，这三个条件是：停止内战和对苏维埃及红军的攻击；保障群众结社集会言论的自由和民主的权利；武装人民对日作战。

这个第五次也是最后一次围剿开始于一九三三年十月。一九三四年一月，第二次全国苏维埃大会在苏维埃首都——瑞金召开，对过去革命所有的成就加以检讨。会中我作一个长报告，并且会中选出了今日苏维埃中央政府全体人员，如今日存在着的。不久长征的准备开始了，这是在一九三四年十月着手的，恰在发动第五次围剿一年之后。

一九三五年一月，红军主力抵黄河[1]。接下去四个月，红军几乎一直在流动之中，并发生了最激烈的战争。经过许多许多困难，跨越几个最高最险的山道，经过凶恶土番所居的地方，经过无限的草原，经过严寒和酷热，经过风雪和暴雨，后面追着全部国军的一半，经过所有这些天然的障碍，沿途和广东、湖南、广西、贵州、云南、西康、四川、甘肃和陕西的地方军队作战，最后，在一九三五年十月，红军到达了陕西，并建立了在中国的伟大的西北根据地。

这次红军光荣的进军和胜利地到达陕西，第一是因为共产党的正确领导，第二是因为苏维埃人民基本组织的伟大技巧、英勇、坚决和几乎是超人的忍耐力和革命的热忱。中国的共产党在以前，现在和将来将永远忠诚于马列主义并对每一个机会主义斗争。这种决心解释了它的不可克服性和它的最后胜利的必然。它的不可克服性的另一理由，就是在革命组织中的人材的特别精干英勇和忠诚。许多、许多优秀的同志，许多献身于革命的人，在一个宗旨下工作，同时也造成了红军和苏维埃运动，而那些未来的，将要达到它的最后胜利。

现在我们正企图在中国建立一个民族统一联合战线，召请真心抗日的各党各派各军来参加我们的民族解放的共同工作。要想和日本帝国主义搏斗及拯救自己的国家，这种战线是必须的，同时在中国建立彻底的民主的政府也是必需的。今后我的工作和目标，与党的红军的工作及目标相同，必须向这种成功做去。

附　录

毛泽东夫人贺子珍女士小传及朱德、彭德怀、林彪、徐向前、萧克、徐海东、周恩来、叶剑英、刘伯诚、林祖涵、徐特立、张闻天、吴亮平、廖承

---

[1] 应为贵州遵义。

志、李伯钊、陈慧清、丁玲等剪影

毛泽东夫人贺子珍女士小传

在外表看起来，毛泽东夫人贺子珍女士简直是一个弱不禁风的少妇。其实，她的性格是非常泼辣的。很少有人看见她穿长衣服，十年来总是穿着一套红军的制服，皮带上挂着手枪；她曾与中央政府的剿共军队对过阵，在前线上运伤兵。到后方去，调护病人，组织女军，而且，在北上战役中曾受过伤，甚至几乎送了性命。

自与毛泽东同居以来，九年之中终日是奔走劳碌，七年之中生过五个孩子，但这些孩子全送给了人家，她自己一个也不要。

红军由江西总退却时，到处窜逃，直到陕境，步行二万五千里。她的身体上先后炸伤廿几处，到现在，身上还找得到累累的创痕。

她现在二十七岁，但反抗的火焰毫未消灭。在这八千英里的退却中，她受尽了人间的痛苦。受伤以后，先教人抬着走，以后换人背着，用骡马驮着，到最后人和马全没有了，便只好步行。而同时又生产了一个小孩，她真是受尽痛苦的人了。

在红军中大家都叫她"女司令"。本为江西永新县云山人，是一个小地主的女儿，她父亲也曾当过一任县长。

她曾进过教会小学，她妹妹嫁给毛泽东的弟弟泽覃。泽覃为国军所杀，而她的妹妹也至今生死不明。[1]

她由小学校出来后，就在本县参加妇女运动，一九二七加入共产党。是年八月一日至廿日之南昌女共军抵抗国军一役，即由她领导。[2]

她同毛泽东是在民国十七年结婚的。她在共军中曾先后担任政治教授、看护、妇女组织的领袖；而在战时，她又是军人。——总之，随时随地，她全有工作。

---

[1] 毛泽覃1935年在江西瑞金坚持游击战争期间牺牲。其妻贺怡隐蔽起来，国共合作后找到党组织继续工作，1950年因车祸去世。

[2] 不确，贺子珍参加了1927年秋收起义中的永新暴动。

朱 德

第八路军总指挥朱德，已有五十多岁了，而面目还像四十岁人那样健壮，说话完全是四川口音。"半生军阀，半生红军。"他自己笑着自道。对于红军的作战，他认为没有什么秘诀，只是政治认识透到每个战士和群众基础工作得到许多便利。他在一个办公室中穿士兵衣服，戴眼镜，满脸胡子的人，这位是朱总指挥。这时我们的内心，真是无限的惭愧。可是这实在也难怪，他们没有符号，没有领章，更没有一般高级长官的派头，额上既不刻字，你说只是个不相识的人，如何分辨出谁是长官，谁是士兵，虽说善于识别人的新闻记者，到此也技穷了。他开始和我们谈话，同样没有什么寒暄和客套，要谈他所要谈的话。很缓慢而很有力，态度是沉着而刚彦，言语间很少含有理论，好像一句话的出发点，都根据着事实上的体会或经验。

彭德怀

第八路军副总指挥彭德怀，年约四十左右，湖南人。他虽以善战著名，但样子看起来却很像普通的农民，随便的在街上走着，向士兵询问日常的生活，用手拍着他们的肩膀好像一个老叔父模样，士兵们对他也并不怎样恭敬或畏惧，但是彼此间却有种家庭似的爱流露着。彭德怀有欢喜嗑西瓜子的嗜好，往往在那里和人家谈话，边谈边嗑，一嗑便几小时不停。吃美国橘子，也是一样，虽然在太原买起来相当贵，但拿到他手里，他会接二连三地一面吃一面忙着剥皮。同时还用"消灭它！消灭它！"的口吻，不断地鼓励人家。

一身旧灰布军装，戴着一顶有党徽军帽的人，正坐在办公桌前，翻阅电报公事，他就是彭德怀，八路军的副总指挥，服装简朴，与他们的勤务兵是一样，也许还赶不上勤务兵的整洁，室内的布置，是四壁满悬军用地图，中央两张方桌拼成的办公桌，一幅满沾墨迹油迹的白布覆着，文具极简单，大概只敷他们每个人使用，坐的是几条长木凳，此外再没有什么了。

林　彪

中国人民抗日军政大学校长，是三十岁，一说廿九岁刚过不远的人。穿一件灰布大衣，中等身材，冬瓜脸，两眼闪烁有力，说话声音沉着而不多言，不过无论意见与用词上，他的立场很坚决，一点不放松。他像女人，也许因为他的态度比较温文，而他又主持过红军大学这类"文"事。

徐向前

山西五台人，性缓，善说话，像一位小学校长，他跟萧克一样注重实干，对于此次晋北的军事活动都颇有力。他们认为为抗敌而死，使民众获得幸福，这很值得的。徐向前已有卅多岁，瘦而长。

萧　克

湖南人，性最活泼，好像一位数理教员。他是一个廿九岁的青年人，一个瘦瘦的，浓眉，阔嘴，大眼睛，圆鼻头，一个白白的面孔，浓眉小嘴，萧克头上有几个疤，好像是被炸的战绩。穿中山装，素来不欢喜用武装带。走路动作，都带孩子气。常常和人手携手或肩搭肩，但假如有人问起他军事上的问题，他会很认真地答复。

徐海东

他是以窑工出身的军事人物，说起话来非常真挚。他的家乡在湖北黄陂北乡徐家桥，离河南边境很近。他小时就在这些地方混熟了，对他以后在鄂豫皖边区的活动，很有关系。

周恩来

浙江人，眉清目秀，气宇轩昂，颇有政治家风度。他有一双精神而朴质的眼睛，黑而粗的须发虽然已经剃得精光，但他皮肤中所藏浓黑的发根,还很清晰的表露在外面,穿的灰布衣,士兵式的小皮带,脚缠绑腿。口音夹杂着长江流域的各省的土音,如果照普通谈话的口音判断,很有些像江西人。

叶剑英

年约三十左右,精干结实,身材相当瘦长,穿学生装,戴八角帽,他的风度很有几分西洋人的味道,广东东江人的口音还多少有几分存留在口边。民国十六年广州暴动的基干,是那时张发奎的教导团,而叶剑英是张发奎最相信的参谋长,同时亦为策划与指挥广州暴动之最中心人物,张发奎事前对叶竟毫不疑惑,倚为腹心,则叶之政治军事技巧,不能不称为相当老练。他常穿着学生服,很安闲的在路上走着,谁都看不出他是作战异常果断的旧任红军参谋长。

刘伯诚

他是红军总参谋长,每个红色战斗员都知道他的利害,在莫斯科曾经令伏洛希洛夫敬佩过。个子很高,在四川人中,要算是"高"等人物,但身体却很瘦,血色也不好。他的有名,不在到了红军以后,西南一带,对"刘瞎子"的威风,很少人不知道的。他作战打坏了一只眼睛,身上受过九次枪伤,流血过多,所以看起来外表不很健康,然而他的精神很好,大渡河也是他打先锋,行军时飞机炸弹还光顾了他一次,幸而不利害。

林祖涵

他已是一个老革命党了,国民党未和共产党分家以前的第一二两次代表大会内,他都曾被选为中央执行委员,清共以后,他就一直在共产党内,未曾分离过。现在年纪已经很老。

徐特立

他也已经是年近古稀的老人了,但却公然从江西走到陕北,这真是了不得的事件。

张闻天

他是中国共产党书记，笔名叫洛甫，一般人只知道他的笔名，原来的姓名反而不用了。他戴着不深的近视眼镜，谈风轻松精利，不像是曾经历过千山万水的人物。

吴亮平

他是共产党宣传部长，小小个子清秀的面庞，虽然吃过了不少苦头，却还保留着书生面目。他的外国语文很漂亮，苏区对外英语广播，就是他担任，他说话很清晰明白，有系统，并有和平而坚定的见解。美国记者施诺（Snow）入陕北，就是他给毛泽东作翻译。他是一位很漂亮的宣传家。

廖承志

他是廖仲恺先生的哲嗣，何香凝先生的爱子，他会好几种外国文字、会画、会唱、会写、会交际，而且会吃苦，真是红军中多才多艺的人物。一九三二年原在上海被捕，释出后，即往苏区，红色中华日报现改为新中华日报的，就是他主编。

李伯钊

她是一个很有趣的女职员，四川重庆人，父亲作过县知事，是老同盟会员。她小时在四川读书，中学时就受了革命的影响，尤其是五卅运动的刺激。张闻天、恽代英是当时她的教师，从他们那里，她接受了新学说。一九二五年到上海做青年工人的工作，北伐到了武汉，准备上海暴动未成，而她便被捕了。出狱后，她被派去莫斯科，入中山大学读书，一直住了六年，并在那里同杨尚昆结婚，一九三〇年回国，一到哈尔滨，又被捕起来，释放后回到上海，入烟草工厂活动，继在瑞金红色中华报作编辑，以后又与危拱之合办高尔基戏剧学校，一直到一九三四年十月参加长征，入西康曾三过草地，有一次险些淹死。她现在仍从事戏剧工作，曾写过很多剧本。

陈慧清

今年二十八岁，生在香港，家里很贫苦，父亲是个金属机器工人，还有个妹妹。她十四岁便入工厂作工，十七岁时（一九二五）参加香港大罢工，一九二七年广州暴动失败后，又回到香港，入南华袜厂。一九三一年和邓发结婚，邓为政治保卫局局长，她也在那里工作。一九三四年参加长征北上。现在她在云阳镇附近作妇女工作，和邓发分手已经一年了。

丁玲

作家丁玲，她的历史已经谁都知道，用不着多说。去年秋天她由西安过三原到陕北，先在军队里服务过很长的时间，今年二月到延安以后就在延安没有走，现在已组织战地服务团到山西去服务了。她的面是胖胖的，几乎成一个圆形，身体也肥胖，所以一身灰布军服要涨破似的捆在她身上，红星的帽子压在头发上，两个酒涡时常在笑。

译后记
——毛泽东到底是个怎样人？

"毛泽东到底是个怎样人？"人们对他所惊奇和怀疑的，因为他能作一般人所不能作不愿作的事情，他肯下工夫作那艰苦而又平凡的事情，一经成功，事情便不平凡了，人也不平凡了。其实他和平常人是没有甚么两样的。

真的，毛泽东先生，所言所行，都是很平凡的，例如：革命不爱钱，作大事不作大官，像这类的话，一般人喊得震天响亮，但革命牌子挂不上几天，竟作了大官，发了大财了，而没听得说毛先生是怎样发财的。他是布衣一身，穷得磅硬，只有他与士卒共甘苦，他为人民谋幸福，所以才得到人民的爱戴和拥护。

他的政策，并不是如一般浅见的人所诅咒的一样，正相反而且是很平凡的，主张：大家作工，大家吃饭，以为想着有饭吃，就得作工，能以作工，自然会有饭吃，这和孙中山先生的"各尽其能各取所需"是一样的道理。

近数十年来，因为天灾人祸，内忧外患，弄得老百姓饥寒交迫，死亡流离，很少有人注意到这严重的问题的，只有富而不仁的人们，更加紧了他们的剥削术，集天下之财富于一身。

实在这问题太严重了，然而用平凡的方法：问题怎样来的，还怎样回去，把他分析一下，一经活用，便有办法：大地主把土地还给农民，资本家把财产散给穷人，富人也去做他应做的工作，穷人更加紧了他的劳动，合起手来，大家有工作，大家有饭吃，自然而然的民无所争，天下太平。

孙中山先生，曾采用其长，以救中国，中国本无大富，只不过是大贫小贫，将私有和"无有"的制度，折衷一下，也就是我们穷人弱小民族的我们，求救人自救的方法，而毛先生更是在艰苦卓绝的环境中领导着执行着，已经走上光明的大道，怎奈那些强盗们帝国主义者国家，生怕睡狮醒了，因而从中挑拨离间，而好吃懒做的封建残余们，也迷蒙着眼睛，扭回头来，狂吠狂咬，帮助人家杀害自家，竟把这平凡的事情，功败垂成。

先前，人们不明真相，对"杀人放火"的毛泽东，老实害怕他，及至二万五千里的长征成功了人们倒不害怕了，反怀疑他们"怎过来的"！最近平型关一战，他们的为民的汗马功劳，才活鲜鲜的掷在中华民族的面前，而接受到从未有过的热烈的欢迎，每个人都刮目相看，啧啧称赞，然而他们用的方法并不神秘，依旧是平凡的就是：和民众打成一片，说民众愿说的话，办民众愿办的事，训练民众所需要的武力，民众爱戴他们，而说是自己的军队领袖，而乐为之效命。

常理说老百姓拿钱养兵，兵保护老百姓，这是不可变易的，军阀们和政客们，时时刻刻为自己打算盘，反忘掉主人——老百姓，塌台显眼,还不是应该?不能爱国保民的军队,要他甚么用!

现在,大众们对于毛泽东先生已经公认而爱戴了。国事又回复到民十五的时期而重新做起,携起手来,还是自家,除去心腹病,一致打鬼子了。看吧,民族解放,将要随着中日之战而成功呢。

宗　汉
一九三七,九,十四

毛泽东的青少年
时代和初期革命活动

萧三 著

人民出版社
1949

毛泽东同志的儿童时代

农家子

湖南省,湘潭县上七都,青吉乡,韶山冲有十里路长。在这南国风光、山青水秀的冲里,有一些稀稀落落的房屋[1]。住着毛、孙、李、邹、彭、郭几姓人,也有少数姓庞、姓蒋与姓钟的。他们大都是务农为生,忠厚朴实善良的老百姓。

韶山这座山并不高,但是树木青青很是秀丽。它是南岳山七十二峰之一。据传说舜皇帝曾经到过这里,虞舜的音乐叫"韶乐",所以虞舜到过的山就叫"韶山"。

韶山冲有"上南岸"和"下南岸"(又叫上下"南院"),在下南岸的前面有一条通湘潭和湘乡县城的路(湘潭七都和潭乡二都四都接界)。上南岸前面是桥头湾。一条小溪从桥头湾经过石桥(这里有小铺子,卖油盐杂货猪肉……),弯弯曲曲围绕着韶山和上下南岸,缓缓地流过去。在这山环水抱的上南岸,有一栋朴素的瓦房,一进两横,住着两家人,一家姓邹,一家姓毛,当屋正中为界,各住一半。公历一千八百九十三年——清光绪十九年,阴历癸巳十一月十九日在这所屋子里诞生了毛泽东同志——今天中国人民英明伟大的领袖、导师,我们的毛主席。

毛主席的父亲毛顺生公,本是一个贫农。身材高大,晚年蓄有胡子,体格和个性都很健强。他自处勤俭,为人精明,善于经管家务。少年时代因负债过多,只好出外当兵。后来回到家乡,做些小买卖等,克勤克俭,积下了一点钱,就把自己的十五亩田地买回来了。毛家这时五口人:泽东同志的祖父、父亲、母亲、他自己和弟弟泽民。父亲将每年食用的剩余积成资本,又买了七亩田。祖父去世了,添了弟弟泽覃,还是五口人。现在剩余更多了,家产渐渐发展起来了,加

---

[1] 萧三原注:"湖南一般的乡村,不似他省村落之连檐接屋一大片。"

之父亲作些贩运谷米和贩猪的生意,于是由中农成为了富农。[1]

六岁就开始劳动

　　父亲顺生公用自己大部分的时间和精力作贩运谷米和猪的生意——由本乡运到湘潭、长沙等大城市去出卖。家里就雇一个长工耕田。农忙之际,如插秧、踹田、秋收打稻,有时还雇几个零工。此外许多的事就叫自己妻室和儿子劳动。在冬天磨米忙的时候,又临时雇一个短工,所以这时候吃饭的便是七个。吃的很节省,但总是够饱的。

　　毛泽东同志在六岁的时候,便开始在田地里劳动了。到十三岁时,他白天要在田里做一个成年所作的工作,晚上还要帮父亲记账,因为这时候,他已经是全家"最有学问"的人了,即是说识字最多。但他吃的只有糙米饭和蔬菜,逢每月初一、十五,家里给雇工们吃点鸡蛋和鱼之类(很少吃肉),他和母亲及弟弟是没有份的。

　　从小就耕种田地,从小就受了劳动的锻炼,毛泽东同志所以深深的知道中国农民生活的痛苦与要求。毛泽东同志自己就是农民出身。

一位贤良的母亲

　　泽东同志的母亲姓文,湘乡四都唐家坨人,中等身材,方正的面庞,和善的眼睛,是一个具备着温良恭俭让五德的女人,她常可怜穷人,肯给人帮助,每逢荒年旱月,她背着丈夫,把米施舍给饥饿的人们。她的贤良在乡下是有名的,同时她的治家节俭也是有名的。[2] 人们说:毛家外有顺生公之经营,内有文氏之节俭,所以建立了可观的家务。她除抚养儿辈外,要做一般农妇做的一切事情——做饭、拾

---

[1] 萧三原注:"照湖南农家的计算,'一身一口,七担二斗'。因此五口人每年食用需要三十五六担谷子,每一亩田可收四担谷子(每担一百斤),十五亩田可收六十担,除消费外,可余二十四五担。二十二亩田能收八十四担,除食用外,可余约五十担。据说:顺生公财产多时不再买田,只给别人进押佃钱或租佃,他取利息,这样他的资本又增加了二三千元。

[2] 萧三原注:"乡间知道的一些琐事,例如过年时家里杀了一口猪,母亲将猪血作汤待客,里面放些南粉条,可以吃到正月底二月初。"

柴、纺棉、缝补、浆洗……。

泽东同志非常之爱母亲，孝母亲，对母亲是一贯非常温顺，体贴入微的。母亲的一切美德，对泽东同志的影响最大、最深。

传说着两个这样的故事：

有一年，秋收时节，农人们把稻谷打了下来，都摊在坪里晒着。忽然天下起雨来了。大家忙着收谷子。幼年的毛泽东同志且不收自己家里的谷子，而先帮助一家作佃户的去收。父亲生气了，泽东同志说：人家家里很苦，还要还租，损失一点就不得了；我们自己家里的自然不大要紧些……。

一个冬天，泽东同志离家去学校读书。路上他遇着一个穷苦的青年，在风雪的冷天里还只穿着一件单衣，冻得打颤。泽东同志和他谈了几句话之后，就脱下了自己的一件夹衣给了他。及至假期回家，家里检查他的衣服时，发现少了一件，质问泽东同志，泽东同志照实的说了出来。

一个诚实的孩子

毛泽东同志从小就很忠厚诚实，从小作事就很踏实。他父亲叫他和他弟弟去收田里的拖泥豆。弟弟调皮，选豆子长得稀的地方捡。豆稀，捡起来容易些，面积也宽些。泽东同志却不图铺张表面，而踏踏实实地作。他捡那块长得密密的地方，老老实实，一颗一颗地摘捡。这样时间要花得多，但面积却比较小。父亲来了，随便一看，竟称赞弟弟而责备哥哥，但泽东同志不以为意。

也是姓毛的一个邻人，把自己的猪卖给了泽东同志的父亲。说好了价，也交了些钱，但是没有立即赶猪回家。过了十来天，猪价又涨了，父亲叫泽东同志把猪赶回来。泽东同志到了邻家，邻人说："猪价涨了；我又喂了十多天，现在我是不卖了。"泽东同志说："是呀！你又喂了十多天，还是说好了那些钱，你当然不卖了。"泽东同志空手回到家里……。

韶山冲的人们到现在还都传说着这些故事。"润之（毛泽东同志的号）先生从小就是很讲礼性（讲理）的"——他们说。

从小就好学

毛泽东同志八岁时开始念书，一直到十三岁才离开那个私塾。当时私塾里所教的经书，对于儿童是枯燥无味到了极点的。那时的教授法，也是大家所知道的：死记背诵，但是书里面说的是什么，先生并不讲，讲也不易讲得清楚，小学生们大都是莫明其妙，有的完全不懂，有的似乎可懂。只有在许多时间之后，理解力发达了才渐渐懂得，懂得了，那是相当有味的。泽东同志直到现在作报告及演说时，常常幽默地引孔子孟子四书五经上的话。那是用新的观点，借旧的辞句和历史事实，来解释新的事物，因为中国人特别是和他同辈，及较长的知识者，都知道那些经典，所以听了觉得特别中肯有趣。再则毛泽东同志对于中国历史知识是非常丰富的。小的时候，他就反对读死书，他不喜欢经书，而喜欢中国流行的许多小说：《精忠传》啦，《说唐》啦，《西游记》啦，《封神演义》啦，稍晚就是《水浒传》啦，《三国演义》啦，等等。在私塾时他把小说藏在经书底下偷着读，老师走过的时候，就用经书盖住。他虽不喜欢那些经书，但读了就能记得，能背出来，所以有工夫看小说；先生要他背诵经书他就背，因此虽偶然知道他在看那些杂书，也没有办法责备他。小说里的故事人物，泽东同志都记得非常熟，小时便常向别人讲述，和大家谈论。后来那些读物，对他的影响也很大。直到现在，毛泽东同志时常引中外文艺作品里和历史中的某些故事人物，来说明新的问题，使听者更加了解，更加体会得深刻。同时他用唯物辩证法和历史唯物论底观点与方法，来分析各种文艺作品与作家，非常精辟，为许多专门的文艺理论批评者所不及，这也可见他是如何地博而深！是呀，毛泽东同志是提倡"中外古今化的"[1]。

---

[1] 即古为今用，洋为中用。

十三岁的那一年，泽东同志走出了私塾，整天在田地里工作，夜晚则帮助他父亲记账，这样当然很忙，也当然疲倦。但他还是继续读书！在夜晚记账后，读所有可能找到的书。他父亲不高兴：一来，儿子读的不是经史；再则要节省灯油呀。泽东同志就用蓝布被单子盖住窗户，使父亲看不见灯光。在这间非常简陋的屋子（楼房——披厦）里，在豆子大的桐油或菜油灯光下面，他读了他所能找到的许多书。

有一次他找到了一册《盛世危言》——那是当时的一些有心人士，认为中国这样贫弱，是由于科学不如西洋发达。他们提倡"格物"，就是说，要研究物理学（但用经书《大学》上"格物致知"这个古典术语），中国要修铁路轮船……要设电报电话……这是当时所谓"学策论"或"时务文章"一类的书，泽东同志很喜欢它；比四书五经现实的多，由于这一部书引起泽东同志再前进求学的志愿。于是他离开了家庭，到一个学新学的（法政学生）家里读了半年书[1]。又从一位老学者（毛家唯一的秀才毛麓钟）读了些史经子集，也读了些时务文章和一些新书。

有这样一个故事：有一次泽东同志在野外放牛。他让牛吃草，自己却在大树荫下的草地上，悠闲地看书。他看得那样入神，忘记了一切。牛自由的走进了别人家的菜园，把青菜吃了一大半，泽东同志还不知道。等邻人发觉后，闹了一场大乱子。

毛泽东同志从小就是这样好学，这样喜欢读书的。他从小就体会了"开卷有益"这句古话，那时所能找到的书，也都读遍了。他的求知欲一向是很强的。读过了的书都深深地印入了他的脑筋里，一直到现在他都记得，因此和人谈话时常是"引经据典"的。他从小就有很强的记忆力、理解力和分析力。一直到现在，他这种读书报的习惯是没有改变的，真有"手不释卷"之概。无论什么时候，什么环境，都是如此。就是在井岗山上的时候，他在处理军政事务之外，总是读书。几乎没有看见过他出来散散步、玩玩的。许多和他在一道工作多

---

[1] 毛泽东在《西行漫记》中说："我到一个失业的法科学生家里，在那里读了半年书。"据尹高朝著《毛泽东和他的二十四位老师》（中央文献出版社2001年版，第99页）考证，此人为乌龟井私塾的毛岱钟，长沙法政学堂毕业生。毛在那里就读的时间是1909年秋。

年的同志们都异口同声这样钦敬地说：

——毛主席是一个好学的人！

从小就和被压迫者在一道

毛泽东同志继续阅读中国的旧小说，他尤其喜欢读一些反抗统治阶级压迫的故事（他后来的评论：《水浒》是中国第一部好的长篇小说；《聊斋志异》是第一种好的短篇小说集，作者蒲松龄反对贪官污吏，主张自由恋爱，虽然赞美妾婢制及小脚等等，那是为时代所限，他不敢公开反对旧制度，故借狐鬼说教，但究竟是一部社会小说。鲁迅将这部书列入怪异小说一类，当是他在未接受马克思主义时的看法……是错了）。有一天大约是十五六岁时，去东山学校（见后）的路上，泽东同志忽然发现了一个问题：为什么那些小说故事里面的人物，只有君王将相，圣贤君子，英雄豪杰……而却没有他经常所见所接触的耕田的农人呢？这事使他奇怪了很久——整整一年多到两年。后来泽东同志发现了：原来旧小说里面的人物都是一些统治者、压迫者、剥削者——他们自己不耕种，占了土地叫农民替他们劳动。

读者注意：这是一个有重大意义的发现！从这里可以看出毛泽东同志自小便和广大劳苦群众在一道，为群众设想，同情于群众。他自己就是下层群众里面出来的人呵，他和民众有很深的渊源。直到现在他领导党政军民，谆谆教育干部们以群众观点，不断的反三覆四，苦口婆心的说，要时时刻刻事事物物都为群众利益着想，只有人民群众是最可靠的，群众力量的泉源是无穷尽的，"人民，只有人民，才是创造世界的动力"（论联合政府）[1]。以及说领导和解决一切问题的方法时，他有两句名言："从群众中来，到群众中去"，而在军事战略上制出"群众战"[2]与"人民战争"一些原则……所有这些未始不都是

---

[1] 正式发表的《论联合政府》这句话为："人民，只有人民，才是创造世界历史的动力。"
[2] 毛泽东在《关心群众生活，注意工作方法》一文中写道："革命战争是群众的战争，只有动员群众才能进行战争，只有依靠群众才能进行战争。"

在小时候就伏下了根的。

一个大荒年，毛泽东同志和一群小学生在私塾外面看见许多米商从长沙回到乡下来，小孩子们问米商们为什么都离开了长沙。米商告诉了他们一件事变——闹饥荒呀！长沙一个地方就饿死了成千成万的人。灾民们推出代表到抚台衙门去请求救济。但抚台的回答是："为什么你们没有饭吃呢，城里米多的很，你们看我每天都是吃的饱饱的"；灾民们听到巡抚这样的答复，骚动起来了。他们聚众结队去攻打衙门，砍断了衙门口的旗杆子——官厅统治的标志，赶走了巡抚。后来布政司一位大员叫庄赓良的人，骑马出来，晓谕人民说，官府正在想法救灾……于是灾民暂时散了，可是满清皇帝却革了那个姓庄的职，说他"勾结乱党"，接着来了一个新巡抚，他立即下令逮捕事变的为首者，把他枭首示众……。

小学生们听了这个故事，议论了好多天，大多数对造反的都表示同情，但只是采取旁观的态度，毛泽东同志那时便觉得，那些造反的都是像自己的家乡一样的人，所以对统治者对他们的处置，很抱不平，很是痛恨。

又一次泽东同志本乡的哥老会（也是农民）和个地主发生冲突，地主到官府告了状。地主有钱有势，自然官司打赢了，但是哥老会不服，跑到一个山里，建起堡寨来。官兵去打他们，那个地主还造谣说，哥老会决定造反的时候杀死了一个小孩子祭旗……。哥老会的反叛，最后被镇压下去了。为头的一个铁匠跑了，但后来又被抓了回来，杀了头。泽东同志和他的小同学们都同情这次叛乱，都称赞那个为首的铁匠是英雄。

第二年青黄不接的时候，乡下异常缺米，农人没有饭吃，富人都把米囤积起来，不肯平价粜出。穷人们就发起"吃大户"的运动，成千成百挨饿的男的女的老的少的，都跑到富户家去，打开仓库，倒出谷子，就在他家里磨成米就用他的大锅煮饭吃。吃了这家又吃那家。

素来作谷米生意的泽东同志的父亲，在这时候，仍然把本乡的粮食挑到城里去卖，有一批谷米被穷人们扣留了，父亲非常生气，泽东

毛泽东的青少年时代和初期革命活动

同志不赞成父亲这种办法，他站在穷苦人这方面。

父亲这个家长对儿辈非常严厉，对妻室也不体贴。母亲不赞成这种治家的办法，但不直接公开反抗，只是从容劝说，或消极抵抗，父亲有时自己一个人吃好的菜，不给母亲吃，最后给一点点，但母亲自尊心重，连那一点点也不吃了，这种和类似这种的不平现象对于幼年的泽东同志是大的刺激。这也种下了他对于封建家庭压迫制度的根吧，虽然那时候说不出"封建"、"家长制度"这些名词。

韶山冲本地出了一个"维新派"（或"急进派"）的教员，这人姓李名漱清，现在当有八十来岁了，那时他反对迷信，打菩萨，办学堂，劝人用庙产兴学。乡人都反对他。毛泽东同志却称赞他，赞同他的意见，但泽东同志在八九岁的时候却曾信神，因为他的母亲是非常信神的。他父亲不信神，他还和母亲讨论过，如何劝父亲也信起来。……后来读了一些新书，他对神开始怀疑了，到这时候，他几乎完全不信神了。

这一连串的事情给予了幼年的毛泽东同志以非常深的印象。他对于统治阶级的行事，对于统治者用以愚民的神，都存着反抗的心思了。他同情被统治者，和被压迫者在一道。

在这时期毛泽东同志开始有了某种程度的政治意识。

但他是倔强的

毛泽东同志的父亲因事生气，打两个儿子。毛泽东同志站着不动，挨了父亲的打也不哭；弟弟就跑，跑到远点的地方就骂。

父亲对待家人非常严厉，压迫了、剥削了儿子的劳动之后，还经常无理由地责备他懒惰，说他不孝……。泽东同志起来反抗，经验使他明白了：当他用公开反抗的方法来保卫自己的权利时，他父亲就客气一点；当他怯懦屈服时，父亲就打骂的更凶，这也可见泽东同志自小就不平凡，就顽强得也不平凡，自小就很有办法，有斗争、自卫的办法。

泽东同志十岁的时候就进行了他的自卫斗争,本来八岁时他开始在本乡一个私塾读书,但早上和晚间仍需要在田里劳动,谁都知道,教私塾的先生是最喜欢打人的,"棍子底下出好人"——旧日的父兄师长就凭这个"理论"来"教育"儿童,泽东同志的这位老师当然不是例外的。打板子,打手心,打头、脚……罚跪香——跪在有棱角的"钱板子"(搁铜钱用的)上、砂石上,一根香燃完了才许起身……这些是最普遍的体罚或肉刑了,但是毛泽东同志反抗了。这一次他作的是消极的抵抗——逃学,出走,他怕挨先生的打,逃出学校;又怕挨父亲的打,不敢回家。他只朝着一个想像的城市的方向走去。谁知走了三天,还只是在一个山谷里兜圈子,离家不过八里路远,终于被家里找回去了。但回家之后,出乎他意料之外,情形好些;父亲不像从前那样暴戾了,塾师也温和多了,这一次反抗行为的结果,给予泽东同志小小的心灵以非常深的印象,他的"罢工"斗争胜利了——他自己后来对人笑述说。泽东同志幼年时代的另一次斗争,那就是他十三岁的时候,引经据典和他父亲辩论,以及拿脱离家庭和自杀相威胁,使得父亲的暴力政策归于失败。一次他父亲当着许多客人骂他"好吃懒作",这个罪名对泽东同志显然是不真实的,冤枉的;他小小年纪就和大人一样劳动了,怎么是"懒作"呢?吃的是糙米饭和油盐很少的蔬菜,仅为了不饿肚子,不消说吃猪肉,就连鸡蛋、咸鱼都没有得吃,怎么说是"好吃"呢?泽东同志蒙这罪名,越想越生气。他据实反驳了父亲几句,声言要离开家里,而且往外就跑,慈爱的母亲出来追他,劝他回去。父亲也赶来命令他回去,但同时还是骂他。他已经走到房子前面两个水塘中间的路上,看见父亲来势很凶,于是他说,如果父亲再追上来打他,他就跳到水里去……结果,讲和了;这一面,他向父亲磕头请罪;那一面,父亲不再打他了,客人散了。他随着母亲回到家里。父亲进去了,躺在床上,母亲领着他走进房里去,叫他对父亲跪下,但他只跪下一只脚,母亲在他旁边用手压他的肩膀,叫他双膝跪下去。一场风暴才算平息;从此泽东同志更加懂了:只有反抗,只有斗争,才有胜利!

所谓引经据典和父亲斗争，那就是他父亲经常责备他懒惰和不孝……他就据理力争，为自己辩护，关于"懒惰"，泽东同志说，年纪大些的，应该比年纪小的多作工，父亲的年纪既然有自己的三倍大，因此应多工作些，而他到了父亲那样大的时候，一定比父亲更出力作工；关于"不孝"，他说：经书上讲的，父慈子孝，父慈在先，就是说，必父慈而后子孝。

我们想，他父亲听了这话以后一定又气又爱。因为他送儿子去读书，就正是希望儿子将来可以成为秀才，能引证经书，帮助他打赢官司，曾经有一次他和人起诉讼，对方引了一句适当的经典，使得他失败了，又据说是，有一次有人因讼事去请毛家接个唯一的秀才，秀才还没有接到，对方就让步了。父亲于是说："真要读书！"现在儿子居然也引起经书来了——可喜；但这一次又是自己输了——未免呕气吧。

根据我们所听到的关于泽东同志的父亲的身世，我们现在应该肯定，他父亲其实是一个勤俭起家的劳动者，务生产者，而决不是一般游手好闲，好吃懒作的"二流子"。那种勤劳生产的精神并不可厚非。虽然作米生意赚钱一事，不曾得到儿子的同情，这也可见泽东同志自小便不主张作损人利己的事，甚至是最小的，旧社会上一般认为是正当的。

泽东同志反对他父亲的专制，反对他父亲弄钱的办法。父亲教他写公账的时候如何"揩油"，他也不赞成。父亲常在夏天月亮底下教儿子们打算盘，要他们学会用两只手同时打。兄弟泽民同志那时在家里就真是被压迫的一个了；父亲交他或多或少的钱叫他去作农业或商业的生产，限定要交多少钱回来……泽民同志长大后，也真正成了会管家的人，乡人叫他为"程咬金"，在革命政权下泽民同志长于作财政经济的工作。我们想，倒也是他父亲教育之所赐吧，至于泽东同志后来研究陕甘宁边区财经工作，写出了有名的《财政、经济问题》[1]

---

[1] 即毛泽东1942年12月写的《经济问题与财政问题》，曾收入解放区出版的《毛泽东选集》中。建国后选其第一章，收入《毛泽东选集》第3卷，题为《抗日时期的经济问题和财政问题》。

一本书,那更是经过详细周密的调查研究工作所写成的有关国家经济建设之理论与实际的大著了。

泽东同志反对他父亲的专制,自然同情于在父权下受压迫的母亲。家里雇的长工,自然也是被压迫与被剥削的。泽东同志和严厉刻薄的父亲斗争的方法之一,便是联合母亲、兄弟、长工,结成"统一战线"以和压迫者对抗,同时泽东同志自己努力劳动,小心记账,这样父亲也就没有指摘他的口实了。

年十四五而志于救国

毛泽东同志继续贪读他所能找到的书。一天他读了一本论中国有被列强瓜分之危险的小册子,那里面讲到日本占领高丽、台湾,中国又失去了安南、缅甸等事。(到现在他还记得书中第一页第一句是:"呜呼,中国其亡矣!")读了这本书之后他很为祖国忧伤,认为每个中国人都有救中国的职责。毛泽东同志在这时期开始决定自己的志愿。

就由于这个志愿和求知欲,促成了毛泽东同志不顾父母亲的反对不去湘潭县城米店当学徒,而去湘乡县一个"新学堂"受新教育。于是一十六岁的毛泽东同志第一次离开了家乡韶山冲来到离家五十里路远的东台山下。

从湘乡县"望春门"出城步下石梯,坐上渡船,过一道河,走着很不整齐的石块铺成的路,就看见前面右边一座树木葱葱非常秀丽的山——"东台山"。离"龙城"[1]三四里地,在山麓底下不远,有一所整洁堂皇的房屋,围着一道圆的、用烧砖砌成的高墙,前后有两道各两扇很厚的黑漆大门,这就是"东山书院"。这时改为"湘乡县东山高等小学堂"。几年之后,改名为"湘乡第二联合城镇乡立高级小学校"。

黄昏时候,圆锥形的台山和尖尖的白色的七层宝塔的影子,倒插

---

[1] 萧三原注:"湘乡县城的街道是用鹅卵石铺的,象征龙鳞,故又名龙城。"

在围绕着校舍的"水池"里。

几个小同学和新来的毛泽东同志站在石桥上，靠着石栏杆说话，一面看操场上一些同学在打秋千，跨木马，跑的跑，笑的笑……。

已经好几天了，在一群小学生中间，在出进"东齐"、"西齐"（自修室）和教室、寝室的时候，同学们看到泽东同志一副明朗的面孔，和善有神的眼光，苗条的身材，穿着青大布的短褂子和裤子。他不像别的学生们穿得那么阔气：有时是袍子，白的绿的丝腰带，从青马褂后面靠左一点露出几寸来，青缎子薄皮底的鞋子，有时是时髦的学生装……不，泽东同志只有一套比较体面，粗布的衣服，听他的口音不是湘乡人。他说，家本在湘潭，但母亲是湘乡人，外祖父家姓文，这次就和文表弟[1]一道来的……大家都认得这姓文的同学，他去年就来了，绰号"笔刻子"。说到这里有几个人笑了。笑"笔刻子"那股寒酸气，也笑毛泽东同志穿着破烂和不时髦，又有这么一个表兄弟……再则毛泽东同志既不是湘乡人，自然不属于湘乡的上、中、下任何一里（县以下分里，等于区乡）。上里人和下里人常常斗争，毛泽东同志总是守中立。于是三方面的人都不当他作自己人。为了这事，他精神上曾感觉痛苦，但有极少数的同学和他很好。那就是处境也贫苦，穿着也不阔绰而认真求学上进的，再则是说话的口音和大多数湘乡人稍为不同。譬如说"我"，而不说湘乡人说："卯"（用新文字拼较正确——nnga）。

毛泽东同志说话慢慢的，态度很谦虚诚恳大方。在学校里他进步很快，教员们都欢喜他，特别是教经学和国文的教员们，因为他的古文写的很好。

在东山学堂里毛泽东同志也是自己找书读的时候多，有人送给一两种书：一种是说康有为的维新运动、戊戌变法的；一种是梁启超《新民丛报》，他就读了又读，差不多都能背诵得出来，那时候他非常崇拜康梁。

---

[1] 即文运昌。

有一次也是黄昏时，游戏完了，到了上自修的时间，摇铃了，一群小学生经过操场蜂拥而入自修室去。一个同学和毛泽东同志一起也向着学校第二道大门走，他看见那个小朋友[1]手里有本书。

——你那是什么书？

——《世界英雄豪杰传》。

——借给我读一读……

过了几天，他很客气的，像犯了错误似的还书给那个小朋友：

——对不住，我把书弄脏了！

那个同学打开一看，整册书都用墨笔打了许多圈点，圈得最密的是华盛顿、拿破仑、彼得大帝、迦德邻女皇、惠灵吞、格兰斯顿、卢梭、孟德斯鸠和林肯那些人的传记。毛泽东同志说：

——中国也要有这样的人物，我们应该讲求富国强兵之道，才不致蹈安南、高丽、印度的覆辙。你知道，中国有句古话："前车之覆，后车之鉴"。而且我们每个国民都应该努力，顾炎武说的好："天下兴亡，匹夫有责"。

停一会，他又说：

——中国积弱不振，要使他富强，独立起来，要有很长的时间，但是时间长，不要紧，你看，——他翻开书里面的一页，指着说——华盛顿经过了八年艰苦战争之后，才得到胜利，建立了美国……。

---

[1] 即萧三本人。

毛泽东同志的青年时代

一 卷入辛亥革命运动的漩涡

他的第一次政治行动

毛泽东同志在东山学校只住了一年。他开始想到更远更大的地方——长沙去,他还是"走湘乡路线",请东山的一个教员介绍他到长沙省城里一个为湘乡人办的中学去投考。他由家里步行到了湘潭县城(在这里曾经去考一个高等小学,那学校的校长说,他太高了,不收),然后挤在湘江小火轮的统舱(即三等舱)里去到长沙。他心里兴奋极了,长沙城里非常热闹,街上的人非常多。他只害怕不能进那个"驻省湘乡中学"。但是出乎他意料之外,很顺利地被学校录取了。

那是辛亥革命的那一年,公历一千九百一一年。泽东同志到长沙时,自立和找出路的精神很强,进步很大。但是他还是和从前一样的自处朴素,待人谦和、注意。

在长沙毛泽东同志第一次看到一种报纸——《民力》报(同盟会于右任主编的)。那里面载着广州黄花岗七十二烈士为反抗满清起义而牺牲了的故事。领导这次起义的是长沙人黄兴,号克强。毛泽东同志读了之后非常感动。同时他知道了孙文和同盟会的纲领。他很兴奋,写了一篇文章,贴在学校的墙壁上。这是毛泽东同志第一次大胆独立地发表自己的政见。但那时他的思想是混杂的,他主张:从日本召回孙中山来作新政府的总统,康有为作内阁(国务)总理,梁启超作外交部长……自然,他那时候还并不知道康梁和孙中山主张的区别,只是混沌地意识到,讲维新、干革命的人们应该联合,团结起来以反对满清的专制独裁。

反对"铁路国有"(其实是将路权卖给外国人)的运动开始发动了。直隶、湖南、湖北、四川、广东各省闹的最激烈,人民要求立宪的运动也早已很普遍地展开了。(在全国各地组织起了很多立宪团体：梁启超组织东京政闻社，号召实行国会制度，建设责任政府，要求清朝实行立宪，上海有立宪公会，湖北有宪政预备会，湖南有宪政分会，广东有自治会，朱福锐、张謇组织预备立宪公会，不断向清朝政府请愿，要求实行立宪。一九〇六年满清政府只得颁布预备立宪的上谕，规定九年后实行立宪政治。一九〇七年各省设立"咨议局"，但规定它的宗旨只是"遵谕旨采各省之舆论，指陈各省利害，筹划地方治安"，这当然不是民意机关，人民都不满意。）学校里的同学们愈来愈激烈了。大多用剪去发辫的方式以表示排满的情绪。毛泽东同志和一个朋友首先自己剪去辫子，并且把别人的辫子也剪了去，一共剪了十多个人的，那些人原先也是约好了都要剪辫的，但后来又翻悔了，所以就用强迫手段剪。

那是辛亥革命的前夜。"驱除鞑虏，复兴中华"的口号已普遍地印在人们的心里。革命党人的活动加紧了。人民要求革命已很迫切了。少年热情的毛泽东同志立即卷入了这一革命运动的漩涡。

干革命——当兵去！

一九一一年十月十日，阴历辛亥年八月十九日武昌起义（原定阴历十月初一日——慈禧太后满寿日——起义，因革命党人的名单被满清侦探偷去了，开始有被捕被杀的，于是改为八月十九日起事）之后，长沙城里形势紧张。城门口、大街照壁上许多地方都贴出了湖南巡抚余城格的告示，宣布戒严。但是革命党人仍然在城内外各处秘密活动——有的在学校里演说，鼓动排满兴汉；有的在城外运动新军反正……。

一天湘乡驻省中学的校长允许一个革命党人来到学校，作了一篇激烈的演说。当时就有几个学生起来，拥护他的说话，痛斥满清，主张建立民主共和国。会场里的人一个个紧张的气都不出了。

毛泽东同志听了这次演说之后，非常激动，他心里想，自己对革命不能袖手旁观非参加不可，但又想要干革命，最好是去当兵。于是决定到湖南都督黎元洪部下当革命军去。他从同学那里募到了一些路费，又约好了几个朋友一道去武汉。听说那边的街道潮湿，非穿油鞋不可,他就向驻扎在长沙城外的新军里面一个朋友去借。但他到达兵营时,哨兵拦住了他。原来,在新军四十九标和五十标里面,已经有同盟会和哥老会的人在活动。黄兴是他们的一个领导者,但这时不在湖南(这种旧形式的民众组织——会党和新军是当时革命活动的主要地盘)。湖南哥老会红帮的头子焦达峰和陈作新在湖南的新军里已经做了工作,运动这两标人反正,响应武汉。毛泽东同志去到那里的时候,新军正领到了子弹,大批开进长沙城来。毛泽东同志立即回进城来——城门虽然闭了,但没有闩。他进了城,便站到一个高的地方观看。

那是阴历九月初一,一个星期日的早上。新军由城外协操坪向长沙城的小吴门开来。放了一排枪。一队人往荷花池去打军装局;大队就从小吴门进了城,直奔抚台衙门。抚台衙门的卫队也没有抵抗。平日威风十足的"抚台大人"余城格被迫投降,但终于在后墙挖了一个洞跑了。一会,巡抚衙门挂起了很大的白布旗子,旗的正中有用墨笔写一个大"汉"字(还是逼迫余城格写的)。渐渐城内各学校各机关,各商店也都扯起或大或小的白旗了。有的上面写个"汉"字,有的没有写。毛泽东同志回到湘乡中学的时候,校门上已经挂起了白旗,门口站了几个兵士。这样,湖南就向满清宣告独立了,光复了。到了下午就听说焦达峰和陈作新被举为湖南的正副都督。这天天气阴霾,人人个个心情紧张,但过了一会之后,立即感觉得轻松愉快——革命原来是这样"容易"的!

革命刚才开始,清朝还没有被推翻,还要打仗。长沙城里这时很是活跃。一面派兵去援助武汉,一面添招新兵。热心的青年学生们成立了学生军,毛泽东同志参加革命军的志愿没有改变。但认为学生军的基础不好,他不去,而决定参加正式军队,切切实实地帮助完成革命。因为他想要革命成功,就必需打仗,当兵是干革命最好的方法。(从这里我们现在也看得出,毛泽东同志在那时候就已经隐约地认识到了:革命非搞军事,非有武力是不成的。)

毛泽东同志这时只有十八岁,但是他的身材已相当高大。如果那个湘潭高小的校长嫌他太高了，不收他；那么现在当兵却高得好。收下了，入伍了。他入伍的这一连新兵驻扎在审判厅里面（审判厅也还没有开始办公）。大家住在那里，除照常操练操练和作其他一些杂事——当连排长搬住房的时候，兵士们要替他们抬床铺板，背被包、网篮之类的东西——之外，每天要到长沙城外白沙井去挑一担泉水回来，给大家煮饭及长官们泡茶用，这种水通常叫作"沙水"，有一首对联，上行是："常德德山山有德"，下行是："长沙沙水水无沙"。

由审判厅去白沙井，路是不近的；一担水也不轻，毛泽东同志挑不起，也有点不想挑它。他就向那些专门挑沙水进城来出卖的人买。每担水一百文铜钱。泽东同志挑着空桶走出"营房"，在就近街上买了水，倒满两桶，再挑回家，倒也不很困难。他这样时常买水，和那每天卖水给他的几个人也搞熟了。

在队伍里毛泽东同志和所有的士兵以及官长都相处的很好。他们有要寄信回家或给朋友的，就找泽东同志帮忙写，他都不推辞，耐心地帮助大家，他又和同班排的弟兄们时常谈话，问他们的家世状况……他们大都是诚实质朴的农民，也有挖煤的工人，铁匠等手工业者，泽东同志很喜欢他们。兵士们也都认泽东同志是自己的好朋友。只有个别的人习惯很坏。内中有一个新兵简直是个痞子，大家都讨厌他，很多人怕他。但毛泽东同志对付这个流氓却有办法，他始终不敢欺侮泽东同志，有时甚至自居下风。

开始赞成社会主义

那时候新军里每个月给每个兵士发七块钱的饷银。别人得了饷，就上街吃、喝、玩去了；有的就寄一部分钱回家去。毛泽东同志关了那七元的饷，除了吃饭要用两元以及买沙水要费一点钱之外，却别的什么也不花，只是自己订下几份报纸，每天一有工夫就读它。

还是在入伍之前，在湘乡中学的时候，泽东同志就喜欢看报，以后渐渐地简直成了"报癖"。每张报的四面，他一个字也不漏的看完，报纸上也有新闻，也有政论，也有各种各样的文章，他觉得，真是五花八门，美不胜收；从报纸上可以得到许多的知识。特别是从这时起他就注意研究时事和社会问题。(这种爱报纸的习惯，他后来，一直到现在都是如此。在井岗山时代，他曾特派队伍到城市邮局或豪绅家里去专找报纸，不要任何别的东西；在长征时，得一份报，他可以看几个钟点。在电讯联络缺乏的时期，他从报纸上了解国际国内政治军队形势……，现在他对党报的重视更是大家都知道的了。)

有一次，毛泽东同志在报纸上读到了谈社会主义的文章。此外还看到了几种论社会主义的小册子。这在当时是非常微小的、点滴的关于社会主义的介绍。作者大概也只是道听途说地转述的一点，或者只是从外国文翻译了一些词句，所论当然至不详尽。但对新鲜事物极富感觉和勇于承认真理的毛泽东同志读了之后，满心欢喜，非常赞成。他立即和学生及兵士们谈论它，认为是救人救世的最好的道理。这对他后来自觉地研究和相信科学的社会主义——马克思主义，不无影响，也未始不是一个根源。本来，他离开东山学校已经有一二年了，但还时常和旧日的同学们通信。现在他兴奋的很，把社会主义的道理写信告诉旧同学们。(记得后来只有一个姓毛名生炳的同学回了他的信，表示赞成。那毛生炳也是一个穷家子弟，读书用功，但因为其貌不扬，纨绔子弟的同学们是常常讥笑他和看他不起的，但泽东同志却和他好。)

且说武昌起义后，长沙首先响应，接着江西、陕西、山西、云南、江苏、浙江、广东、广西、福建、山东、四川、贵州、甘肃、新疆先后独立。不到一个月，革命军占了十七省。统治了中国二百六十八年的满清朝廷很快就倒了。但当时它还想作最后的挣扎，企图用再度让步的办法，来缓和革命——颁布宪法十九条，对君权大加限制，任命袁世凯组织内阁，作内阁总理大臣，谁知这个大地主大买办反动派的首领袁世凯，凭着他所掌握的北洋军队的实力，一面取得了清朝全部权力；一面派兵反攻武汉，占领汉阳，给幼弱的革命军以重大的打击，但立即又停止了军事行动。这样，武汉是稳住了。原拟固守南京的张勋也被打垮了。革命方面在上海召集的各省都督府联合会议到了武汉，现在来到南京，成立"中华民国临时政府",举孙文为临时大总统。

由于当时中国的工人阶级还很弱小的,没有成为独立的政治力量;农民、手工业者、小资产阶级及资产阶级知识份子、一切革命的民众,都散漫无组织,自觉程度还很不够;主持、参加以及附和革命的人民,阶层不同,目的不同。相同的只有一个目标:反满。除此之外,利害极不一致;而且矛盾百出———一句话,革命方面的阵容是非常软弱的。由于这种种原因,革命的果实竟落到了地主阶级、买办阶级、旧军阀、旧官僚的手中去了。这些阶层的代表袁世凯用自己的权术,窃取了一切(湖南的都督也换了谭延闿,起义有功的焦达峰和陈作新都被阴谋暗杀了)。参加及附和革命的各种上层人物都和袁世凯妥协起来,都认为革命已经成功,主张南北议和,中国"统一"。条件完全照袁世凯的意思;清帝退位,孙中山把大总统让给袁世凯,南京政府宣布解散,中华民国的首都还是在北京……本来孙中山是不赞成这些办法的,但那时很多革命党人也都存着升官发财的思想,赞成无原则的妥协调和与"统一",孙中山那时简直孤立了,后来他曾说:"辛亥革命是失败了"。是的,这次革命是流产了。

好啦,南北议和成功了,中国"统一"了。既议和就不要打仗了,既不打仗,还当兵作什么呢?毛泽东同志想到这里就决定退伍,他把此意一说,连排长们都挽留他,并且说,当兵能有出路,意思是说,能升官发财的。但毛泽东同志不愿再留,结果,还是离开了兵营,开展他此后继续求学、自修的生活和初步的社会活动。

而在这半年的兵士生活中,毛泽东同志实地了解和学得了不少的东西。

二 他是怎样刻苦自学的

漂泊在长沙城

走出兵营,毛泽东同志决定继续求学,他开始留心报纸上各种各色的广告，由警官学校、肥皂制造学校、法政学校到商业学校……他天真的先后缴纳过五六次的报名费，每次每校一元。那些广告曾的确使一般青年着迷！朋友的怂恿也起着作用。因此毛泽东同志在那时候，一时想成为"制皂工程师"，可以富国利民；一时——法律家和法官，一时——经济学家，以便为国家建设经济……。在已经考取了甲种商业学校之后，又看见了高等商业学校的广告，那是省立的，功课好，教员好……于是一面报名，一面写信给他父亲。父亲是一向就赞成儿子经商的，小时就曾打算送他去米店作学徒，接了信后当然高兴同意了。但那高等商业学校的一大半课程都是用英文教，教科书也是英文原本（那时候这样作是时髦的）。毛泽东同志和许多被录取了的同学一样，英文程度并不高（我们可以想见，那时学校当局招收学生之随便，只要有人考，不管各科程度如何，都收，因为办学校的只是图名与利，入学的只是为了文凭而来），在那里住了一个月就走了。

再继续看广告。又花了一元钱向省立第一中学报名。去考了，过天去看榜，考取了第一名。同时同他去考由他"枪替"（代写文章）的也考取了。校长符定一先生和教员们特别欢迎这个考第一名的新生——毛泽东同志；但怀疑他的文章不是自己作的，乃再举行面试，结果证明，他自己写的文章的确很好。于是大家对毛泽东同志非常称赞，要他一定入校。毛泽东同志也就果然进了这第一中学。但这里的课程对他是很有限制而肤浅的，学校规则又颇烦琐，不能使他满足，因此在这校住了半年他又走了。

但这第一中学有位国文教员对毛泽东同志很有帮助（他好文学，所以和这位教员颇接近），他从这位教员处借了一部《御批通鉴辑览》来自己看，觉得很有趣味。也由于看这部书，他觉得自己读书，自己研究，比进学校更有益处。于是他定了一个完全自修的读书计划，每天到湖南省立图书馆里去读书。

要求学还是靠自修

长沙城里亭台并不很高，站在台上也望不了多远，但有楼，现改为图书馆。楼上放置各种中外书籍,楼下大厅为阅览室。这里有花园,院内有不大的金鱼池。这是湖南第一个图书馆,这时开办不久,每天去看书的也不多。但每天一开门,就有一个青年人,个子高高的,穿着朴朴素素的,不急不缓地走进馆里来。他取到了书,就伏在阅览室的桌前无声的看,简直就不休息,一直到馆要关门的时候才出去,天天如此,风雨无间,这就是毛泽东同志。他在这里非常专心地用功读书,整天内就只在中午时候出去买几个包子充饥,也算是他休息的时间。一到了图书馆"就像牛进了菜园"(泽东同志自己回忆这个时候情景的话),什么书都找来读:世界历史、世界地理、亚当斯密的《原富》、达尔文的《物种原始论》、穆勒的《名学》、斯宾赛尔的《群学肄言》[1]、孟德斯鸠的《法意》[2]、和卢梭的著作,以及古代希腊、罗马的文艺作品……总之,凡是当时从外国文译成中文的名著,他差不多都读遍了。

毛泽东同志白天去图书馆看书,晚上回"湘乡会馆"住宿。这样勤谨而贫苦的生活又过了半年多。在这期间之内,无疑的他又得到了许多学问。

但是他没有钱用了。不进学校,不谋职业,在家里看来,这是不正规的,因此不给他接济了。会馆也不能住下去了,得另找栖身之处。同时他认真的考虑了一下自己的前途,认为自己最适宜于教书。一天看到报上一个广告:

"湖南省立第一师范学校招生!"

"不收学膳费!"

"毕业之后为教育服务","教育是立国之本",等等等等。毛泽东同志很高兴。两个朋友都劝他去考,也因为希望他为他们"枪替"。写信去家里,回信赞成。去考了。自己写了论文之外,还替朋友写了两篇。结果三个都考取了,后来毛泽东同志笑说:他考取了三通。

---

[1] 即斯宾塞著《逻辑》。
[2] 即《法的精神》。

学习抓住中心

长沙城南门外妙高峰（这里有一个中学）下面偏南一点，新建设了一座西式的楼房，规模颇大，堪称堂皇。铁栏杆墙，外面临街筑有一条不很宽的马路，——这便是湖南省立第一师范学校。（它的前身是城南书院，后改为中路师范学堂，此时改为现名。）在五四运动及大革命时代，这第一师范在湖南起着北京大学在北中国的作用。湖南学生界，文化教育界许多社会政治活动，大都是第一师范倡头的。第一师范的学生参加社会政治的很多。他们也作学生运动，也作工人运动，他们之中很多加入了共产党，成为了中国革命运动中优秀的领导人物。这些和毛泽东同志都是分不开的。中国人民的领袖——毛泽东同志曾在这学校住了五年，直到毕业。在这里他求得了学问，取得了初步社会活动的经验。在这里他的政治观念开始确定了。在这时期显出来他是一个天才的组织家，是一个群众的领袖。在这时期他团结了同学同志，便成为革命运动的骨干。

毛泽东同志考入第一师范时，编入戊班，即第五班。入学以后，他仍是非常好学的。但还是以自修为主，经常读书不倦。同学们很快就都佩服他的天才，他的严肃治学的精神，他的朴实、诚恳、谦虚的态度。他的作文一出，全校哄动，教员把它贴在学监室的对面走廊上，课余时那里围满了人，在读着传观的文章。但毛泽东同志并不自恃聪明，或者骄傲自满。相反，他的求知欲望非常之强，肯用苦功。晚上学校规定的自修时间短了，他就在寝室里继续读书。学校吹号，熄灯了，他就自备一盏灯，下面用一节竹筒垫起，坐在床上看书，有时通宵不眠。（有一次不知怎的失火了，燃烧了蚊帐、火延到上面一层铺，因学校的铺是上下两层的，这几乎惹起了一场风波，第二天学校行政方面挂牌，记他大过一次，但是他满不在乎。）

毛泽东同志在学校里虽然也照例上课，但他有自己的读书计划。他注重自修。当抓住一个中心问题时，就专门研究它，一切别的什么功课就不管了。他喜欢社会科学，根本不理其他不切实用的功课，例如考试图画，他画一个椭圆说是鸡蛋，就交卷了……他的主意是：

只要一二门功课考取一百分,其余纵是得零分,但平均能得六十分,可以及格就得了。有一个时期毛泽东同志专门研究中国历史,把所有关于中国历史的书,无论新的旧的都找了来,于是继续不断一本一本的研究。在教室内上课的时候,不管讲台上教员在讲什么,他总是看他自己带来的书,为了"顾全大局"和教员的面子,他把讲的教科书摆在上面,下面盖着他自己要读的书。有时候就简直不上课,因为学校当局规定要学的一些乱七八糟的功课,并不切合实用,这破坏着他的读书计划。曾有一次,他为了要读完一部书,向学监请假,说是病了不能上课……在医务所读完那部书之后,他出来销假,说:病好了。当学监王某一天对他说:"你多自修是可以的,但不上课就不行呵,这破坏校规呵。"泽东同志说:"上那些无用的课就破坏我的学习计划,我不能够。"又说:"好的,一定要我上课,我就要向教员提问题,教员答不出,就请他滚蛋!那时候莫怪我为难了他们呵!"……王学监也没有法子勉强他了,因为当时的确有些教员的学问是很浅薄的。

(在任何环境内能自己读书的习惯,泽东同志是养成了的。他曾故意蹲在人们来往嘈杂的城门口看书,以锻炼在闹中求静的本领。)

学校行政方面不欢喜毛泽东同志之破坏校规,但又爱他之有才能。有几次行政方面为顾及自己的"威信",讨论开除他出校的问题。这时一个很有威望和信仰的教员杨昌济先生说道:"毛泽东是一个特别学生,你们不懂得他,不能拿寻常校规来论!"

有一次校方又要开除他,教国文的袁吉六先生,大胡子,出来担保,又得以留下。袁先生很器重毛泽东同志,但起初不称赞他"梁启超式"的文章,说那只是半通,要他攻韩愈等唐宋八大家……。

第三次学校要开除他而没有实行,是因为有名的数学教员王立庵先生给保住了。毛泽东同志那时并不喜学数学,考试时甚至交过白卷子,但王先生仍是器重他的。学校放假期间泽东同志不回家去,留在长沙城时,还曾在王家住过,也并不是向他学数学,王先生却供给他食住。

学问，学问，好学要好问

杨昌济（号怀中）先生对毛泽东同志和许多同学，影响很大。杨先生是长沙人，在第一师范教伦理学、论理学、心理学、教育学、哲学，他曾在日本留学六年，又在英国留学四年，但始终不离中国的理学传统，喜讲周、程、朱、张，喜讲康德、斯宾赛尔和卢梭的"爱弥儿"……，杨先生并不善于辞令，也不装腔作势，但他能得听讲者很大的注意与尊敬，大家都佩服他的道德、学问。他的讲学的精神，使得在他的周围，形成了认真思想、认真求学的学生之一群——毛泽东同志、蔡和森同志（泽东同志在第一师范时的至友，湘乡人，家贫好学，后去法国，在勤工俭学生及华工中组织共产主义的团体，回国后在中共中央作宣传工作，成为中国革命一个优秀的领导者，一九三〇年在广州牺牲了）[1]、陈昌同志（号章甫，浏阳人，长于演说，后入共产党，在大革命失败后牺牲了）[2] 等每逢星期日，就到杨先生的家里去讲学问道。杨先生是诲人不倦的，也很器重毛、蔡、陈等几个学生。杨先生曾说："没有哲学思想的人便很庸俗。"……他对他们讲中国及西洋的哲学，讲青年的前途，人们应有人生观、世界观或宇宙观……他的哲学的基础虽是唯心论，但那时对毛泽东同志等的影响颇大。泽东同志曾有一次作一篇文章，题目是"心之力"，大得杨先生的称赞，评了一百分。

在第一师范时毛泽东同志的求知欲是非常发达的。除在校自修及找本校的教员问学外，长沙城里不时有所谓名流学者从外省来的，泽东同志常一个人去拜访他们，向他们虚心请教，想从他们得到一些新的知识。访问回来之后，他又常常向同学们谈论他对于被访者的印象，并加以自己对他们的批判。

---

[1] 蔡和森（1895—1931）又名蔡林彬，湖南湘乡永丰镇（今属双峰县）人。早年在湖南省立第一师范学校与毛泽东同学，并一起发起组织新民学会。1919年赴法国勤工俭学，1921年回国。曾任中共中央机关刊物《向导》周报主编、中央宣传部部长、中央委员、中央政治局委员。1931年在广州牺牲。

[2] 陈昌（1894—1930），字章甫，湖南浏阳人，新民学会会员，中共党员，湖南省立第一师范学校学生，与毛泽东同学。1915年毕业后，任长沙县正美小学教师。1917年在一师附小任教。后从事工人运动，1926年任水口山铅锌矿工会主任，1927年大革命失败后，继续坚持斗争。1929年去上海，被派往湘西贺龙部工作，途经澧县时被捕，1930年在长沙就义。

长沙城里曾有人举办过"船山学社",每星期日设座讲学,讲王船山的种种,泽东同志也去听讲。

他常对人说,学问二字连起来成一个名词是很有意义的。我们不但要好学,而且要好问。

日浴、风浴、雨浴及其他

杨怀中先生对同学的影响不仅在讲学上,而且在生活规则或规则生活上。他废止朝食,行深呼吸,主静坐,作体操,成年行冷水浴,冬天也不间断。青年热情的毛泽东、蔡和森等同学也模仿他,大概有一年多二年他们都不曾吃早饭。以后更进一步,每天只吃一顿。一个暑假期内,毛、蔡和张昆弟同志[1](益阳人,号芝圃,后来在共产党内作工人运动,大革命失败后牺牲了)三人住在长沙对河岳麓山上的爱晚亭读书、休养,每天吃新蚕豆一顿,既废朝食,也不晚餐。在那里他们每天清早在山上打坐,然后下来去塘里或河里洗冷水澡。这样继续到假期满后回校,到冬天十一月里还不停止。毛泽东同志等更扩大浴的范围。在太阳下面,在大风里,在大雨底下,赤着身体让晒、让吹、让淋。泽东同志叫这作"日浴"、"风浴"、"雨浴"。那时他们也常去水陆洲——湘江游泳。凡此一切,目的在锻炼身体。他们又常去山中"练嗓子"——对着树木大声讲话,朗诵唐诗;在长沙城墙上天心阁一带对着风大声叫喊⋯⋯

在爱晚亭住的时候,毛泽东同志等只各有一条面巾、一把雨伞和随身的衣服。泽东同志常着的是一件"土地袍子"(灰布的长袍子)。

夜里他们露宿,睡草上,彼此离得远远的,怕空气不好⋯⋯。

回学校里他们就在操场里露宿,直到打霜以后。

长沙的夏天是很热的。有些人们很早就到岳麓山去游息。几个人上山来了,走进一座庙里去休息休息。他们看见在露天底下,在一

---

[1] 张昆弟(1894—1932),湖南益阳人,省立第一师范学校学生,新民学会会员。1919年赴法勤工俭学,1921年冬回国,1922年加入中国共产党,参加领导过京汉铁路工人大罢工。1928年出席中国共产党在莫斯科召开的"六大",1931年,以中央工运特派员身份到湘鄂西苏区,曾任红五军团政治部主任。1932年牺牲于洪湖地区。

条长板凳上睡着一个人，从头到脚都是报纸包着。游人来了，吵醒了他。他动了一动，翻过身从报纸包里出来，起身去了。这就是毛泽东同志。在露天下睡，空气好些，不热些。为什么用报纸将自己全身包起来呢？因为山上蚊子多的很，他却没有蚊帐抵御它们咬。

在山上他们一天早晚就是体操、静坐、读书、看报、谈论、思考问题。

游　　学

一个夏天，毛泽东同志利用暑假期间，游历湖南各县。他从长沙动身，徒步游历了宁乡、平江、浏阳等五个县。身边一个钱也不带，走遍许多地方。遇到政府机关、学校、商家，他就作一首对联送去，然后人们给他吃饭或打发几个钱，天黑了就留他住宿。这在旧社会叫做"游学"。没有出路的读书人，又不肯从事体力劳动作生产的事，就靠写字作对联送人，"打秋风"以糊口。毛泽东同志却用这个办法来游历乡土，考察农民生活，了解各处风俗习惯——这是他这个举动的现实主义的一面。他因为看了一份报纸上记载着两个中国学生周游全中国，到达了打箭炉……的故事，羡慕得很，也想这样作，但是他没有旅费（盘缠），于是用变相的行乞办法，先游湖南。——我们说，这是毛泽东同志青年时代浪漫蒂克的一面。

又一个夏天，毛泽东同志和蔡和森同志同道去湘阴、益阳、岳州——周游洞庭湖。他们两人由长沙岳麓山出发，走云湾寺，只带一把雨伞，伞把上缠一条手巾，脚上一双草鞋，也没有包袱。走时蔡和森同志对母、妹（即蔡畅同志）说："三两天就回来"。事实上过了一个多两个月才回家。路上毛泽东同志写了许多篇通讯，寄《湖南通俗报》，用很深刻、明白、晓畅而又俏皮的文字，暴露社会上各种现象。有一篇通讯述他们在湘阴参观过一个女学校，那里的校长、教员都是一些五十岁以上的胡子先生……泽东同志写了一句幽默讽刺的话说："胡子之作用大矣哉！"

他们回到岳麓山蔡家时，都是一身污黑。洗脸吃饭之后，他们告诉蔡伯母（和森同志之母）说，在路上是到一处吃一处。遇着寺庙，就进去和和尚谈天。给人家送字。农民有的害怕他们，见他们又不像送字的游学先生，又不像大叫化子，有的甚至使狗咬他们。有开明一点的，知道他们是游学送字的，但也有的说，他们是算八字的……沿途他们了解农村状况，如何收租和送租的，贫农的痛苦等等！和农民谈话后，有的就给他们饭吃，但害怕的还是多。他们有时就露宿，吃山楂子、蔷薇叶等东西（现在我们知道，这些东西含有很多"维他命"）。

政治头脑，善于分析、总结、概括的头脑

上面我们已经说过毛泽东同志对于报纸的爱好，自从他到了长沙——不，自从有了报纸，他就是一个最忠实的"报人"。在第一师范的自修室里，楼上楼下，灯光之下，人们都是咿唔念书的时候，你只要到那时学校里设在一头的阅报室去，总可以遇到毛泽东同志在那里看报。他注意的是国内外政治军事……形势。

第一师范学校的后面有操场（前面街对面有另一个操场），有不高的山丘。出学校的大门，往左还不远，有修好不久的粤汉铁路的一段——长株路。晚饭过后，学生们常到山上或者顺着铁路去散步，看火车开过去。有时他们往前面走到湘江的边岸，看水陆洲，看打鱼的划子、渡船……。在散步的时候，毛泽东同志对同伴们说述中国以及世界的新闻，有条有理，了如指掌。

那是第一次帝国主义世界大战的年代，毛泽东同志就好像是给同学们作每周以来国际国内军事政治的时事报告：奥国的太子怎样被杀死，威廉第二怎样出兵，凡尔登如何难攻，英法如何联盟，美国如何"参战"发财，日本如何趁火打劫，提出灭亡中国的二十一条……。"你的脑子真特别……"同学们惊叹地说——"我们同样也看了报的，为什么我们不如你分析的清楚呢？"

的确，毛泽东同志的政治头脑在这时候已经非常的发达了。他给同学们说时事问题的时候，常常联系到中国的历史以及近年来的中国事变。

第一师范校方订了长沙和上海的两份报纸。人数多，报纸少。毛泽东同志乃自己订阅一份。把新闻从头到尾看了之后，他裁下报纸两边或四周的白纸条，用绳线钉好。在那些不宽的长长的纸条上，他把在报上所见到的地理名字一个个都写上，然后对着地图看。写的是英文。同学们问他：

——你这是作什么呢？

毛泽东同志回答说：

——我学着写英文。再则，我把世界各国所有城市、港口、海洋、江河、山岳的名称记熟。还有，最重要的，报纸是活的历史，读它，可以增长许多知识。

有一个时期毛泽东同志是在专门研究地理，和专门研究历史时一样的办法——抓住中心，旁征博引，不离其宗，一直到有了相当的成绩才告一个段落。

三　初步的社会活动

组织家的天才

在湖南第一师范时，毛泽东同志的好学和为人，他的思想、言论、品行，他的自求进步的精神，他的富有自信力和不屈辱而又谦虚、诚恳的态度，他的倜傥、潇洒、阔达而又非常踏实的作风，引起同学们都对他表示衷心的钦佩。不少人受了他的影响而力求上进，向他看齐。他和同学友好们都以至诚相处，晤谈时只及学问文章与乎修身齐家治国平天下的大事，从不涉及私人生活问题。他高高的身材，微微有点弓的背，郑重的大踏的脚步；有大规模，但按部就班，又无表面铺张和个人出风头意思的活动；他的勤勉有恒的博览精细深入的专研；他的从容的，清楚的谈吐，略低着或偏着头听别人谈话，而自己只"嗯"，"是的"的回答，在倾听对方说完之后，他有条有理地给对谈者的分析，提出要点，作成结论，他的每句话都很中肯，都能启发人再往前进，再往远处大处着想，你有什么疑问，只要和他一谈，便一切迎刃而解，一如冰释的明朗化，一切都有了办法；他的办法、主意之多，他的异乎寻常人的丰富的创造性，他的无穷尽的毅力、智慧，他的异乎常人的明确和敏捷的判断力与推测力，他的大刀阔斧而又精细的气魄与风度……。在第一师范的同学们（以及后来和他同干革命的老同志们）找不出恰当的语句来形容他的时候，只好用这样一句半成语来赞美他：

——润之真是奇人有奇才！

而某些校内和校外的人们就直称他为"毛才子"。

有一次泽东同志对同学们说：

——世界上的人有两种：一种是部份才，一种是组织才。前者多而后者少。但每一个人都有他的长处。我们就应该鼓励发展、运用他的长处，不管那长处是很小的，有限的。我们看人首先就应该看他的长处。

后来在参加及领导革命运动时，泽东同志曾说：

——无论跛子、哑子、聋子、瞎子对革命都有用处。

又后来，他对同志们（组织部的工作人）说：

——对一个同志，首先要看他的相同处——他革命，他信仰马克思列宁主义……然后看他的不同处——有缺点，思想意识上有毛病……。

能看到并且鼓励、发展每个人的长处——这是伟大的组织家、革命家毛泽东同志后来成功的秘诀之一（说他的成功，绝不是为了他个人，而是为了解放中国民族中国人民的革命事业）。而对犯了错误的或误入歧途的或尚未觉悟的，无论是党内同志，或是党外朋友，甚至曾经是敌人（如俘虏兵等等）——坚持"治病救人"、"与人为善"的宽大政策，尤见毛泽东同志的大仁。

从这里也看得出，毛泽东同志从青年求学时起，到后来领导全党，领导全中国人民，这个思想就是一贯的。

学生自治会

毛泽东同志在第一师范最初所表现的活动力和组织力是他发起、组织了一个学生自治会。这也可说是他的社会活动的开始,他作民主主义运动的开始。

当时湖南的教育界(全国各地的教育界也大多如此),学校行政方面每每是非常专制、相当黑暗的。特别是作校长的,他得到这个位置,大都是靠官场的夤缘,自己的钻、捧、吹、拍而来。到了学校,他首先必引进一批自己的亲朋来作职员教员。那些人是不称职的,但学生们不敢反对。其次,校长总是总揽着学校的经济权的,从那里他可以贪污公款,装入自己的荷包里去。他于是剥削学生,伙食等等便搞的很坏。再则为校长的既是官方来的人,自然在校内一切都要遵循官方的意旨,于是学生们的一切活动都被禁止,都要受到镇压。学生们除了读死书外,休想有一丝儿自由作校内校外(社会)的各种活动。

这种情形第一师范也不是例外。学生们曾为此闹过好几次风潮,要求省政府撤换校长,要求社会舆论给予同情、声援、帮助。几次风潮中,毛泽东同志都是领导人。他站在学生群众立场上,毅然的起来拥护群众的利益,反对专制黑暗腐败的学校行政。就为了这个,校方曾打算开除他,但慑于同学们的拥护和个别教员的说项,没有能作到。

而毛泽东同志是得到全体同学热烈的拥护的。他趁着一位比较"开明"和也讲"民主"的校长任职的时候,泽东同志在校内发起、组织了一个学生自治会。这在湖南全省各学校是破天荒的事。讲"民主",其实有点沽名钓誉的学校行政首长无法拒绝。学生自治会对学生群众的作用很大——校方开行政或教育会议时,必定有学生自治会的代表参加。学校行政管理机关一切措施、决定,都要首先得到学生自治会的同意。学生群众有要求时,经过学生自治会向校方提出。一时学生的学习问题、生活问题、管理问题等等都得到比较圆满的解决。可以说,事实上全校那时五百来个同学都在毛泽东同志领导之下,他一有号召,全体同学就都行动起来。

到那时期第一师范学校的生活活跃极了。开成绩展览会啦、体育运动会啦、自由演说辩论会啦,各种专门问题的、学术的研究会啦……热闹得很。

开成绩展览会的时候,毛泽东同志写的文章和字,引起很多人参观,在批评簿子上,参观者大都特别提到他,称赞他。毛泽东同志被派去看守展览会时,他坐在那里看自己带去的书。

领导演说辩论会很出力的是陈昌同志。他很会演说,很会煽动,声音洪亮、语句有力。这是一个中等身材、白面漂亮、待人和善、日求进步的同学。大革命失败后被捕,临牺牲的时候,还作了一篇激昂慷慨的演说,痛骂国民党反动派刽子手,号召人民继续奋斗,听者大为感动,不愧为一个英勇的共产党员和壮烈的志士。

学生自治会及其所领导的各种研究会,在第一师范继续到后来许多年,一直到抗日战争初期,还存在着。第一师范(后来改为第一高中,内有师范班),在湖南被称为"亚高学府"(湖南大学为"最高学府"),在社会政治运动上非常活跃,这些组织起了很大的作用。

第一次"搞军事"和反军阀运动

湖南自从谭延闿作了督军以后,袁世凯想做皇帝,派了一个汤芗铭来作湖南督军。这汤芗铭曾经参加过同盟会,其实是为满清作侦探的,这时来到湖南以后,杀了许多的人,因此湖南人叫他为"汤屠户"。后来袁氏称帝,还给他封了个侯爵。……蔡锷在云南起义讨袁,孙中山也派人在长江一带联络活动,民国五年林祖涵(即我们现在的林老伯渠同志)、林祖梅、林德轩等来湖南作驱汤运动。袁世凯倒台后,汤芗铭自然得走(按:汤芗铭在抗日战争时作了汉奸,现在为民主社会党员,和张君劢一道出席蒋介石的猪仔"国民大会")[1]。一个短时期内湖南的省长是刘人熙老头,只作了七十来天就下台了,督

---

[1] 汤芗铭(1885—1975),袁世凯时期任湖南巡按使,袁死后被驱逐出湖南。抗战时任北平伪维持会会长,后转赴重庆。1946年任民主社会党组织部长,晚年从事佛学研究,病逝于北京。

军仍是谭延闿。冯国璋作大总统的时候，派了傅良佐来作湖南督军兼省长，这是直系北洋军阀的人。是这样来来去去，兵马不停，长沙城各学校的校舍就常常有军队来强占，使得各学校好几次只得"提前放假"……这次傅良佐的北军第八师在衡阳和护国军打了败仗之后，向长沙溃退，也是要占学校的房屋。第一师范学校在南门外，又是一栋很大很漂亮的西式楼房，一部分溃军自然想来占，学校行政方面完全没有了办法，所有的人真是束手无策了。这时毛泽东同志挺身而出，先把平日喜欢打足球的体育运动员们，如陈绍休（新民学会会员，浏阳人，后去法勤工俭学，病死巴黎）等组织起来，保卫学校，泽东同志和大家把教室里的桌椅板凳都搬出来，塞住所有的门——这就是准备作战时的障碍物。此外还缴了北兵的几支枪，就这样实行武装保卫学校。大多数胆小的同学们、教职员们都伏在后面寝室的天井里，枪声一响，一个个吓得不敢动一动。学校办事人和几个教员，平日神气十足的，这时都俯首帖耳，听从毛泽东同志的指挥。结果溃兵只对学校放了几枪，在南门外沿着铁路吆喊过去了。毛泽东同志等来到后山上对着溃兵们大喊，申斥了他们一顿，这栋很漂亮很大的校舍终于没有被占或被抢。——后来毛泽东同志笑说，他搞军事，恐怕这才真是第一次哩。[1]

民国初年，全国就是一个混乱的局面。二次革命，"护国之役"，云、贵、两广二次独立，"护法运动"……，北洋军阀，直系、皖系更迭，上台下台，湖南的局面也随着混乱起来。都督、督军、省长，你抢我夺，时常换人，傅良佐走了之后，一个短时期内是谭浩明统治着长沙——湖南。他是陆荣廷的部下，在岳阳一仗败了下来，他在长沙还出了一张告示说："岳阳小挫，兵家之常。本帅坐镇，自有主张。军民人等，毋得惊惶"。但是当天晚上，火车不断地往南开，那位"本帅"谭浩明已经走了。于是段祺瑞派的张敬尧来到长沙，作湖南的督军兼省长。张敬尧这个军阀对湖南一切进步思想和事业极力压

---

[1] 按《毛泽东年谱》，此事在1917年11月15日。

迫，毛泽东同志的社会政治活动就碰到了这个对头。由是而有后来的大的"驱张运动"（小的"驱张运动"是反对第一师范腐败的校长张干[1]，两个运动的领导者都是毛泽东同志），直至在湖南省，在全中国掀起广泛的反军阀运动。

湖南革命运动的核心组织——新民学会

一九一七年的夏天，在长沙城的各个学校里发现一张不大的信纸，上面写着很美的，不多的几行文字，第一句是"嘤鸣求友"，下面是征求有志上进，愿为救国救民出力者为同道……——就叫作告青年书吧。书后面签字的不是姓，也不是名，而是"二十八画生启事"（毛泽东三个字共有二十八画）。

这个启事在长沙的报纸上也登载了出来。

几十个热情的青年，大部分是第一师范的同学，也有几个其他学校的，响应了这个号召。毛泽东同志的这一"运动"的结果，组织成立了一个新民学会（取"大学之道在新民……日日新又日新"及反旧制度、主革新、为人民之意）。

暑假过了，同学们都从家里回到了学校。是秋高气爽的时候，枫叶开始脱落的日子，在湘江的对岸，岳麓山底下，在蔡和森同志的家里——他家租住的"为痴寄庐"内，集合了二三十人。蔡伯母母女们帮助着作了一顿好饭给大家吃了。在吃饭的前后，人们在屋子里，在河滩上讨论着学会的名称、宗旨、章程……毛泽东同志的主意最多、最好。就在这一天，学会成立了。泽东同志本是发起人，组织者，但他谦虚地谢绝正书记之职，只同意作副书记。[2] 学会的简章是："以砥砺品行，研究学术为宗旨"。会规有"不赌博，不狎妓，不懒惰"等条文。这里重要的是，长沙城里先进的青年们第一次团

---

[1] 张干（1884—1967），毛泽东就读湖南第一师范时任校长。1915年校方因向学生征收学费，引起学生反对，毛泽东领导了驱除张干的学潮。后张干被迫辞职。建国后毛泽东曾对张的生活给予照顾。
[2] 按《毛泽东年谱》，1918年4月14日新民学会成立，推举萧子升为总干事，毛泽东、陈书农为干事。不久，萧子升去法国，会务由毛泽东负责。

结在一个组织里了。

新民学会,对于后来湖南以及整个中国的命运,有极大的影响,它有过七八十个会员,内中绝大多数后来都成了中国共产主义运动中显著的活动者,在中国革命史上写下了不少光辉的页子,特别是大革命失败后及内战期间被反革命杀害的(以大概先后为序):

向警予同志——湖南溆浦人,中国共产党内最初的最有能干的妇女界的领袖,能说、能写、能作,大革命失败时在武汉慷慨就义;[1]

郭亮同志——湘潭人,湖南工人领袖,身材矮小,但非常精明能干,大革命后在长沙英勇地牺牲了;[2]

陈昌同志(见前);

张昆弟同志(见前);

罗学瓒同志——湘潭人,在长沙作工人运动,特别作人力车夫运动,大革命后牺牲了;[3]

蔡和森同志(见前);

夏曦同志——益阳人,十年内战时在红军中牺牲了;[4]

何叔衡同志——新民学会内和中国共产党内年龄最老的同志,中央红军离开江西开始长征后,被反革命逮捕,他拒捕致被打死;以及还有许多为人民解放事业而牺牲了的会员——他们的崇高的气节,他们的凛然的正气,他们的英勇伟大的革命事迹,永垂不朽,永远活在人民的心里!

假如第一师范学校在大革命时代,在学生运动、青年运动中起过很大的作用,那么新民学会就是一个核心的组织。它的会员在新文化

---

[1] 向警予(1895—1928),女,湖南溆浦人。新民学会会员。1919年底赴法勤工俭学,1922年回国,同年加入中国共产党。出席过中共第二、二、四次代表大会,任中央妇女部部长、妇女运动委员会书记等职。1928年春被捕。在狱中,与敌人进行了顽强斗争。同年5月1日英勇就义。

[2] 郭亮(1901—1928),湖南长沙人,1921年加入中国共产党,从事工人运动。1926年任湖南省总工会委员长,后任湖南、湖北省委书记,1928年3月被捕后被国民党当局杀害。

[3] 罗学瓒(1893—1930),号荣熙,湖南湘潭马家河(今属株洲县)人。在湖南省立第一师范学校时与毛泽东同学,新民学会会员。1919年赴法国勤工俭学。1921年回国后加入中国共产党。曾任中共湘区委员会委员、湖南省委委员、浙江省委书记等职。1930年牺牲于杭州。

[4] 夏曦(1901—1936),湖南益阳人,1921年加入中国共产党,历任湖南省委书记、中共湘鄂西分局书记,红军第3军政治委员、红6军团政治部主任等职。在湘西曾犯"肃反"扩大化错误。长征途中在贵州毕节渡河时溺水牺牲。

运动中，知识界运动中都是有力的支柱。到后来他们又切实地作工人运动与农民运动，成为社会政治运动的组织者与中坚力量了。因此，说新民学会是湖南——不仅湖南——共产党的前身，起过党小组的作用，都不为过。——而这些大都是毛泽东同志的影响，他的进步正确的思想，大无畏的作风，形成了一种革命的传统所致。

四　站在新文化运动的前哨

新文化运动开展在湖南

中国这个古国，几千年来长期地被封建主义统治着。历史上中国人民无数次的反抗运动，中国农民的革命运动，都被野心家利用了去。朝代更迭频繁，但封建性质一点不变。后一朝廷对前一朝廷的政权只是"取而代之"，人民仍然处在封建制度沉重的压控底下。自从世界资本帝国主义用通商、传教等方法和洋枪大炮冲破了"万里长城"之后，中华民族与中国人民更遭受了无穷的侵略、压迫、剥削。满清腐败政府对内专制独裁，对外丧权辱国，激起人民的反对，郁积久了，爆发而为辛亥革命。这是中国第一次资产阶级性质的民主主义的革命。这个革命的政治纲领是孙中山的民主主义——民族、民权、民生的三民主义，和西方的"属于民，由于民，为着民"，或中国话的民治、民有、民享，其实都可以用"民主主义"一个名词概括。这个民主主义代替了封建主义，半封建主义的"变法"、"维新"、"君主立宪"等等改良主义。

康有为、梁启超的文集，谭嗣同的仁学等等，毛泽东同志都曾研读过，并曾对它们发生过很大的兴趣。那时他的思想，他的"头脑是自由主义，民主改良主义和空想社会主义的有趣的混合物"。但是，自从辛亥革命以来，直到现在，他已经是革命的民主主义者了。这个民主主义，到五四运动时期，即"自从一九一四年爆发第一次帝国主义世界大战与一九一七年俄国十月革命在地球六分之一的土地上建立了社会主义国家以来，起了一个变化"（新民主主义论）。它在这时更加进了一步，增加了新的内容，因为在这时期，"中国反帝反封建的资产阶级民主革命已经发展到了一个新阶段"（毛泽东同志：五四运动，一九三九年为延安解放周刊纪念五四特辑写），毛泽东同志后来非常恰当地、科学地称之为"新民主主义"。

在上述那篇文章里毛泽东同志写道：

"二十四年前的五四运动，表现中国反帝反封建的资产阶级民主革命已经发展到了一个新阶段。五四运动之成为文化革命运动，不过是中国反帝反封建的资产阶级民主革命之一种表现形式。由于那个时期新的社会力量的生长与发展，使中国反帝反封建的资产阶级民主革命获得了一支生力军，这就是中国的工人阶级、学生群众与新兴民族资产阶级，而在五四时候，英勇出现于运动的先头的则是数十万的学生，这是五四运动比之辛亥革命进了一步的地方"。

他又说："中国的民主革命运动，知识份子是首先觉悟的成份，辛亥革命与五四运动都明显的表现了这一点"。[1]

对推动、促进学生群众和一般知识份子的觉悟起过很大作用的，是《新青年》杂志。这刊物到了湖南时，毛泽东同志首先注意它，爱读它，宣传介绍它。在同学们对那时的《东方杂志》、《教育》杂志，《庸言》（梁启超编）等刊物不感特别的爱或憎，以及看了《新青年》之后也只互谈某人的文章或文章的某段如何如何的时候，毛泽东同志就归纳它的内容并简单扼要地告诉同学们说："《新青年》的宗旨有两个：一是反对古文，提倡白话；二是反对旧礼教"。过一会他又说"《新青年》一提倡科学，二提倡民主，这杂志又是文化的，又是政治的"。

毛泽东同志在师范学校时的许多活动已经是民主主义的了，现在更锐敏地立即卷入到这个新文化运动——新民主主义运动的波涛里去，并站在浪头——运动的前哨。他开始在湖南传播、开展这个新思

---

[1]《毛泽东选集》第 2 卷正式发表的《五四运动》（人民出版社 1991 年版第 558—559 页）文中，文字略有变化。

潮。他贪读那些刊物，分析、归纳这一运动的本质，用通信等方法和全国新文化运动者联络。

组织留法勤工俭学，但自己不出国

在第一师范毕业后，毛泽东同志决定到北平（那时叫"北京"）去，借以和北方的新文化运动者取得联络。恰在那时有鼓吹留法勤工俭学的印刷物到了湖南。当时湖南（以及中国各省）一般愿意上进的青年，在中等学校毕业之后就都以升学无力为愁。看到了勤工俭学的宣传品，认为是解决继续求学这问题的大好机会。穷措大[1]也能出洋，引起了许多人的兴趣。毛泽东同志和蔡和森同志等在湖南发动、组织大批青年，先北上保定、北平预备法文，然后从上海坐法国邮船的所谓四等舱（实即货舱）放洋去法国。这个运动，在某种意义上，促进了湖南与北方新文化运动的联系。

毛泽东同志帮助青年同学们实现这个留法工作的计划，但自己不到欧洲去。他觉得，中国还有许多事物需要研究，需要作；把时间花在国内，比出洋留学等等更为有益。

从这里我们看到毛泽东同志的思想方法在那时便是异乎常人的、杰出的。我们也看出，毛泽东同志悉心研究中国问题、中国人民解放问题的思想，是从青少年时代就建立起来了的。我们试看，中国近代多少显著的人物，那一个没有去东洋或西洋各国住过或长或短的年月。（多少人——天真一类的——以出洋为求学必由之路，更有多少——狡黠之辈视留洋为"镀金"，以此为进身之阶。）惟独毛泽东同志直到现在没有出过国门一步！你说他很"土"吗？是的，他是土生土长道地纯粹的中国人。他是最富于民族本色、民族气魄、民族作风的中国人。他"是我们伟大民族的优秀传统的杰出的代表。他是天才的创造的马克思主义者，他将人类这一最高思想——马克思主义的普遍真理与中国革命的具体实践相结合，而把我国民族思想提到从来未

---

[1] 措大，亦作"醋大"，古代对贫寒读书人的蔑称。

有的合理的高度,并为灾难深重的中国民族与中国人民指出了达到彻底解放的唯一正确的完整的明确的道路——毛泽东道路"(刘少奇同志:《关于修改党章的报告》)[1]。

是的,毛泽东同志批判地接受了中华民族几千年以来的文化传统。他是中国优秀文化之集大成者。他继承了发扬了中华民族的文化思想。马克思主义、历史唯物论和辩证唯物论大大地帮助了毛泽东同志整理了这个民族思想,使之更加强了、提高了、科学化了。假如没有马克思主义,这个整理、加强、提高和科学化中国民族文化的工作是不可能的。另一方面,假如没有对中国历史文化最深刻的了解,没有对中国民族文化最好的修养,和假如没有丰富的中国社会知识与丰富的斗争经验,就绝不能很好地、创造性地接受马克思主义,领会它,精通它,并使它系统地中国化,"使之适合新的历史环境和中国的特殊条件"(同上),使之在中国生根。

毛泽东同志的历史知识、社会知识和斗争经验,都是超人地丰富的,因此他能很好地掌握并运用马克思主义,能将马克思主义的普遍真理与中国革命的具体实践相结合。因此他能为中华民族与中国人民的彻底解放指出一条唯一正确非常明确的大道,因此他成为了中国人民自古以来最伟大的真正的领袖、导师、救星。也因此,毛泽东思想,毛泽东同志的理论与实际又丰富了马克思主义,加入了许多新的珍藏到马克思主义的宝库里去。

今天无论在党内党外,在全中国,真正懂得中国最好最深刻的是毛泽东同志。但同时,他对世界各国的历史、地理、政治、社会现状都非常了解。许多外国人士去访问他时,都惊叹于他对各个国家的知识之丰富。他的"中学"与"西学"的修养都很高,很好——这都是他从青少年时代起直到现在,始终学而不厌,刻苦自修得来的呵。因此我们说,真正作到中国成语所说的"秀才不出门,能知天下事"的,正是毛泽东同志。是呵,毛泽东同志是提倡并作到了"中外古今化"的。

---

[1]《刘少奇选集》上卷(人民出版社1981年版第319页)《论党》一文中,这段文字略有修订。

在北平

　　毛泽东同志陪同几个预备去法国的湖南学生来到北平。这时候杨怀中先生在北京大学任教授，家住北京城的后门外。毛泽东同志和第一师范的几个旧同学，还是和在长沙时一样，经常到杨先生家里去。杨先生也还是和从前一样的关心、爱护自己的学生。

　　在这古老的京城里，毛泽东同志过着穷苦的公寓生活。就是来北平的路费也是借的。到了这里就得找工作，杨怀中教授介绍他去北京大学图书馆作助理员。登记来馆看书报者的姓名也是他职内事，每月薪金八元。

　　北大图书馆的馆长是李大钊（号守长）同志——北大的教授，著名的优秀进步的学者，俄国布尔塞维克十月革命，马克思主义思想来到中国，最早的介绍者和中国共产党创始人之一，党在北方的英明的领导者，一九二七年在北平被张作霖绞杀了，死时年仅三十八九岁。在北京，毛泽东同志和杨怀中先生的女儿杨开慧恋爱了，后来——一九二〇年结了婚，她是一个非常沉静幽娴的女人，受了父母很好的教育，从父亲那里早就知道毛泽东同志的为人。他们认识已有多年了。在北京相恋，在长沙结婚。后来毛泽东同志到了井岗山，开慧女士却留在湖南。反革命逮捕了她，千方百计逼迫她宣布和泽东同志脱离夫妇关系。但她坚决地拒绝了，反革命就杀了她，明知她是湖南最有道德学问的教授的女儿，明知道她是没有作什么共产主义的活动，仅仅因为她是毛泽东同志的妻室，就杀了她，并且把她的头挂在长沙城门口示众三天！（这一事件曾震动全中国，当时上海等地的报纸用大标题登载开慧女士被杀的消息，附小标题："毛泽东为名儒之婿"。）

　　在北京时毛泽东同志一面在北大图书馆工作，一面继续自修——还是又学又问。由杨先生的介绍，泽东同志和湖南去的几个旧同学曾几次去访问北京的学者、名流，向他们请教。在北京，他不断地上进，虽则当时一些新文化运动的"健将"并不愿意理会一个带着很重的南方口音的图书馆里面的小职员。

　　这时候毛泽东同志读到了几本宣传无政府主义的小册子，曾经有过很短的时间，也和当时中国许多青年一样，受了它的影响；但很快就被科学的共产主义所代替了。在北京毛泽东同志加入了北大的哲学和新闻学的研究会社。就这样他也曾"跨过大学的门"，而且曾预备去北大旁听哩。

毛泽东同志在这时期对政治与学术思想的兴趣更加增高了。

开始了大规模的革命活动

（五四运动——青年学生运动——主编《湘江评论》）

一批预备留法的学生去上海。毛泽东同志只有一张由北平到天津的火车票，幸而借了十元钱，又坐了火车到了浦口（中间他游历了孔子、颜子、孟子的故乡和坟墓）。现在他只剩下两个铜子了，一只布鞋也被扒手偷走了。正在非常狼狈但并不着急之时，又幸而碰到了湖南的老朋友，借了钱，买了鞋子和去上海的车票。留法学生们募得了一笔款子，从中抽出很少的数目，资助毛泽东同志回到了湖南。

长沙城湘江的对岸岳麓书院里设了一个湖南大学筹备处，毛泽东同志就住在这里。现在他又恢复每天吃一顿蚕豆的生活。同时更积极的作政治上的活动——首先是学生运动。

第一次世界大战。"中国资本主义经济已有进一步的发展，而当时中国的革命知识阶级眼见得俄、德、奥三个帝国主义国家已经瓦解，英法两大帝国主义国家已经受伤，而俄国无产阶级已经建立了社会主义国家，德、奥（匈牙利）、意三国无产阶级在革命中，因而发生了中国民族解放的希望"（"新民主主义论"）。特别是震动世界的俄国伟大的社会主义十月革命，列宁、斯大林党的布尔塞维克的民族政策，给予中国人民的影响异常巨大。

（自从苏维埃俄罗斯政府宣言取消帝俄时代与中国订立的一切不平等条约，放弃帝俄在中国所强取的一切特权，主张援助中国民族独立解放运动，和后来渐渐有些社会主义思想的书被介绍到中国来，中国人民对苏联渐渐了解了，也不再跟着帝国主义者喊什么"过激党"是洪水猛兽了。）

斯大林说的好:"十月革命在世界是一次空前的大革命,它唤起东方被压迫民族劳动群众的迷梦而引起他们与帝国主义斗争,在波斯、中国、印度。"

毛泽东同志说的对:"五四运动是在当时世界革命号召之下,是在俄国革命号召之下,是在列宁号召之下发生的。"(同上)

(一九一八年世界大战结束,在巴黎和会上中国外交失败的消息传来,参战的中国在和会上什么也没有得到,取消日本所加诸中国的二十一条的请求,也说不在和会讨论范围之内,倒是大战时日本趁火打劫,把德国在山东所有的各种特权夺去了,和平条约一五六条规定,都让给日本!)中国人民愤激的了不得,因而有一九一九年五月四日北京五千学生和市民的群众游行示威运动。"外争国权,内惩国贼","拒绝和约签字","废止二十一条","誓死争回青岛","抵制日货"的口号,喊得震天价响,火烧赵家楼,痛殴章宗祥。段祺瑞政府派出军警来弹压,捕去大批学生。第二天全北京的学生实行总罢课,表示反抗。五月六日"北京中等以上学校学生联合会"也成立了,发通电,散传单,组织讲演团——那真是讲者垂泪而道,听者掩面而泣……。

这一运动震动了全中国各地。天津、上海、南京、武汉、两广、福建、山西、陕西、浙江、江西、湖南、东三省的学生都起来响应,全国青年纷纷奔赴这反对日本帝国主义的潮流,大家要求组织,要求行动。

毛泽东同志这时在湖南。五四运动一起,他步出岳麓山,自己写,自己发了一个字数不多,激昂奋发的传单。传单的第一句是"同胞们,起来!"于是湖南学生也行动起来了。"湖南全省学生联合会"也成立了。

学生会出一个会刊——《湘江评论》,毛泽东同志拟定的名称,他被推担任编辑。这刊物的第一篇发刊词,就是主笔毛泽东同志写的,占了一半多的篇幅,激昂慷慨,热情奔放,使听者大为感动。《湘江评论》这个宣传反帝、反封建、反军阀、倡民主、倡科学、倡新文化的有名的报纸，不止于推动了湖南全省的学生青年运动，推动了湖南的知识界学术家教育文化界进步，同时给了全华南各地以很大的影响。这是毛泽东同志作革命的新闻工作、政论工作，社会政治文化活动的开始，是他初期革命活动中最鲜明的一章。《湘江评论》这刊物后来被张敬尧封禁了。

全国各地的学生代表集中于上海。六月十六日成立了"全国学生联合会"。

学生罢课转到了商人罢市，工人罢工。五四运动于是进入了新的阶段。它"发展到六三运动[1]时，就不但是知识份子，而有广大的无产阶级小资产阶级与资产阶级参加，成立了全国范围的革命运动了"（"新民主主义论"）。

上海铜锡业机器工人，印刷、纺织、火车、电车工人都罢工，尤以沪宁铁路工人罢工影响最大。上海商人六月五日罢市，其他商埠也群起响应。

这么一来，北京政府不得已于六月九日下令罢免曹汝霖、陆宗舆、章宗祥三个亲日大员，并答应在巴黎和约上不签字。果然，六月二十八日在巴黎的中国代表拒绝在和约上签字。这个消息传遍了全世界，给世界人士一个大的震动。

随着这一反帝国主义反封建主义的运动，作为它的最初表现形式和起了推动作用的新文化运动即"当时以反对旧道德，提倡新道德，反对旧文学，提倡新文学，为文化革命的两大旗帜"（"新民主主义论"）的运动，普及于全国的各个角落。许多新的报纸、杂志、小册子、丛书，如雨后春笋地出版了。李大钊的政治学术论文，鲁迅的小说都在这时期出现了。科学的社会主义被介绍到中国来了。

本来"五四运动时期虽然还没有中国共产党，但是已经有了大批的赞成俄国革命的具有初步共产主义思想的知识份子。五四运动，在

---

[1]《毛泽东选集》原注："一九一九年的五四爱国运动，至六月初转入一个新的阶段，以六月三日北京学生反抗军警镇压，集会讲演开始，由学生的罢课，发展到上海、南京、天津、杭州、武汉、九江以及山东、安徽各地的工人罢工，商人罢市。五四运动至此遂成为有无产阶级、城市小资产阶级和民族资产阶级参加的广大群众运动。"

其开始，是共产主义的知识份子、革命的小资产阶级知识份子与资产阶级知识份子（他们是当时的右翼）三部分人的统一战线革命运动"（"新民主主义论"）。到了后来，这个统一战线，参加这次革命运动的知识份子，文化界或思想界就起了分化：一部分以毛泽东同志和李大钊、瞿秋白、恽代英诸同志为中坚代表。由急进的革命民主主义走向无产阶级的社会主义，走向共产主义；一部分，以胡适为代表，走向点滴的经验主义实验主义，主张应多讨论些问题，少谈些主义，一直到主张什么"好人政府"……于是这些"当时的资产阶级知识份子……他们中间的大部分就与敌人妥协，站在反动方面了"（同上）。

这也就是毛泽东同志所说的："五四运动的发展路上分成了两个潮流，一部分人继承了五四运动的科学与民主的精神，并在马克思主义的基础上面给了改造，这就是共产党人及若干党外马克思主义者所做的工作。另一部分人则走到资产阶级的道路上去，这就是右翼，是形式主义向右翼的发展"（"反党八股"）[1]。

新民学会中间也起了分化，成为右翼和左翼两部分：少数人消极了，大部分朝气勃勃始终前进的份子，在毛泽东同志的影响与领导下，要求一个社会政治经济文化制度的彻底的改革。

这样，五四运动本身是失败了，失败的主要原因是当时这个运动没有普及到工农群众中去。"知识分子如果不与工农民众相结合，即将一事无成，辛亥革命与五四运动的失败，就是这个原因"（毛泽东："五四运动"）。但另一方面它"建立了伟大的功劳"，"五四运动在思想上与干部上准备了一九二一年中国共产党的成立，又准备了五卅运动与北伐战争"（"新民主主义论"）。

三四百个湖南学生，内中也有年长、进步、不畏艰苦的教育界前辈，如徐特立同志[2]，——全国各省共计约三千人左右（内中又有教

---

[1]《毛泽东选集》第 3 卷（人民出版社 1991 年版第 832 页）《反对党八股》一文中，文字略有修订。
[2] 徐特立（1877—1968），湖南长沙人，1913 年后在湖南第一师范任教，是毛泽东的老师。1919 年赴法国勤工俭学，1927 年入党，参加了南昌起义和长征。毕生关心教育事业，建国后任中共中央委员、中共中央宣传部副部长。

育家黄齐生先生）[1]，先后一批一批的从上海放洋去法国。一九二〇年夏，毛泽东同志第二次到上海，为了组织湖南人民的驱张（敬尧）运动和全国普遍的反军阀运动。这时有一批勤工俭学生启程去法国，毛泽东同志到了码头上来送行。高高的太阳照耀着黄浦江的水浪一摺一摺的，使得即将远离祖国的人们和送别的人们都不能抬起头来，久一点互相直视。还要一些时候才得启程。只见穿着浅蓝布大褂的毛泽东同志向船上的人摇了摇手，不等船开，便折身上坡，投到叫嚣拥挤、万头攒动的人海中去了。

在灾难深重的中华民族与中国人民的密层中，毛泽东同志继续并大大地开展他的多方面的革命活动——共产主义的革命运动，以实现他自少年代就日夜孜孜不忘的救国救民的抱负和志愿。

---

[1] 黄齐生（1879—1946），贵州安顺人，教育家，1921年赴法国勤工俭学，回国后长期从事国民教育和乡村建设工作。1946年4月8日与叶挺、王若飞等去延安途中，因飞机失事遇难。

毛泽东的初期革命活动

立国于大地,有了四五千年历史的中国,到近百年来竟成为半殖民地。有心人士奔走呼号,倡维新,主变法,尚格物,求富强,结会党……爆发了辛亥革命。但是这仍是"换汤不换药",直到一九一七年俄国社会主义十月革命震动了全世界,马克思—列宁主义的光辉才显赫地照耀了东方古中国的前途。五四运动以来马克思主义的著作渐渐有系统地输入到中国来了。它示给在第一次世界大战后愈益陷于苦闷的中国人民以新的出路、新的希望。古话说:"星星之火,可以燎原。"[1] 马克思、列宁主义在中国也是如此。一八四三年就已形成了的马克思主义,经过七十多年之久,来到中国。当时只是一线曙光。但这一线曙光,逐渐扩大了,展开了,光芒四射了。杰出的马克思主义者毛泽东同志掌握它和发挥它之后,今天人们看得见:它好像一轮红日高挂天空,中国大地遂成了光明世界。

一九二〇年毛泽东同志第二次到了北京的时候,热心地寻找及贪读了许多关于苏俄的书报。他读了《共产党宣言》、《阶级斗争》、《社会主义史》几种书。这些读物给一贯好学,善于精读,勇于追求和承认真理的毛泽东同志以很深的影响,建立了他对于马克思主义的信仰。从这时起他毫不犹豫地大踏步走上了马克思主义的大道。

卓绝的,不同于流俗的泽东同志,不似初期的中国的某些"马克思主义者"之只在书本子里钻研,脱离实际,遂成为教条的马克思主义者。他也不似机会主义者之歪曲革命的马克思主义。不,泽东同志一开始就把马克思主义当作行动的指南针,他立即将这一普遍的、科学的真理,用于中国的革命实际。到后来,他在领导中国革命中,而且把马克思主义更具体发扬了。他善于用马克思主义之"矢",射中国革命之"的"。他将马克思主义中国化:他创造了整个体系的,中

---

[1]《书经·盘庚上》曰:"若火之燎于原,不可向迩。"清人严有禧《漱华随笔·贺相国》:"天下事皆起于微,成于慎,微之不慎,星火燎原,蚁穴溃堤。"毛泽东1930年1月5日给林彪的信,在收入《毛泽东选集》第1卷时,更名为《星星之火,可以燎原》。

国的马克思主义——最适合于中国革命的思想、思想方法、战略策略以及工作作风，最中国式的和最适应于中国革命的理论与实际。我想，要包括或概括这一全部的丰富的内容，只有一个术语——"毛泽东主义"。自然，关于这些道理需要深入的、专门的、系统的研究和说明，不是这篇文章所能胜任的。我们只希望在后面，在叙述泽东同志在大革命、内战、抗战诸时期的措施和言论时，能让读者看到和体会到"毛泽东主义"——中国的马克思主义的精神和实质之一部份。

一九二〇年夏，泽东同志不仅在理论上，而且在某种行动上已经是决不动摇的马克思主义者了。同年的秋冬他就在马克思主义理论的领导下，和十月革命的影响下，进行着中国工人阶级底政治的组织，首先领导着湖南人民，和工人的革命运动。可以说，从这时起，毛泽东同志在中国，在东方已经高高地举起了马克思主义的旗帜。

组织！组织！斗争！斗争！

曾经剥削，统治湖南的反动的北洋军阀张敬尧被驱走了。刚从第一师范学校毕业出来，不久，游历了北平、天津、上海归来的毛泽东同志实际上领导了人民的"驱张运动"。他代表"新民学会"（一个起初是一群前进青年的团体，后来其中的左翼主张改革社会政治经济的组织和当时湖北恽代英等同志的"利群学社"，同样起过联共党初期"马克思主义小组"的作用），和《湘江评论》（一个提倡新文化，提倡民主，反帝反军阀反封建的报纸，主编者即泽东同志，报纸被张敬尧封禁了），再度赴北京，在那里组织普遍的反军阀运动，后来又到了上海。这时回到了长沙。在这里他一面作小学教员（任湖南省立第一师范附属小学主事），一面作社会的、政治的活动。

泽东同志活动的范围一天天更宽广，更多方面，更深入了。在这先后几年之内，他发起，成立了许多革命性质的群众的组织。在长沙他曾和一些同志组织了一个"文化书社"——一个研究新文化和民主政治的组织，他吸引了某些名流参加这种事业。"文化书社"在传播新文化书报杂志的工作上有过很大的成绩。在"文化书社"里售卖各种进步的，共产主义的刊物。在书社的楼上经常开共产主义者的会议。后来实际上它成了共产党的一个机关。有趣味的是，它的招牌"文化书社"四个字，不是别人，而是当时退职了的湖南督军兼省长谭延闿写的。

作过七十二天湖南省长的刘人熙讲学过的"船山学社"，也由毛泽东同志接办，作为革命知识者集聚的地方。何叔衡同志作了社长。

泽东同志又组织了一个"自修大学"（也吸引了些名流，如赞成过二次独立的省议员仇贤等参加、帮助）——后来又组织了"湘江中学"。

不久以后，又组织了一个"青年图书馆"……

在这些机关里集合了差不多湖南全省先进的、革命的、倾向马克思主义的知识份子，培养了不少的共产主义运动的干部。这些机关成为了共产党的合法的组织。

还是张敬尧统治湖南的时候，湖南人民对北洋军阀政府就已非常不满。毛泽东同志、彭璜[1]（湖南全省学生联合会的）、龙坚公[2]（长沙《大公报》的）三人联名发表宣言，主张湖南独立，实行省自治。宣言征求湖南广大各界人士签名，泽东同志亲自在长沙街道上散发这个宣旨。

素取八面玲珑著名，绰号"水晶球"的谭延闿失势后，由同盟会员杨庶坚等之介绍，接近了那时在西南颇为活动的孙中山。一九一九年夏张敬尧被赶走了。谭延闿得西南之助重新上台——第三次督湘。

泽东同志在上海时就计划着如何改造湖南。现在回到长沙，开始着手组织。结果，一个"湖南改造大同盟"出现了。

不久，谭延闿被赵恒惕推倒了，赵作了湖南省长。在"湘人治湘"的口号下，他倡"湖南自治"，并提出中国"联省自治"的主张。毛泽东同志从下层群众发动，利用统治阶级虚伪的，为自身个人利

---

[1] 彭璜（1896—1921），字荫柏，湖南湘乡人。新民学会会员，1919年6月任湖南学生联合会会长，1920年8月，与毛泽东等在长沙创办文化书社，并参加组织俄罗斯研究会。
[2] 即龙彝（1888—1951），笔名兼公。湖南湘潭人，时任长沙《大公报》主笔。

益打算的所谓"自治运动",作有益于劳苦人民大众的事业。统治者虚伪的面目立即被揭穿了。赵恒惕一攫取了政权,便极力压制民主运动。人民要求男女平权和代议制政府,而当时省议会的议员多半是军阀指派的地主豪绅们,泽东同志等率领市民群众,捣毁这省议会,把那里面挂的许多匾额等等都扯了下来。……这个直接行动给予湖南社会以非常大的震动。

十月革命第三周年纪念日,毛泽东同志所领导的"新民学会"等团体在长沙组织了一个游行示威。武装的警察向示威群众攻击。经过剧烈的斗争之后,示威的队伍散了。但是这一次游行在唤醒人民群众起来的政治意义上有它的很大的作用,只有由群众行动得来的群众的力量,才能保障有大的改革的实现——泽东同志看出了,相信了这个真理。

"马克思主义研究会"由毛泽东同志发起,组织成立了。他后来又担任第一师范同学会(包括已毕业的)会长,同时在第一师范教某一班的国文。同学会会址在妙高峰上几间房子里。这里又是S.Y.——社会主义青年团的机关。泽东同志实际上领导发展这个组织,这个运动。

假如在第一师范时代泽东同志曾经取得了初步的社会活动的经验,那末,现在更能看出,他是卓绝优越的,有无穷毅力、活力和创造性的天才的,人民大众的政治家和组织家了。

找到了、具备着和工人接近的言语

马克思主义者,从历史唯物论及辩证唯物论懂得,只有工人阶级是革命的基本阶级、基本力量。马克思主义,有与工人运动结合,才能成为物质的力量。毛泽东同志除组织、领导一般的、社会各阶级的革命运动外,日夜孜孜不忘的是工人运动。

知识份子和工人群众结合的过程在当初是颇不容易的。在开始的时候,语言、习惯、服装、态度等等彼此相差很远。两方面都觉得格格不入。这时候革命的知识份子,马克思主义者只有放下臭架子,怀着满腔热忱，并甘心当群众的小学生，然后才能接近群众，渐渐也当群众的先生。

毛泽东同志下决心，脚踏实地，一步一步做去。农民出身的他，素来就具备有一项很大的，超乎常人的，几乎不可及的本领——他能找到和工人群众接近的大众的语言。他的诚诚恳恳的心，老老实实的态度，简单，透彻的语言，能够使任何工人信服。最疑难的事物，最深奥的道理，使他们理解得明明白白。

（一直到现在，毛泽东同志仍然是第一个能用最浅显的语言说明最深奥的理论与最高深的原则的人。他的报告，演说，讲话是那样明白，浅显，通俗、动人、富于幽默，诙谐百出，妙趣横生，而又那样意味深长，涵义严正，备中肯綮，矢无虚发。他的说话当是形象亲切，有血有肉的。在同一礼堂里，工人、农民、兵士、老太婆们听了他的讲话不以为深，大学教授、文人、学士听了不以为浅。这种深入浅出的本领，在古今中外的巨人中间，我们只有将泽东同志比之于列宁和史太林，而泽东同志又独具其道地的，纯粹的中国的风格。）

泽东同志来到火车头修理厂找一个姓陈的广东工人，谈他的工作、工资……这工人觉得客人很亲切……

泽东同志走到一个成衣店，和裁缝们慢慢地谈他们的生活、工钱……成衣工人们觉得客人很开心。……

泽东同志来到铜元局——湖南造币厂，找工人谈……

泽东同志坐在一架人力车上，和车夫谈话，叫他慢慢地拉着走。走了一段路，泽东同志要车夫放下车，自己下车来，让车夫坐到车上去，泽东同志自己拉车。车夫起初不肯这样作，并且觉得客人有点怪。后来毕竟坐了车子，让泽东同志拉了一程路。到了停车场：泽东同志和他以及别的车夫说……

湖南第一纺纱厂成立了，开工了。无政府党人在纱厂里颇有影响。毛泽东同志过河去，找到了纱厂工人，谈了许多……

黑铅铁厂的工人，泥木工人，石印、铅印工人，面粉厂工人……都来找毛泽东同志，谈他们的生活，说出他们的要求……

还是一九一九年，就有第一师范和明德等学校的学生，在长沙城各处办了几个工人夜校。一九二〇年无政府主义者的"湖南劳工会"也组织起来了。

马克思主义者的毛泽东同志却深入工人群众，耐心耐烦，切切实实为工人作事、设想，向他们宣传。在每一工厂，每一行业里面，泽东同志发现积极份子、干部。经过他们，经过行动、斗争，渐渐把所有的产业工人和手工业者都组织起来。

这样，革命理论和革命实际密切结合起来，而由实际产生了更多更切实的原则或理论，这样，毛泽东同志开始奠定党的基础。

可纪念的"七一"和"三十节"

长沙城里除《大公报》、《新湘南报》等大报外，还有一种小型的《湖南通俗报》很受读者欢迎。通俗教育馆的馆长兼通俗报的经理是何叔衡同志——宁乡人，前清秀才，在楚怡小学教过书，为了教育或责备小学生，他常常自己哭。他有一口黑胡子，一对锐利的眼光，一腔热情，一颗赤诚的、力求进步的心，他是"新民学会"唯一年纪较大的会员。但是非常有精神，非常肯出力而能够刻苦的人。泽东同志曾笑说："何胡子是一条牛！"又说："何胡子是一堆感情。"五四运动、马克思主义，和毛泽东同志交游、吸引、推动了"何胡子"（同志们都这样叫他）。《通俗报》上的文章提出了人民自己的主张，批评了湖南统治者。

何叔衡同志任职后，《通俗报》馆第一次开会，毛泽东同志被邀请参加了。他对报纸上的改进，发表了很多意见。开会完了之后，泽东同志到那时刚从宁乡教小学出来，在作报纸总编辑的谢觉哉同志的房子里坐坐、谈谈，态度是非常恭敬、谦虚的。

泽东同志第二次"游学"（不带一文钱，靠送字糊口、旅行、考察）湖南各县——湘阴、岳州等处的时候，给《通俗报》写过通讯。

何叔衡同志办了十个月的《通俗报》，几个月后报纸的销路大盛。一九二一年夏天赵恒惕下令撤何叔衡同志的职。

一个晚上，毛泽东同志到《通俗报》馆，很快地就邀何胡子一同离开了长沙。他们两人带着很简单的行李由长沙经汉口，挤在长江轮船三等舱里，来到了上海。

一九二一年七月一日中国共产党在上海开第一次的成立大会（在一间小小的房子里，最后移到浙江嘉兴东湖开会，一天而结束）。在到会全体只十二个人（代表五十个党员）中间，湖南来的两个代表起初不怎样引起大家的注意。但是后来大大地显得与众不同。毛泽东同志的明了的说话总是很具体，扼要的。他所代表的组织已经有了实际的工作成绩。我们现在将其他十个到会的姓名开列一下。也是很有趣味的史实。那就是：今天我们的董老——董必武同志，陈潭秋同志，玉寒烬同志[1]（山东人，牺牲了），有张国焘（！）有周佛海（！）陈公博（！），有李达，李汉俊，有包惠僧，有俞秀松[2]。（那时陈独秀在广州，没有到会。）

在一次大会上展开了反对李汉俊的合法主义（即只作马克思主义的理论宣传，不发展党的组织，不作工人运动……）和反对另一种极"左"派的主张（即以无产阶级专政为直接斗争目标，不参加资产阶级的民主运动，不作任何合法的运动，一般地拒绝知识份子入党……）的斗争。在反对书生空谈的，小资产者的"左"右派机会主义的斗争中，毛泽东同志起了很大的作用。因为这是在中国共产党酝酿成立的时候，泽东同志已经奠下了湖南党的基础，他已经开始在湖南也作马克思理论宣传，也作工人运动，同时也已经参加资产阶级性的民主运动，也在和秘密工作配合的当中极力争取一切合法运动的可能。泽东同志一开始就用事实和斗争成绩粉碎"左"右派的机会主义。湖南党也因此特别有基础，特别实在，巩固。在这里我们看见，一个人的作风对整个事业的影响是如此之大的！

中共第一次代表大会后，毛泽东同志偕同何叔衡同志到了湖南。

一个秋凉的日子，在长沙城外协操坪旁边的公共坟墓场里，有

---

[1] 应为王烬美，山东代表。
[2] 有误，代表中没有俞秀松。正式代表中有邓恩铭和刘仁静，包惠僧不是正式代表。

几个人在散步。他们一时沉默地站在坟墓堆子和墓碑的中间，一时在坟墓中间的小路上走动，彼此热烈地谈论。在高高身材背略有点躬的毛泽东同志的旁边，走着宽眉膀、矮矮身材、一口黑胡子的何叔衡同志。此外还有三个人，内中有异常热诚朴实的湘乡人彭平之同志，这五个人这一天在这里讨论组织湖南共产党的问题。

就在"三十节"（一九二一年即中华民国十年十月十日）那一天湖南省的共产党支部正式成立了。泽东同志被选为书记，渐渐地长沙城里，首先是一些学校（第一师范、岳麓中学、第一中学、甲种工业……）都有了支部。后来湖南各县（如衡阳师范等）也有了党的组织。中国共产党湖南地委（省委）成立了，泽东同志任省委书记。

斗争是不简单，不容易的

在开始的时候，中国共产党的工作对象，主要的是学生和工人。而工人中间党组织的发展需要经过工会组织的工作。假如在党成立之前湖南工人运动已经有了初步的基础，那么现在，党成立以后，毛泽东同志用全力组织各行各业工人的工会。

这时候湖南的工人和他们的生活，组织状况是这样的：

手工业者（成衣、泥工、木工、理发等业工人）很多，他们进行会的组织。

产业工人（外国帝国主义者办的玻璃厂、猪毛厂、冰厂、铁矿……本国官办的，也有外资成份的华实纱厂，黑铅铁厂……）完全没有什么组织。

这两项工人共同的痛苦是工作时间长（产业工人每天也要做十三四小时的工作），而工钱发铜币。但是市上的货物以银币计算。再则军阀混战，连年不断，这个军阀掌权时印发一些票子（叫"官票"），那个军阀一来又不认账。铜币和官票也相差很远。比方那时一块银洋换铜币一千五百二十文，但换官票是三千几百文。发的工钱是那些票币，而且那时几乎每一家大点的商店都发市票。"湖南官钱局"发行的票子上面印着鸟儿，多半用作发工钱，工人们叫做"鸟票"。

这样一来更加弄得民不聊生，劳苦大众非常痛苦。

手工业的行会（成衣工人的轩辕殿，泥木工人的鲁班庙等等）有一个总会，叫"湖南工业总会"，无论各行会或总会都是带封建色彩的帮会。拜菩萨，收会费，订行规，主要是拒绝乡村工人到城市来谋生活。此外不替工人作什么事。行会和总会的领导者为总管值年。工人要加工钱，他们就能官方吃酒席，进贿，卑躬作揖——而请客进贿的费用，又是从工人方面捐来的。

"湖南总工会"是一个官办的，老板们的工会。会址设在东长街，会所的墙壁是黄色的，头门前拦着栏杆，这个"工会"经常破坏真正的工人运动。"湖南劳工会"——无政府主义者黄爱、庞人铨为首领，他们也召开过民众大会，但到会的学生多，工人很少。他们也成立了泥木工人组、造币厂工人组、纱厂工人组、缝纫、理发、黑铅炼厂等工人组，会员不上百人。一九二〇年的秋天华实纱厂工人要求奖金。赵恒惕派兵镇压，打伤了一部份工人。于是激起罢工。工人提出抚恤受伤工人，改良待遇，撤除门卫等要求。结果，十二月份发双薪，工人经厂方允许者可以自由出入工厂。这时劳工会会员曾骤然增加到了近二千人。

马克思主义者毛泽东同志知道封建性的行会，小资产疯狂性的无政府主义者的劳工会都不是工人阶级求得彻底解放的组织。要使工人运动走上正轨，使工人阶级的解放事业有胜利的保障，泽东同志需要和行会及劳工会派又讲团结，又作斗争，需要向工人们解释，说服，要争取那些组织里面的群众。有时要用行会等壳子，转变它的内容，这些都不是简单容易的事！但是毛泽东同志踏踏实实，任劳任怨，奔走宣传，百折不挫，虽然劳工会派的人们作出分裂工人运动的事，虽然他们经常骂马克思主义者是"长尾巴的——还是要政府，既有政府就和军阀差不多"……再则说"共产党争着工人运动，为的是到苏联去骗卢布"……虽然他们百般胡说污蔑马克思主义者，但毛泽东同志还是和他们讲统一战线，团结他们以反抗统治阶级。一九二二年一月十七日夜里赵恒惕逮捕了黄爱、庞人铨，第二天天明就把他杀了。劳工会被查封了。《劳工周刊》停版了。无政府党人谌小岑、李实等都跑到上海去了。在那里继续出了一期《劳工周刊》，痛骂赵恒惕一番，此外再没有什么动静了。毛泽东同志和他领导的马克思主义者们却在湖南坚持工人运动极力声援劳工会派的人，对黄庞被杀表示激烈的反抗。但无政府主义者要干的一些急躁的行动却经委婉磋商而阻止了。泽东同志被派去上海组织反对赵恒惕的运动。共产党第二次大会在上海开会后，泽东同志回湖南，更加积极的推动工会运动。这时工会虽停止了活动，但原有的组织是仍然存在的。黄庞死后，其他少数无政府主义者也不再作工人运动了，只在工人中间骂骂赵恒惕，也骂骂马克思主义者、共产党。但是一部份过去颇为糊涂的工人都渐渐知道了共产党，懂得了，只有共产党是真正代表工人阶级利益的党。

泥木工人任树德，湘阴人，身材结实，性情沉着，同业的都很相信他。他起初也是劳工会会员，但背着无政府主义者的时候，他向工人们解释说：工人要打倒军阀，镇压资本家，非有政权不可；也还要组织工会才行……他常拿苏俄的工人作例子。同时他说，他知道毛泽东，他经常到"船山学社"去……入了劳工会的工人们袁福清，朱有富等都怀疑他是共产党。但是任树德无论如何不承认。于是袁福清等很奇怪，共产党既然不好，任树德是个好老实人，为什么他赞成马克思那一套呢？并且他说的也很有道理，原来曾经信仰过安那其主义[1]的工人们动摇起来了。

二二年五月一日，长沙城里万千个工人到南门外第一师范学校门前马路上和门内院子里集合。在这里开了一个大会，提出口号，要求恢复工人组织，实行三八制（八小时工作、八小时教育、八小时休息）。增加工钱，用银币计算工钱（这时工厂工人以银币计工资，但手工业者的工钱仍以铜币计算），替死者复仇，工商学联合起来。……

这时候，湖南的工人运动渐渐趋于一致了，有了统一的领导了。许多工会都成立了，工会里面也都有了党的组织——这些都是毛泽东

---

[1] 即无政府主义。

同志踏实艰苦工作的果实。

湖南工人运动中的几个片断

一九二二年夏天,长沙的泥木工人提出要求增加工资——由三百二十文加到三角四分一工。鲁班庙行会老总管值年举出郭寿松、甘子宪二人为代表,向长沙县(县知事周仁鉴)去交涉。郭、甘等叫泥木工每人捐出五毛钱来,请县府的人们吃酒席。交涉了许久,结果到七月底县府出一个布告,将三百三十文折成二角二分。按当时牌价只加了几分钱,其实只是由铜币拆成银币而已。工人大为愤激。

泥木工人任树德和袁福清、朱有富等都住在北门外。早起去上工时任树德叫袁等一声,晚上下工回来也和袁、朱等闲谈。任树德说,要组织泥木工会——袁等也觉得对。

一天朱有富对袁福清说:"任树德是马克思主义。"

袁:"果真的吗?那我们就不和他一起干"……

朱:"马克思主义也不坏……你想,照安那其主义的办法,没有政府,没有组织,大家都要各取所需,如何办得好?"……

袁听了没有作声,心里想,马克思主义也有道理的。

现在泥木工人提出要加工钱,可是没有人领导斗争,鲁班庙甘子宪、郭寿松的办法又行不通。这只气得年轻的袁福清、朱有富等人坐也不是,站也不是。

酝酿了不久之后,泥木工人举行罢工。甘子宪不敢出来。郭寿松继续到政府交涉。工人们自己组织纠察队,维持罢工秩序,静候郭的交涉。快到旧历八月十五——结账的时期了,郭寿松回信要工人再捐五毛钱另向政府交涉。……

袁福清、朱有富等人商量,还是去找马克思主义者来帮忙吧。袁说:"假如他们害我们一下,如何办?"朱说:"不会的。"袁福清于是一直去找任树德,谈起这事。任树德表示很积极,大骂军阀,末了说:"非集合几千个人去请愿不可!"袁福清第一次听到"请愿"这个字,觉得新鲜。任树德又说:"我们工人要找人帮忙,……

去找毛泽东，你说如何？"袁："恐怕他们不来吧？"任："他们就是作工人运动的，一定肯来的。"袁："一定来，你去打听打听。"第二天晚上任树德来说："毛泽东他们答应一定帮忙到底！"袁福清、朱有富听了大喜。于是又和泥木工人积极份子舒林、唐仲通等商量，决定请愿。

第二天长沙城里全体泥木工人罢工。一些为首的工人来到"船山学社"，因为早有人通知了："毛泽东先生派人来'船山学社'和大家接头。"一到果然有易礼容[1]在，于是决定请愿，一面派人去长沙县府去侦察动静。

有二三百个泥木工人来到鲁班庙集合。这时郭寿松还在要工人再捐钱出来，以便去省府交涉加工钱的事……工人们一声喊"打！"郭寿松跑了。几个积极的份子便上台讲话，主张罢工、请愿。全体工人举起拳头来，表示赞成。马上油印通知工友，新庙由任树德、郭寿松负责，老庙由袁福清、朱有富负责，向全体泥木工人进行动员工作。

工人们中间议论纷纷。有的说"已经出了五角，又要出钱？老子就不出！"有的说："罢工多少天了，还无着落，罢到那天为止呀？"接近郭寿松的一个工人说："如果罢工，那么向政府交涉，就难得有效……"又有人说："交涉个啥，还是全体去请愿要求的好。"一个接近无政府党的工人说："到军阀面前去请愿，犯不着！"大多数的工人却说："管他请愿不请愿，到长沙县打那个狗一顿，出一口气也是好的……。"

结果大家同意请愿，并且举出十六个代表，内中有任树德、袁福清等，袁福清等觉得自己当了代表，但不会说话，怎么办呢？于是又来找任树德要他去找毛泽东同志，"船山学社"，马克思主义者，共产党人的帮忙，任树德满口应承，立即邀代表们去"船山学社"开会。不知怎么的，两个无政府党人也跟着来了，会没有开成。乃改到清水

---

[1] 易礼容（1898—1996），湖南湘潭人，新民学会会员。曾与毛泽东等一起创办长沙文化书社，并任经理。曾任湖南省农民协会委员长、中共湖南省委代理书记等职。后脱党。新中国成立后，曾任全国政协委员、常委。

塘毛泽东住处开会。这是长沙城小吴门外，校场坪后面，一片菜园，有些稀稀落落的平房，有一个池塘，水很清，因此这地名叫"清水塘"。共产党湖南省委就在这里的几间屋子里。毛泽东同志家也住在这里。省委开会及和城内外支部来人接头，多半在晚上。当晚泥木工人代表见了毛泽东同志，他亲切关心，仔细和大家商量好，决定第二天召集工人大会。代表们辞了毛泽东同志出来，一个个更加有了斗争的决心和胜利的信心。

第二天四千来个泥木工人集会在教育会坪。共产党派易礼容来主持大会，略略讨论后，将请愿的问题付表决。几千个拳头举起来了，有的把袖口勒得很高。同时通过十六个代表的名单。

第三天上午九点，几千个泥木工人的队伍由教育会坪出发，队伍前头一块横的旗子写着："泥木工人请愿大会"。又一个直的旗子，两丈长的白布，用竹杆举起，上面写着："硬要三角四分，不达目的，不出衙门"。队伍的前后有工人自己组织的纠察队，一百来人，维持秩序。

队伍到了长沙县，为首几个代表进去见县知事，县知事不得不接见，彼此辩论了一番。县知事辩不过工人代表们，因为他们说："我们工人每天得这点子工钱，真是不能活命。你县知事是父母官，一定要请你作主，帮忙"……县知事没有多话可说了。这时他旁边一个军人模样，腰挂东洋刀的说："县长请进去休息休息，不要理会这些人，他们胡闹，押起来！"代表们齐声说："好！你打算把我们押到那里？我们自己进去。"同时嘴里骂："军阀！""走狗！"……这时立在外面的工人大队不断地喊口号。代表们和县知事等在衙门的第三进房屋里谈判，都听得见外面的喊声。县知事和那军官听了，心里也有点害怕。但谈判无结果，代表们出来，对群众宣布，说："不答应。"群众愤怒，都要冲进衙门里去，不答应就不出衙门。队伍向衙门内冲。卫队用刺刀抵挡，被工人给了一顿打，卫队退了。于是衙里有人将"大令"一举，口说："你们造反么？为什么这样野蛮？如果要蛮干，看这是什么？（意思是，如果动蛮就要开枪，衙里大约有一连军队。）代表们叫工人们立即蹲下说："我们只是为了要一碗饭吃，赤手空拳，不是什么造反。你们有卫兵，举'大令'，要杀人，看是谁动野蛮？""你们用刺刀对付我们，为什么宪法的政府这样野蛮？"……

两下争执不止，结果说是静待解决。县府派一连兵把请愿的包围住，只准出，不准进，也不准吃饭或喝开水。工人纠察队又在外围把兵队包围住，只准进不准出，就不吃饭，不喝开水，形势是非常紧张的，这样相持到晚上。代表们仍在工人群众中做宣传鼓动的工作。工人们表示一致随从代表们的意见，决不中途妥协或自由行动。

黄昏时候毛泽东同志自己来了。他穿一件学生服。悄悄地和工人代表谈了些话，打听了一下情况，主张坚持下去，喊工人群众喊口号。他带了一个口哨。他吹一声，工人们喊一句。连吹——连喊。群众的情绪更加高涨了，衙门里的人注意到了，要去抓他。但他从坪里的几棵大树底下穿过去，回到工人丛中来了。想抓他的再也找不到他了。

是这样一直坚持到三更过后，快到四更天了。衙门里派人来说，省政府吴政务厅长打了电话来，要工人们暂时回去，明天派代表到省府去谈判。工人们也很疲倦了，早起后一天没有吃东西了，只晚上有缝纫工会等人打着工会的灯笼送了开水来，请愿的工人们非常感动。代表们商量了一番，叫群众暂时回家去休息。

第二天上午九时，工人代表们去省长公署。毛泽东同志也去了，他扮作工人，到了政务厅门口，问了一下卫兵，卫兵们很凶的，只吼了一声："上楼去"，当时袁福清等心里想：昨天没有出事，今天大概要逮捕的……到了楼上，只见一张番菜长桌，上面还有点心、茶……那姓周的长沙县知事坐在一头，也不作声，恭恭敬敬的两手放在膝盖上，一会，政务厅长吴景鸿进来。县知事站起。厅长坐下县知事也坐下。

谈判开始了，毛泽东同志代表工人们说话，讲得头头是道，句句有理。政务厅长便问道："先生贵姓？是不是工人？贵干。"

泽东同志随便答应了姓什么，然后说："先生要问我的资格，我就是工人代表，如果要审查履历，最好改日再谈，今天我以泥木工人代表的资格，要求政府解决工资问题。"（代字读成上声Daal以致大家都学他的口音。）当时和他一道去谈判的工人代表们对泽东同志这种态度，又敬爱，又佩服。谈判的结果，工人们得到了"营业自由"，就是说，工人要加工钱，政府不得干涉，这次的要求——三角四分一工也达到了。

从八月初到八月底九月初，泥木工人的罢工得到胜利。第三次召集长沙城原有的基础工会举行了罢工胜利的庆祝大会，到万多人。游行的队伍经过长沙县府时，点燃二挂很长的鞭爆，一个人拿着跑到衙门里大堂上，高呼"打倒周仁鉴"而出。

从这次斗争以后，长沙的工人运动更加活跃了。泥木工人的工会小组部称工会共有会员一万多人，差不多所有相信过安那其主义的工人们都转变过来了。工人们看见，无政府主义者起初阻止请愿，中间加入，但不帮助，但马克思主义者自始至终都积极领导，支持，派了人来，毛泽东同志自己也出马……工人们于是相信共产党，反而骂起无政府党人来了。这时候各个工会已经是半公开的存在了。

第四天，就成立了"粤汉铁路总工会"。

"湖南全省工团联合会"——不久就组织成立了。冬天在这里办了工余学校，训练了一批工会干部。

全省工团联合会——这是马克思主义者——共产党领导下的湖南工运的总工会。但他还是一个非法的机构，虽然他已经不只是半公开的组织了。所谓"非法的"，就因为赵恒惕不肯给他立案。工人运动蓬蓬勃勃地一天比一天彻底！赵恒惕更加害怕起来。他用各种方法压迫、破坏工运，其中的一个法门就是把无政府主义的帽子加到工人运动的头上。他散布谣言说：工人倡无政府主义，就是说，要推翻我湖南省政府。那么，政府如何能给他们立案，承认他们的工会呢？

为了争取合法的地位，毛泽东同志领着一群工人代表直接去找赵恒惕，赵恒惕不得已，和几个幕僚一块出来，接见了工人代表们。

说了一番话,不能令人满意。毛泽东同志乃说:"你先生说的话都不对,都没有道理。我们不和你谈了。我们要找省长谈。"……赵恒惕当面受了斥责,脸红了,不好作声。他旁边的人指着他:"这就是省长!"毛泽东同志故意惊讶了一番,然后对赵恒惕说明,湖南现在的工人运动不是无政府主义,而是信仰社会主义的。于是他向那位省长阐述了许多关于社会主义的学说,宗旨……末了说"我们不是无政府主义者,我们是主张要政府的。但是要为大多数人谋利益的政府。"……

毛泽东同志热烈地拥护工人利益,利用省长自治宪法等等,说自己的话,作自己的事,提出工人自己的要求,说得理由十分充足。赵恒惕一听,知道在他面前的是一个出色的人。呕气的省长便装出爱护青年学生的样子,并且转而讥诮地对毛泽东同志说:

"很明显的,你不是工人而是学生,为什么你干预他们的事,用工人代表的资格在我这里说话呢?"

泽东同志从容地答说:

"省长,请你问一问同来的这些工人"——(他指着站在他旁边的,听了非常出神。心中无量佩服、敬爱的一群工人代表)——"请问一声,我是不是工人的代表。假如他们说不是,我出去就是了。"

省长再没有了什么办法。

但是尖锐的斗争还是继续着。

赵恒惕收买行会中的总管值年和新工会对立,阻止新工会的活动,如鲁班庙破坏泥木工会,轩辕殿破坏缝纫工会。工人们不敢一个人在街上走,出必成群,并带"武器"——斧子、小锯子以至装了尿的瓦罐来自卫。因为打官司是打不赢的,对方在官府衙门里有路数,只有靠"武装斗争"。工会的敌人,个别的,喜欢捕工人的警察(特别是三分所——在实南街,工团联合会就在宝南街八号——的)挨了几次尿罐子以后,也就收敛了些。

许多工会的牌子挂出来了。到一九二三年初仅长沙城就有了十几个工会:原有纱厂工会,黑铅炼厂工会,造币厂工会,泥木工会,缝纫工会，理发工会，铁路工会，又成立了粪码头工会，萝码头工会，茶房工会，电灯工会，人力车夫工会。以后又有了安源矿工会（需要专篇来写），水口山矿工会，安化锡矿工会，湘潭锰矿工会……。到五月时，全省有了二十多个工会。

五月一日劳动节湖南全省举行了一次总罢工。现在，湖南的——中国的工人运动已经达到了空前成功的地步。

后来，一九二三——二四——二五——，到大革命时期，湖南的工人他们一直是从这个基础上向上发展的。虽则一九二三年中共第三次大会后，毛泽东同志离开了湖南，到上海党中央工作去了，但湖南的党和工会工作，在他所奠立的基础上和干部们按照他的指示和工作方式继续下去，工作做得不坏，没有什么大的错误。工运方面，马日事变以前，仅长沙城内就一百三十多个工会。湖南全省有组织的各种各类的工人约达四百万。

毛泽东思想与作风

张如心 著

(山东)渤海新华书店
1946

中国人民伟大领袖

毛泽东同志略历

（为纪念七一而作）

　　毛泽东同志，现年五十四岁，一八九三年（光绪十九年）生于湖南省湘潭县韶山乡的一个农民家庭中。从七岁起就在本村私塾读书（这时候就反对读死书），中间曾一度废学耕田，后又离家到长沙进学校。辛亥革命前夜，他即拥护孙中山先生的革命运动，与同学计划起义。辛亥革命爆发，他即加入长沙的革命军当士兵。南北议和告成，革命战争停止，他又重新求学。民国七年在湖南师范学校毕业，民国八年游历北京、天津、上海。在北京时，曾在北京大学任小职员，借以研究学问。他在读书的时候，就很喜欢看报纸，研究时事与社会问题。民国初年即开始赞成社会主义。至民国七年就组织了一个以改造社会为目标的青年团体。民国八年他在长沙创造了一种报纸，叫做《湘江评论》，宣传反对帝国主义、反对军阀，提倡民主运动与新文化运动，并组织了反对军阀的实际斗争。民国九年，他在湖南当小学教员，同时组织了一个马克思主义的研究团体。民国十年，中国共产党第一次全国代表大会在上海开会，毛泽东同志代表湖南的组织出席。是年十月，他组织了中国共产党湖南支部，领导湖南的工人运动。从此以后，他便以中国共产党员与中国共产负责者之一的资格，从事领导革命活动。

　　民国十二年，他到广州参加共产党全国第三次代表大会，决定国共合作的政策。当时孙中山先生主张"联俄""联共""扶植工农"运动的三大政策，改组国民党，允许共产党员参加国民党，于民国十三年在广州召开国民党全国第一次代表大会，毛泽东同志是出席代表之一，在大会上被选为国民党中央委员，会后他到上海担任中国共产党中央组织部长兼任国民党上海执行部的工作。民国十四年，到湖南组织农民运动，被军阀压迫又回到广州，参加国民革命斗争，任国民党中央宣传部长，出版《政治周报》，办农民运动讲习所。民国十五年他到武汉，任共产党中央农民部长、全国农民协会主任，组织全国农民运动。

民国十六年，资产阶级叛变革命后，毛泽东同志奉党的命令到湖南领导秋收运动，组织工农革命军，后他便领导这支军队到江西，以井岗山为根据地，开始了苏维埃运动。民国十七年与朱德率领的红军会合，成立中国红军第四军。到民国二十二年，苏区已经普及到中国许多省份。在江西的瑞金召开全国苏维埃代表大会，毛泽东同志被选为临时政府主席，成为全国劳动群众所爱戴的领袖，经资产阶级叛变革命后，中国革命虽处在异常艰苦的环境，但工农红军在毛泽东和朱德同志的领导下，胜利进行了十年革命战争。

"九一八"事变后，日本帝国主义更积极进攻中国，而当时国民党政府，却实行不抵抗政策，继续进行违反全国人民意志的内战，先后对苏维埃区域和红军进行了五次"围剿"，毛泽东同志领导红军冲出重围，举行了古今中外史无前例的二万五千里长征，进入抗日的前进阵地。当民族危机千钧一发的时候，他领导全党争取了停止内战实现国内和平，建立了抗日民族统一战线。七七抗战后，在坚持抗战、团结、进步的方针下，领导全党和全国人民为战胜日寇，建立中华民主共和国而奋斗。并以他的天才和丰富的革命经验，先后发表了《论持久战》、《论新阶段》、《新民主主义论》三大著作，指示给全党与全国人民以求解放的明确道路，成为民族解放的锋利武器。一九四二年更提出与领导全党整顿三风，实行思想上的革命，这使中国共产党更加壮大和巩固了，使党成为全国人民抗日救国争取解放的重心，并领导解放区军民战胜敌伪无数次的"扫荡""清剿"，打击了国民党反动派无数次反共阴谋，一九四五年中共七次代表大会上，毛泽东天才智慧的政治报告《论联合政府》，解决了中国当前革命的基本问题与具体政策问题，明确指出了中国人民的斗争方向。

一九四五年八月的抗战胜利，毛泽东同志为了中国战后的民主和平，被蒋介石邀请，亲赴重庆，与蒋介石及全国各党派与社会贤达，共商国是。由于全国人民对和平民主的高潮与毛主席之最大努力，获得不少成就。以后遂先后签订停战协定、政协决议、整军方案。但几月以来，中国法西斯反动派，坚持一党专政，破坏三大协定，继续向解放区与全国人民进攻，制造内战的结果，使中国和平民主局面，又遇到严重的困难，甚至历史的曲折。虽然如此，但是有全国人民要求和平民主的高潮，有中国人民伟大领袖毛泽东同志的正确领导，中国和平民主的局面，一定会到来。

毛泽东同志经过了二十五年革命斗争的考验，全心全意的为人民服务，完全精通了马列主义的战略战术，掌握了理论与实际的结合。二十五年间，毛泽东同志从来站在反对"左"右倾机会主义斗争的最前线，领导全党统一思想，发展与成熟起来，因此毛泽东的思想，就是中国共产党的思想。

毛泽东的人生观
——在华北联大的讲演

一

所谓人生观的问题如果通俗的扼要的说来就是为谁服务的问题，一个人生活在世界上究竟为了什么？有何存在及力求继续存在之必要？它一生行动方针应该是什么？这就是所谓人生观的基本问题，俗语说"为谁辛苦为谁忙"也正是这个问题。

联大的同学都是抱着改造社会的志愿而来的，因此必须对这一重大问题加以深思熟虑，并从根本上给予正确解决，我今天介绍毛泽东的人生观，也正是为了使同志们在处理这一重大问题上有所参考。

在没有介绍毛泽东的人生观之前，让我们先来回忆一下人类有史以来一些上层统治阶级的人生观。

有一种奴隶主的人生观，历史上曾经流行于奴隶社会的上层人士中间。奴隶主一般的都占有一批奴隶，多则几千，少则几百几十，奴隶不仅肉体上而且人格上也属于奴隶主所有，后者对前者可以买卖抵押，生杀予夺。奴隶主人生的基本目的就是如何从这批奴隶身上榨取更多的血汗以达到增加自己的财富、满足自己的享受底目的,他们整天幻想的就是自己的奴隶越多越好,工作得越驯服越妙,所有这些他们认为都是极其合理无庸置疑的,不然人生在他们看来简直是毫无趣味罢了,这种人生观及其实际在中国过去历史上存在过,今天在我们国内某些地区(如西康青海番民区)还残存着。

有一种封建地主的人生观,他们以榨取剥削农民的血汗来肥胖自己作为人生观的唯一志愿。这些地主们多是拥有大量的土地,出租给无地或地少的农民耕种,农民辛苦勤劳终年终月用自己的血汗生产出来的果实大部份交给地主,自己则过着牛马不如的生活。农民在地主们看来都是天生的"贱骨头",从娘肚子生下来命运就注定他们应该给他当牛马,而他们"人生的职责"就是从这一批牛马身上榨取血汗来欢度自己寄生虫的生活。至若农民饿死、冻死、累死,他们是不管的。古人云:"恻隐之心,人皆有之",而地主们则根本无所谓恻隐之心的。中国许多旧小说中间曾经很露骨的描写这批地主阶级的代表人物,他们如何残酷的剥削农民,压迫农民,如何无情的镇压农民的反抗,他们如何的横行霸道,胡作胡为,口头上仁义道德,实际上男盗女娼,他们吃人肉喝人血:杀死自己的父亲,强奸同胞的姊妹……他们人生活动是极其卑鄙的肮脏的。很值得悲痛的是这种人生观及其实际还在今天中国许多非解放区的农村中普遍的流行着统治着。

还有一种帝国主义的资本家人生观,他们生存的目的是对内奴役剥削工人阶级,对外掠夺和压迫弱小民族。他们手中有的是资本机器,开办工厂招收工人做工,工人在工厂中整天为资本家生产,而自己所取得的工资则微乎其微,不仅老婆孩子无法养活,而连自己糊口也甚困难,不仅如此,资本家还想尽各种方法如减低工资,增加工作时间,增加劳动强度,改良机器来榨取工人更多的血汗,有时产品过剩卖不出去便把工厂关闭,让工人失业流浪街头无法过活,美国名作家辛克莱的一些作品如《煤油》、《工人杰麦》,对于资本家残酷的剥削工人疯狂的追逐利润的人生活动描写得很好。对弱小民族的掠夺资本家采取收买原料、推销商品、投资借款等各种办法,并且用战争的方法武力压服他们，使之化为他们的殖民地或半殖民地。这些帝国主义资本家眼光中弱小民族都是"劣等民族"、"野蛮民族"，而他们自己则是"优秀民族"、"文明民族"，劣等民族应该给他们当奴隶，应该给他们繁殖财富，尤其是法西斯主义的资本家和他的代表人物更加把这种荒唐的论调和实际发挥到登峰造极的程度。有一本报告文学作品《上海——冒险家的乐园》曾对于帝国主义资本家在中国的卑劣行径作了一些客观的报导。

最后还应该介绍介绍咱们中国的大买办、大银行家的人生观，这也是道地中国货的一种，这种人生观可称之为奴隶总管的人生观，这批人靠着外国资本家起家，专替外国人在中国廉价收买原料又高价出卖商品，经营投资借款的事业，自己从中赚了钱，发了财就成了大买办、大银行家，再和军阀官僚、流氓劣绅一勾搭即跃上了奴隶总管的位置。这批奴隶总管的脸谱是：在外国资本家老板前面卑躬屈膝，言听计从，而在中国老百姓前面则趾高气扬，胡作胡为，自称为"高等华人"；这批人的人生观的如意算盘是：依靠他们外国后台老板尽量榨取中国人民的血汗，当中国人民起来反抗的时候，他们便摆起奴隶总管的架子，靠着后台老板的武力帮助，无情的屠杀镇压中国人民，他们人生观的信条是：谁不会媚外，谁不会打内战，谁不会贪污腐化、升官发财、囤积居奇、鱼肉人民，谁就不是他们的忠实信徒，谁就没有出息，没有地位！这种人生观及其实际在今天中国许多地区还流行着统治着。

以上略举的数种人生观其表现形式虽有不同，然而实质是一样的，这是剥削阶级集团的人生观，是少数腐朽没落反动集团的代表思想，他们共同的志愿都是剥削压迫大多数人民，他们都把自己描写成为优秀人物或社会"正统"、"民族的主体"，他们有奴役广大人民的权力，谁要反抗他们就是大逆不道，应该受到最严厉的惩罚。这批少数统治集团最害怕广大人民觉悟起来组织起来，他们希望人民越落后越不团结越好，因此他们极端仇视代表广大人民利益为人民谋解放的革命政党，骂这些政党为"奸党"、"匪党"，禁止它活动,甚至用武力镇压它,他们不允许人民有自己的军队有自己的民主政权,骂这些军队政权为"奸军""土匪""流寇""匪区",并想尽各种方法来消灭它。几千年来中国地主阶级创造了一套统治人民的理论和制度,几十年来大买办、大银行家、大地主们在一方面也有不少的发挥和"建树",这些目的都是不让人民翻身,好让人民永远受他们剥削和奴役。

二

以毛泽东为代表的人生观是与上述的人生观完全相反甚至根本对立的。毛泽东的人生观是无产阶级人民大众的人生观,也即是马克思主义的人生观:自从五四运动之后,马克思主义思想便适应着中国国情的需要逐渐在中国传播起来,中国共产党是以马克思主义武装起来的无产阶级政党,所谓以毛泽东为代表的人生观也即是中国共产党人的人生观。

按照毛泽东的思想:人民并不是什么"天生贱骨头",从娘肚子生下来"命运"就注定他们应该给奴隶主、封建地主、大买办、大银行家当奴隶当牛马的。人民之所以被践踏在地上不能翻身,不是由于神秘的什么命运,而是因为剥削阶级掠夺了他的一切,独占了社会上大部份或全部的生产资料与生产手段,迫使他不能不给人家当奴隶,或租借别人土地,或者出卖劳动力给资本家,供奴隶主、封建地主、资本家剥削,因此人民尽管用自己的劳动艰苦的创造一切社会上的财富,可是自己却过着悲惨痛苦的生活,另一方面少数寄生虫集团却独占一切,统治一切。同志们如果要问:谁养活谁?谁是社会的主体,谁应是社会历史的正统?几千年来中国外国历史事实活生生的摆在前面,不是奴隶主养活奴隶,地主养活农民,大买办大银行家、大资本家军阀养活工人农民,而是奴隶养活奴隶主,农民养活地主,工人农民养活资本家银行家买办军阀;社会的主体社会历史的正统不是过着寄生虫生活的少数奴隶主、地主、资本家、买办银行家军阀集团,而是用自己劳动亲自动手、创造社会一切的广大人民，这就是历史的真面目！这一真面目过去现在一贯的被剥削阶级御用的历史家政治家所掩盖、歪曲伪造，马克思主义第一次破天荒地粉碎了这些歪曲、伪造，揭开了人类社会的真面目，因而使人民翻身获得科学的根据。

按着毛泽东的思想：人民并不是像那些反动派骗子所说的什么愚昧落后，不懂政治，对政治无兴趣，无参加管理政治的能力，需要加以长期训政……等等，这些完全是反人民反革命的胡说！事实是：人民长期在经济上遭受残酷的剥削榨取，经常过着冻饿的生活，随时有冻死饿死的危险，在政治上不仅毫无民主权利，而且遭受残酷的压迫，随时有被拷打枪杀的危险，在这种情况之下，人民对于统治阶级当局这种"政治"是毫无兴趣，并且深恶痛绝；可是这绝不是说人民不需要政治，不要求政治权利，或者无管理政治的能力。事实上中国人民（各国人民均是如此）从自己长期被压迫被剥削的痛苦生活中深刻地体验到经济上政治上改革的必要，迫切要求获得政治上的权利，而且一旦他们真正翻身之后，他们政治积极性非常之高，他们善于管理自己，善于选择自己的领导者，过去十年苏维埃运动及抗战八年来各个解放区的政权建设的事实十分鲜明地证明了这一真理。又例如关于军队问题，中国人民由于自己长期遭受军阀的摧残压迫的切身感觉和经验，因此对于军阀极其痛恨，因之对军队印象也很坏，农民中间普遍流行"好男不当兵，好铁不打钉"的呼声，这是很自然的，可是这绝不是说农民不要求军队的改造，或者不喜欢自己人民的军队，相反的人民为了保护自己及民族国家的利益，他们热烈的欢迎和拥护自己人民的军队，并且亲自拿起武器去参加军队或配合军队作战，中国人民过去对红军及现在的八路军、新四军、民兵的态度就是很好的证明。当然我们并不否认人民中间有落后性（如散漫、不团结，若干程度上的保守自私，政治上一个时期观望妥协的心理等等），然而这些主要的还是过去和现在统治阶级长期摧残、压迫、欺骗、分化政策的结果，这些缺点在先进政党领导之下，是可以在斗争中逐渐改正的。

因此毛泽东教导我们每一个共产主义者、革命的民主主义者，应该巩固地确立为广大人民服务的人生观，把服务人民当作自己人生的唯一目的和志愿，并决心为广大人民"鞠躬尽瘁死而后已"。他常对中国共产党员说："共产党员之所以有存在之必要，没有别的就是为人民服务"。"要全心全意为人民服务，给老百姓当勤务员"，我们每到一个地方必须调查人民的痛苦，倾听人民的呼声，为人民兴利除弊。这里所谓人民在目前中国具体条件下是包括工人农民，小资产阶级，其中主要部分是工农，工人在中国有产业工人几百万，有手工业工人与农业工人数千万，农民有三万万以上，占全中国人口百分之八十以上，工人农民合起来占全中国人口绝对大多数，他们是人民中绝大部分，中华民族的主体是他们，中国社会正统是他们，他们创造中国社会一切财富，在政治经济改革上他们是基本力量。现在所谓新民主主义革命通俗的说来就是无产阶级领导下以他们为主体的人民大众反帝反封建的革命，其中尤其农民是主力军，过去八年抗日战争实质上是无产阶级领导下（主要表现这一领导的是中国共产党）的农民抗日战争，八年来解放区的民主政治主要是授权给农民。八路军新四军、民兵、地方兵团也是从农民中间组织起来的人民武装队伍，我们的文化主要也是为农民服务的文化。

　　毛泽东为人民服务的人生观就是要为这些广大人民解除痛苦，现阶段来说就是解除帝国主义与封建势力这两架山给予人民的痛苦，使人民真正翻身，因为人民不翻身，中华民族政治上不可能富强，经济上不可能繁荣。所以毛泽东为人民服务的人生观也就是领导人民翻身的革命的人生观，翻身再通俗一点说来也可以说就是"造反"，不"反"就无法子"翻"，只有领导人民反抗旧的反动势力，铲除旧势力的统治，广大人民才能翻身得到解放。这种领导人民翻身的事业是翻天覆地旋转乾坤的大事业，它自然会遭遇着各种阻碍、困难、挫折，并且要经过长期艰苦奋斗及必要的英勇牺牲，然而它是正义的，合乎历史发展规律的，因此它是人生最光荣最有价值的事业，并且最后一定会胜利的。

　　毛泽东几十年毕生的努力奋斗都是为着广大人民服务的。五四运动时代他在湖南创办《湘江评论》，即为广大人民作启蒙工作，不久又参加湖南工人运动，领导工人斗争；大革命时代毛泽东集中注意力于组织和领导农民运动，他当时亲自在广州主办农运讲习所，培养农运干部，并实际策划农运工作；一九二七年国民党叛变革命，他即参加了湖南的农民起义，并把起义的队伍率领到湘赣边的井岗山成立中国工农红军，进行土地改革（耕者有其田），解放农民，创立革命根据地的工作。十年革命战争在毛泽东领导之下解放了几百万农民，创立了南方各省大块的革命根据地，并建设了一支强大的为人民服务的革命军队——红军；西安事变之后，国共合作停止内战一致抗日，中国红军在毛泽东领导下改编为八路军新四军，开赴华北华中抗日前线，对日作战，八年来深入敌后驱逐日寇及失败主义者，解放了将近一万万人民，建立了华北华中广大的解放区，成为抗战中坚与反攻主力。去年抗战胜利之后，他又不顾一身安危，毅然决然亲赴重庆参加谈判以促进全国和平民主团结的事业，所有这些都是为中国人民全心全意服务的最好实例！

三

从毛泽东的人生观的全部思想及其长期为人民服务的实践活动中间我们可以很深刻的体验到他非常信任人民群众的力量，他常常把中国共产党与人民群众的关系，譬如鱼和水的关系，鱼无有水是无法生存和发展的，共产党员一旦脱离群众什么事情都干不成，他批评一些共产党员脱离群众的毛病时说过："我们共产党员无论在什么问题上一定要能够同群众相结合，如果共产党员一生一世坐在房子里不出去，不经风雨不见世面，这种党员对于中国人民究竟有什么呢？一点好处也没有，我们不需要这样的人做党员。"（参照一九四三年十一月"组织起来"的报告）因此按照毛泽东的人生观：一切共产主义者，革命民主主义者，都应该与广大人民群众相结合，一方面为群众服务，同时在这中间不断改造自己，提高自己，加强自己为人民服务的能力。

　　毛泽东教导我们：要使群众翻身必须首先启发他们的觉悟，并把他们组织起来。由于长期统治阶级的摧残压迫欺骗分化的结果，人民群众对于翻身的觉悟和决心是很不平衡的，在一定的时期中间错误的"正统观念"（即把统治阶级党作正统，自己受他们管辖，向他们交租交粮纳税是应该的）"变天思想"（即怕反动势力复辟报复），以至于对统治集团有幻想，对它无原则的宽容等等都很可能有的，因此必须对人民群众进行实际的翻身革命教育，使之具有对翻身的认识和信心与决心。根据抗战八年来的经验，广大人民群众只要启发了他们的觉悟并把他们很好的组织起来，那人民群众的力量是非常伟大的，而经验同时证明：组织群众的中心一环在于解除群众的痛苦，改造群众的生活（现在边区许多地方的减租减息、增资、清算、复仇、发展生产都是为了这一目的），广大人民只要从切身利益切身经验中深刻的体会到共产党员及一切革命的民主主义者是他们自己人，是他们的救星，那他们便会积极起来参加各种革命事业，并把这种事业当作为他们自己的事业，那时世界上没有一种力量能够摧毁他们的。我们只要紧紧的和人民群众密切结合在一块，那末我们事业上的各种困难都是可以"迎刃而解"或者逐渐克服的。

　　当着广大人民群众的积极性发动起来之后，他们为着把自己的生活管理更好，为着战胜敌人克服困难会有许多天才的创造，我们应该把这些人民的创造经验普及起来。毛泽东长期为人民服务中间对群众的创造和经验是异常珍贵和重视的。他在领导解放区建设事业中经常注意调查研究这些创造，并很快的把它集中起来推广出去，使之有利于人民。例如陕甘宁边区延安县，有一个人民自己创新的南区合作社，它收买老百姓的土货，供给老百姓日用必需品，组织老百姓的纺织，替他们解决原料销路的困难，替老百姓交公粮，运公盐，贷款给老百姓发展生产……给了老百姓很多好处，南区人民都很拥护它称赞它，毛泽东研究之后即把这一经验整理出来，并把它推广，号召全陕甘宁边区都要办这样一个为人民谋福利的合作社，这类的例子是不胜枚举的。毛泽东很信任人民群众的创造力，他深知广大人民中间有许多天才、发明家、优秀的群众领袖，他们中间每一个都有许多的经验，我们应该很好去发现它、鼓励它，并把他们组织起来，使之在民主建设事业的各个方面能起带头、骨干及桥梁的作用。毛泽东清楚的说过："群众有伟大的创造力，中国人民中间实在有成千成万的诸葛亮（意指高明的人才），每个乡村、每个市镇都有那里的诸葛亮，我们应该走到群众中去，向群众学习，把他们的经验综合起来，成为更好的有条理的道理和办法，然后再告诉群众（宣传）并号召群众实行起来，解决群众的问题，使群众得到解放和幸福"（参照上述"组织起来"的讲演）。前几年在陕甘宁边区及敌后各个解放区，在毛泽东领导下曾普遍开展了劳动英雄运动，在这一运动中间发现了许多劳动英雄及模范工作者，他们都是人民中间优秀份子、群众领袖，他们个个都有一套经验，并且业务范围多种多样：如工业、农业、运输、畜牧、医药卫生、锄奸、文艺、教育、战斗、爆炸、拥军、优抗……行行都有人民的"状元"，这一运动的开展对于解放区几年来的建设的影响及推动作用是很大的。

　　大家都知道毛泽东是中国人民最伟大的理论家、思想家、革命家，他写了许多著作，作了许多报告，他代表中国共产党规定了各个时期中国人民奋斗的路线和政策，这许多指示在中国革命各个时期都曾经起过重大指导作用；但是我在这里应该说明很重要的一点：毛泽东一切著作，思想言论政策，并不是他个人头脑中间空想出来的、虚构出来的，应该说这些都是中国人在各个时期的情感、要求、呼声集中的反映。例如在抗战阶段他所规定的路线——如停止内战一致抗日，全中国人民团结起来实行民主民生，改革国民政府、国民革命军，对国民党当局反动政策的批评斗争等……和解放区的各种政策——如减租减息、发展生产……等这些都是当时当地广大人民的要求呼声集中的反映。举个简单例子来说，毛泽东一九四四年发表了一个"组织起来"的报告，他号召解放区人民把劳动力组织起来，发展变工队、扎工队、合作社以开展生产运动改善人民的生活，这一报告立刻受到广大人民的欢迎；延安县的劳动英雄吴满有甚至几乎可以把这一报告完全背诵出来，原因并不是因为吴满有记性好，文化程度高，而是因为这一报告正是他们广大人民的切身要求、呼声、情感和经验的集中反映。毛泽东的《新民主主义论》也是如此。毛泽东的伟大就在于他深知人民大众的情感和要求，熟悉他们的经验和创造，并且能够在各个时期经过他的调查、研究、分析、综合，然后化成为有条理的纲领、政策、办法，去指导为人民服务。他的一切思想、言论、政策、办法都是从广大人民中间来又回到广大人民中间去。有许多人说毛泽东很天才、很聪明，的确毛泽东是一位中国有史以来，空前未有的天才，但是应该指出：毛泽东的天才并不是什么神秘不可解的，也不是什么先天的原因造成的，他的天才、聪明、智慧是中国人民的天才、聪明、智慧高度集中的反映。毛泽东是黄帝最优秀的子孙，是中国人民最杰出的代表，但他同时又是世界上人民领袖，科学家、天才、革命家——马克思、恩格斯、列宁、斯大林的忠实门生，他把世界人类几千年科学思想结晶下来的马克思主义理论和中国革命丰富生动的实际相结合，他根据马克思主义的科学立场方法从中国实际情况出发为广大人民服务，与广大人民的情感、需求相结合，因此他在中国革命长期斗争中能够把广大人民的天才、聪明、智慧高度的集中起来，化为自己的天才、聪明、智慧以指导中国人民解放事业，所以毛泽东是中国最伟大的天才，但他是中国人民的天才，也只有人民的天才才是人类历史上最伟大的！

　　正是因为如此，所以中国广大人民很喜欢他，拥护他，把他当作人民的救星，热烈响应他的号召，忠实执行他所提出来的主张，陕甘宁边区的老百姓到了延安都以和毛泽东见面握手为生平最光荣的事情，许多劳动英雄人民、诗人歌手赞美他歌颂他，说他是太阳照到那里亮到那里。去年日本投降之后，毛泽东坐飞机从延安到重庆去商谈和平民主团结的大计，广大人民都为毛泽东的安全担心，有些人说毛泽东到重庆等于"刘备过江"不保险……。这种对毛泽东的热爱拥护不仅在解放区是如此，就是大后方的人民包括国民党中许多民主人士也是如此。中国广大人民对毛泽东这种态度正是他毕生全心全意为中国人民服务的必然结果。

有些人把毛泽东与诸葛亮相比较,说毛泽东好像诸葛亮一样高明,天才,有威望,有办法,我们应该严格的指出,我们并不否认诸葛亮是古时三国时代天才杰出的军事家,然而如果把他与毛泽东相比,则至少是"驽马并麒麟,寒鸦配鸾凤"(借用《三国志演义》中徐庶荐诸葛亮给刘备时,形容他自己比诸葛亮的措辞),或者简直一个是天上的太阳,一个是地下的石块。因为诸葛亮固然有才干,可是他是为刘备少数地主贵族集团服务,而反对当时广大人民,他在三国时代政治上所起的作用是反动的,他的人生观是为少数反动地主阶级集团"鞠躬尽瘁,死而后已"的人生观,而毛泽东则是伟大的革命家,伟大的人民领袖,因此毛泽东与诸葛亮是根本不能相提并论的。

最后还应该说明一点:毛泽东是中国人民的领袖也是中国共产党的领袖,但毛泽东同时又是中国人民中一份子,他在中国共产党中间又是一位党员,他与普通老百姓一样服从人民集体制定的法令政策,遵守人民集体创造的纪律和秩序,他在共产党内和一切党员一样服从党的决议,遵守党的决定,执行党的纪律,而且做得最好。他是中共领袖,也是中国人民的领袖,他对人民解放事业有很大贡献,但他非常谦逊虚心,他从来不摆架子,不要求中国人民对他功劳给什么报酬,这是中国人民领袖所特有的伟大的本色!

以上简要介绍了毛泽东的人生观及其实际,这种为人民服务的人生观及其实际当然不是毛泽东一个人所独有的,所有中国共产党党员以及一切先进份子都有这种人生观及其实际的,不过毛泽东是最澈底最完满的典型代表人物罢了。所以我说是以毛泽东为代表的人生观正是此意。中国共产党及中国人民中许多优秀份子为了这一革命人生观奋斗了几十年,不少的人甚至为了贯澈这一伟大人生观而牺牲了自己的生命,然而他们的血不是白流的,中国人民解放斗争既经得到了许多伟大的成果,将来继续奋斗下去,一定会得到最后胜利的。

因此,我希望联大同学们对于这一个问题要加以郑重的考虑。在座的同志们多是青年，古人云："一年之计在于春，一日之计在于晨。"从整个人生看来，也可以说"一生之计在于青"，青年时代异常宝贵，光阴似箭，时不我待，应该在思想上行动上打下基础，对于将来一生的活动有重大意义。

所谓人生观问题，换言之也就是一个人根本立场问题，是为少数买办大银行家大地主服务抑或是为广大人民服务，是站在大买办大银行家大地主的立场，抑或是站在无产阶级人民大众的立场上，任何一个人想逃避这一根本问题是不可能的，特别在今天世界和中国的政治形势下面。至若如何建立为人民服务的人生观，关于这一问题，我愿提出下列建议，供给同志们参考：

（一）要学习人民解放的历史和其经验，要研究社会发展的规律。中国过去的历史，现代的历史，近二十多年的中国人民解放斗争史，特别是抗战史更要仔细的去研究，我们要用历史科学的规律来武装我们头脑，要从过去和现在人民解放斗争的成功失败的经验中去加深我们的认识，坚定我们的信心！

（二）要更多的更深刻的了解人民的要求、呼声、情感，学习如何便自己的情感与群众的情感相结合，才能更好的为人民服务！

（三）要准备一种为人民服务的本领，这是说，不仅决心为人民服务，而且善于为人民服务！

毛泽东的科学方法
——兼论新民主主义革命学说

前次介绍毛泽东的人生观时，曾说明了毛泽东是中国最伟大的革命家、理论家，他生平的一切言行都是从中国人民利益出发，又是为了中国人民服务的，他是中国人民的利益、人民的情感最好的体现者、代表者。毛泽东这种人生观是无产阶级的革命的人生观，同时也是他分析、判断、处理一切问题的根本方法。不过为了更清楚的了解毛泽东如何天才地领导中国人民解放的事业，如何科学地周密地处理有关于中国人民在现阶段革命的方针政策诸问题,我认为有必要把他的科学方法概括的介绍一下。

一 毛泽东的理论与实践的统一观

毛泽东是中国马克思主义最杰出最完整的代表,他的科学方法也即是马克思主义的辩证法唯物论(运用于社会历史便是历史唯物论)。辩证法唯物论如众所俱知是无产阶级的世界观,同时也是他认识世界与改造世界的革命行动底方法。

关于辩证法唯物论此处无必要详述,我只想说明毛泽东关于理论与实践的关系底基本论点,因这是辩证法唯物论也即是毛泽东的科学方法底基本问题。

毛泽东认为人类一切科学知识科学理论都是来自于客观的实践,换句话说,都是客观实践在人的头脑中的反映。例如从古到今,世界上的知识只有两门,一门叫做生产斗争的知识;一门叫做阶级斗争的知识(民族斗争的知识也包括在内),自然科学、社会科学就是这两门知识的结晶。自然科学是人类通过生产的活动,逐渐了解自然界的规律而造成的,社会科学是人类通过社会的生产活动、社会的政治活动(阶级斗争、民族斗争)逐渐了解社会的规律而产生的,离开了这些客观的实践活动要获得这些知识是不可能的。这是毛泽东的科学方法最基本的真理,这一真理被几千年来科学发展的历史所反复证实了的。

人类的科学知识是客观实际的反映,但是这些知识怎样从实践中产生呢?按照毛泽东的见解:"一切比较完全的知识都是由两个阶段构成的:第一个阶段是感性知识,第二个阶段是理性知识,理性知识是感性知识的高级发展阶段"(参照毛泽东一九四二年的"整风报告")。所谓感性知识是指人在认识过程的开始,只看见客观事物的现象、片面和各个事物之间的外部联系,此时人们尚不能造成深刻的概念,作出理论的结论出来,以后实践活动的继续,使人在实践活动中引起感觉与印象的东西反复了多少次,于是在人的脑子中产生了概念,即通过表面的现象,逐渐抓着事物的本质、事物的全体和内部的联系,循此前进,使用判断与推理的方法,产生出理论的结论来,这就是理性的知识。《三国演义》上所谓"眉头一皱,计上心来"就是指人在脑子里运用概念以作判断推理的工夫,感性知识与理性知识是人的认识过程两个不同的阶段(称之为感性或感觉阶段和理性阶段)的结束。这两个认识阶段好像鸟之两翼、车之二轮是统一不可分离、不可缺少的;感性认识是理性认识的基础和唯一来源,没有前者,后者等于无源之水、无根之木,只是主观幻想的东西;但是感性认识如果不提高到理性认识,则它仅仅是表面与片面的东西,不能完全反映事物的本质及其内部的规律性,因此理性认识是感性认识的发展与提高。

毛泽东强调理论是客观实践的反映,感性经验是认识的唯一来源,这就是强调实践的首要作用和意义,因为按照这种见解就只有反映实践的才是真理,同时只有参加变革现实的实践(科学的、生产的、社会政治的)才能使人的认识从客观外界得到感性的经验,一个闭耳塞听同客观外界根本绝缘的人是无所认识的,这是很明显的。一切科学的知识理论都是客观实践的反映,要获得任何真实的知识理论都必须到实践中去——这是毛泽东的科学方法底基本观点之一。

但是人的认识过程从感性到形成理论为止并没有完结,严格的说来,还只是说明了问题的一半,而且对于马克思主义者来说,还有非常重要的一半没有说明,因为从马克思一直到毛泽东就一再的提出:我们认为十分重要的问题,不在于懂得了客观世界的规律性,因而能够说明世界,而在于拿了这种对于客观规律性的认识去能动的改造世界。无产阶级之所以需要理论知识不是为了别的,而是因为它可以作为解放自己的革命行动的指南,不然纵使有了正确的理论而只是束之高阁或空谈一会,那这种理论是再好也没有用处的。因此理论从实践中产生,又必须回到实践中去,去指导实践改造实践。例如我们认识自然界和社会的规律性之后,就必须再把它用到改造自然与社会的实践中，即用到生产实践、科学实践、革命的阶级斗争与民族斗争实践中去。理论回到实践中去是为了指导与改造实践，但同时又是为了检验理论的本身是否正确的反映客观的实践。因为理论是客观实践的反映，但这种反映是否正确，能否对实践起指导及改造的作用，也只有经过实践的检验，才能完全解决的。实践是我们一切认识的来源，因此也是检验我们认识的唯一的客观标准。例如自然科学知识之所以被称为科学真理，不但在形成此种学说时，正确的反映了客观的实践，而且还为后来许多科学的生产的实践所证实。马克思主义之所以被称为科学的真理，并为世界各国的无产阶级及被压迫人民当作解放自己的行动指南，这不但是因为马克思、恩格斯在一八四六年形成此种学说时，正确的反映了历史的及当时社会实践，而且还不断的为后来世界各国的革命阶级斗争与民族斗争丰富的实践经验所证实。毛泽东曾明确的指出过："真正的理论在世界上只有一种，就是从客观实际中抽出来又向客观实际得到了证明的理论，没有任何别的东西可以称得起我们所讲的理论。……马列主义是从客观实际中产生出来又回客观实际获得了证明的最正确最科学最革命的真理"（参照上述的报告）。

　　理论一般的说来被实践检验的结果，或者是正确的，在实践中达到预期的结果，或者是错误的，在实践中被否定；不过正确的科学理论被实践检验之后，不仅证实它的科学性，而且它本身也必然被实践所充实的发展。因为客观实践比任何科学的公式丰富得多、生动得多、复杂得多，实践本身又是不断在变化和发展，科学的理论为着指导实践改造实践，它必须深化自己对发展着变化着的客观实践底认识，因而也就要适应着实践而更加发展自己、丰富自己。例如马克思主义理论自从马恩创立之后即在不断的发展着，列宁在帝国主义与无产阶级革命时代新的实践环境中发展了马克思主义；斯大林在战后资本主义总危机时期新的实践环境中又发展了并继续发展着马克思列宁主义；毛泽东在殖民地半殖民地半封建的中国实践环境中又发展了及继续发展着马克思、恩格斯、列宁、斯大林的学说。这是从马克思主义整个一百年的历史来说。就是从其中每一个代表人物而言,他本身的理论也是发展的。从马克思一直到毛泽东他们都一再的强调:"革命的理论不是教条而是行动的指南",革命行动是日益发展日益深化的,因此革命理论必须对它所提出的许多新的情况、新的问题有深刻的研究和理解,才能正确的提出新的任务和工作方法,不然它就会脱离革命行动,甚至成为它前进的障碍。毛泽东谈到中国的革命军事家应该大胆的运用马克思主义去创造发展中国的革命军事学说时,曾肯定的指出:"一切带原则性的军事规律或军事理论都是前人或今人做的关于过去战争的总结,这一过去的战争留给我们的血的教训,应该着重的学习他,这是一件事。然而还有一件事,那是从自己经验中考证这些结论,吸收那些用得着的东西,拒绝那些用不着的东西,创造那些自己所特有的东西。这后一件事是十分重要的,不这样做,我们就不能指导战争"(参照毛泽东的《中国革命战争的战略问题》一书)。

这样理论回到实践之后,又在实践中不断的证实自己、发展自己、丰富自己,理论与实践经过这样的过程之后,大体上说来对于一定的客观具体认识过程是算完成了,但是实际上人的整个认识过程是没有完成的:因为客观实践(自然及社会内部的矛盾斗争)都是向前发展的,因此人的认识也当然应跟着向前发展,不然理论便无法指导与改造实践。世界上任何科学的理论要想达到指导与改造实践的目的,其发展过程非如此不可!

综合上述,理论与实践的关系是:通过实践产生理论(经过人的认识过程),又用理论去指导实践,在实践中证实理论又发展理论;或者如毛泽东自己经常说的:实践、认识,再实践、再认识,循环发展以至无穷,目的是为了改造社会、改造世界,而实践与认识的每一循环的内容都比较的代表着更高的阶段。这就是毛泽东的理论与实践的统一观,或者是主观与客观、言与行的统一观,也即是他认识世界与改造世界的科学方法。

二　毛泽东的革命学说是从实践中来又被实践所证实和发展

　　毛泽东这种科学方法是无产阶级所特有的，因为无产阶级是人类有史以来最受压迫和最受剥削的阶级，他一身除两只空手之外别无所有，因此他对于改造旧社会的要求最迫切（没有什么可留恋的），他的革命积极性顽强性也最大（没有什么可顾虑的）。无产阶级为了解放自己及一切被压迫人民，就要求必须在认识与实践上完全按照辩证法唯物论、历史唯物论的原则正确的加以处理，使认识与实践能够完全统一和一致，以达到改造社会解放他们的目的。所以在中国真正澈底掌握这种科学方法的，只有中国无产阶级的先锋队——中国共产党，而毛泽东便是它最优秀的代表。

　　前次我们谈到毛泽东的人生观时，曾经指出毛泽东是中国无产阶级最伟大的思想家、理论家，毛泽东的革命学说是中国民族与人民解放斗争的指南针。毛泽东之所以能够成为这样的人物，他的学说之所以能够起这样伟大的作用，也就是因为他深知中国人民之需要，并能够在理论上实践上正确的体现中华民族与中国人民的利益。毛泽东的理论，正像马克思、恩格斯、列宁、斯大林的理论一样是从客观社会的实践中来，又是为了服务于社会实践，换言之，它是中国社会实践（阶级斗争、民族斗争）科学的反映，用之于中国社会实践，又成为中国人民解放斗争的行动指南。

　　为了说明毛泽东在分析问题处理问题上如何具体的运用他的科学方法，我们在这里特别把新民主主义革命学说当作一个典型例证来介绍一下：从这一介绍中间大家可以看到，毛泽东的革命学说，如何从中国社会实践中产生，又如何去指导改造实践，并如何被实践检验、充实和发展。

　　要了解毛泽东的新民主主义革命学说如何从中国的社会实践中产生，必须首先认请中国社会的政治经济情况，也即是一般人所谓中国的国情。中国的国情是什么国情？关于这一问题毛泽东在他一九四〇年发表的《新民主主义论》名著中曾有下列的说明：

"自周秦以来,中国是一个封建社会,其政治是封建的政治,其经济是封建的经济,而为这种政治经济之反映的文化则是封建的文化。自外国资本主义侵略中国,中国社会又逐渐生长了资本主义因素以来,即自鸦片战争到中日战争,一百年来中国已逐渐变成了一个殖民地半殖民地半封建的社会。现在的中国在沦陷区是殖民地社会;在非沦陷区基本上也还是一个半殖民地社会;而不论在沦陷区与非沦陷区都是封建制度占优势的社会,这就是现时中国社会的性质,这就是现时中国的国情。作为统治的东西来说,这种社会的政治是殖民地半殖民地半封建的政治,其经济是殖民地半殖民地半封建的经济,而为这种政治经济之反映的文化则是殖民地半殖民地半封建的文化"。

这是毛泽东对于中国国情总的看法。至若殖民地半殖民地半封建的中国政治经济各方面的具体情况如何呢?关于这些问题毛泽东在他的许多著作中(如他主编的《中国革命与中国共产党》及其他)都曾作了科学的说明。

从毛泽东这些科学的说明中我们可以看到殖民地半殖民地半封建的中国有如下几个显著的特点:

首先中国不是一个独立自由的国家。中国在政治上经济上财政上军事上都受帝国主义的操纵,帝国主义经过他们在华的雄厚的财政经济力量把持了中国的经济命脉(海关、银行、铁路、轮船、电讯、重工业),操纵了中国政府的财政,经过经济财政又控制着中国的政治军事与外交,并在中国沿海沿江各大城市及交通要道,各战略据点满布他们庞大的海陆空军,以便随时作进一步的侵略及镇压中国人民的反抗。因此不论以前的北洋军阀官僚政府及民国十六年登台的国民党反动派的政府都是帝国主义者统治奴役中国人民的工具;至若九一八以后的"满洲国"及七七事变以后的沦陷区则更是日本帝国主义者直接的统治,汉奸溥仪、汪精卫、陈公博等不过是他们的傀儡罢了。由于中国受帝国主义统治(不论是间接的直接的),因此中华民族百年来毫无民族自由平等、政治主权独立及领土完整之可言,相反的中华民族一贯的被侵略,被宰割和奴役,甚至后来许多地方的中国人民过着亡国奴的生活。

中国不是一个民主与统一的国家。中国历史上从来没有过像欧美资本主义国家存在过的民主制度，中国人民从来未取得过最低限度的民主权利，相反的有的是军阀官僚或国民党法西斯蒂反动派的专政以及日本帝国主义野蛮残暴的统治。中国政局历来是不统一的，帝国主义列强在华长期采取势力范围的分裂剥削政策，勾结与利用中国封建势力的政策，因此促成了中国各个地区的封建军阀割据，造成四分五裂不断混战与内争的局面。七七事变之后日本帝国主义者企图"统一"中国，然而这种"统一"是毁灭中华民族的统一，由于中国人民的英勇反抗，使这一"统一"企图遭受了破产。

中国在经济上是落后的大农业国家，农民占全国人口百分之七十五以上〔美国百分之二十六，德国百分之三十一，法国百分之四十一，革命前俄国百分之六十五，印度百分之七十二（？）〕，农业生产占全中国总生产价值百分之九十，工业生产价值仅占百分之十（俄国一九一三年工业生产占全国总生产的百分之四十），而工业生产中手工业生产仍占多数。这是说中国经济比诸一九〇五年革命前的俄国及现在的印度还要落后，它不是统一的资本主义而是地方的农业经济。中国广大农村中间封建剥削的根基——地主阶级对农民的封建剥削不但依旧保存着，而且与买办资本和高利贷资本的剥削结合在一起，在中国的社会经济生活中占着显然的优势。

由于帝国主义和封建残余的双重压迫，尤其是日本帝国主义的大举进攻，中国广大人民，特别是农民过着饥寒交迫与毫无政治权利的生活。中国人民的特殊的贫困是世界各民族中所少有的。

中国经济上虽然是落后的农业国，然而中国在政治上却是革命潜在力量异常丰富的国家。因为帝国主义封建势力与广大人民之间有着深刻的矛盾，百年来中国人民有许多反帝反封建的英勇斗争——鸦片战争、太平天国运动和义和团起义、辛亥革命、五四运动、北伐战争，十年苏维埃战争等等（其中有多次是反帝的战争，革命与反革命的战争）及其传统。中国有强大的觉悟程度甚高的产业无产阶级，它数量上虽少（与农民比较），年龄虽轻（与资本主义国家的无产阶级比较），文化程度虽低（与资产阶级比较），然而它很集中（集中表现于两方面：集中在几个大都市、比较集中在大企业中），它所受的剥削与压迫是世界各民族中罕有的严重和残酷，因此它对革命的要求及斗争的顽强比任何阶级还要来得坚决及澈底，兼之，在半封建半殖民地的中国缺少西欧那样的社会改良主义的基础（当然并不否认国民党黄色工会的改良欺骗及工贼政策和封建帮口行会对工人的影响），因此除少数工贼之外整个阶级都是最革命的，此外还有两种特殊情况对于中国无产阶级政治上的成长及战斗力的提高有重大关系的：（一）是中国无产阶级一开始走上革命舞台就是在它本阶级的政党——中国共产党直接领导之下，这一政党从它诞生起即吸收了苏联及世界革命的经验，并即与中国工人运动相结合，组织领导与它日常的斗争。（二）其次是中国无产阶级有着极其广大的革命同盟军——农民，这一大批农民群众占全国人口百分之七八十，是中国农业国家经济的主要负担者，他们由于帝国主义封建势力残酷剥削和压迫，因此具有很大的革命性。中国无产阶级与农民群众在反帝反封建的革命要求上完全是一致的，而且它与农民有一种天然的联系，即中国无产阶级中的大多数是刚从农村出来的破产农民。

最后中国人民反帝反封建的革命运动的开展，比诸过去许多国家的民族民主革命是处在完全不同的新时代，一九一四年第一次世界大战与一九一七年的俄国十月革命结果在世界六分之一的地区建立了社会主义国家之后的新时代，这一时代由于苏联社会主义国家的存在及其对于世界人民解放运动日益增强的推动作用，对于中国革命的发展有重大的影响。

关于中国国家的基本经济政治情况及其具体特点，大体上就是如此！在这种情况及其具体特点之下中国民族解放人民解放的事业应该遵循何种方针及何种道路呢？换句话说，中国革命的步骤及现阶段中国革命的许多问题应如何规定才符合于中国的具体情况及广大人民的要求呢？这些也正是毛泽东的新民主主义革命学说所早即解决与正在继续解决的课题。

按照毛泽东的新民主主义革命学说：中国民族与中国人民要取得澈底的解放（民族的与社会的），必须经过两种性质不同的革命过程或者两个步骤，其第一步是民主主义革命，其第二步是社会主义革命，现阶段的新民主主义革命按照毛泽东很通俗的话说来就是无产阶级领导下的人民大众（以农民为主体）反帝反封建的革命。无产阶级领导是指这一革命的司令官，人民大众是指这一革命的队伍，帝国主义与封建势力是指这一革命的对象，反帝反封建的革命是指这一革命的任务。这里所谓人民大众是指工人、农民、知识份子、小资产阶级（小商人、手工业者、自由职业者、职员、城市贫民），其中尤其是占全中国人口百分之七八十的农民是它的主力军，除上述的成份以外其他一些反帝反封建的社会阶级及阶层当然应该联合他们，吸引在这一革命的洪流中，但工人、农民、知识份子、小资产阶级是新民主主义革命的基本力量。

新民主主义革命的纲领在政治上是要推翻帝国主义与封建势力的统治，建立各个反帝反封建的革命阶级联盟的民主共和国，说得准确些就是以工人、农民、知识份子、小资产阶级为主体，包括其他的反帝反封建份子的革命联盟底民主共和国。在经济上新民主主义革命是要没收帝国主义者及汉奸反动派的大资本大企业交给国家经营，它要把大土地分给无地或地少的农民所有，实行"耕者有其田"，扫除农村中的封建关系，但它并不没收其他资本主义的私有财产，不禁止"不能操纵国民生计"的资本主义生产的发展，相反的，它扶助私人的中小企业，允许有利于国民生计的资本主义发展，在农村中允许富农经济的存在。这是说中国的现阶段的革命不是无产阶级社会主义的，因为革命的敌人主要的还是帝国主义与封建势力，即是买办性的大资产阶级背叛革命而成为革命的对象，然而革命的锋芒也不是向着一切资本主义与资本主义的私有财产，而是向着帝国主义与封建独占。但是这一革命也与欧美各国历史上的民主革命大不相同，它已不是旧式的一般的资产阶级民主革命（这一革命通常在资产阶级领导之下，革命结果并造成资产阶级专政），而是新式的特殊的资产阶级民主主义革命，毛泽东称之为新民主主义革命。这是因为中国革命生长发展在第一次帝国主义世界大战之后无产阶级既经在苏联取得了胜利以及中国无产阶级既有政治觉悟的时代条件之下。中国新民主主义革命只有在无产阶级领导之下才能澈底的完成之。

毛泽东代表中国共产党所规定的这一新民主主义革命纲领与孙中山先生在民国十三年国民党第一次代表大会宣言中所解释的三民主义在若干基本原则上是互相一致的。这一革命纲领的实行可以把中国从现在的国家性质与社会性质向前推进一大步，即从殖民地半殖民地半封建的国家性质与社会性质，推进到新式民主主义的国家性质与社会性质，把中国从帝国主义与封建势力统治下不独立、不自由、不民主、不统一、贫困、落后的国家而变为独立、自由、民主、统一、富强、繁荣的新中国。

新民主主义革命学说的基本内容扼要的说来就是如此。毛泽东这一革命学说是从中国社会的政治经济的具体情况出发的，同时又是根据中国人民长期的革命实践经验而制定的，这是说半殖民地半封建的中国底客观实践（帝国主义在中国的侵略、压迫、掠夺，封建地主对农民的榨取，军阀官僚买办大资产阶级的专制横暴，中国之不独立、不自由、不民主、不统一、贫困、落后的许多鲜明事实，广大人民的要求和呼声，以及中国人民长期反帝反封建的革命斗争等）反映在以毛泽东为代表的中国共产党人的认识中间——经过他和以他为首的中国共产党亲自领导下的长期中国人民斗争的实践经验，调查研究、分析、综合——因为产生了这一套完整的革命学说。因此这一学说从它一开始制定时，即正确的反映了中国社会的实践，集中的综合了中国广大人民的要求和呼声。不仅如此，毛泽东这一学说从来又不断的为中国人民的革命实践所检验和发展。

中国新民主主义革命的发展过程经过了三个历史时期：第一次大革命、土地革命、抗日战争。在新民主主义革命的第一个时期中，在一九二一至一九二七年，特别是一九二四年至一九二七年，中国人民第一次反帝反封建的大革命,曾经在中国共产党的正确领导的影响、推动与组织之下得到了迅速的发展与巨大的胜利。在大革命中中国无产阶级曾进行了许多可歌可泣艰苦卓绝的斗争,例如一九二五年的以上海工人为中心的五卅大罢工;同年冬广州与香港工人反对英帝国主义的香港大罢工,一九二七年武汉工人收回英租界的英勇斗争以至于上海工人三次武装起义等等;中国农民在南方各省曾普遍组织在农民协会中,进行土地改革,协助北伐军进行反对北洋军阀的战争,中国智识青年及广大小资产阶级群众在工人农民的斗争影响推动之下也大批的卷入反帝反军阀斗争的漩涡中来。大革命中中国人民在中国共产党领导下这种英勇斗争推进与帮助了国民党的改组,与国民政府及国民革命军的建立,形成了东征(讨军阀陈炯明)与北伐(讨北洋军阀)的政治上与实力上的骨干,并保证了当时北伐战争的胜利。但是正当着一九二七年北伐战争节节胜利,北洋军阀土崩瓦解,帝国主义者胆战心惊,同时中国南方各省的农民正在进行"耕者有其田"的伟大农村革命,以扫荡封建势力的统治时,国民党内的大资产阶级反动集团,即勾结帝国主义与封建势力叛变了革命,并向中国人民作了最可耻的武装袭击,因此使第一次中国人民反帝反封建的轰轰烈烈的大革命,终于遭受了失败。大革命失败以后,由于国民党反动派对外卑鄙的投降帝国主义,出卖民族利益(如对于日寇九一八侵占东北采取了不抵抗主义与日寇及其他帝国主义订立了许多丧权辱国的协定等),对内实行法西斯主义一党专政的统治,残酷的镇压人民一切反帝反封建的革命活动,因此中国人民为了继续反帝反封建的革命事业,同时也为了自卫不能不与国民党法西斯蒂反动派进行革命战争。十年国内革命战争在中国共产党领导之下获得了伟大的成绩和丰富的经验,在南方各省中国人民创造了大块的革命根据地,广泛的进行了"耕者有其田"的农村土地革命,扫荡了封建势力的统治,建立了人民的民主政府,创造了一支坚强有力英勇善战的人民革命武装——中国工农红军;在中国人民解放后的历史上第一次破天荒的出现了无产阶级领导下以农民为主体的民主主义的解放区,在这一区域里没有帝国主义与封建势力及其他反动派，一切由人民作主，人民自己管理自己，人民在中国共产党领导之下建设反帝反封建的政治经济与文化，而且建设得很好。国民党反动派对于这块人民的解放区视如"眼中钉"，恨不得把他连根拔掉，因此在帝国主义的指使与帮助之下，派遣百万大军进行无数次的围剿；在围剿中反对派逢着人就杀，见了房子就烧，真是"军行所至赤地千里"，然而围剿并没有消灭人民革命力量，相反的人民从残酷战争中锻炼得更加坚强更加有经验了。一九三六年西安事变之后中国革命进入第三个时期即抗日战争时期，此时中国共产党为了战胜当前中华民族与中国人民最凶恶的敌人，为了贯彻中国人民的民族与社会解放事业，实行抗日民族统一战线新政策，团结与组织广大的人民以及其他各个阶层各个党派，协力同心，共同抵抗日寇的侵略。中共这一政策的推行，以及全国人民抗日的高潮，推动了国民党当局停止不抵抗主义，造成举国一致、国共合作、全民族抗战的新局面。中共在抗日战争中派遣了自己领导下的人民军队（红军改称为八路军新四军）到抗日的最前线，对日作战，并深入敌后驱逐日寇、收复失地、解放人民、创立抗日民主的解放区，抗战八年中国人民尤其是广大农民群众，为了打败日寇，建设新中国，在中国共产党领导之下进行了不屈不挠可歌可泣的英勇奋斗，人民八年的奋斗获得了伟大的成绩：创造了一万万人口以上的抗日民主的解放区，发展了人民军队到一百万以上，在这些解放区中建立了新民主主义的地方性联合政府，实行了各种有利于人民的政策，如减租减息、增资减税、发展生产、繁荣工商业等等，给予人民各个阶层广泛的民主权利，使人民自己管理自己，过着民主、自由、幸福的生活。中国抗战由于强大解放区及人民武装力量的存在，因此能够配合盟军取得胜利，并于抗战胜利之后转入和平民主建国的新阶段。

将近二十五年的中国新民主主义革命的实践是异常生动和丰富的，这一长期生动和丰富的人民革命实践是检验一切阶级、一切政党、一切理论、纲领、政策、一切人物最好的，甚至是唯一的标准。以毛泽东为代表中共新民主主义革命学说被检验的结果如何呢？

二十五年中国的历史实践与革命实践十分明显的证实，新民主主义革命是殖民地半殖民地半封建的中国的唯一生路，中国广大人民只有在无产阶级领导下实行反帝反封建的革命推翻帝国主义与封建势力的统治，建立反帝反封建的新民主主义的政治经济与文化，才能够得到民族与社会的解放。二十五年实际经验证明：新民主主义的国家制度是一个真正适合于中国人口中最广大成份的要求的国家制度，它取得了并可能继续取得数百万产业工人、几千万手工业工人与农村中雇农、三万万六千万的农民阶级；以及广大的小资产阶级、自由资产阶级和其他爱国份子开明的民主主义者的拥护。新民主义革命从中国革命过去伟大的成就和经验来看，它的确是"顺乎天理，应乎人情，适乎世界之潮流，合乎人群之需要，而为先知先觉者所决志行之，则断无不成"（孙中山先生语）的，而舍此也没有第二条道路可走。

国民党反动派武断欺骗青年说：中共所提倡马克思主义不适合于中国国情，是"外国货"、"舶来品"等等，根据上述中国国情的分析以及二十五年来中国革命的实践，大家很清楚的可以看到：中共所提倡的新民主主义革命学说（这是马克思主义的中国化）是唯一适合于殖民地半殖民地半封建中国的国情的革命理论，是中国民族及中国人民的解放斗争底独一无二的行动指南。新民主主义革命学说，绝对不是什么"外国货"、"舶来品"，它是中华民族国土上土生土长的，与中国广大人民血肉相联的道地中国货，它不是什么人脑子里虚构出来的、幻想出来的，而是全中国人民的集体的要求与呼声，因此也就是全中国人民的集体创作与公共财产。二十五年来的历史实践与革命实践，另一方面又深刻的教育了全中国人民：真正不适合于中国国情的，不是毛泽东的新民主主义学说，而正是国民党反动派的买办的封建的法西斯主义。国民党反动派背叛了孙中山先生的革命三民主义，从一九二七年起即在中国建立大地主大资产阶级一党专政的反人民的国家制度，国民党这种法西斯主义是买办性和封建性的，他们继续了中国历史上从秦始皇一直到袁世凯极端反动的专制主义传统，并抄袭德国希特拉、意大利莫索里尼的极端残暴的法西主义制度，对外实行投降主义，对内实行独裁主义，在国民党一党专政下面一切党派活动被禁止，一切非法西主义的思想，自由主义、共产主义及其他被反对，一切人民的民主权利被剥夺，一切非官僚买办的农工商业被摧残，一切反帝反封建的革命活动被镇压。可是十九年来这种法西主义统治的结果如何呢？正如众所俱知，国民党反动派对外投降的结果，招来了日本强盗的侵略，日寇从东北四省打到芦沟桥，又从芦沟桥打到贵州省以至于中国大半领土山河沦为日寇的殖民地；国民党对内独裁的结果弄得民生凋敝，民怨沸腾，民变蜂起，而中国人民反帝反封建的革命政党革命活动则不仅没有被国民党反动派剿灭，相反的它越剿越大，越打越强。现在不仅是中国广大的人民对于国民党反动派的法西主义国家制度极端痛恨，就是英美同盟国的当局也公认为这种国家制度有切实改变之必要，因此才迫使国民党反动派自己在不久以前的政治协商会议上宣布废除法西主义的一党专政（这种废除的诺言究竟在以后如何实行，我们还有待今后事实的证明）。现在世界法西主义的首脑希特拉、莫索里尼早即崩溃死亡，"寿终正寝"，东方的法西主义的日本也既经被打垮了，整个世界整个中国都要走向民主，这是势所必趋，理所当然，在这种情况之下，中国法西主义反动派如果还要保持他们那一套天怒人怨的反动派做法，那只是自掘坟墓，最后总是难逃如同他们的老祖宗——希特拉、莫索里尼一样的死亡的命运！中国的国情是如此，世界的世情也是如此！世界与中国的历史巨轮是拖不回来的！

根据以上的说明，可以清楚的看出：二十五年中国革命的实践辉煌的证明了新民主主义革命学说是殖民地半殖民地半封建的中国社会必然产物，是中国人民反帝反封建的革命行动底唯一正确的指南，但是实践不仅证实理论，而且同时又发展理论，新民主主义革命学说是从中国实践中来，又回到实践中去，在改造中国社会的革命实践中间不断的检验自己，不断的丰富自己与发展自己。不能这样设想：以为毛泽东的革命学说从一开始就是像现在那样完完整整的，丝毫未变的；这种了解是脱离实际的书生之谈，与毛泽东自己的科学方法的基本精神也是根本相违反的。毛泽东的新民主主义革命学说是日益发展、日益丰富起来的；例如关于中国国情的认识，毛泽东在形成新民主主义革命学说之前早既有了正确的理解，因为这是中国革命学说制定底基本的根据，然而毛泽东对于中国国情的认识显然是随着中国社会实践与革命实践的发展而日益加深的。例如对于中国社会各阶级的动态及其特性的了解，毛泽东根据三个时期革命的经验，尤其是抗日民族统一战线与抗日战争的时期（此时有全民族的抗战、国内的阶级斗争、国民党反动派三次反共高潮等等重大事件）的经验是有所充实和发展的，这一点，我们可以从他一九三九年发表的《中国革命与中国共产党》一书（此书是毛泽东关于中国国情的科学解剖最好的名著）和他以后的论著中看出来的。关于新民主主义革命的建国纲领与政策方面更是如此，例如一九四〇年毛泽东发表了《新民主主义论》；这一名著总结了中国过去二十年新民主主义革命的经验，科学的说明了新民主主义革命论的根据与纲领政策诸问题，是中国新民主主义革命最重要的文献之一，接着一九四一年他又根据国民党反动派两次反共高潮以及抗日民主解放区的经验又进一步提出三三制的问题，使新民主主义的政权构成的成份问题更加具体化与明确化了，一九四五年毛泽东又发表《论联合政府》的报告，在这报告中他总结了《新民主主义论》出版以后五年的解放区经验，并在这一总结基础上把新民主主义革命许多问题更进一步的发挥了。例如关于政权的具体形式问题，毛泽东规定了它应该是联合政府，抗战胜利以前是临时性的联合政府，这一政府在解放区早已存在了，但全国还没有，抗战胜利以后则是经过人民真正选举的正式的联合政府。中共在抗战初期，在十大纲领中提出"国防政府"，在《新民主主义论》中是"抗日统一战线的政府"，所有这些与"联合政府"的口号实质上都是新民主主义的，但《论联合政府》一书中所规定的比诸过去不论在政权性质上、政权的政策上、政府的成份上，都更加具体化更加明确化了。此外此书关于政策方面也有许多新的发挥，特别是经济政策，此处不来详述。毛泽东的新民主主义革命学说每次新的发挥都是基于丰富的生动的革命实践经验，同时这一发挥反转来又指导与促进新民主主义革命运动更加向前发展。

毛泽东的革命学说正像马克思、恩格斯、列宁、斯大林一样在其发展过程中，在一定的时期内相对的有其突出的一方面。因为革命不是请客吃饭，一下子把各种各色的东西都摆出来，样样俱全、件件精致，革命是有步骤的，有发展过程的，因此革命理论为了指导革命行动在一定时期内也必然有它战斗的主攻方向。在帝国主义与封建势力统治下的不独立不民主的中国国家反革命的统治阶级拥有强大的武装力量，而人民则没有任何民主权利（无议会可利用，无组织人民斗争的合法权利），在这种情况之下人民的武装斗争有特殊重大意义。中国革命长期的经验证明：没有人民的武装，就没有人民的地位，就没有中共的地位，就没有革命的胜利，中国人民在中共领导下二十五年的新民主主义革命的历史是与武装斗争分不开的（两年北伐战争、十年国内革命战争、八年抗日民族革命战争），当着人民没有自己武装的时候，革命就不容易巩固的向前发展，甚至遭受失败，反之，有了人民武装，而且善于指导它的时候，革命的进展更完全不同了。因此在毛泽东的革命学说中间武装斗争问题占了特殊重要的位置。这便没有什么奇怪的了。正如众所俱知，毛泽东不仅是中共伟大的政治家，而且是伟大的军事家、战略家，他曾经代表中共亲自参加和领导第一次大革命失败后的十年国内革命战争，根据长期武装斗争的经验他替中共制定了一条完整的人民军事战线，创造了一套殖民地半殖民地半封建的中国人民的武装斗争底军事学说，这一学说后来成为抗日战争的指南，并被八年抗日战争的丰富经验所充实和发展了。毛泽东的军事学说解决了并继续解决着中国人民武装斗争的许多重要问题，例如在中国这样的具体环境下，敌人如此强大并且控制着大城市及交通要道，人民应该如何进行革命的武装斗争，如何建设以农民为主体的人民革命的军队，如何规定人民革命军队的战略战术，如何创造以农民为主体的人民的革命根据地，如何把武装斗争这一人民革命的主要斗争形式与其他许多必要的斗争形式如工人的、农民的、青年的、妇女的、政权的、经济的、锄奸的、思想的等等，直接的或者间接的配合起来等等，以加速整个革命斗争的胜利。

毛泽东的军事学说是新民主主义革命学说整个体系中极端重要的部份，而且是毛泽东的理论与实践底整个发展中间最为突出的部份，这一特点不是偶然，而正是中国人民革命实践的真实的反映，是中国人民革命斗争必然的产物。当然随着中国革命继续的进展，客观实际情况的变化，这种现象是会改变的，而且一定要改变，那时毛泽东学说中最突出的部份将不是武装斗争，而是其他东西了。

总起来说，毛泽东的学说是从中国实践中来，又回到实践中去，成为革命的实践的指南，并在实践中被检验充实和发展。毛泽东的学说过去既是日益发展日益丰富的，将来也仍然是如此。

三　毛泽东的科学方法既反对教条主义，也反对经验主义

毛泽东的革命学说是马克思主义科学理论与中国革命的实践相结合的结晶体。毛泽东代表中国无产阶级与中国人民将在资本主义的欧洲产生与发展起来的人类最高智慧——马克思列宁主义，创造的应用于中国这样以农民为主要群众，以反帝反封建为直接任务，而敌人特别强大，阶级结构特别复杂，政治经济的变化异常多端，革命斗争极其困难的半殖民地半封建的大国。毛泽东的革命学说光辉地解决了过去列宁在论东方问题时所说"从前在共产党人面前没有提出过的"，"在任何一本共产主义的书里都找不到，但却必须加以解决的"许多问题。毛泽东的学说就是中国化的马克思主义，它是马克思、恩格斯、列宁、斯大林的学说底继续发展，因此它是世界无产阶级及一切被压迫的人类的共同财产之一。

但是当着毛泽东运用马克思主义于中国时，他是紧紧的掌握着理论与实践密切相结合的原则的，这是说他从马克思主义宝库中取得了它的立场方法，认真地研究了中国的历史，研究了中国政治军事经济文化各方面的国情，参加并领导了中国人民解放的斗争，并从情况的了解及经验的总结中去创造出理论来。关于这一问题毛泽东经常教导我们，马克思主义者在中国应该如此去创造理论发展理论。例如在论

及怎样才算是名实相符的理论家问题时,毛泽东曾经明确的指出过:

"我们读了许多马列主义书籍,能不能就算是有了理论家呢?不能的,因为马列主义是马恩列斯他们根据实际创造出来的理论,从历史实际与革命实际中抽出来的总结论。我们仅仅读了它,但是没有根据它来研究中国的历史实际与革命实际,没有创造出合乎中国实际需要的自己的特殊性的理论,我们就不能妄称为马克思主义的理论家。……我们所要的理论家是什么理论家呢?是要这样的理论家,他们能够依据马、恩、列、斯的立场、观点、方法,正确的解释历史中与革命中所发生的实际问题,能够在中国经济、政治、军事、文化诸问题上给予科学的解释,给予理论的说明,我们要的是这样的理论家。"(参照他在一九四二年的"整风报告")。

马克思主义理论与中国革命实际的联系毛泽东有一次很通俗的把它比作矢与靶的关系。他说:

"拿一句通俗的话来讲就是'有的放矢',矢就是箭,的就是靶,放箭要对准靶,马列主义与中国革命的关系就是箭与靶的关系"(参照同上的报告)。

毛泽东关于马克思主义与中国革命实践的关系问题上曾经反对过两种不正确的思想方法。一种是教条主义,它的特点是不从客观实践出发,而从书本出发;它不是根据马列主义的立场方法来认真研究中国的国情底过去与现在,认真研究中国革命的实际经验,得出结论,作为中国革命的行动指南,再在群众实践中去考验这些结论是否正确。相反的,它抛弃了马列主义实质,而把马列主义的词句搬运到中国来当做教条,毫不研究这些词句是否合乎中国现在的实际,因此他们的"理论"与实际是脱离的,他们根据这种理论制定的革命路线,政策也是错误的。另一种是经验主义,它是从狭隘感性的经验出发,满足这些片断的局部的经验,把他们当作到处可以使用的教条,不懂得如何科学地总结革命经验,不懂得"没有革命的理论就没有革命的实践"与"为着领导必须预见"的真理,因而轻视从全世界与全中国经验总结出来的马列主义与中国化的马列主义思想,并醉心于狭隘的无原则的所谓实际主义与无头脑的无前途的事务主义。这两种思想方法的出发点虽然不同，但他本质上却是一样的，即他们都把马列主义的普遍真理与中国革命的具体实践分割开来，它们都是违犯辩证法唯物论与历史唯物论，把片面的相对的真理，夸大为普遍的绝对的真理，它们的思想都是不符合于客观的全面的实际，是主观主义唯心论的两种表现形式。这两种思想方法都在中国人民革命队伍中间出现过，而且现在还多少存在着，毛泽东曾经坚决的与它们作过斗争。

毛泽东提倡学习马列主义理论，学习世界革命的经验，但他一次再次的强调这种学习目的是为了能够正确的应用这种理论去解决中国革命的实际问题，而不是为了书本上各项原则的死记与背诵。因此必须注意学会区别马列主义的字句与实质，领会这一实质并学会善于应用这种实质与中国的具体环境去分析处理各种实际问题，反对一切脱离中国实际的空洞的形式的学习。

毛泽东有一次关于如何去学习马列主义问题，曾有下列一段极深刻的指示：

"正确的学习态度就是要有目的去研究马列主义，要使它与中国革命的实际运动结合起来，是为着解决中国革命的理论问题与策略问题，而去从它找方法的。这种态度就是有的放矢的态度。的就是中国革命，矢就是马列主义。我们中国共产党人所以找这根'矢'，不是为了别的，是专门为了要射中国革命与东方革命这个'的'的，否则这个矢就不过是一个徒供玩好的古董，一点什么用处也没有。这种态度，就是实事求是的态度，'实事'是客观存在着的一切事物，'是'就是客观事物的内部联系，即规律性，'求'就是我们去研究。我们要从国内外、省内外、县内外、区内外的实际情况出发，从其中引出其固有的，而不是臆造的规律性，即找出周围事变的内部联系，作为我们行动的响导，而要这样做，就绝不凭主观想像，不凭热情，不凭书本，而凭客观存在的事实，详细占有材料，从这些事实中材料中引出正确的结论，这种态度就是理论与实际统一的马列主义的作风"（参照他《改造我们的学习》报告）。

人民革命队伍中间过去现在均有两种不同的干部，一种有书本子知识然而缺少实际经验，另外一种是有若干实际经验，然而缺少理论知识。（前者多是知识份子出身，后者则知识份子和工农出身的干部均有，其中尤以工农出身的占多数。）

毛泽东关于这两种干部的提高曾有下列的指示：

"有书本知识的人应向实际方面发展，到实际中去，到群众中去增加自己的感性知识，实际经验，然后才可以不停止在书本上，才可以不犯教条主义错误；有工作经验的人，要向理论方面学习，然后才可以使经验带上条理性、综合性，上升到理论，然后才可以不把局部经验误认为即是普遍真理，才可不犯经验主义的错误"。（参照他"整风报告"）毛泽东特别指明：最广大的有实际工作经验的同志，他们一切有益的经验是有极可宝贵的财产。科学地总结这些经验，作为以后行动的指南，这完全不是经验主义，而是马列主义。但是有实际工作经验的同志如果满足于他们的局部经验，把它当作到处可以使用的教条，不虚心学习革命理论，那他们就会成为经验主义者了。

毛泽东的科学方法是强调调查研究的，因为正确的理论既是从客观实践出发，又要回到实践中去检验，因此就必须进行对客观实践的各个方面经常周密的调查研究，由此得出对客观事物科学的了解（把握它的本质和规律性），以形成理论并检验理论是否符合于客观实际。毛泽东二十五年来的奋斗都是按照这一原则办事的，从他参加中国革命事业的第一天起，就着重于应用马列主义的普遍真理以从事于中国社会实际情况的调查研究，第一次大革命时期毛泽东曾经专门花了几个月时间去调查湖南农民运动，写出了《湖南农民运动的考察报告》，这一报告是中国新民主主义革命极其重要的文献之一。在十年国内战争时期，他继续在指导农村革命斗争中周密的调查研究农村的经济情况与阶级关系，他曾一次再次的强调了"没有调查就没有发言权"的真理，反对了"本本主义"（即教条主义）与"唯心观念"的危害。抗日战争时期也是如此，并且一九四一年毛泽东在中国共产党及人民革命团体中，曾经作了一次的普遍的号召，加强调查研究的工作，反对粗枝大叶，不求甚解，自以为是，主观主义形式主义的作风。谈到调查研究的重要性时，毛泽东有一次曾这样说过："对于中国各个社会阶级的实际情况，没有真正具体的了解，真正好的领导是不会有的。要了解情况，唯一的方法是向社会作调查。普遍调查不可能也不需要，有意识的有计划的抓住几个城市、几个乡村，用马克思主义的根本观点——阶级分析的方法，作几次周密的调查，乃是了解情况的最基本方法，只有这样才使我们具有对中国问题的最基础知识。"（参照他的《农村调查》序言）但是毛泽东指出要很好的进行这一工作必须有向群众学习，放下臭架子，甘当小学生的精神，不然是不会有结果的。调查研究是毛泽东科学方法的精华，是理论实践结合不可缺少的环节。因此毛泽东在各个时期的所发表的各种著作都是经过周密的调查研究，具体的分析了当时国内外的现实情况及其特点，并科学总结了中国革命的实际经验，所以毛泽东这些著作都是中国的辩证法唯物论和历史唯物论的最好范本。

毛泽东的科学方法是马克思主义的辩证法唯物论历史唯物论，但应该指出毛泽东不仅仅是继承了马恩列斯科学的方法，而且在应用它到中国具体环境中间同时也把它进一步的发展了。毛泽东二十五年来全部的理论的实践的活动及其成功的经验，清楚地指明，毛泽东的辩证唯物论历史唯物论是唯一正确的科学方法，中国新民主主义革命的每一步的胜利是马克思主义的胜利，也就是辩证唯物论历史唯物论的胜利。因此学习毛泽东的科学方法，并应用它去认识问题，判断问题，处理问题是每一个中国革命的战士应有的任务。

毛泽东的科学预见

"没有预先，谈不上领导"——毛泽东

一 从诸葛亮的"锦囊妙计"说起

谈到预见，在中国旧小说中是不少的，特别是《封神榜》、《西游记》这类的书中是很多很多的，然而稍有科学与生活常识的人，都知道这些都是神话，没有任何客观真实性的，因此不值得去提它。

《三国志演义》这部书是历史性的叙述小说，与《封神榜》、《西游记》当然不同，可是在这部书中间也有许多不近情理的东西，如诸葛亮的"锦囊妙计"就是一例。《三国志演义》有一次谈到刘备过江入赘孙吴，诸葛亮派名将赵子龙保驾，并亲授"锦囊"三个。据作者说，诸葛亮的"锦囊"中藏有"三条妙计"，并曾给赵言明，三个"锦囊"拆开的时间地点，嘱赵"依次而行"；赵受命之后即将它"贴肉收藏"，到了南徐开了第一个（内容是通过乔国老扩大宣传，引起吴国太亲自主持婚姻，并令随从军士妥为保护），住到年终开了第二个（内容是假造军情促使刘备与孙夫人逃回荆州），后来到了危急时又开了第三个（内容是请孙夫人亲自出马解危）。总之一切一切均如诸葛亮之"所料"云云。（参照《三国志演义》五十四—五十五回）。《三国志演义》这一段描写是极端夸张难予置信的，我们当然并不否认诸葛亮是三国时代的杰出的人物，也不否认他当时可能对于孙吴内部的情况曾作了若干的调查研究，并给予赵子龙一些指示，然而像《三国志演义》作者那样神话式算命式的描写，则显然是主观片面的夸张与伪造，其不可靠性与诸葛亮"借东风"的故事，毫无二致。

我这里所谈的预见，既不是《封神榜》、《西游记》式的神话，也不是类似于《三国志演义》上所描写的诸葛亮算命式的所谓"锦囊妙计"，而是指真正的科学的预见，即根据对自然界及社会发展规律的认识而产生的科学预见，并借此通过实践以改造社会，改造世界。

关于自然科学方面的预见，在人类历史上本来早就有过的。例如古代希腊的唯物论者，曾有过于日蚀（法列士）及荒年（德谟克拉特）的预言，这些预言，后来都被证实了。以后自然科学继续发展，关于自然界许多事实的预见是日益增多了。近代的天文学、气象学、医学，关于当前日蚀和月蚀、关于气候、关于各种疾病的发生进展及其结果，是常常给予确切的预言，这些预言许多都是符合于自然界客观事物的规律性，并为科学实践、生产实践所证明，因此它称得起是科学的。

但是关于历史的社会的科学预见，在马克思主义诞生之前，始终是没有解决的，资产阶级的科学家，一直到现在，顶多在自然科学上有所成就，有所预见（就是自然科学方面，这些成就也还是受着他们的阶级成见，唯心论哲学方法所限制，不可能达到应有的创造和发展），至若在社会历史方面，他们则完全是无能的。甚至当着资产阶级尚在进行反封建的革命时期，他们中间最优秀的思想家、哲学家、科学家也至多只能在自然界方面应用唯物论的宇宙观去发现若干新的东西，可是一接触到社会历史的范围时，他们便又陷入唯心论的泥坑，而无能为力了（如法国十八世纪的唯物论是其典型例证）。

在人类社会历史的诸问题上，树立真正科学的见解及科学的预见这一伟大的课题，是马克思主义才把它完满的澈底的解决了的。马克思主义的科学方法，前次已经指出，是辩证法唯物论与历史唯物论，这一科学方法综合地吸收了人类有史以来一切科学哲学的成果，并站在无产阶级最澈底最革命的立场加以改造，因此它是无产阶级认识世界与改造世界的唯一的科学宇宙观与方法论。马克思主义者则把它应用于自然界及社会的结果，就能够洞察客观事物的本质，能够掌握它的发展规律，能够科学地解释自然界与社会上一切现象，因而也才能够在坚实的科学基础上提出科学的预见问题，例如马克思、恩格斯应用辩证法唯物论历史唯物论于资本主义社会的结果，他们发现了资本主义社会的规律，指出了资本主义社会，由于它内部的矛盾（主要是资产阶级与无产阶级的矛盾），因此使它大大的妨碍了社会生产力的发展，造成不可挽救的经济危机，使广大无产阶级及劳动大众生活日益恶化，因而使后者对资产阶级的斗争日益加剧；资本主义发展的结果，终归会走上资产阶级的崩溃与无产阶级的胜利。所以马克思、恩格斯远在一百年前，即根据这种科学的研究预言了：资本主义必然塌台，无产阶级必然胜利，资本主义社会将要被共产主义社会所代替（经过无产阶级专政的过渡时期）。马恩这一伟大的科学预见，经过七十多年，在世界六分之一的苏联被证实了，后来，苏联将近三十年的社会主义建设的经验更加发展了这一真理。

关于科学预见的例子，在马克思、恩格斯、列宁、斯大林这几位世界无产阶级的导师生平的言论著作中是很多的，此处不去详论它，大家可以把他们的著作找来阅读一番，便可以了解它的全貌。我现在来谈谈毛泽东的科学预见。

二　毛泽东的科学预见

前次我们谈过毛泽东的科学方法是辩证法唯物论历史唯物论，他应用了这一科学方法于中国的国情，创造了新民主主义革命学说。从前次的说明中，我们可以了解到毛泽东如何客观地分析中国的政治经济的具体情况，如何全面地研究中国国情的过去和现在，如何深刻地体会中国广大人民的情感和要求，如何郑重地珍视及善于及时地正确的总结中国人民解放斗争的经验。由于这些，所以毛泽东能够深刻的洞察中国的局势，能够正确的掌握中国历史与中国革命发展的规律，并依据这些规律而制定出中国人民解放的革命学说。

毛泽东的新民主主义革命学说整个地说来，就是建筑在伟大的科学预见上面，他的学说从中国现实的国情出发，预见了殖民地半殖民地半封建的中国的国情，必然会产生日益向前发展的广大人民反帝反封建的革命运动，这一基于广大人民要求，合乎中国国情需要的反帝反封建的革命运动。终归会战胜一切困难，克服一切障碍，在持久的奋斗中，取得最后的胜利，同时这一革命的胜利只有在中国无产阶级及其政党——中国共产党的领导之下，才能实现，除此以外，没有其他道路可循。毛泽东这一总的科学预见，早被中国新民主主义革命的长期斗争经验所证实。关于这些问题，前次既有了比较详尽的分析，此处不去重复它，现在我来谈谈毛泽东在新民主主义革命各个发展时期的科学预见问题。

首先，就从第一次大革命失败以后说起吧！中国第一次大革命失败之后，在人民革命队伍中间，曾经发生过中国革命是否能够继续向前发展及苏维埃运动能否继续存在与发展的问题。当时对此曾经有种种不正确的看法。毛泽东精密的分析了中国的具体的阶级关系及当前的局势,并在理论上政策上给了当时人民革命队伍以最明确的方向。

例如关于革命高潮是否会到来的问题,毛泽东从中国现实的情况出发,给予了肯定与明确的回答。

"如果我们确切地认识了国际上帝国主义相互间、帝国主义与殖民地间、帝国主义与无产阶级间的矛盾是发展了,因而帝国主义争夺中国的需要就更迫切;帝国主义争夺一迫切,帝国主义与整个中国的矛盾和帝国主义者相互间的矛盾,就同时在中国境内发展起来,因此就造成中国统治阶级间的一日扩大一日、一日激烈一日的混战——中国统治阶级间的矛盾就越益发展起来;伴随着统治者间的矛盾——军阀混战而来的赋税之无情的加重,就促使广大的负担赋税者与统治者间的矛盾日益发展;伴随着帝国主义与中国资本主义的矛盾,即中国资产阶级得不到帝国主义的让步,就即刻发展了中国资产阶级与工人阶级之间的矛盾,即中国资产阶级不得不加重对工人阶级的剥削;伴随着帝国主义商品侵略,商业资本剥蚀赋税负担的加重等,对于地主阶级之间的矛盾,使地主阶级与农民的矛盾越益深刻化,即地租与利钱的剥削越益加重;为了外货的压迫,工农广大群众消费力的枯竭和政府赋税加重,使国货商人及独立小生产者,日趋于破产之途;为了无限制增加军队于粮饷不足的条件之下,及战争一日多一日,使得士兵群众天天在饥寒奔走伤亡的惨痛中;为了国家赋税加重,地主租息加重及战祸日广一日,造成了普遍全国的灾荒与匪祸,使广大的农民及城市贫民走向求生不得的道路;因无钱开学,使在学学生有失学之忧;因为生产落后,使毕业学生无就业之望;认识了以上这些矛盾,就知道中国是怎样的在一种皇皇不可终日的局面之下,怎样在一种无政府状态之下,就知道反帝反军阀反地主的革命高潮,是怎样的不可避免的,而且是很快的要到来。"(参照他《给××同志的信》)

的确,中国第一次大革命失败以后的全部活生生的历史,正如毛泽东所预见的:帝国主义侵略中国由于国民党当局的投降主义而更加加紧了,特别是日本帝国主义从"九一八"起,占领东三省以后,又向华北伸出侵略的强盗血手，使中日矛盾一天天地紧张起来，同时也使日本和其他列强之间的矛盾日趋尖锐化；中国内部统治阶级间的混战则几乎没有一年间断过，这回统治者与那一派打，下回又与另一派搏斗，甚至今天还口口声称"忠实的同志"，过几天便是"永远不赦"的仇敌；由于帝国主义进一步的侵略统治阶级剥削的加强，以及连年的军阀混战的摧残，结果造成了一九三〇年、一九三一年、一九三二年、一九三四年连年的灾荒（水灾旱灾），仅仅南方几省，灾民便有几千万，广大的人民生活一天天恶化；民族资产阶级由于帝国主义侵略及官僚买办的压制也生长着不满的情绪，因此反帝反封建的人民革命运动便日趋高涨起来，如九一八之后有东北义勇军的斗争，全国抗日民族革命高潮，有一二八抗战，华北事变前后有察哈尔热河的抗日同盟军的抗战和一二九的爱国运动，有成千成万灾民的斗争，若干部队的兵变潮流，而声势浩大的苏维埃土地革命便是当时中国革命运动的主流与骨干。

关于中国苏维埃红军能够继续存在及发展问题，毛泽东当时根据中国社会的具体情况及其特点的科学分析，也曾给予了极明确和肯定的估计：

"如果认清了中国是一个帝国主义最后阶段中互相争夺的半殖民地，则第一，就会明白全世界里头，何以只有中国有这种统治阶级混战的怪事，何以始终不能有统一的政权。第二，就会明白农民问题意义的严重，因之，也就明白农村暴动何以有现在这样的全国形势的发展。第三，就会明白工农政权的口号之绝对正确。第四，就会明白相应于全世界中只有中国有统治阶级混战的一件怪事而产生出来的另外一件怪事，即红军游击队及苏维埃区域之发展，它是半殖民地农民斗争必然走向的形式。第五，就会明白，无疑义的，它（红军农民苏维埃）是半殖民地无产阶级斗争的重要的同盟力量（无产阶级要去领导它），无疑的，它是促进全国革命高潮的重要因素……"（参照同上的一封信）。

大革命失败后，中国共产党领导下的苏维埃红军继续存在及发展的全部历史都证实了毛泽东当时的科学预见，苏维埃红军（在无产阶级领导下以农民为主体的革命政权及革命军队）在南方各省及北方的一些地区创立了发展了，由于它忠实地执行了符合于中国人民利益的反帝反封建的革命纲领和政策，它取得了千百万人民的同情和拥护；因此尽管反动的国民党当局如何痛恨它，如何在帝国主义指使之下接二连三地派遣大批的军队去围剿它，企图把它连根铲除，然而在广大人民中间生了根开了花的苏维埃红军不仅没有被消灭打掉，而且它在粉碎帝国主义国民党的无数的围剿的血战中，锻炼得更加坚强了、更加有经验了。大革命失败以后苏维埃红军的存在与发展是当时中国革命的主要标志，是推动全国反帝反封建的人民革命运动底基本力量。没有以毛泽东为首的中国共产党单一领导下的十年国内革命战争的艰苦卓绝的奋斗及其伟大的成果，则后来和今天的局面简直是不堪设想！

一九三六年冬，西安事变以后，中国革命逐渐进入了第三时期——抗日战争时期，在这一期间，毛泽东对于新的形势以及革命发展的趋向的分析和估计中也有许多天才的科学预见，例如国民党大地主大资产阶级的反动统治集团（亲美派）是否有参加抗日战争的可能性的问题，是当时局势中有重要意义问题之一，对于这一问题恰当的顺利的解决，将大大有利于全国性抗日战争的发动；然而解决此问题正像解决一切革命问题一样，有赖于革命政党对于中国局势和国内复杂的阶级关系有精密的科学分析与远大的政治眼光。毛泽东对于这一问题的处理是异常天才、异常正确的。他远在"七七"事变前的两年，就既经从中国局势微妙的变化中预见了国民党内亲美派的大资产阶级统治集团，有转向抗日的可能，其具体的因素是：英美与日寇在远东的矛盾底增长而引起英美对日态度的积极化，日寇继续的进攻威胁国民党南京政府直接统治地区的利益，全国人民抗日高潮对国民党统治集团的逼迫等等。由于上述因素的继续发展以及中国共产党抗日爱国的热潮和团结全国人民及各党派的抗日救国政策的推动和影响，促进了国民党内部进一步的分化。一九三七年五月（即距"七七"事变前两个月，距蒋介石氏在庐山正式宣布抗战前两个月零十二天）当国民党内部正在动摇分化时，毛泽东对于国民党统治集团的政策的发展趋势，曾作了下面估计和预见：

"国民党的三中全会，由于他们内部有亲日派与动摇派的存在，没有表示他们政策的明确与澈底转变，没有具体的解决问题。然而由于人民的逼迫与国民党内部的变动，使国民党不能不开始转变他们过去十年的错误政策，这即是由内战独裁与不抵抗的政策向和平民主与抗战的方向转变，而开始接受我们的即全国人民迫切要求的抗日民族统一战线政策……"（参照他在一九三七年五月苏区党代表大会上的报告。）

但是毛泽东在这一有历史意义的报告中，不仅明确地指出了国民党统治集团有向着抗日方向转变的趋势，而且同时根据大资产阶级的反动本质，又预计了国民党统治集团转向抗战是被迫的、被动的、不澈底的，因此国共两党合作共同抗日之后，中国人民对国民党统治集团不利于人民的反动政策的批评与斗争，应该严肃地适当地进行。关于这一问题，毛泽东在上述的报告中有下列极中肯的指出：

"为了建立民族统一战线共同对敌，国内某些矛盾，必须给与适当的解决，其原则是有助于抗日民族统一战线之增强扩大，而不是削弱缩小。民主革命的阶段内，国内阶级间、党派间、集团间的矛盾与斗争是无法避免的，但可以而且应该停止其不利于团结抗敌的部份（国内战争、党派对立、地方割据，一方面是封建的政治与经济压迫，一方面是暴动政策与不利于抗日救亡的经济条件等等），而保存其有利于团结抗敌的部份（批评的自由、党派的独立性、人民政治条件与经济条件之改善等等）。"

国民党内大资产阶级的统治集团，由于英美的推动、人民的逼迫，"七七"事变以后参加了抗日战争，形成了国共合作、全国共同抗敌的新局面，可是在八年的抗战中，它厉行了消极抗战、积极反共的反革命两面政策，给予中国抗战以极大的损害，甚至后来发展成为抗战的主要障碍——所有这些，毛泽东在抗战前及抗战初期都已经从国民党统治集团买办性的大资产阶级的本质（这一本质早被第一次大革命时期及土地革命时期的长期实践经验所检验和证实了）深刻的认识的基础上科学地预见了。

三 "论持久战"中的科学预见

谈到毛泽东在抗日战争时期的科学预见，必须对于他的《论持久战》一书加以介绍。此书发表于一九三八年六月，是毛泽东最天才的杰作之一，它对于抗日战争起了极其伟大的指导作用。毛泽东在此书中，运用了辩证法唯物论历史唯物论的科学方法，客观地全面的分析了中日双方力量的对比，深刻地揭露了抗日武装斗争的规律性，并参照了过去中国革命战争（北伐战争、土地革命战争）的经验，给了抗日民族革命战争整个发展趋势及其前途以光辉灿烂的科学说明。

毛泽东认为中日战争是半殖民地半封建的中国与帝国主义的日本之间，在二十世纪四十年代进行的一个决死的战争，战争的双方有其互相反对的许多特点。日本方面，它是一个强的帝国主义国家，它的军力、经济力与政治组织力，在东方是第一等的，然而日本对华侵略战争是退步的、野蛮的。同时日本经济上是先天不足，它又是小国，其人力、军力、财力、物力均不充足，经不起长期的战争，此外日寇在国际上除了遥远的德意法西斯强盗给它声援之外，它是孤立寡助的。中国方面，由于它是一个半殖民地半封建的弱国，因此在军力、经济力与政治组织力都显得不如敌人。但是中国处在进步的时代，中国反侵略战争是正义的进步的，能够唤起全国的团结，激起敌国人民的同情，并得到世界多数国家的援助，兼之中国又是一个很大的国家，地大、物博、人多、兵多，能够支持长期战争。由于日本军力经济力与政治组织力强而中国这一方面弱，因此就决定了中国抗日战争不能速胜，抗战必须是持久的，但又由于日本战争是退步的、野蛮的，人力、物力均不充足，国际形势又处于不利，中国正处在进步时代，其战争是正义的，又有大国及多助的条件，因此又决定了日本必定失败，中国必然会在持久战中取得最后的胜利。总起来说，中国是不会亡的，最后胜利是中国的，但是中国也不能速胜，抗日战争是持久战。

上述毛泽东对于抗日战争的发展趋势及其前途的总估计，在我们今天看来好像是没有什么稀奇的，因为经过八年的持久奋斗，日寇现在既经投降了，抗日战争既经取得了最后胜利，毛泽东这些科学的预见都已成为客观事实，可是在一九三八年五六月，当时抗日战争仅仅只有十个月的初步经验，当时大多数的人，对于抗战发展前途缺少一种正确的理解，而亡国论者则到处散布失败主义妥协主义的反动毒素，以及某些抗战营垒中性急的人们也在高谈速胜论的盲目乐观论调时，毛泽东这一科学的预见的天才及其伟大意义是可想而知了。毛泽东这一科学预见显然是建筑在对于中日战争双方力量及其发展过程客观的全面的唯物的解剖上面。因为只有如此才能正确的发现与掌握这东方历史上空前未有的民族革命战争底规律，同时这些发现也是与他过去亲自参加和领导的长期革命战争丰富的经验科学的总结不可分离的，没有这些，要作出《论持久战》那样天才的预见是不可能的。

八年的抗日战争，不仅考验了毛泽东关于抗战总的发展趋势及其前途的预见，而且还证实了毛泽东关于持久抗战发展过程的三阶段论。毛泽东在《论持久战》中，曾预计了抗日战争将有三个发展的阶段，并且对于这三个阶段的可能具有的特点都有了一般的描画。例如第一阶段，是敌之战略进攻，我之战略防御阶段，其特点是敌人企图攻占广州、武汉、兰州，并把三者联系起来，但未必尽能达其企图；中国虽有颇大损失，但同时却有颇大的进步；国际援助虽没有大量的与直接的，但已经开始了，如苏联；敌人士气已开始表现颓靡，财政、经济已开始表现其竭蹶，人民厌战情绪已开始生长等等。第二个阶段是敌我之战略相持阶段，其特点是敌人停止其战略进攻转入保守占领地，人民抗日的游击战争乘着敌后空虚，将有一个普遍的发展，建立了许多根据地；此阶段的战争是残酷的，地方将受到严重的破坏，但游击战争能够胜利。做得好，可能使敌只能保守占领地三分之一的区域，三分之二左右仍然是我们的，这就是敌人的大失败，中国的大胜利；这个阶段将是很痛苦的时期，经济困难与汉奸捣乱，将是两个很大的事情，敌人将大肆其破坏中国统一战线的活动，一切敌占区的汉奸组织将合流组成所谓"统一政府"；我们内部，因大城市的丧失与战争的困难，动摇份子将大倡其妥协论，悲观情绪将严重增长,妥协危机是存在,但是能够克服;国际形势将变到更于日本不利于中国有利;日本打了中国之后,那时如果中国的抗战还没有给日本以致命的打击,日本还有足够力量的话,它一定还要打南洋或西伯利亚,甚至两处都打。在欧洲战争起来之后,它就会干这一手,当然存在两种可能:由于苏联的更加强大,日本在中国战争中的大大削弱,迫使它停止进攻西伯利亚的原来计划,而对之采取根本的守势;日本陷在中国泥潭中的几十个师团抽不出去,它的兵力将更加分散。日本在中国的掠夺虽不能说它绝对不能有所成就,但日本资金缺乏,又困于游击战争,急剧的大量的成就是不可能的。第三个阶段是收复失地的反攻阶段,这一阶段的到来,《论持久战》中指出,主要是依靠中国自己在前阶段中准备着的及本阶段中继续生长着的力量,然而单只自己力量不够,还须依靠国际力量的援助,否则是不能胜利的,此阶段中,国际形势将变到大大有利于中国等等。

大家看!中国八年来的抗日战争底全部历史都活生生的写在一九三八年五六月毛泽东的《论持久战》书上!这三个阶段的描画把日本帝国主义侵略中国,占领中国许多的大城市,以后相持阶段中发动太平洋战争(一九四一年),……中国的无耻的汉奸败类以汪精卫陈公博为首在南京成立所谓南北合流的伪"中央政府"(一九四〇年),抗战营垒中亲日派的卑鄙的妥协投降活动等等,这是一方面,另一方面中国广大人民在中国共产党领导之下,于八年抗战中,特别是相持阶段,如何艰苦的克服抗战中的各种困难,如何壮大自己人民的力量,如何深入敌后发展游击战争,建立抗日民主解放区与广大的人民军队,如何打击敌伪缩小敌占区,扩大我占区……以至于最后配合苏美英盟军,共同打败日寇,迫使日寇投降的许多可歌可泣的艰苦卓绝的历史都缩写出来了。自然,八年抗日战争现实的生活是异常丰富与曲折变化的,但是毛泽东对于抗日战争发展的三个阶段及其基本特征是毫无疑义的完全说灵了。这一点不仅为先进的共产主义者民主主义者所一致地公认,就是不少的比较开明的国内外军事专家也是钦佩和赞扬的。

毛泽东的《论持久战》一书的科学预见,当然不限于上述的一些问题。此外，例如关于中国抗战形态的特性（犬牙交错）以及中国抗战如何才能取得胜利，军事上应该采取何种战略与战术，政治上应该如何进行改革等，所有这些都是包含着极其精邃底科学预见，此处不去详论它。不过大家从上述的介绍中已经可以看出毛泽东《论持久战》一书是何等天才与伟大了。

四 没有预见，谈不上领导；为着领导，必须预见

科学的预见，对于中国无产阶级先锋队，中国人民解放斗争的领导政党——中国共产党说来，是有重大意义的。因为中国共产党要组织和领导中国人民解放的事业，它必须对于中国社会与中国革命的过去现在的情况与发展有正确的认识，对于当前局势的变化有深刻的理解，并依据这些去科学地预见革命发展的趋势及其前途，以便正确的制定中国人民解放斗争的纲领与政策、战略与策略，没有这些，要胜利的领导中国革命是不可能的，特别是由于中国革命的敌人特别强大和狡猾，中国社会的阶级结构异常复杂与特殊，中华民族的政治经济变化是多端与微妙（这是中国国情特点之一）而近几十年的世界与中国又处在伟大变化的时代；因此科学指导、科学的预见，对于一个领导中国革命的政党说来就更加重要了。

比方拿八年来的抗日战争来说罢，这一战争就其规模说来，是东方历史上空前未有的，世界范围内说也是伟大的战争；就其内容特点来说，是长期而又广大的，是军事、政治、经济、文化各方面犬牙交错的战争；就其影响而言，它不但影响中日两国，大大推动两国的进步，而且影响到全世界，推动各国首先是东方各被压迫民族的进步。因此它是具有伟大影响的战争，是中华民族惊天动地的壮举与伟业，不仅每一个爱国的中国人关心它，而且全世界的人都关心它。在抗战初期，身受战争灾难，为着自己民族的生死存亡而奋斗的每一个中国人，无日不在渴望战争的胜利，可是战争的过程究竟怎样呢？能否取得胜利？如何取得胜利？这些问题，不仅全中国大多数的人民没

有解决，就是革命的先进政党内部也不能说对这些问题的意见完全一致。因此在这种情况之下，一个领导革命的政党如果对于这些有关于中华民族命运的极其重大和紧迫的问题不能有及时正确的回答，那么要领导这一伟大的抗战，并取得最后胜利是不可能的。毛泽东的《论持久战》以及其他许多的文献，代表了中国共产党科学地回答了这些问题，并指示了争取抗战最后胜利的具体道路和方法，这样，就大大地提高了全国人民的信心，使抗日战争获得了科学理论的指导。

这里我们应该着重说明，毛泽东的科学预见与马、恩、列、斯的一样，都是根据对客观实践深刻的认识而来，是客观事物发展规律底科学概括的估计，这一科学预见本身就包括着人们主观的努力和斗争在内的，没有参加革命人们的艰苦卓绝的斗争，是不能把这些预见变成现实的。因此，不能这样设想，以为科学预见是客观事物自然发展的结果与人们斗争无关，这种设想是非马克思主义的。比方毛泽东在抗战前预计国民党大资产阶级统治集团，有转向抗战的可能，但是他在这一预见下面同时又明确的指出：

"这就需要我们及全国人民更大的发展抗日与民主运动，进一步的批评推动与督促国民党，团结国民党内的和平民主抗战派份子，推动动摇犹疑派份子，而排除亲日派的份子，才能达到目的"（参照他在一九三七年五月在苏区党代表大会上的报告）。

关于抗日战争的科学指导问题也是如此。毛泽东在《论持久战》中就曾经这样指出：

"我们反对主观地看问题，说的是一个人的思想，不根据与不符合于客观，是空想，是假道理，如果照了做去，就要反对他。但是一切事情是要人做的，持久战与最后胜利没有人做就不会出现。做就必须是有思想、有道理、有意见、有计划、方针、政策、战略、战术，方能做好，……一切根据与符合于客观事实的思想是正确的思想，一切根据于正确思想的做或行动是正确的行动，我们必须发扬这样的思想与行动，必须发扬这种自觉的能动性。抗日战争是要赶走一个帝国主义，变旧中国为新中国，必须发动全国人民，统统发扬其抗日的自觉的能动性，才能达到目的，坐着不动，只有被灭亡，没有持久战，也没有最后胜利。"

这就是说：马克思主义不仅是认识世界，而且是改造世界的武器，没有对于客观世界的科学认识，当然是谈不到很好的去改造世界，可是，如果有了对客观世界的科学认识，而不把它当作自觉的改造世界的武器，则这种科学理论就再好也是没有用处的。毛泽东的科学预见是正确地反映了中国社会与中国革命的规律性底结果，同时它又是（应该是）我们全中国人民革命行动的指南。因此，没有科学的预见固然谈不上对革命的领导，可是科学的预见也正是为了胜利地领导中国革命，而不是为了其他。

马克思主义的科学预见是根据对社会发展规律的认识，因此它可以预计客观的实践发展一般的趋势、路线，一般的前途和斗争的目的，并根据这一预见去动员组织千百万人民为着革命胜利而奋斗。但是应该了解：马克思主义的科学方法也并不是像《三国志演义》所描写的诸葛亮算命式的"锦囊妙计"，可以把一切事情的细小节目都事先清楚地准确地"预算"到，只有带上几个"锦囊"，记熟几条"妙计"，便可以"应付"任何的情况，"解决"任何问题。马克思主义不是神学，也不是算命学，马克思主义是科学，而任何科学的真理都只是比较的深刻，比较正确的，比较完全的反映客观的实践，而客观的实践则是异常生动异常复杂的（它是由各种各样的现象底相互影响而组成的），它比领导革命的政党，甚至它最天才的领导者头脑中间所想像，所预见的要丰富得多，微妙得多。马克思主义者的任务是透过各种偶然现象去认识客观实践的发展规律性（必然性）并预计它发展的一般的趋势，方向和前途，同时也必须在继续实践的活动中不断的根据事实和经验来校正、充实，和发展自己原有的认识；因之有时，由于某些条件的限制（如科学条件、技术条件，或者客观过程方面及本质尚未充分暴露等等），由于实践中发现前所未料的情况，因而改变自己原有部分的想法及做法的事也是常有的。

毛泽东在《论持久战》一书中，预见了抗日战争的发展趋势，发展过程的路线及其前途,这些预见都为八年抗战的历史辉煌地证实了,但毛泽东并没有也不可能在这一书中详细地准确地替抗日战争编造一种"流年"或"大事记"出来,把每一个时期的具体情况都计算在内,因为这种做法是和他自己的科学方法的基本精神根本相违反的。毛泽东自己在《论持久战》中论及抗日战争的三个发展阶段的一般特征时,也曾说过:

"三个阶段的具体情况不能预断,但依目前的条件来看,战争趋势中的某些大端是可以指出的,客观的现实行程将是异常丰富与曲折变化的,谁也不能造出一本中日战争的'流年'来。然而给战争趋势描画一个轮廓,即为战略指导所必需。所以尽管描画的东西,不能尽合将来的事实,而将为事实所校正,但为坚定地有目的地进行持久战的战略指导起见,描画轮廓的事仍是需要的。"

又例如关于抗日战争需要多久时间才能完成的问题,毛泽东在《论持久战》中是这样指出的:"第一阶段敌人企图攻占广州、武汉、兰州三点,并把三点联系起来,敌欲达此目的……时间一年半至两年。"第二阶段"时间的长短,依敌我力量增减变化的程度如何,及国际形势的变动如何而定,大体上我们准备付给较长的时间"(以上两个阶段的时间底估计,后来完全证实了)。至于整个抗日战争的时间究竟要多少?他指出:"战争的长期性是确定了的,但战争将要经过多少年月,则谁也不能预断,这个完全要看敌我力量变化的程度才能决定,一切想缩短战争时间的人们,惟有努力于增加自己力量,减少敌人力量之一法。"

毛泽东这种分析问题判断问题的方法和态度完全是实事求是的。马克思主义就是唯一真正能够贯澈实事求是精神的科学理论,它不相信任何无根据的神话,它根本排斥一切主观唯心的武断或算命式的推论,老老实实的从客观实践出发,并在客观实践中不断的校正自己,丰富自己,以达到理论与实践、主观与客观的完全溶合和一致。

二十五年的中国新民主主义革命的经验证实了毛泽东的无数的天才预见,今后无庸置疑地将继续证实它。同时经验又指明:毛泽东的理论是伟大的无敌的，毛泽东的理论之所以和马、恩、列、斯的理论一样是伟大无敌的，就是因为它是科学（不是神话或其他），只有科学的理论才是伟大的无敌的，同时也只有伟大与无敌的毛泽东的科学理论才能够成为胜利地领导中国人民解放斗争的唯一旗帜！

毛泽东的作风

这里所谈的远不是毛泽东作风的整个地有系统的介绍，而只是关于他的若干方面的基本特点，据我所观察到的，加以说明而已。

平凡与伟大

通常一提到大人物时，大家心目中总会这样想：大概这位大人物是很特殊的罢！这里所谓特殊当然不仅是指他的能力、天才、功劳之类，而且还包括他的形状、他的……，通俗点说，就是他的样子也是很特别的。人人物有什么特别的样子呢？我也没有普遍的进行调查研究，征求过每个人的意见，不过好像大家都觉得大人物应该是极端庄严的，极端威风的，说起话来，走起路来，……一举一动都与凡人不同。如果不这样，那就太平凡了，大人物绝不是平平凡凡的，他样样都是伟大的——这大概是一条规律罢！

是的！大人物的样子应该是特别一些，如威风与架子之类，这是一条规律！不过这一条规律只适用于那些旧时代的"大人物"，这些人物都是替少数剥削阶级服务的，而对于广大的人民则完全是仇视的、对立的。至若人民的领袖、人民中的英雄，那是另外一种大人物，他们所代表的不是少数贪婪残暴的剥削阶级，而是人类中间占绝大多数的最简单，最平常，最下层的老百姓。

人民领袖——毛泽东则是最新式的人物，他对人民不摆什么架子，不要什么威风，不装什么腔作什么势。而且对人民的态度是很朴素，很和蔼，很诚恳的。的确凡是看见过毛泽东的，或者与他共过事的，都普遍的毫无例外的有这种深刻的感觉。萧三同志在他的《毛泽东同志的初期革命活动》一书中，详细的叙述了毛泽东从他一开始参加和领导工人运动时，即以这种态度去接近工人群众的；工人们都为他底高度忠诚为人民服务的精神与这种对人民的亲切、诚恳、和蔼的态度所感动，因此，大家都拥护他，爱戴他，接受他的领导。毛泽东这种态度不仅是对于工人是如此，对于农民，知识份子以及人民的各阶层，共产党员与非共产党员等等也是如此，而且过去和现在一贯的都是这样。毛泽东在长期组织和领导新民主主义的政权建设中（过去的苏维埃民主政权，抗战时期解放区的民主政权）他接近最多的是广大的农民，他常常找农民开调查会，参加农民斗争的集会，劳动英雄大会等等，广大的农民对于他都一致的有这种深切的感觉。毛泽东在他们目光中绝不是什么盛气凌人，官架十足的"大人物"，而是老百姓自己最亲切的最和蔼的，最可敬爱的人民领袖。

谈到毛泽东这一方面的特点，我想附带地把我第一次与毛泽东会面的印象在这里简单的介绍一下。我第一次看见毛泽东是在一九三一年八九月间，那一天记不得了；当时江西中央苏维埃区域的红军，正粉碎了国民党军队的三次围剿，红军总司令部在打了胜仗之后，移驻于赣南瑞金县城附近的一个村庄；我和几位新参加苏区工作的同志一块儿到总司令部去，在一个不大不小的办公室中会见了毛泽东和朱德同志，在那个房子里面，先来了几位同志，站在那里细听两位工作同志关于粉碎三次围剿底战役经过的情形。我们进去之后，那两位工作同志即起立与我们握手，旋即为我们详述这次的战争经过，并用地图标明双方作战的地区……这次谈话对方的态度是异常和蔼诚恳的，凡是我们所提出的任何问题，对方均细心的加以倾听，并给予了耐心周详的解答……。总之这一次会面的一切一切真是平凡极了，普通极了。当时谁都没有给我们介绍这两位工作同志的姓名、职别……而我自己的印象是：大概这两位是总部的参谋罢！毛泽东总不会是他们中间的一位……毛泽东总应该是特别一些，不同一些。当天经过别人的介绍，我才知道我自己的印象是错了，后来长期工作中更多的接触更加证明了我这一错误。

总之，毛泽东对同志对人民的亲切、和蔼、诚恳、不摆架子、不耍威风、不装腔作势……这是人民领袖最优良的特性之一，这些比起旧式的"大人物"那"一套"说来也许是极其平凡的，然而只有这种平凡才是真正的伟大，而那些旧式的"大人物"表面上看来似乎是雄伟的、高尚的，然而实际上是极其渺小的、卑污的、或者简直是"冢中枯骨，不足挂齿"！

领袖与群众

为了更深刻地了解毛泽东领导作风的本质，我们必须进一步的来考察一下领袖与群众的关系。在旧社会里一谈到领袖与群众时，则大家都认为这两个东西是根本不相联系的，而且是完全对立的。道理很简单，就是因为旧式领袖所代表的只是极少数的寄生的剥削阶级，这些剥削阶级之所以能够生存与发展，是完全靠对广大群众的榨取和压迫，因此这些领袖们都是仇视群众、反对群众的最标本的人物。他们个个都把自己描写得好像是"上天"（？）派他们到世界上来唯一的"神圣使命"就是宰割鱼肉这批牛马似的群众；他们整年整月，日里夜里，想的做的，就是如何把这批群众弄得尽可能的更愚蠢些，更驯服些，更没有组织些，这样好替他们多生产些财富。当然，剥削阶级的领袖，有时为了达到某种政治目的，他们也往往利用群众，假装着好像是为了群众，为了什么"良心"与"正义"似的，可是当着这些目的一达到时，他们又把这批群众一脚踢开了。

新式的人民领袖——毛泽东则完全相反。他把被压迫的最下层的群众看作社会的正统，社会的主人翁，民族国家的主体，他全心全意为他们服务，要帮助他们翻身，要领导他们把不合理的旧社会旧世界改造过来；因此他整年整月日里夜里，想的做的，就是如何使广大的群众更加觉悟些，更加聪明有经验些，更加有组织有力量些；因此他非常关心老百姓的痛苦，仔细的倾听老百姓的呼声，处处事事都为老百姓兴利除弊；时时刻刻联系群众，代表群众，保卫他们的利益，使之不受侵害……等等。

这就是说，新式领袖把为广大群众服务，作为自己人生的奋斗最崇高的使命，把领导群众翻身的事业作为自己最光荣最愉快的事业；他对广大群众有无限的忠心及热爱，时时、处处、事事都为群众打算，他为了群众可以忍受各种艰难困苦、诬蔑中伤……他能"先天下之忧而忧，后天下之乐而乐"。而广大群众对这种领袖的态度呢？他们把他当作自己的领袖，自己的救星，而热烈的爱戴他，拥护他，积极地响应他的号召，忠实的执行他的指示。这里领袖与群众完全结合起来，甚至溶成一片，成为血肉相连不可分离的统一体了。

大家请看看陕甘宁边区的一位劳动英雄吴满有与毛泽东的一次谈话，及前者对后者的印象吧：

"两人谈谈说说，吴满有心里好奇怪：毛主席怎么都知道呀？莫说世界大事，就连延安县有多少巫神，吴满有乡开了多少地，他都一清二楚呢！唉呀！可真了不起！毛主席的眼睛看到每一个地方，每一件事情呢！他真是啥都操上心；他是这样的注重农民，他说：'只要把中国农民的事情办好，中国的事情就办好十分之八九'，他跟吴满有一同商议：怎样才能使农村的生活过的更美！是的，吴满有报告他，农民'组织起来'了，生产大发展了，生活大转变了。毛主席说的对，还得一步步更往前进呀！"

"毛主席又替全边区老百姓订生产计划，他说，咱们边区几年内要做到：每家余一年粮，拴一头牛，扶育一百棵树，建一个厕所，凿一口井，每人还要识一千个字，而且每乡要有一个合作社，一个铁匠炉，一个民办小学，一个医务所，一个秧歌队，大家都要过丰衣足食，健康快乐的生活。吴满有想：'哈呀！毛主席给咱们想的多周到呀！'他还听毛主席说：'要这个边区搞好了，别的根据地就可以学着办！全中国有一万九千多个乡呢'。吴满有想：毛主席天天都在谋虑全中国人民的幸福哪！"（参照"吴满有去见毛主席的故事"一文）。

毛泽东思想与作风

吴满有这种看法是非常深刻的；但这也仅仅是中国无数的千千万万的老百姓对于自己的人民领袖——毛泽东的看法中的一个而已，大家看！现在中国的各个地区（解放区与非解放区）的老百姓不都是众口一声地公认"毛泽东是替咱们谋利益的"，"毛泽东是中国人民的救星"吗！这种现象显然不是偶然的，而是毛泽东几十年来全心全意为中国老百姓服务，并正确地领导了中国老百姓的解放事业的结果，是中国老百姓从自己长期切身的痛苦经验中体会的结果。毫无疑义的，中国老百姓对于自己人民领袖的认识和信任，今后是一定会一天一天更加普及，更加加深和提高的。

总之，时时、处处、事事都为老百姓打算——这就是中国人民领袖——毛泽东的基本特性，毛泽东之所以被全国人民众口同声的拥护与爱戴在此，他所领导的革命事业之所以一定胜利也在此！

先生与学生

旧式领袖对于群众只有欺，压，打，捉，杀，骗……等等一套，他们唯一的志愿就是把群众当作奴隶看待，永远高压在群众头上，至若向群众学习在他们头脑中间是根本设想不到的。人民领袖则不然，毛泽东是群众最好的先生（领袖），同时又是群众最好的学生。

毛泽东调查了中国社会国家的情况，研究了广大群众的要求，他根据这些就定出了中国革命的一套纲领、政策、办法去给老百姓引路，领导他们推翻帝国主义与封建势力，使老百姓翻身，使老百姓有饭吃、有衣穿、有房子住、有工作做，这就叫做领袖或先生的作用。为了中国革命的胜利，这样的领袖是少不了的。但是毛泽东不仅是中国广大群众的先生，同时又是广大群众的学生，比方他对中国社会的情况及广大群众的要求的了解，是经过向群众作长期的精密的调查研究而获得的；又如他给中国革命规定的许多办法，也是研究了群众的呼声，群众的创造，群众的经验，然后制定的。向群众学习，调查群众的生活，倾听群众的呼声，吸收群众的经验，加以整理研究，制定出有条理的办法，这叫做集中起来，然后把这大套办法再拿出来去领导群众推进革命事业，这叫做坚持下去。在坚持下去中间，又不断的倾听群众的意见，总结群众的经验，把它集中起来以校正和充实自己原有的领导办法，又再把它坚持下去，这样循环发展，以至无穷。集中起来是从群众里集中起来。坚持下去是率领群众并和群众一起坚持下去——这就是毛泽东领导中国革命的基本方法，也就是所谓理论与实践统一的方法，因此毛泽东是每天给群众当先生，是每天给群众当学生。

比方，关于调查中国社会的情况，必须向群众学习这一问题，毛泽东在他自己的《农村调查》一书的序言中，明明白白的指出：

"开调查会是最简单易行，又是最忠实可靠的方法，我用这个方法得了很大的益处，这是比较什么大学还要高明的学校。……我在江西兴国的调查与长冈、才溪两乡的调查，找的是乡级工作同志与普遍的农民，这些干部、农民、秀才、狱吏、商人与钱粮师爷，就是我的敬爱的先生，我给他们当学生是必须恭谨勤劳与采取同志态度的，否则他们就不理我，知而不言，言而不尽，……因此没有满腔的热忱，没有眼睛向下的决心，没有求知的渴望，没有放下臭架子与甘当小学生的精神，是一定不能做，也一定做不好的。必须明白：群众是真正的英雄，而我们自己是往往幼稚可笑的，不了解这一点，就不能得到起码的知识。"

关于学习群众的经验问题，他也曾说过：

"中国人民中间实在有成千成万的诸葛亮，每个乡村，每个市镇，都有那里的诸葛亮。我们应该走到群众中间去，向群众学习，把他们的经验总合起来，成为更好的有条理的道理与办法，然后再告诉群众（宣传），并号召群众实行起来，解决群众的问题，使群众得到解放与幸福。"（参照《组织起来》的报告。）

群众的先生与群众的学生是一件事情的不可分割底两方面，群众的先生应该是而且首先是群众的学生，因为他必须从群众中调查客观的情况，集中群众的要求、情感和经验，然后才能够制定出正确的（即合乎广大群众眼前与长远的利益）纲领、政策、办法去领导解放

毛泽东思想与作风

群众的事业。（即先生的作用）群众的先生当然要比群众想得更周到，看得更远大，为了要做到这点他应该具备有先进的马克思主义的理论和丰富的革命实践经验，没有这些是不可能的；但是群众的先生，首先必须全心全意为群众服务，抛开一切个人的打算，时时刻刻地联系群众，掌握群众的情感，并经常根据群众的经验来校正和充实自己的领导，否则是不成功的。因此只有最好的群众的学生，才能成为群众最好的先生，而群众最好的先生也必然是群众最好的学生。毛泽东便是这种新式人物最出色的代表！

谦逊与原则性

谈到谦逊这一种美德，在中国一些旧式的大人物的言行传记中是可找到的，例如就拿大家所熟知的《三国志演义》中所描写的人物来说罢！三国时代的刘备曾请过三位军师主持军政，最初是徐庶（字元直），后来是诸葛亮（字孔明）和庞统（字士元），这三位军师中徐庶有谦逊的美德，诸葛亮也有不容否认的谦逊的一面。据《三国志演义》作者的描写，徐庶离职时，曾有走马荐诸葛亮的故事，当刘备问起此人比先生才德如何时，徐庶的答复是：以某比之，譬如"驽马并麒麟，寒鸦配鸾凤耳"。以后诸葛亮又荐庞统给刘备，荐书言明："庞统到日，宜即重用"，后来并当面给刘备介绍过说："士元非百里之才，胸中所学，胜亮十倍"（以上参照该书第三十六及五十七回）。我这里说句公平话，刘备这三位军师，一般的说来，都是当代统治者群中高明的人物，个个都有自己的一套，三者比较起来，当然是诸葛亮第一，庞统、徐庶次之，因此徐庶的"驽马并麒麟"的比喻，尤其是诸葛亮给庞统"胜亮十倍"之赞词，不过表示他两者之谦罢了。

但是应当指出：旧式的领袖与新式的人民领袖的谦逊这两者有原则上的区别，前者是为了团结了更多的同道者为少数剥削阶级的统治集团"鞠躬尽瘁"，从这些谦逊中得到好处的，仅仅只是少数反人民的寄生虫集团，而后者则是科学真理的自然表现形式，也是团结人民革命队伍的正确和有效的武器；毛泽东的谦逊就是后者最鲜明的例证。从毛泽东的几十年的言行中间，我们深深的感觉到他是非常谦逊和虚心的。比方我在上面所谈到的他对人民对同志那种平等的和蔼热诚的态度，不摆架子，不耍威风等等，就是在待人接物上的谦逊美德；又如关于向群众学习，虚心甘当小学生的精神，则更是毛泽东谦逊的伟大表现。大家都知道，毛泽东是中国人民也是中国共产党所一致公认的领袖，他在长期领导中国革命事业中，给中国人民建立了许多的功劳，但是毛泽东从来没有因为这些而自满自足，自夸自吹，目空一切，盛气凌人；相反的，他仍然时刻的感觉到自己知识学问不够，还应该继续努力提高等等，例如一九四一年三月间，他给他自己的《农村调查》序言中，还在很恳切地申明：

"我现在还痛感有周密研究中国事情与国际事情的必要，是与我自己对于中国事情与国际事情依然还只是一知半解这种事实相关联的，并非说我是什么都懂得了，只是人家不懂得，和全党同志共同一起向群众学习，继续当一个小学生，这就是我的志愿"。

毛泽东这种谦逊虚心的态度是马克思主义革命家，思想家理论家很自然的表现形式，因为马克思主义是科学，是人类最高的智慧，而科学是老老实实的东西，它用不着装腔作势或摆什么威风架子去吓人，去强迫人接受。过去和现在许多剥削阶级的大人物之所以对老百姓摆起一套威风的架子，甚至用武力来对付不同意他们意见的人们，原因很简单，就是因为这一批反动派家伙脑袋里面装的尽是那些腐朽的反科学、反人民的东西，这些东西见不得太阳，新鲜空气，最害怕人家用实际生活的例证去检验它，因此他们就只有靠这些卑鄙的办法来维持维持。马克思主义则完全用不着这些，它靠真理来说服人，它拿活生生的事实来证实自己，并不断的从客观实践活动的事实和经验中来校正自己，发展自己；因此任何一个人如果想真正学会马克思主义理论，并不断的提高自己，充实自己，都只有采取老老实实的谦逊虚心的态度，才能办到，除此以外再没有第二个方法。毛泽东在《新民主主义论》一书的开头即公开表明了中国马克思主义者这种的态度，他说：

"科学的态度是'实事求是',决不是'自以为是'、'好为人师',那样狂妄的态度所能解决问题的。我们民族的灾难深重极了,唯有科学的态度与负责的精神,能够引导我们民族到解放之路,真理只有一个,而究竟谁是真理,不依靠主观的夸张,而依靠客观的实践。只有千百万人民的革命实践,才是检验真理的尺度"。

谦逊的态度是毛泽东的优良作风之一,但这还只是它的一方面,另一方面与这不可分割的是高度的原则性。谦逊态度与原则性这两者表面上看来好像是矛盾的东西,然而实际上这两个东西是可以辩证地结合起来的,如果只有前者而无后者,则谦逊会变成无原则的迁就,调和,甚至拉拉扯扯,吹吹拍拍等等不正派的东西;反之只有后者而无前者,那末原则性也无法正确的掌握和贯彻。毛泽东的作风特点之一就是他善于把谦逊与原则性正确地结合起来。

毛泽东在中国共产党和人民革命团体里经常强调:要"坚持真理,修正错误"。因为任何真理都是客观实践的科学反映,都是适合于人民利益的,因此必须坚持;任何错误都是与客观实践情况不相符合的东西,因此也不适合于人民的利益,所以必须修正。"坚持真理,修正错误。"这就是谦逊与原则性的结合,是每一个为人民服务的革命家所必须具备的作风之一。

毛泽东的几十年奋斗中坚持真理高度原则性的例子是很多的,举两件显著的事实来说明罢!第一件事实是第一次大革命时期,对于两湖农民运动的看法指导方针问题。一九二七年北伐战争,胜利地推翻了封建军阀在大半个中国的统治时,两湖的农民运动即逐渐开展起来,甚至后来发展成为空前的农村大革命;几千万的农民在中国共产党领导之下有组织地起来,打倒贪官污吏,土豪劣绅的实行"耕者有其田"的农村革命。当时中国政界对于这一伟大的农村革命的看法,因立场不同因而结论各异;帝国主义,封建军阀官僚,土豪劣绅这批反动派是一头的大喊:"糟得很","应该立刻派军队去镇压";国民党武汉政府当局也站在地主阶级方面高呼"糟得很"、"糟得很"、"应该赶快设法制止!"而当时中国共产党领导机关的主要负责人陈独秀等,却也违反了广大农民群众及许多共产党员的意志,而跟着地主阶级屁股后面批评指责这一伟大农村革命,说它"过火","过分","应该马上纠正"等等。因此在这种情况之下,坚持真理,打击这些反动派的活动,纠正党内机会主义的动摇,就成为十分必要了。毛泽东在深入的实际的调查了湖南五个县的农运情况之后,立刻给予这伟大农村革命一个极其坚定明确与中肯的估价:

"这次农运乃是广大的农民群众起来完成他们的历史使命,乃是乡村的民主势力起来,打翻乡村的封建势力。这个打翻封建势力,乃国民革命的真正目标。孙中山先生致力国民革命,凡四十年,所要做而没有做的事情,农民在几个月内都做到了,宗法封建性的土豪劣绅,不法地主阶级,乃几千年专制政治的基础,帝国主义军阀贪官污吏的墙脚,这是四十年乃至几千年未曾成就过的奇勋。这是好得很!完全没有什么'糟'。论功行赏,如果把完成民主革命的功绩作十分,则市民及军事的功绩只占三分,农民在乡村革命的功绩要占七分。'糟得很!'明明是站在地主阶级利益方面打击农民起来的理论。明明是地主阶级企图保持封建旧秩序,阻碍建设民主新秩序的理论,明明是反革命的理论。……农民的举动完全是对的,他们的举动'好得很'!'好得很'是农民及其他革命派的理论……一切革命同志都要拥护这个运动,否则他就是反革命。"(参照他一九二七年三月《湖南农运考察报告》)

大家看!毛泽东对伟大的农村革命的立场是何等明确何等坚定呀!固然第一次大革命,由于种种原因没有能按照毛泽东所指示的方向去做而遭受了失败,可是中国革命后来全部的历史都证实了他这些论点的绝对正确性。

第二件事实是对于抗日战争的战略指导问题,一九三七年七七事变开始了抗日民族革命战争新时期,当时全中国的抗日党派及爱国同胞都卷入这一伟大的战争漩涡中,大家都很关心战争,希望战争胜利,然而究竟战争能否胜利,战争发展过程怎样,为了争取胜利,应如何去指导战争这些问题,当时大多数人是没有解决的。亡国论者早在抗战前就大事宣传说:"中国武器不如日本,战必败","如果抗战,一定会作阿比西尼亚"等等，抗战之后，亡国论者仍然在暗地里活动说："再战下去必亡"；"你看中国许多大城市不是都丧失了吗？""我早就说过不应该抗呀！"如此等等，另一方面速胜论者也跑出来对大家说："日本鬼子没有什么了不起"，"日本鬼子不一定会打倒山西来"；特别是台儿庄胜利之后，速胜论者更加盲目乐观地主张"徐州战役就是准决战"，说这一战就是"敌人的最后挣扎"等等。国民党当局呢？他们不实行民主民生的改革，不动员广大人民参战，单纯靠军队打，同时又依赖外援，希望外国出兵帮助中国打日本，而保存自己实力来对付人民。此外人民革命队伍中间也有少数的同志有某种程度上的速胜论观点。因此，在这种情况之下，坚定的明确的科学指导就成为十分必要的了，毛泽东的《论持久战》完满的解决了这一有关于中华民族命运的重大问题。"中国会亡吗？答复：不会亡，最后胜利是中国的。中国能够速胜吗？答复：不能，不能速胜，抗日战争是持久战"——这是毛泽东对抗日战争的总估计。《论持久战》一书的发表，有力的打击了亡国论，并纠正了速胜论者盲目乐观论调，使全中国大多数人民在一个正确的坚定的科学原则指导之下团结起来了。

原则的指导是唯一正确的指导，这一指导有时（例如在革命的紧急关头）甚至可以决定革命的成败，这一真理是早已被中国革命过去多次的经验证实了的。

大胆与小心

一般的说来，革命家，尤其是无产阶级的革命家应该是，而且实际上是大胆的，因为革命本身就是一件天翻地覆的大事，旋转乾坤的伟业，它要打倒旧的黑暗腐败的制度，建设一套新的光明合理的制度，它不怕各种艰难险阻，不怕反革命统治阶级的诬，打，捉，杀……它毫不顾忌地一往直前，为了自己伟大的理想，甚至在必要时可以牺牲自己宝贵的生命，真正做到"威武不能屈"，"富贵不能淫"，"贫贱不能移"。你们看！中国的共产主义者不就是这种人物的最好典型吗？

中国共产党从它成立那一天起,它就坚决的主张要"打倒帝国主义","打倒封建军阀",要"建设民主主义的新中国"等等,当时中国共产党人只有几十个,这几十个人就宣告了要干这件惊天动地的大事。请问,世界上那里有比共产党人更大胆更勇敢的呢?

共产党人为什么这样大胆?其实道理也很简单,因为共产党人这一套想法做法是合乎科学的,即合乎中国国情的需要,合乎中国广大人民要求的,因此不论敌人如何强大,任务如何艰难,道路如何曲折,但是他们了解:凡是"顺乎天理应乎人情,适乎世界之潮流,合乎人群之需要"的事业可以胜利,而且一定非胜利不可。共产党人这种伟大的精神,坚强的意志是中国有史以来空前未有的,它确可以被称得起为中华民族最优秀的儿女,人类中真正的"先知先觉"。

毛泽东是中国共产党的领袖,他是中国共产党人这一切优良品质集中的代表者。你们看,他从五四运动以来,二十几年如一日,始终不疲倦的参加和领导中国革命的事业;第一次大革命时期他领导了中国人民与帝国主义封建军阀作斗争;土地革命时期,他领导广大人民与国民党大地主大资产阶级反动派进行十年国内革命战争;抗日战争时期,他又领导了全中国人民及各抗日党派与日寇血战八年;抗战结束之后,他又努力从事于和平民主事业,与日寇法西斯主义残余势力及国民党内反动派作坚决的斗争。二十几年来毛泽东为了中国革命曾经历尽无数的艰难险阻,反动派不断的造谣中伤他,甚至为了获得他的头颅,悬赏几十万元等等,然而他始终矢志忠贞,坚定不移地继续领导中国人民解放的事业。毛泽东这种伟大革命精神激励了,而且继续激励着全体共产党人及千百万的民众,为着光荣神圣的革命事业而奋斗。

当然,作为中国共产党人的领袖导师的毛泽东不限于此。革命要有胆量,领导革命更加需要胆量,而要把革命领导得好更非有大胆大勇不可。革命不是绘画绣花,不能那样斯文雅致,那样从容不迫。革命也不是请客吃饭不能那样文质彬彬,那样整齐划一。世界上任何国家任何时候的革命都是迫出来的,老百姓无法生活下去才起来革命。因此领导革命的一套办法(纲领政策,战略策略)都是要从客观情况的调查研究以及群众的革命实践经验中总结来的。世界各国的革命以及本国过去的革命经验，固然可以作为领导革命的参考，可是中外情况不一，一个国家过去现在的情况也有许多的变化，因之革命政党的领袖必须从本国实际情况出发，参照外国的及本国过去的经验，制定出一套合乎本国需要的领导革命的办法出来。例如，中国革命，由于它本身的许多特点（半殖地半封建的大国，阶级结构比较复杂，革命敌人特别强大，政治经济变化多端，革命的长期性，以及武装斗争特殊作用等），它提出了以前共产主义者面前从来没有提出过的问题，而解决这些问题的办法是在任何共产主义的书中都找不到的。毛泽东的伟大功劳便是正确解决了这些中国革命的问题。关于毛泽东如何正确地天才地解决中国革命的诸问题，我在"毛泽东的科学方法"一文中既有介绍，此处不去重复它。我这里只想说明一点，就是毛泽东这些理论的创造上如果没有大无畏的勇敢及充分的胆量是不可能的；如果毛泽东拘束于马克思、恩格斯、列宁、斯大林这几位世界无产阶级导师的词句与公式（这些词句公式中是没有也不可能有解决中国革命的具体方案的），不敢应用马克思主义的立场方法，从中国实际出发，根据中国革命的实际经验去创造和发展中国化的马克思主义理论，那么中国革命便会失去正确的理论指导，而马克思主义在中国就不会有所发展，革命的敌人也就会取得胜利。这不是很明显的吗？

关于毛泽东勇敢地果断地处理中国革命问题，创造中国化马克思主义理论的突出例证，可以拿他在第一次大革命失败以后的一段实际革命的活动来证明。第一次大革命失败以后中国共产党进入一个新的时期，此时中共的任务是保存和准备革命的力量，以推进革命高潮的到来。在当时情况之下，应该采取何种斗争形式和组织形式为主，才能有效地达到这一目的，这是一个有决定意义的问题。毛泽东认为半殖民地半封建的中国，是缺乏民主与工业的不统一的大国，武装斗争及以农民为主体的军队是中国革命的主要斗争形式与组织形式，而广大农民所在的庞大乡村，则是中国革命必不可少的重要阵地；因此大革命失败之后，中国共产党应该主要的依靠广大的农民游击战争（而非阵地战争），在反革命统治薄弱的乡村（而非中心城市）首先建立与发展革命的根据地，以为全国革命胜利（全国的民主统一）的出发点。毛泽东所规定的这条中国革命发展的具体道路是与许多外国独立民主的资本主义国家的革命所走的大不相同（他们通常是经过长期合法斗争以进入暴动与战争，并先占领城市然后进攻乡村），可是由于中国现实情况需要如此，因此毛泽东不仅在理论上坚持这一论点，而且大革命失败之后，他亲自参加湖南农民暴动，并于暴动后率领队伍转入井岗山，从事革命根据地的创造，十年国内革命战争的经验证明了他这一想法及做法是唯一正确的。毛泽东这些伟大的创造，如果没有对于中国国情深刻的理解及无上的勇气与魄力是不可能办到的。

毛泽东这些英勇果敢的创造都是合乎科学规律的，因此也是符合于中国人民的利益的，是对于中国人民解放事业极端负责与无限忠心的表现。但是毛泽东这些英勇果敢是与谨慎小心分不开的。大胆与小心表面看来似乎是矛盾的，然而实际上是活生生的辩证统一的东西，只是大胆而不小心，则谈不上是真正的英勇，而是盲动冒险；反之，只是小心而不大胆，则又会流于谨小慎微，优柔寡断，懦弱无能。毛泽东的作风是大胆与小心的辩证的统一，是无上的勇敢与高度智慧的一致。毛泽东上述的许多创造固然是英勇果敢的表现，但同时也是他仔细地研究中国社会具体的情况以及从经验的总结中深思熟虑的结果。

毛泽东经常教导大家要英勇奋斗，同时又要谦逊谨慎，前者即是大胆，后者就是小心。谦逊与谨慎的反面是骄傲与急躁，骄与躁，是缺少锻炼缺少经验的革命家的通病，毛泽东经常号召大家要戒骄戒躁，才能把革命工作搞好。不论骄与躁都是非科学的，其基本来源都是由于缺少科学的分析的态度（社会根源这里不去谈它）。毛泽东经常提倡我们要有科学的分析方法，这就是说要把一个事物矛盾的各方面加以精密的解剖，比方观察我们自己的力量时，就应该分析我们的强处及弱点，顺利与困难的两方面，全面的加以考察，对于每个人自己也是如此。又例如观察敌人的力量，就应该分析他们的强处与弱点，有利与不利的两方面，以及过去和现在有何变化等等。不能只看到自己或敌人的一面，而忽视另一面。只有经过这种全面的周密的分析，才能综合地得出完满正确的理解，并恰当地规定合乎客观情况的革命政策，所谓骄傲与急躁也正是缺少这种科学的分析与综合的缘故。

　　毛泽东在大革命失败以后，周密的分析了当时革命与反革命的力量对比，因此正确的规定了在反革命统治比较薄弱的农村中，建立发展和巩固革命的根据地，以为推进全国革命的出发点的总方针和一套战略策略，打击了当时右倾的机会主义者，并反对了"左"倾的冒险主义。抗日战争阶段，毛泽东在《论持久战》中，精密地分析了日本及中国作战双方力量的对比，因此得出"中国会最后胜利，抗日战争是持久战"的科学结论，打击了悲观的亡国论者，也纠正了速胜论者的盲目乐观的论调，毛泽东在各个时期的著作及政策的指导都是贯澈了这种分析与综合的科学方法。

　　毛泽东异常重视革命的政策的指导作用，他经常强调地说：只有坚定的政治方向是不够的，还必须有灵活的政策，并善于把这两者正确地结合起来（也就是所谓原则性与灵活性的一致）。革命的发展是富于变化及曲折性的，（尤其是中国，）它通常走的路子，正如毛泽东一次再次的所指明的，不是"一"字路，是"之"字路，因此领导革命政党应学会在革命发展的各个时期中冷静地分析当前的局势，细心地估计具体的阶级关系，它的力量对比和变化，由此决定那些是革命基本的力量，那些是我们可能的同盟者（不管它可靠与否），谁是革命当前的主要敌人，然后才能团聚一切革命的和有利于革命的力量，集中火力去打击当前主要敌人，以逐步地达到推翻帝国主义和封建势力的统治底目的。毛泽东认为革命的政策必须根据时局的变化，阶级关系推移，而灵活的改变自己，不能把某一个时期用得着，并且必须用的政策，拿在另外一个用不着或应该不用的时期中去应用。因此在政策指导上要反对刻板僵死的偏向，而坚持在坚定的政治方向之下的革命的灵活政策。毛泽东在过去和现在对中国革命的领导正是如此。毛泽东又教导我们：对于革命发展过程中各种可能发生的困难，必须事先有充份的精神准备。革命政党不怕困难，而可怕的只是我们对于困难事先毫无精神准备，因之困难突如其来，会使我们惊惶失措，束手无策，结果造成莫大的损失，这样的例子在过去革命史上是不少的。为此，毛泽东指示我们：要冷静地分析当前革命发展中各种可能发生的困难，给予充份的估计，并在依靠群众的基础上，克服一切困难，战胜革命的敌人。毛泽东的谨慎小心的领导作风是对中国人民解放事业的无限忠诚及高度责任心的具体表现。

总之，毛泽东的优良作风之一便是他善于把英勇的革命气概与严格的科学精神结合起来，真正做到既胆大又心细，既有正确的政治方向，又有灵活的革命政策。

狠与和

为了革命的胜利，毛泽东经常在人民革命队伍里头强调一个狠及一个和，所谓狠是指对人民的敌人的态度而言，和是指对我们的人民内部的方针，一切革命战士的奋斗目标都是为了战胜敌人，争取人民解放斗争的胜利，因此对此必须人人同仇敌忾，大众一心，誓灭此朝食，没有这一公愤，公狠，要战胜残暴的敌人是不可能的，合则只有长敌人之威风，灭自己之志气。我们常常说，要残酷的斗争，要无情的对付敌人，要反对对敌人的投降主义，反对对敌人的无原则的宽大等等，这些都是完全必要的；因为对敌人宽大或投降的结果，便是成千成万的老百姓被宰割被屠杀。但仅仅如此还是不够的，为了战胜敌人，还要要求革命队伍内部有高度亲密的团结。团结就是力量，世界上没有一个国家的革命，内部不团结而可以战胜革命的敌人的。

事实上，革命敌人最害怕的就是我们革命队伍钢铁一样的团结，他们最喜欢的就是革命队伍的四分五裂，一盘散沙，矛盾丛生，因此敌人最害怕的，我们要大大的加强起来，敌人最喜欢的，我们要努力的避免。狠与和这是一件事情的两方面，只有对敌高度的狠，才能有人民革命队伍的和，反之，也只有人民革命队伍中高度的和，才能够把对敌人高度的狠，继续巩固的发扬起来，并见诸于持久的坚定的革命行动，以达到最终消灭敌人的目的。

毛泽东经常提醒我们：中国革命的敌人是异常强大与异常狡猾的，如以帝国主义者说来，他们，特别是日本帝国主义，有长期侵略和宰割被压迫民族的经验。他们在华不仅有了强大的武装以及庞大的政治、经济、特务、情报的组织，而他们善于利用中国内部的矛盾与斗争，挑起一部份人反对另一部份，尤其是反对中国人民革命队伍及其领导者——中国共产党。中国的买办性的大资产阶级统治集团呢？他们历来也是讲究阴谋权术的，他们诡计之多而且险恶在世界上也是数一数二的，他们也拥有强有力的武装及遍及全国的政治、经济、特务、情报机关，所有这些都是用来反对中国人民的。因此对付这种强大而狡猾的敌人，除了要求革命政党及其领袖有坚定的政治方向和灵活的政策之外，还必须有人民队伍内部巩固的团结；正确的领导加上巩固的团结，就可以最终的战胜敌人。

毛泽东是极端强调极端重视革命队伍内部团结的，在人民队伍里头他经常提倡军队与人民，官长与士兵，政府与军队，政府与人民，上级与下级，工农出身干部与知识份子出身的干部，本地干部与外来干部，这一部门与那一部门，共产党员与党外人士，人民中的各个阶级与阶层等等方面的团结。在全国范围内他经常号召并努力促成共产党及全国各民主党派的团结。他深刻的了解团结就是力量，他曾经这样说过：

"从前有个歌词，说是：'狠，狠，狠，团体结得紧'，完全正确，只要我们善于组织，只要我们团结得紧，我们是什么都不怕，什么人也不能奈何我们，也不敢欺负我们的"（参照《组织起来》的报告）。

当然，毛泽东提倡的团结是有原则的，我们人民革命队伍内部的团结是为了战胜革命的敌人，争取中国人民的解放，推翻旧中国，建设新中国，没有这一根本原则要谈团结是不可能的也无意义的。因此，为了战胜敌人，我们必须对于我们自己内部的各种不正确的想法及做法加以批判和克服。毛泽东经常教导我们：共产党及一切人民的革命团体必须经常开展批评与自我批评，用这种方法去发挥真理修正错误，这是巩固内部团结最好的方法。对于那些犯错误的人，毛泽东指示的方针是:"惩前毖后,治病救人"八个大字;它的意思就是说,错误必须纠正,不能在原则上调和迁就,但对于犯错误的同志是要把他的病治好,推动他进步,而不是用对付敌人的办法一样去伤害他打击他。这些,目的都是为了巩固我们内部的团结,使大家一条心去战胜敌人。

"狠"这一个字,毛泽东通俗地解释为革命的"霸道",我们对于敌人要用"霸道"的手段去对付他,消灭他,"和"他又称之为"王道",我们用革命的"王道"来对付自己的人,才能团结一致,共同抗敌。如果对敌不用"霸道",而用"王道"是无法打倒敌人,对自己人民内部不用"王道",而用"霸道",也无法巩固革命内部的团结。

结束语

总而言之,毛泽东是时时、处处、事事为群众谋利益,一面领导群众,一面又给群众当学生,非常谦逊虚心,又有高度的原则性,英勇果敢又谨慎小心,对敌人高度的狠,同时又极力提倡并努力促进人民革命队伍内部的和,所有这些在我看来,便是中国人民领袖毛泽东的领导作风底几个基本特点。

毛泽东在去年五月召开的中共七次大会上《论联合政府》的有历史意义的报告中,关于共产党人作风问题,曾有极明确与中肯的指示。报告中指出中国共产党人工作作风,主要的就是理论与实践相结合的作风,和人民群众紧密地联合在一起的作风与自我批评的作风。报告中又号召全体共产党人要英勇奋斗,同时又要谦逊谨慎,切戒骄傲与急躁,只有如此才能团结全党,团结全中国人民各个阶层,去胜利地为新民主主义革命而奋斗。毛泽东这里所强调的共产党人的作风也就是他自己的作风。中国革命之所以能够取得今天这样伟大胜利,是与以毛泽东为首的中国共产党一贯的坚持和发扬这一科学的工作作风分不开的。因此学习和掌握这一作风是每个为人民服务的革命战士应有的任务!

人民领袖这样爱咱们
——吴满有去见毛主席的故事

孔 厥

吴满有好喜欢：他又见到毛主席了！哈呀，毛主席对待他，可实在是……嘿，说不尽！

那天他吆三头驴，驮一石麦，送给毛主席去。毛主席的办公厅，是在一个山沟里。那边树木花草，很齐整，很好看。办公厅更漂亮：洋式的，笔直，高得很。有很多玻璃窗，有很大的圆穹门，石阶宽宽儿的，好几级；吴满有站到那下面，自己就觉得变小啦。可不是！咱们的毛主席，就在这样的地方，给咱们办事呢！

毛主席亲自出来迎接吴满有，一见面就握住他的手，问他好，还说："你怎么给我送东西来呢？"吴满有说："尝一尝劳动英雄的麦子吧！"他怕毛主席不肯收，又说："你很忙，自己还生产，我给你代耕一石麦子，一石米，好让你多些儿时间办大事，这是我的一点儿意思呀！"毛主席到底收下了！老吴心里好快活！

毛主席可把吴满有招待好了，他引他到自己住的地方去。那边有一个果树园。啊呀，好多果树，地上：叶影子又浓，又密。树上：鲜果子结满了，黄黄的，红红的。毛主席叫人赶快采些来，自己引吴到一个窑里，两个人面对面的，坐在两只大椅子里。满满的一瓷盆红果送来了，放在一只圆桌上。两个人一面吃，一面拉话，可就像亲兄弟一般！

真是知心的人儿，说知心的话。毛主席的话，句句都说进了吴满有的心里。他是那样关心农民啊！他问长问短，尽说些庄稼的事。他对庄稼事务可有研究哩，今年雨水广，他也跟咱农民一样，了解农事，就担心下雨，希望晴。他生怕咱们受损失呢！他说今年开荒多了，只要天时不大坏，大家再努把力，就有个好收成，人人吃饱穿暖了，还怕甚！吴满有听了说："对！咱们吃饱了，喝足了，摆上老虎势，哪怕日本，哪怕顽固，谁要来咱们就一扑过去，看他撑的住！"

毛主席却担心老百姓的负担,是不是重了。吴满有说:"这你放心,要说负担重么,咱们的家业,可怎么一年比一年发展了呢?实地不重么!"毛主席问:"前两年呢?"吴满有说:"前两年?你也不要多心!你给了咱们羊,咱们给你毛,羊毛还是出在羊身上的,又是打仗年头,前方都在用命抗战!咱后方出公粮还怎么!而今公家自己生产搞好了,叫你多要些,你也不肯多要啊!"毛主席笑了。

两人谈谈说说,吴满有心里好奇怪:毛主席怎么啥都知道呀?莫说世界大事,就连延安县有多少巫神,吴满有乡开了多少地,他都一清二楚呢!哎呀,可真了不起!毛主席的眼睛,看到每一个地方,每一件事情呢!他真是啥都操上心啦!他们这样的注重咱农民,他说:"只要把中国农民的事情办好,中国的事情就办好十分之八九啦!"他跟吴满有一同商议:怎么才能使农村的生活过得更美!是的,吴满有报告他:农民"组织起来"了,生产大发展了,生活大转变了。毛主席说的对,还得一步步更往前进呀!

一个摄影队的人,特来请他们照相。毛主席就同吴满有走出去,并肩站在院子里。毛主席胖昂昂的,像一座山,咱们天天挂念他,他很健康的。吴满有低一些,却很壮,到底是劳动英雄呀。吴满有觉得光荣极了,他一身白衫裤,还沾满地里的黄土,就是旧社会所瞧不起的"受苦人"啦!他却跟全中国人民的领袖一搭照相,还一连照了好几片!毛主席可是更高兴,他说:"我跟劳动英雄一起照相啦!"吴满有说:"可是,毛主席,没有你,就没有我啊!有了你毛主席,才有我这劳动英雄啊!"提起这,他就感动得说不出话来:"咱们……咱们都是……你救起的啊!"

他可实在过意不去,连毛主席的夫人,也来陪他了。她已经病了好几月,本来很秀气的面庞,更白啦,却因为来了吴满有,她高兴得两颊红艳艳的。她穿着同毛主席一样的制服,是边区自己制造的斜纹呢,棕色的,她,忘了病,跟吴满有拉拉闲话,却就关心的谈到农村,热烈的谈起工作来了。大家一同坐在院子里。那院子也真是美,像个小花园!各人坐在矮凳上,围着一只小圆桌,在一棵大槐树的影子下,在花香,草香,和果树园吹来的甜蜜蜜的香气里。毛主席还亲手递西瓜,给吴满有吃,一面谈心。

真是毛主席眼光远,计划大!他说:咱们边区,几年里面要做到:每家余一年粮,拴一头牛,扶育一百棵树,建一个厕所,掏一口井,每人还要识一千个字,而且每乡要有一个合作社,一个铁匠炉,一个民办小学,一个医务所,一个秧歌队,……大家都要过丰衣足食,健康快乐的生活……吴满有想:"哈呀!毛主席给咱们想的多周到呀!"他喜极了,说:"毛主席有你领导咱们干,还怕做不到吗?"毛主席兴奋的站起来,双手在胸前握着,说:"是什么都能作到的:只要有'心',再加'时间'!"他极兴奋的走往一边去,突然又站住了。侧转脸来看吴满有,像有许多话要说,一时说不起来;他的一对双线眼皮的眼睛,亮出那么大的热情,含蓄着那么深的爱!吴满有受了大的感动,眼光没有离开他。他听见毛主席说:"要这个边区搞好了,别的根据地就可以学着办。"他还说到:全中国有一万九千多个乡呢……吴满有想:毛主席常在谋虑全中国人民的幸福哪!

用吴满有的话来说:他真不枉活这一世呀!毛主席夫妇俩,还请他吃饭,还推他坐上席,还把别人送的葡萄酒,亲自斟给他喝。毛主席还双手敬他三杯!当时吴满有连连的说:"啊呀,实在太对不起毛主席了!"饭后,要不是有重要的事牵挂,毛主席一定还不肯离开的。他走了,吴满有推毛主席夫人去歇了,另外一个人陪着吴满有,去参观毛主席他种的菜园子。他告诉吴满有,毛主席每天都整夜工作着的。天明睡觉,晌午就又起身,有时候他半夜送快信回来,他看见毛主席在院子蹓着,一个人在思考什么问题。吴满有听了说:"啊呀,为咱老百姓,他的操心可大啊!"这时候,天已经黑了,连一大片地的"茴子白"就模模糊糊看不清了,只有一方块"蓝池"还灰明明的放光。突然有人快步跑过来说:"这棉衣,毛主席请老英雄快穿上,不要着了凉!"老吴才觉得,身上真的凉了,"嗳,毛主席这样爱咱们!他跟咱们是分不开的!咱们将永远跟住他!咱们看:在他领导底下,像我这样都变年轻了,精神也更大了!自古说:强将手下无弱兵，在他手下，咱们谁都变得很有力量啦！"

毛主席留吴满有住了一夜。第二天，吴满有跟毛主席，握手告别，他热火的瞧着毛主席说："再见，毛主席！秋后再见！到秋后，再看咱们的成绩！"

人民歌颂毛泽东

　　解放区的人民，普遍地在歌颂着自己的伟大的领袖毛泽东，这歌声发在广大人民的心中真诚而恳切。他们歌唱因为有毛泽东的领导，而取得了胜利的无上欢欣。

　　这里选辑的是陕甘边区的老百姓歌唱毛泽东的几首优秀的歌，这仅是大海中之一滴。无数人民无不是在歌唱着毛泽东。在群众会议上，在道路上，在庄稼地里，在秧歌队中……这歌声在到处飞扬而且随时有新的产生。这里只是根据现有的材料及个人记忆选出一些，介绍给读者。

一

　　二月里来刮春风，江西上来个毛泽东，毛泽东来势力重，他坐上飞机在空中，后带百万兵。

二

　　全国动刀兵，一齐来出征，一杆大旗飘扬在空中，威风凛凛是哪个：朱德、毛泽东。

　　以上两首产生于一九三六年，"全国动刀兵，一齐来出征"系指当时抗日运动，朱德、毛泽东是这运动的旗手与先锋。第一首是著名的革命民歌《刘志丹》中的一段。

三

　　咱们劳动英雄来开会，看了生产展览品，延安的头一景。咱们毛主席号召——

　　藏龙卧虎高山顶，万丈高楼从地起。咱们劳动英雄回家，个个心欢喜。

　　咱们毛主席比如一个太阳，比如东海上来一盆花，照到咱们边区人民是一家。比如空中过来一块金，边区人民联到一条心。

以上这两段不是写出的,而是口述的。作者是劳动英雄孙万福,曲子县人,六十余岁,现已故。一九四三年参加陕甘宁边区劳动英雄大会,在毛主席接见他们七十七位劳动英雄的会上,这位老英雄从椅子上站起来走近毛主席,两手紧紧儿地抱着毛主席的肩膀,沾着口沫的头发在颤动着,说:"大翻身哪!有了吃,有了穿,账也还了,地也赎了,牛羊也有了,这都是你给的,没有你,我们这些穷汉爬在地下一辈子也站不起来!"他热情的爱戴与歌唱毛泽东,他把毛泽东比作"万丈高楼",同时把人民的领袖与人民的正确关系说出:"万丈高楼从地起"。

四

东方红,太阳升,中国出个毛泽东,他给人民谋生存,他是人民大救星。

边区红,边区红,边区地方没穷人,有些穷人选移民,挖断穷根要翻身。

太山低,五岳高,毛主席治国有功劳,边区办的呱呱叫,老百姓颂唐尧。

生产变工搞的好,边区地方没强盗,夜不闭户狗不咬,毛、朱同志有功劳。

以上这几段是很有名的歌,第一段"东方红,太阳升"曾流行陕甘宁、晋绥及张家口等地。为葭县城关区三乡农民李增正及其叔李有源合作,他叔侄两人为葭县有名歌手。歌中所指"移民"为一九四三年陕甘宁边区政府号召边区北部的贫民移往南部开荒生产过好光景,因为北部地少人多,南部则荒地多人口少。

五

万里长城毛泽东,朱德担任总司令,抗战有功是贺龙,周恩来外交第一名。

人民领袖毛泽东,咱们边区多光荣,生产教育多加工,两大任务要完成。

　　作者为任履学，米脂桃镇人，小商人。他把毛泽东比做"万里长城"，照他自己的解释，为："长城保护了中原地面，毛泽东保护了我们老百姓。"歌中所指"生产"、"教育"为一九四三年陕甘宁边区政府提出的两大任务。

六

　　边区人民都一心，古树开花耀山红，千年的古树盘了根，开花结子靠山稳。

　　延安附近地气宽，八路军占的米粮川，毛主席领导老百姓，丰衣足食不困难。

　　作者巩维忠，米脂杨家沟人，农民。对于他的歌，他自己这样解释："古树开花"是说"老百姓翻身，好比古树也开了花"，"靠山稳"是说："老百姓今天有了靠山，这架山就是毛主席，有了毛主席做靠山，老百姓就站的稳稳价！"

七

　　正月里闹元宵，金匾绣满了，金匾绣咱毛主席，领导的主意高。

　　一绣毛主席，人民的福气，你一心爱我，我们拥护你！

　　作者为汪庭有，关中分区人，木匠，一九四四年当选为边区文教英雄，这是他的名作《十绣金匾》中的两段。

（贺敬之辑）

毛泽东的思想

安娜·路易斯·斯特朗 著
孟展 译

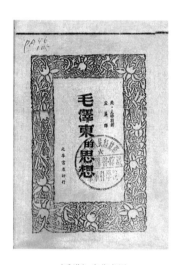

(香港)光华书屋

1947

介绍史特朗女士

史特朗,带着她的浅灰色的小打字机在一九四六年的秋天,乘军调部[1]的飞机到了延安。这是她第一次踏上解放区的土地,虽然她早就认识中国人民解放事业的伟大了。从延安出发,她去过张家口采访新闻,晋冀鲁豫边区考察;然后又回到延安,在西北的黄土窑洞里,史特朗的打字机不断地响着,她用这付小小机器向全世界报导一个新的自由中国正在民主和建设中行进。在离开美国之前,八家有地位的报社和新闻社聘请她当特派员。她在美国新闻界的地位是很高的。在她第一次参加周恩来先生招待上海中外新闻记者会议时——正是她抵中国后第三天——许多英美记者走到她面前自我介绍并向她致意。在周恩来先生未出现前她是一百多人的场面的中心。

史特朗今年已经六十二岁了。生于一八八五年,她从少在一个虔诚的基督教家庭中长大,她的父亲是牧师;母亲是当时很少数受大学教育的女子。她自己是芝加哥大学取得哲学博士衔最年轻的学生。她参加过儿童福利的工作,担任过许多报纸的记者;同时又在著名的美国大学如哥伦比亚、威士利等讲课。一九二一年她首次随同救济团体赴苏联;一九二七年来中国;一九三〇年她回莫斯科创办英文《莫斯科日报》。两年后她和一位苏联公民结婚。

她的作品很为当时美国文艺界重视:其中以下列数书最著名,《城市之歌》(诗丛,一九〇六年出版);《走上灰色帕米尔高原的大道》(一九三〇);《我的改变:一个美国人的改造》(自传,一九三五);《苏联人民早料到了》(一九四一);《澎湃的河流》(小说,一九四三);《我看到新的波澜》(一九四六)。其中尤以她的自传轰动一时。她分析她怎样从基督教的人生观转变到唯物的人生观;习惯的隋性和正视真理的勇气不断斗争;理智和感情终于最后交流——这本著作曾在当时一部分追求真理的美国青年中起了很大

---

[1] 1945年底马歇尔来华后由共产党、国民党和美国三方组成的军事调处执行部,负责落实停战谈判的具体事宜。

作用。

关于中国，她曾写过两本书。一本是记载大革命失败后一九二七年到一九三五年的斗争，书名《中国的千百万人民》，被誉为关于中国革命运动的经典著作。这时候她开始和中国社会、政治人物如宋子文、孙科、蒋介石、宋庆龄等接触。抗战中她曾先后来过中国两次。第一次到武汉（一九三八），第二次到重庆（一九四一）；她的第二本书《人类五分之一的斗争》；报道中国抗战的英勇和武汉时代国共合作的和谐，特别指出八路军游击队的艰苦作战。

一九四六年六月底，巡视欧洲新民主国家后，又来中国了。高大的个子，银色的短发，无限慈祥的容光，不断地在山地上走，坐在窑洞里谈话、写作——史特朗给人的印象是生命力的充沛冲破了年龄的限制。去年国民党飞机首次炸延安时，她正在延安。她在飞机离开了的半个钟头内向美联社拍发了数百字的电文向世界报道真相，共产党中的年青同志非常敬佩这位老人家的热情，勤快，工作效率足以作为他们的模范。

这本小册子是史特朗经过八个月在解放区的生活和共产党领导人物多次接触和谈话所集纳的心得而写成。原文尚未发表，不久将由美国太平洋学会出版单行本。正如史特朗说的，毛泽东是东方最伟大的思想家，他的理论和思想方法是今天东方殖民地和半殖民地国家的民族解放和民主建设运动的指南。全世界爱好民主和平的人民应该对毛氏的思想有恰当的估价和认识。这正是史特朗希望用她自己的语言把它传播给全世界。

编者四月一日

一　毛泽东思想的来源

亚洲最著名的领袖和思想家之一的毛泽东就住在延安山旁的窑洞里。从山上可以俯视下面许多尘土的山谷，一年中有几季山谷的一部分会被无穷的人力变成翠绿。毛泽东是中国共产党的主席，几乎二十年来他被国内战争和国外战争的封锁与世界隔绝着。就从这样像是隔绝的情况中，毛泽东的思想改造着中国的革命，这个革命以华北和满洲[1]一万万四千万人口的地方政府的形式表现出来；甚至在蒋介石的炮火下面，它仍使六千万农民获得土地。

从遥远的延安窑洞里面，毛泽东甚至变成了一位世界人物。他的《论持久战》一书如此正确地预言了中国抗日战争的进程，其公式为海外各国军事专家所接受，而他们还不知道这是从那里来的。他的"新民主主义"[2]的理论也许已经影响了战后欧洲新政府的形式，他对于走向国家独立，人民的民主和民生道路的分析，不仅为了中国人民指出一条道路，并且为东南亚半殖民地国家中的十万万人民也规划出一条道路——这十万万人乃是合人类的半数。

虽然毛泽东的思想有着广泛的影响，但却从来没有被海外所清楚和完全地总结过。由于战争封锁的原故，他的思想不能经常不断地达到外面世界，而是一阵阵的传出，伴以长时间的中断，美国人民仍在问着很幼稚的反问："中国共产党人是不是追随莫斯科的，或者就是西方所谓'民主派'？"对于这个问题的回答应该是他们两者都不是，虽然在某种程度上讲起来两者又都是一点。他们是中国人，用他们自己的意见和能适用的西方见解解决中国的难题。他们并特别应用了名为马克思主义的社会分析方法。因为他们是中国人，应用他们的思想来解决中国问题，所以他们的政策，甚至他们对马克思主义的观念都更逐渐增大地与欧洲样式不同。他们的思想是独立的，有创造性的；这种创造的性质首先又是从毛泽东而来。

我曾经访问中国共产党人认为第二个最大的马克思主义思想家刘少奇，要他作一个毛泽东思想的估计。刘告诉我："毛泽东的伟大成就，就是把马克思主义从欧洲形式变为亚洲形式，马克思和列宁是欧洲人，他们用欧洲文字写欧洲的历史与问题，很少谈到亚洲或者中国；无疑的，马克思列宁主义的基本原理是能运用于世界任何民族和

---

[1] 指1945年底八路军、新四军主力进军东北后开辟的根据地。
[2] 指《新民主主义论》。

国家的；但是要将这种普遍真理与中国革命的具体实践相结合，仍是一件很困难的工作。毛泽东是中国人，他分析中国问题，指导中国人民的斗争走向胜利，他用马列主义的原则来解释中国的历史和实际问题。他在这方面是第一个成功的人。"

他应用马克思主义的方法来解决中国四万万五千万人民的问题，因而也就把马克思主义者在中国人民中间通俗化，并为中国人民当作武器所把握。在每一种问题上面——民族问题，农民问题，战略与策略问题，党的建设问题，文学与文化问题，军事问题，财政与经济问题，工作方法以及哲学问题等——毛氏不仅把马克思主义应用于新的条件，并且使马克思和列宁主义的学说，有新的发展；他创造了一种中国形式和亚洲形式的马克思主义。

中国是一个半封建半殖民地的国家，无数人民在饥饿的边缘上生活着，耕耘着小块的土地。中国的经济是落后的分散的农业经济。中国在企图把这样一种经济过渡到更加工业化的经济时，是面对着很多先进工业国的竞争及其经济政治和军事的压力的。这是一个基本的情况，影响了中国内部各社会阶级的关系，并影响到为实现民族独立与较佳和较自由的生活而采用的斗争方法。在东南亚各国中存有相似的情况，中国人所采取的道路将影响他们全体。

中国共产党与别国共产党相同，认为自己是"无产阶级的先进部分"。在中国，该党认为自己也是其他各阶级人民的发言人和领袖——其中主要的就是农民和城市中的小资产阶级和中产阶级，甚至关于在"无产阶级"的基础上建立起共产党这样的问题他们也有所发现。刘少奇说：根据马克思的意见，只有产业工人是能够接受共产主义并使其成熟的一个阶级，其理由有下述几个：一、产业工人不保有生产工具；二、他们以出卖劳动力为生；三、由于与其他工人在一个工厂中集体工作，故获有纪律性。

刘少奇称："所有这些都适用于西方世界。但在中国我们只有很少这一类人。在四万万五千万人口中，只有二三百万人能够叫做产业工人，帝国主义和资本家们正训练他们成为共产党的后备。同时，毛泽东正在从另外一种里面训练二三百万人，但他们的纪律性和献身的精神，不但不比产业工人为差，而且甚至较产业工人要更好。"

"就拿给你送茶、瓜子和花生的这一'小鬼'来论吧。他是在我们这一个特殊的高度军事共产主义的团体中生长和训练过来的，他从来不要花生给自己吃。他知道花生很少，是为客人和茶会时预备的，他要到过生日的茶会上才有，别的时候就没有。他知道，他可以获得我们这里有着足够数量的任何食物，以及一身夏衣与冬衣。他不要求更多的东西。他很快乐，因为他是同志们之中的一个同志，因为他被人尊敬，因为他是为全中国人民更好的生活而奋斗，而他自己在这里也享一份。"

"在中国，有产业工人作为共产主义的基础；但我们还有几百万像这'小鬼'一样的人；马克思是从来不知道这些人的。然而他们确是在共产主义的精神里长大。他们为公共事业而献身的精神与纪律性并不比产业工人坏。甚至当他们年纪很青的时候，就把生命贡献给反对外国帝国主义和本国压迫者的斗争。他们现在是为'新民主主义'而战斗，但将来实现社会主义的时机到来时，他们是也准备把社会主义建立起来。如果到了实现共产主义的时候，他们也准备建立起共产主义。有一件事情他们是不曾建立和接受的，那就是旧形式的资本主义；他们甚至从来也没有梦想过赚取利润。"

"今天我们是在建立资本主义，但这是，新资本主义。要为了打破现在我们还生活于其中的半封建和半殖民地社会，资本主义是需要的。我们鼓励自由经营，鼓励资本主义的利润，但却不允许垄断资本主义的形式。同时并有占重要地位的公营经济与广大的合作社经济。在这一'新民主主义'与'新资本主义'的经济中，我们有三百万人——军队——党和政权——这些人在廿多年来就生活于也许可以称为'军事共产主义'之中。但这不是俄国的那种'军事共产主义'，因为它仅应用于有限的少数的集团。"

"这些都是中国共产党的一些发现，而主要由毛泽东的天才所创造的。"

刘氏并且给我列出很多其他的"发明与发现"。如革命中农民的作用，阶级之间的统一战线，军事战略和供给制度等。

中国革命实质上就是农民革命。把马克思主义运用到中国革命中来，其基本情况就是：这里是以农民为主要群众（而不是工人）；反对外国资本的压迫和本国中世纪的残余。这种特点是在世界马克思主义者中尚少历史经验的。毛泽东运用马克思主义到这种特殊情况中，是一个意义重大的光辉的历史经验。

各阶级间的统一战线，是各国共产党都为之斗争的。刘氏解释道："你一定要和他们在某几点上团结，在另外几点上进行斗争。我们一九二七年的错误是在于仅与资产阶级团结，而没有与之斗争；所以资产阶级达到了它的目的，而拒绝了我们的目的。但在后来所产生的错误则与此正相反，仅仅与资产阶级斗争，甚至不想法与城市小商人团结。为了要知道什么时候和在那几点上要团结，什么时候和在另外那几点上要斗争，就需要经常和仔细的分析。我们在反对日本侵略我国的帝国主义、中国买办阶级和封建势力上，与中国资产阶级团结；但对于他们任何压迫工人的企图及他们对帝国主义与封建势力的妥协性，则与之斗争。这就是说，我们实行又团结又斗争的政策。"

中国共产党在今天甚至主张"劳资合作"。在马克思的著作中，找不到这种合作的一点痕迹；列宁谈到过，但仅仅是为了反对它。刘少奇说："在较老的资本主义国家中，这种合作是真正背叛工人的利益，但在中国这样半殖民地国家中，工人与资本家在反对外国独占资本和本国官僚资本的斗争中是有着共同利益的。因此合作是能有益于工人的。在中国的民族工业中，一方面资本家要改善工人的生活，另一方面，工人要努力工作，提高生产，只有如此，民族工业才不致遭到毁灭。这就是我们工业政策之一，而且适用于三种工业里面，即公有、私有和合作社三类。"

共产党的军事战略，也是以毛泽东的分析为基础的，这个战略使他们能以三千人的一支军队开始，经过二十年的战斗以后，发展到一支一百五十万人的军队,自始至终它都是从敌人那里获得军事供应品甚至人力。下面可以加以部分的讨论,但不能予以完全的叙述。刘氏谈道:"现在还不是把蓝本献与敌人的时候,让他们自己一点一点的去学习好了。日本人学到了一些,但却是用了八年的功夫才学到的,那时这一知识对于他们却已变为无用。蒋现在南京使用日本前中国派遣军总司令冈村[1]为其顾问……但我们现在已经使用新的战略来对付蒋。"

在抗日战争中最艰苦的年代里增加共产党地区农业生产的变工队,是毛氏的另一发明。是基于他对农民劳动各种形式和一种溯源于一千年前的叫做"唐家班子"的互助的形式的研究而来的。通常改善原始农民耕作生产的办法有两个:英美式资本主义的方法或者是苏联集体农作的方法。中国共产党现在两者都不能用。他们的变工队是在私有财产上的农业生产合作社。

使延安边区能够渡过对日战争和国民党封锁,并且使华北散在日本战线后方的许多抗日根据地能够生存并发展生长成为强大"解放区"的供给制度,也是经过毛泽东对农村条件的分析后制订出来的。这种制度就是军队和政府的人员不是领取金钱,而是从政府税收中获得一部分食物,又从联合的生产工作中获得另一部分。刘称:"用了这种方法我们能够维持二百万军队和政府工作人员,而并没有严重地加重人民生活的负担。用了这种制度,我们能够进行了二十年的战争,并且还能够继续进行到最后胜利。"

我自己在华北心脏地带跨有四省的解放区内,亲眼见到这一具有说服性的例子,在那里刘伯承将军保卫着拥有三千万人民的地区,一九四六年一年即进行大小战斗共三千九百二十三次,进攻该区国民党军队四十九个旅当中被消灭者将近十八个旅。但是国民党军队也占领了二十个城镇。负责"新动员"的军官解释道,动员足够的人以夺回那些城市是完全可能的;但保持那样大的一支军队就将不适当地加重该区人民的负担。因为内战还可能经过好几年,所以他们就把军队

---

[1] 即冈村宁次大将。

的大小调整到整区经济上能够无限支持，而又强大到足以保卫该区的基本农村生活而非该区全部城镇的程度。再则，他们仅从几个县征取新兵，而免除其他各县，以便应付将来可能的需要；因此，甚至在长期战争中，他们都不必从同一县份中征取两次。对于供给和人力的这一仔细预算，是在战争中无前例的。共产党人相信蒋介石会从战争的通资膨胀中破产，而且面临着负担过重的农民的暴动。他们坚信在他们自己方面，这件事情是不会发生的。

二 "毛泽东路线"的发展

"毛泽东路线"是慢慢地发展起来的。

中央委员会宣传部长陆定一谈过："中国共产党永远是英勇的，但领导方面在取得经验之中犯过许多错误。这些错误的代价都很大，因而也就很深刻的教育了我们避免以后再犯这类错误。在大革命时我们有党员五万人，在蒋介石反革命和进行屠杀以后，降到一万人；江西苏维埃时代又上升至三十万人；长征以后降到四万人。我们的红军在内战初期达到三十万人，长征以后降到四万人。这些损失的造成都是毛泽东的领导发展以前，由于我们的领袖们政策错误的结果。今天我们已有二百二十万党员，一百五十万以上的正规军，和四百万农村的武装民兵。"

中国共产党最初六年是以陈独秀为领导，陈为北平的一个教授，又为共产党创始人之一。一九二一年开第一次全国代表大会时，仅仅有十二个代表，而在全国则仅有几十个党员。一九二三年共产党藉与孙中山的协议，整体加入国民党，但同时仍保持他们自己的组织。其特殊的任务就是组织工人和农民。一九二五年时，计有一万五千名党员。

据共产党人现在看起来，陈独秀的错误在于"向资产阶级屈服"，就是对蒋介石屈服。当国共联军仍在广州，尚未进行横越中国以夺取权力的时候，蒋即开始进攻共产党。一九二六年三月蒋拘捕一个战舰的舰长，因其为共产党员的原故，并且宣布称所有军队中高级军官及政治工作人员为共产党人者，必须撤职[1]。现在共产党人认为，在那个时候，就应该确定他们的立场。那时他们已经很成功地帮助组织国民党的武装部队，因此在广州的四个军里面，有三个却大部在共产党的影响之下，甚至在第四个军里面也有共产党的同情份子。很多共产党人希望反对蒋介石的清党，但陈独秀屈服了。三个月以后，陈独秀又向国民党五月五号决议案屈服，该案中决定从国民党中央及一些党的组织的领导位置上驱逐共产党人，而这些国民党组织有很多是由共产党人组织起来的。

陆氏称，"这一政策就使得共产党人没有准备来抵抗蒋的反革命，这一反革命是以一九二七年四月中屠杀上海工人开始的。"但在武汉时仍一个机会；经过一九二七年整个夏天，武汉政府里仍一半以上是国民党中央委员与共产党合作。陈独秀仍然退却。他允许工人纠察队在武汉三镇解除武装。他反对土地革命；此事的发生，与他的愿望相违。当长沙军阀建立军事独裁时，有十万农民武装包围该城，一切都准备好了用武汉的名义予以收回，但武汉政府的国民党员被这一人民力量所吓倒了，在他们要求之下，共产党中央委员会即下令将农民武装解散。共产党这一后退就使得工人农民失却领导，而使七月武汉反革命成为可能。

共产党现在认为另外一个错误就是在八月一日南昌暴动以后所发生的。"我们在那里有很强大的军队，我们应该坚守南昌至少也应该在南昌附近的乡村中成立很强的根据地。……但我们没有经验，我们不认为可以拿得住那个地区。因此我们南向广州出发，对于革命的诞生地怀着一种老家的情绪。但在汕头附近剧烈的战斗里我们被打败了，军队被驱散和遭到消耗，当朱德向湖南移动和毛泽东汇合时，团聚于他周围的仅有一千人。"

在武装瓦解以后，中国共产党的领导改变了。陈遂先后被数次后

---

[1] 即"中山舰事件"。

继人所代替。今天共产党的看法是:"陈独秀错误以后,我们又荡得太向左边,犯了另一方面的三次错误。"

这些错误的第一个,发生于一九二七年十一月,到一九二八年四月完全纠正[1]。这个左倾路线,由于看到几个农村地方起义的胜利,就说中国的革命的性质是"不断革命",因而把民主主义革命与社会主义革命混淆起来;说中国革命的形势是"不断高涨",因而否认大革命的失败,于是在许多地方组织毫无胜利希望的地方起义。但中国共产党人对于这一时期中,一九二七年十二月的广州起义,仍认为是正确的:因为这是"第一次大革命的退兵时之一战,举起了革命的旗帜和向全国人民宣布了我们的纲领"。

隔了两年又两个月之后,一九三〇年六月,左的路线第二次统治了中国共产党,到八月才被推翻。[2]这时候,乡村中的游击战争在毛泽东、朱德的领导之下有了发展;中国的反动军阀之间也爆发了战争。这样,左倾的领导者就以为到了"全国大干"的时候,他们嘲笑毛泽东和朱德所建设起来的乡村革命根据地和游击战术,以为那是太落后和太不足道了,他们要求红军以正规作战夺取像武汉那样的大城市,并计划在上海和南京等大城市举行武装起义。在革命的性质问题上,他们认为,一省数省首先胜利的开始,即是向社会主义革命转变的开始,因此就规定了一些不合宜的过左的政策。

第二次的左倾错误的领导被纠正后,只隔了五个月,一九三一年一月,党的领导落到一批教条主义的党员们的手里。[3]他们有详尽的引证马克思、列宁、斯大林的能力,但他们对于中国的实际情况,就比以前任何一次左倾错误的领导者们懂得更少。照他们说,第二次的左倾错误,不是左倾而是"右倾",正确的路线应当是比它更左就是所谓"纯粹的无产阶级的路线"。他们借了马克思列宁主义的字句做外衣,把这个极左的错误路线发展起来,并维持了四年半之久,直到一九三五

---

[1] 指在共产国际指导下犯的左倾盲动主义错误,后来共产国际把责任归咎与瞿秋白。
[2] 指李立三领导下的左倾机会主义错误。
[3] 指以王明、博古为代表的左倾机会主义错误,上述三次错误路线都与共产国际的直接领导有关。

年一月在长征中举行的贵州省遵义会议,才实际上被纠正过来。

陆定一在表示今天中国共产党的意见时说:"教条主义者的领导给了我们十分重大的损失","当我们在江西时,反对蒋向日本投降的福建将领,向我们提出联合,提出结成统一战线,我们的教条主义者,太正统了,以致不能和那个资产阶级者建立统一战线,这样就丧失了取得胜利的机会"。

共产党今天认为在江西能采用正确的策略,长征亦"可以避免的"。还没有一个共产党员甚至会说长征"是个错误的结果"。在长征中途,中国共产党改变了领导。毛泽东的领导使长征的终结,成为一个胜利,一个军事奇迹,成为他们历史上英勇的一部分,决定他们以后一切发展的轮廓。这种以后一切发展的中心就是延安边区(即陕甘宁边区——译者),他们从延安伸展至华北的一大部分和满洲,延安边区是个干燥的、经济上落后的地区,这种情况在一开始时就阻碍了每一种努力,在江西的一块辽阔根据地上,以福州为海口,是否可做更多的事呢?这是一种无益的臆测,共产党员并不耽于此种臆测中。

第三次左倾错误路线的领导,其结果是中国共产党的党员及其军队从江西的三十万人跌到长征结束时的四万人。

在这些年份中以及这些损失中,"毛泽东路线"发展起来了,它是一个在烽火中锻炼和挫折中磨砺出来的武器,毛泽东是中国共产党最早的创始人之一;是湖南农民革命的领袖,这个农民革命于一九二七年被陈独秀命令解散,后来,毛泽东把他的"农民自卫队"的残部和朱德军队的同样被击毁了的残部结合起来,他成为那些发展缓慢的农村游击队的领袖。作为江西苏维埃政府的主席,毛泽东对于实际事件的意见发生了影响,但党的政策之上层领域仍旧为那些教条主义者所保有,毛泽东那时除了中国的农民外知道什么呢?

今天共产党的几种行动是从那时毛的理论决定的。对解放区的困难名称搞不清的人们,这种名称常常包括二、三或四省的名字[1],一

---

[1] 指各个边区根据地。

定怀疑什么情况使共产党地区如此经常更改老的省界。这不是实际情况使它更改的,而是主动地更改的。十八年前,悲观主义者认为中国革命已完了,冒险主义者渴望夺取大城市时,毛泽东说建立苏维埃区域是可能的,但必须建立在山区中,在那里各省的省界会合。

在这里,毛泽东离开欧洲型而根据他自己对于中国乡村的了解来行动。在欧洲,各国家间的界线被防卫着,它们不是发动新政权的地区,在中国,当你离开一个军阀的都城,他的力量便减少了。在各省军阀之间的接合部(远离他们力量中心的都市的边界——编者),中国共产党组织农民进行自卫。这样建立起来的某些区域持续了十八年。

毛泽东的军事战略,亦从那个时期决定的。在朱毛的结合中,这种结合产生了共产党军队,朱德是个有经验的军事人物。但这是毛(他曾为湖南某学校教员),他的锐利分析补充了朱德的军事知识,并发展了他们联合战略的理论,就是这个理论共产党人渡过了反对日本侵略者和蒋介石的十八年战争。

要点如下:"当敌人来的时候,他们是比我们强的。如果我们作战,并且被击败,我们就输了。如果我们作战,并且仅仅击退敌人,也不算胜利。我们所认为胜利:是我们包围敌人,而全部歼灭之;虏获其枪械弹药及人员。

"所以当敌人来的时候,叫他们来好了。如果他们要这个城,要那个城;拿去好了。我们的部队要退避,分散到敌人找不到我们的地方。我们从各地的农民得到情报。我们只在优势条件下,才进行作战。每一个这种战斗必须时间短,而且带决定性。我们必须每战必胜。当敌人的有生力量变到消灭时,我们就进入反攻——但仍是很谨慎的——拿回城镇和失地。"[1]

这种战略是和传统的战争如此的不同,以至有许多外国军事专家斥之为"游击战争"。然而,用这种名词很难解释一九四七年正月在山东对蒋氏最精锐的部队三个半旅的包围战,据报七千敌人死伤,

---

[1] 即毛泽东和朱德总结的红军游击战术"十六字诀"。

二万人连同武器一齐被俘。[1] 共产党人对于他们的较小的地方游击部队与他们的正规军是分得极清楚的。虽然正规军在必要时可以化为小组。这些小组是灵活的；但纪律良好，并且可以很快的再集合在一起。这一种战略是专为了在人民全心全意支持部队的地域中的自卫战所制定的，对于侵略战是不适用的，对于其他与优势的外来敌人战斗的殖民地民族是有益的参考。

长征的残酷的考验使毛泽东升到领导地位。"没有他的领导，长征的完成会成为不可能的"，共产党人今天都这样说。但只是到了十年以后，一九四五年四月，在第七次中共全国代表大会上，在八年抗日战争后，毛泽东才正式被选为主席[2]。中国共产党，那时在他的领导下，已发展到拥有一百二十万党员。在所有他们那敌后各辽远的组织中，进行了两年的对党史的讨论。其成果在七大中具体表现出来，他们称七大是"团结与胜利的全国代表大会"。陆定一说："当时存在着一种极大收获之感。即分散在许多战线上的道路，达到一个共同的估计。"

讨论了两年之后是在七大会上，毛泽东才终于被选为主席，虽然他在十年前就早已被认为领袖了。是在七大会上，许多过去领袖们的政策，才这么彻底的被检讨——对他们使中共遭受的损失，加以长时间的讨论。如果毛氏不参预来救他们，他们恐会受到惩罚，从中央委员会或从中国共产党中被淘汰出去。他说："那些犯过错误的同志们，不管是多么严重，如果他们真心诚意的承认了错误，分析了他们的错误，并得到经验，比较没有受过考验的人仍是较好的领导者。"

三　毛泽东的六大著作

因为毛泽东领导的发展，中国共产党人不认为他们犯了任何严重

---

[1] 即鲁南战役。
[2] 此说不确。毛泽东于 1943 年 3 月任中央政治局主席，1945 年 6 月中央七届一中全会当选为中央委员会主席。

的错误。陆定一在谈到从西安事变直到抗战完了的时期时说:"我们有好的领导和好的政策。"

"你们对在西安释放蒋介石觉得后悔么?"这是有人常向共产党人提出的问题。因为蒋介石现在正向他们进攻。在有名的西安事变中,一九三六年十二月十二日,蒋氏及其僚属被他自己的两个军的军官强行拘禁,经过了好一番商谈,才被释放,在商谈中,周恩来代表中共,力主应释放蒋氏。那时,有些共产党人反对这个政策;其中值得注意的如张国焘,他后来变成蒋氏的特务。在毛泽东领导之下的所有现在的中共领袖们曾力主释放蒋氏,而且现在还觉得他们那时是正确的。

陆定一解释说:"那曾是团结中国抗日的唯一的道路了。"

中国共产党人,在他们与他协议在敌后抗日中,猜透蒋氏把农民组成游击队进行抵抗的企图。蒋氏给他们这项任务,希望他们被消灭;不论怎样,那是国民党军队所不能做的工作,当日人愈来愈深入内地时,共产党人愈加得到更多的地区组织中国人民,抵抗侵略者。这是今日他们广大地区的基础。

毛泽东在一九三八年七月《论持久战》一书,是他第一本影响党外思想的著作。它是对军事及政治的高深的分析,是中国在抗战中所出版同类的书中最重要的著作。其思想后来流行在中美军事专家们之间。这本书曾被日本在华高级指挥部所研究。刘少奇告诉我说,"由虏获的文件中知道日本人在阅读后,认为毛泽东是远东最伟大的战略家"。

在写这本书的时候,中国大多数的人对最后胜利正感绝望。有少数的人谈速胜,进行孤注一掷,大规模的反攻;如果失败,则中国将亡。蒋氏的意见是模糊不清的。有时他谈论迅速的反攻;有时,他又明显地等待着美、英、苏参入战争。毛泽东宣称中国人民,如果充分地团结起来,能把侵略者赶出去。他说,战争将成三个阶段:一、日人侵入,在这时期中国正规军将后退,但在敌后将进行游击战。二、长时期的"相持"阶段,其久暂及残酷性视中国力量的团结程度及国际情况而定,但在此期间中国的抵抗终将削弱日人。三、胜利的反攻。这本书如此精确地列出了战争在实际上所进行的道路,现在再谈起来却不像预言而像历史。

一九三八年十月所出的《论新阶段》[1]继续"持久战"的分析,特别讲到关于"相持阶段"的开始。其主要目的为向国民党提供详细意见共同合作抗日。该书曾建议三种形式的合作:共产党人可以加入国民党;如果不允许的话,可成立联合委员会;这个不可能时,时常举行会议讨论紧急事项。国民党对这些建议置若罔闻。后来重庆愈来愈变得反动,竟通过了反异党及人民组织的办法。

一九三九年在中国,悲观失望一天一天地在增长。国民党困居重庆,一点也不抗日,日本把蒋氏撇在内地,而集中扫荡华北及沿海各地。国民党日益无着;国民党有人与敌勾通。那时候中国真是一个没有希望的国家么?

在这种情况下,毛泽东于一九四〇年写其《新民主主义论》。它曾是一声号角。他说中国并不是没有希望。中国人民有极大的后备力量。纵使国民党变为反动,变为汉奸,中国人民在抗战中和革命中将能获胜。该书随即分析胜利之路,早日胜利的方法;提出最能领导人民到达胜利及战后繁荣的政府的形式。不是国民党独裁,不是共产党人的社会主义政府,不是发展了的资本主义国家的民主的旧形式,而是一个"新民主主义",一个所有革命各阶级的联合政府。

"新民主主义"是基于中国革命的性质及其在"世界革命"现阶段之地位的分析,该"世界革命"在苏联已达到社会主义的阶段。中国没有实行社会主义的条件;她的革命是民主革命,这种革命从前在欧洲诸国,是被建设资本主义的资产阶级所领导的。民主革命也必须在中国建设资本主义,但是,因为世界是在一个新的阶段,因为中国是一个半殖民地的国家,这种资本主义将不是资本主义老的形式,受资产阶级的统治,而是一个"新的资本主义",服从于人民绝大多数

---

[1]《毛泽东选集》第 2 卷摘录其中部分内容,改名为《中国共产党在民族战争中的地位》。

的利益。这民主主义既不是旧的形式，受资本家的控制——也不是一个建设社会主义的工人阶级专政，像苏联那样。它将是一个"新的民主主义"为"所有的革命各阶级"——工人、农民、小资产阶级及中产阶级，并且甚至那些反对封建主义的资本家所联合管理。

"新民主主义"在中国革命思想中，划出了一个转折点，并且影响了世界革命思想。对于中共党人，它曾成为自一九四〇年至今的所有一切的后来政策的基础。各解放区的政府形式是以它为基础的，包括著名的"三三制"，在这种制度之下，中共党人甚至在他们很容易控制的地区中，限制自己只占政府内职位的三分之一。经过五个年头的考验后，"新民主主义"的理论，在一九四五年四月毛氏向七大的报告《论联合政府》的著作中得到了新的发展，这本书可视作《新民主主义论》应用到后一时期的续编。

到了这个时候毛泽东觉得可以有把握地说："在整个的无产阶级民主革命的时期中——在一个数十年的时期中——我们新民主主义的一般的纲领将不变。"马克思主义的中国形式是建立起来了；有它的理论基础，它的实际的经验，它的对未来若干年的纲领。

《新民主主义论》在莫斯科也出版了俄英文版。苏联的评论家们认为它是一本新的"马克思主义的经典"，不仅适用于中国，亦可适用于相似的半封建半殖民地的国家。从这赞赏看来，很可能毛泽东的《新民主主义论》的理论影响了战后欧洲所出现的各种政府形式。

《新民主主义论》出版后五年中，世界起了极大的变化。战争的发展，卷入了苏联，后来又卷入美国。美国加入对日战争并没有减轻中共党人的困难，它并未迫使日本从华北调走任何军队。同时蒋介石得到美国武器，对中国共产党人变得更利害。一九四一到一九四二，在美国加入战争后，对共产党人说起来是他们最困难的时期，在此时期中，延安边区本身北面受日人攻击，南面遭遇蒋介石的攻打。

毛泽东的思想，在这时期中，发明了许多新的东西：在他的领导下，中国共产党人学会了"更彻底的分散"，以便深入到敌人最安全的地区。他们想出了一个农民民兵的广泛组织，没有薪饷，用极原始的武器作战,但和共产党人的正规军合作,以达有效的胜利。"生产运动"兴起,尽可能使部队与政府自给。"变工队"提倡起来,以增加田地的生产。

在这时期毛泽东所写的两本书出版了,《经济问题与财政问题》[1]指出使延安边区渡过封锁与战争的政策;还有一本书通常叫作《改造思想意识》,但叫作《矫正三种作风》(按即《整顿三风》[2])也许更恰当些;它讨论学习方法,党的工作方法和写作方法。这是党内运动的一部分,以去除教条、学院气、狭窄的习气而根据具体和实际知识来决定政策和方法。

从第二本书摘引几段,可看出毛氏的用意及其文章的风格:

"马克思主义,列宁主义,没有什么好看,也没有什么神秘;它只是很有用。似乎有许多人,把它看作灵丹圣药,得了它就可以容易地医治百病。那些把马列主义当作教条的人,就是这种人。我们应该告诉他们的教条比牛粪还无用。因为粪可肥田而教条却不能。同志们,你们会知道我这样说的目的是使教条主义者们大吃一惊,苏醒过来……

"那么,那些从社会实际活动完全脱离的学校毕业生们是什么状况呢?这么一个人,是被认为是有知识的人。但是第一、他不会耕田,第二、不会在工厂里做工,第三、不会打仗,第四、不会办公……他所有的是从书本上得来的知识。这样一个人,可说是一个完全的知识份子么?我想不会的。至多算得一个半知识份子……

"书是没有腿的;可以随便把它打开或关起。读书这是世界上最容易的事。比煮饭或杀猪容易得多,因为当你要捉猪,猪会跑,当你杀它的时候,它将叫,然而桌子上的书既不能跑又不能叫,会任你摆布……多么容易的事啊!所以我希望那些只有书本知识而没有实际经验的人们,要了解他们自己的缺点,并且更谦虚点……[3]

---

[1] 这篇著作全文发表于解放区出版的《毛泽东选集》中,建国后出版的《毛泽东选集》第3卷节选了其中部分内容,改名为《抗日时期的经济问题与财政问题》。
[2] 《毛泽东选集》第3卷中名为《整顿党的作风》。
[3] 《毛泽东选集》第3卷《整顿党的作风》中删去了上面三段话。

"另一方面，从事实际工作的同志，如果误用他们的经验，也是有害的。他们的丰富的经验是很宝贵的，但倘若以它为满足，是非常危险的，他们须知，他们的经验是属于感性方面的，他们缺少理性的或一般化的知识……他们的知识没有理论的基础，所以是不完全的……

"这样看来，有两种不完全的知识，只有二者互相结合才会产出比较完全的知识。"

请看论批评的一段：

"有两个原则我们应记住。一个是'惩前毖后'。另一个是'治病救人'。我们应该揭发过去所犯的错误，科学地分析与批评，并且不偏护朋友，以便在将来每人都将更谨慎，可把工作做得更好些……但是去揭发与批评，正如医生治病一样，目的在治好病而不在去杀死人……企图一下子把他治好，或全身乱打是不能解决问题的。"[1]

或这段，见《论联合政府》中论自我批评：

"一间房子是应该经常打扫的，否则就会积满灰尘。我们的脸是应该经常洗的，否则就会污脏。同样，我们同志的思想，党的工作，也必须经常地打扫。流水不腐，户枢不蠹，是说由于不停的运动，微生物，虫子是被分散了。"[2]

这些例子足够指出那清明、严峻而流利的文体，如何接近中国农民和表达了毛泽东的思想。这种体裁是普通人民所能了解的，就是这种体裁，使得中国共产党即在决定生死的战争中尚且认为值得为它进行三年的运动。

四　毛泽东科学的预见

第二次大战结束后，毛泽东曾对于战后世界形势发展了他的主题。这些观点尚未以书的形式出现，但曾在几次谈话中表示出来，其

---

[1]《整顿党的作风》中以上两段话作了修订。
[2]《毛泽东选集》第 3 卷第 1096 页这段文字作了修订。

中两次是在去年八月,以及出现于由中共宣传部长陆定一所作的关于《战后国际关系》的正式文件中。

毛泽东针对着一个传得很广的意见说话,这个意见认为,苏联与英美集团之间的矛盾正在引向战争。他去年夏天对我说,"这个观点,仅是美国反动派施放的烟幕,来掩盖更加紧迫的矛盾的。这些更加紧迫的矛盾,就是美国帝国主义者与美国人民之间,以及美国帝国主义者与其余的资本主义世界之间的矛盾。"他略为详细分析了这些冲突之后,说:"不久之后,英国人民就会开始问自己,'谁在压迫我们?是苏联还是美国?'"那时以后,英国重要集团的思想已经确定地向毛所预见的方向转变了。

这些观点,在中共为一九四七年新年而发布的关于国际形势的正式分析中,是更加发展了。这个分析说,全世界的民主势力,由于反法西斯的世界战争的胜利,是在迅速而巨大的发展中。这个民主势力是在世界规模上被反民主势力所进攻,世界反民主势力中"中心保垒"是美国的帝国主义者。在其他资本主义、殖民地与半殖民地国家中,反动派"成为卖国贼",把各国人民的利益出卖给美国帝国主义……蒋介石则是一个标本。因此,民主势力为民主权利与较好生活而进行的斗争,变成了也是反对美国帝国主义以争取他们各民族的独立的斗争。

因此,一个世界规模的民主力量的统一战线就会起来,反对美国帝国主义。这个统一战线中有美国的民主人民,其他资本主义国家的人民,与殖民地国家的人民。它包括一切阶级,"工人、农民和资产阶级中的爱国份子与和平份子"(用不着指出,这与传统的马克思主义相距何等远)。它的长成,表现于东欧的新民主主义政权,英法的左倾,德意日人民的左的潮流,以中国为首的殖民地半殖民地国家中人民斗争的生长,拉丁美洲民主力量的发展,美国的罢工运动与"华莱士事件"。比起资本主义世界与苏联之间的任何冲突来,这些才是世界上紧迫的斗争。苏联是"世界民主力量"的"主要支柱",但并不直接参加这些紧迫的斗争。

这一新的情况,被看作"世界历史新的一页"从二次世界大战末起"到世界巩固与持久的和平得到保障"为止。因为反动势力"外强中干",如毛去夏告我的"纸老虎"。斗争将是长期与艰苦的,但世界民主力量的胜利是一定的。

有了这样一个世界观在心里,人仍必须读一读毛的新年祝词,发表于一九四七年元旦,正当延安边区被侵入,正当蒋介石侵占了一百余城和一七九〇〇〇平方公里的解放区,当中国以外的世界担心着一个可能的第三次大战的时候。

"在一九四六年,战后全世界的光明的力量与黑暗的力量进行了胜利的斗争。战后中国的光明的力量也进行了胜利的斗争。战后的世界和中国都发展了争取和平与争取民主自由的规模极大的人民运动。这些运动必然走向胜利。这些运动是任何力量阻止不住的。反动派不断地计划阻止这些运动。全世界和全中国人民的任务在于团结他们的力量,在一九四七年包括中国在内的世界一切国家的人民,反对美国侵略政策的世界统一战线,必然会迅速地发展。而中国人民争取民主自由的运动,则将会得到比一九四六年更重要的胜利。其结果,将使中国的情况发生变化,有利于和平的恢复与国家的独立。……

"中国人民的这个统一的意志将肯定地压倒任何反动集团的意志,从而使各党派间恢复诚意的和平谈判并使全国范围内真正的和平路线成为可能。现在国民党当局还没有表示任何起码的和平意图……但是在不久的将来,自由的阳光一定要照遍祖国大地。独立、和平、民主的新中国一定会在今后数年内奠定稳固的基础。"[1]

这些话许多人听起来,似乎是不可思议的乐观。把这些话放起来吧。毛泽东的预言迄今总是正确的。

---

[1]《毛泽东文集》第4卷(人民出版社1996年版)第210—211页,与以上两段文字略有不同。

向毛泽东学习

庄淡如 编

（上海）新生书局

1949

序

旧中国在反动派的统治之下被蹂躏了二十多年，人民被压得透不转气来，没有真正的和平，没有真正的民主。但是，旧中国是怎么样的一个时代呢？就是极少数的阶级压迫极大多数人民的时代。

现在，旧中国已获得解放，历史正在走上了一条分界线。在新时代（人民大翻身）的新人（翻了身的人民）的统治之下，将会有人民的和平，人民的民主。

社会进步了，一切新的作为和活动，都在追求进步，都得配合当前的急需。这不是有了解放这个名儿喊喊就算了事，这必须认真实践，加紧学习。

学习原本是没有止境的。学习些什么呢？大家要为人民服务而学习，要为人民解放事业和新民主主义建设而学习，要为跟着共产党走而学习。因为共产党是创造新中国的一道主流中的主力，因为中国共产党要让人民生活得好，要把中国成为独立自主繁荣康乐的国家。

毛泽东，这位没有匹敌的人民领袖，新中国的创造者，他是怎么样的一位人物呢？许是大家都想急于知道的。确然地，他为全中国人民的解放事业，艰苦卓绝的奋斗了二十多年，誓死不渝地为着建立民主政权跟建设新民主主义的新中国而努力。所以说，只有他，才是我们中国的人民救星！

于是，我们出版这个集子（虽这小小的一本）的动机，除了让读者们熟悉我们这位人民领袖的思想向他致着无限的敬意之外，主要地还是想使大家跟着这位人民领袖学习，因为已经翻了身的全新的人民，在人生观，世界观，思想方法，处事条理，工作态度，工作技能，种种方面，都跟以往有本质上的不同，这就是我们印行本书的目的。

庄淡如

第一章 少年时期

一 人民的领袖

三十七年之前,在长沙的湖南省立图书馆里,有一个年才十九岁的农家子弟,刚从乡间来到这儿,意外地,给他发现了一张世界地图,这在他简朴的生活中还是第一次见到。他站在它的前面,仰着头仔细地瞧着,他以无限的兴趣详密地研究着。据他事后告诉人家说,在当时候的他,确实是觉得非常讶异的。但是,到了今年的年初,这位农家子弟却用一支蘸满了鲜血的铁笔在重新订正着那张地图。毛泽东正把中国的广大幅页归划到新民主主义的领域中。

对于欧美的资本主义集团,这是一个惊人的打击,然而也就是解放西方人民的前奏。对于共产党,这是苏联十月革命之后最伟大的胜利。对于大多数的中国人民,这正是和平的象征——但是,这仅仅是停止大规模的战争而已。同时也可以说是象征中国人民所熟悉的一种寻常战争——这是极权的统治阶级驱使人民战争的结束时期到了。

对于毛泽东,这位来自乡间的农家子弟,当然是觉得无上的光荣。不久的将来,他就是地大物博的中国的人民领袖了,他已统治了许多的都市和城镇,他已拥有几万万以上艰苦卓绝的,受尽艰难的人民,他们都在引吭高歌地传诵着共产党歌颂毛泽东的荣誉的歌谣:

  毛主席好比是东方的太阳,
  普照大地多明亮,多明亮。
  嗨嗳唷,嗨嗨嗨唷。
  没有毛主席,那里有和平?
  嗨嗳唷。

在中国的历史上,没有像毛泽东这样的伟大人物出现过,这决不是有意的恭维，而是事实的证明。可不是呢？翻开中国的历史来查究一下，历代以来无数次的人民在战争、水灾、饥馑中死亡的众多，以及他们无意义的丧生现象，实在太使人惊讶了。这么地说法要是还嫌不够透彻的话，不妨看一看在苏维埃革命以前的最大的一次农民斗争——一八五〇年的太平天国的革命，结果还是一无成就，白白地牺牲了一大批人命。在这次革命中，死了二千万至四千万人，不过，这只是一个概要的计算，因为实数没有人知道，而且也没有人作过死亡数目的统计。

在中国的历史上，很多诸如此类的内战，不过，每次都是除了暂时解决了人口问题以外，什么成就都没有。并且这些内战，也不是由于为主义而死这一动机而起，而仍是起于保持生命——这些正像是每个人在逼急瞬间为保全生命而起的冲突。

但是，这一切中国古老的颓废的景象，自从一九一一年开始而至今共产党革命完成以来，已经逐渐地改变了。但是，真正的革命的火花，直到列宁的农工专政的理想——由俄国革命产生的血红的烙印——带到中国以后，才大放光明。假使说一个最反动的国家，才能决定地发生最具革命性的革命，这似乎只有用辩证法来说才是合于逻辑的——立刻，一个激烈的苏维埃运动，平地就兴起了。

当在一九二一年共产党初成立时，中国只有七个党员[1]，直到一九二七年，中国共产党就支配着全国的无产阶级——组织了世界劳动运动史上，发展最速的劳工运动。此后呢？到了一九二七年，来了一个反动，可是共产党却在农民中间把革命力量组织起来，这是中国从未梦想到的。

这是非常显然的事实，能够荣膺这个功绩的承受人，他，就是毛泽东。

自从一九一七年以后，毛泽东就开始革命工作，在长沙创办"新民学社"[2]。一九一八年，在北京大学充当李大钊的图书馆助理员，一

---

[1] 此说不确，当时全国已有五十多个党员。
[2] 应为"新民学会"。

面还在该校做旁听生；另一方面还主编过好几个学生机关杂志，并且还组织了各种的革命团体。一九二一年的五月间，同着李大钊、陈独秀到上海组织中国共产党；一九二四年任共产党中央委员[1]，上海国民党执行委员会委员。一九二五年，到广东主编国民党机关杂志《政治周报》，兼任国民党宣传部长。后来，到湖南做组织农民的工作，任全国农民协会主席[2]；一九二七年，成为共产党领袖，代替陈独秀[3]，九月间领导湖南秋收暴动，开始红军运动；一九二七年，任工农红军第一军第一师前方党委主席[4]；一九二八年，任红军第四军政治委员[5]。一九二九年，任第一军团政治委员，该军团共一万人；一九三〇年，任红军第一方面军政治委员；一九三一年，被选为江西中央苏维埃政府主席，此后连任该职，直到一九三七年，废除了苏维埃政制之后，便在陕北延安任政治局委员兼八路军军事委员会主席[6]。现在是中国共产党的主席。

确然地，无论从客观或者主观方面讲，无疑地，毛泽东是今日中国共产党的唯一领导者了，他的取得中共的领导权是经过无数的奋斗过来的，他打击了他的敌对份子，他是吃尽千辛万苦而获得了今天党内的领导地位的。

如今，毛泽东不特是中国共产党的领导者，也就是中国的人民领袖。

二　农家子弟

毛泽东生于一八九三年，血脉之地是湖南省湘潭县的韶山，现年恰正五十六岁。他在幼年时期的生活，过得非常平庸，正像一般的中国的农家子弟一样，终是吃的白米饭，受的私塾教育，和他父亲的无情的手杖的打击教导之下，长成了这位盖世无双的当代人物。

---

[1] 1923 年中共第三次代表大会上当选中央执行委员，应为前敌委员会书记。
[2] 1926 年 11 月任中共中央农民运动委员会书记。
[3] 不确。1927 年"八七"会议上被选为临时中央政治局候补委员。
[4] 应为前敌委员会书记。
[5] 应为党代表。
[6] 1936 年 12 月，任中央革命军事委员会主席。

毛泽东的父亲是务农的，他是一个自给自足的自耕农，名字叫作毛仁生[1]，但他在年轻的时候，还是一个贫农，就因为负债累累，被逼投入军队，当过很多年的丘八。后来回到家乡地做小本经营，克勤克俭地积蓄了一点钱，买回了他自己的田地。

从此之后，他家已由贫农升到置有十五亩田地的中农了，在这些田上，每年可以收到六十担谷。那时候的毛泽东，还只有十岁，家里一共有五个人，祖父、父亲、母亲、弟弟和他自己。（但当祖父去世之后，却又增加了一个小的弟弟。）他们五个人每年的吃用，平均每人需要七担谷，共计三十五担，到年终结算起来，还可以剩余二十五担。就靠了这点的剩余，他父亲又积蓄了一点钱，到后来又买了七亩田，每年便有八十四担谷可以收割了，于是便又由中农升到富农了。

毛仁生自从成了中农之后，就开始经营做籴粜谷米的买卖，把在乡间收买来的谷米贩到城里去卖，这样就赚了很多的钱。所以，毛泽东在八岁时候，刚刚开始到一个私塾里去读书，但是，那位冬哄的老先生，实在太不懂得教育原理，而且顽固不堪，整天地把小学生当作猫狗也似的吆喝着。毛泽东因为受不惯这种无理的打骂教育，曾经逃过学，然而跑回来便挨打——受到父亲和老师的双重责打。不过，有一次，毛泽东竟以忍无可忍地逃学了三天不回家，好不容易的被家中找到，领着回家之后，他那父亲一向暴戾的态度，也改善了许多，顽固派的老师也温和得多了，这就是毛泽东自己所说的"胜利的罢工"。

他的家境，慢慢儿地，变得小康之家了，便雇了一个长工。所以，毛泽东的出身，并不像日后拥戴他，追随他的青年们那般一贫如洗，大都为衣食，为信仰所驱使而奔波的无产阶级，因为他在少年时代的生活，确实是相当的富裕，从来不知道饥饿的涩苦滋味。但是，他也不曾享受过富足的生活，这就是说，他父亲对待长工们，每个月终有一次机会请他们吃鸡蛋加顶好的上白米饭，只是永远没有肉的。

---

[1] 应为毛顺生。

向毛泽东学习

至于毛泽东，什么都没有他的份，怪不得他要愤愤地抗议着道：

"对待我，他不但没有肉给我吃，连鸡蛋都不准上嘴呢！"

毛泽东自小就受到暴政的压迫，环境造成他领导阶级斗争的革命者。在他小时候，家庭中完全笼罩着封建气氛，好像是一个极权国家的缩影，他父亲是统治阶级执政党的"独裁者"，毛泽东，他的两个弟弟，他的母亲，以及长工们是被统治下的老百姓，也可以说是在野党的联合统一阵线，但是，在这个团结之中，政见也颇难一致，毛泽东曾以政治的口吻追述过他家庭中的状况说：

"我母亲在未出阁时候的名字是文其美[1]，她是和祥仁慈的好心肠妇人，只是不能脱掉中国一般的旧式女子的三从四德的封建观念。她谴责我不该公然违抗父命，她不主张采取公开反对的态度，她不赞成任何的情感的表现，能对付那个执政的党，只允许运用'间接打击'的策略。她说，对统治力量的公开反叛，终究是不成体统的，何况我们中国人是要顺从父母的话的！"

他母亲是个和善的女人，宽宏大量，富于情感，而且永远愿意把她所有的分给别人。在饥荒的时候，她可怜穷人们，常给他们米。但是，他父亲是反对慈善的，他不肯像她一般的慷慨解囊的乐善好施，他是吝啬的；所以当他父亲在边旁的时候，他母亲就不能这样做了。为了这一类的事情，在他家中，不知有过多少次的争论哩。

毛泽东当然不满意他母亲的一贯作风，他自有他自己的斗争技巧。当他在十三岁那年，他发现可以利用经书上的话，尤其是他父亲常常引经典的话，作为跟他父亲辩护的有力措词。他父亲终是责备他太懒惰，而且忤逆不孝。毛泽东反驳着说：

"父慈则子孝。至于骂我懒惰，这是父亲自己不懂得逻辑的缘故，因为父亲的年纪比我大过三倍以上，当然应该多做些工作，何况这些都是经书上的至理名言。"

毛泽东不但富于辩护的天才，并且很有自信心，他说他到了他父

---

[1] 应为文七妹。

亲的同样年纪的时候，一定会比他更有力气。

果然灵验得很，从此之后，他父亲对他的责骂，便慢慢儿地停止下来了，证明他的这种斗争方法获得了胜利。

正当那辩证法的斗争不断地在他家中扩展开来的期间，有一件使他永远不能消灭的事，给了他一个深刻的教训。

事情发生在他十三岁那年的一个晚上：

他父亲请了许多客人到家里来，正当谈得起劲的时候，老毛在众人面前说他懒而无用。因此，父子俩就争论起来了：爸爸说，养不教，父之过；儿子说，不该丢他的脸，于是激怒着便立刻奔出大门。

母亲追赶在后面喊着，竭力劝他回来，只是奔不快，不得要领。

父亲紧紧追上，和善地规劝着，但也严厉地责骂着，所谓刚柔并用。

最后，跑到一个河边，儿子恫吓父亲说：

"爸爸！假如你再过来，我就投河。"

在这样双方僵持的局面之下，为了谈判停止"斗争"的条件，要求和反要求都提了出来：父亲的条件是要儿子磕头赔罪，作为求饶的表示；儿子的条件是认错并无不可，只是须要保证，要是以后不再打了，可以跪一条腿，磕一个头。结果，两方面都同意了对方的提议，就此宣告"和平"协定成立。

事后，毛泽东对人说：

"从这件事中，我知道了，当我用公开反抗来保护我的权利的时候，我父亲就会和善起来的，但当我保持温善服从，甚至一直驯顺屈服的时候，他反而会打得凶，骂得厉害。"

毛泽东牢记着这一次的教训，不但没有忘记，而且在他日后奋斗的成功途径上，随时运用，他了解一个人的理智，应该支配环境，不应该被环境支配，在应该温善服从的时候，就当像绵羊似的驯服，在不应该伏着待擒的时候，就当像猛狮般的怒吼。但他自己却从不为驯服所感动。中国的新领袖不是一个肯妥协的人——永远——决不会对着敌手跪一条腿磕头的。

三　撒播革命种籽

在被压榨底环境之下，促成毛泽东开始逐渐地孕育了社会思想。有一次，韶山闹着粮荒，可怜的穷人们都在饥饿线上挣扎着，请求富贵者救济，他们发动了所谓"吃大户"运动。这，对于毛泽东，觉得很合理，在他小小的心田中，撒下了同情贫民大众的种子，但是，他的父亲及其他的中富农人们，都不赞成难民的捣乱举动，尤其是他的父亲，是个米商，虽然粮食缺乏，可是他仍旧从乡下贩运大批的谷米到城里去买。饱暖者们底意思要他们到城市里去吃大户，不应该在本乡地骚扰。

就在这时候，毛泽东亦开始读到了欧美瓜分中国的小册子，宣扬文明的书籍。他开始自修，悉心地研究着有关中国问题的印刷物，也许是他自修的兴趣特别浓厚，对于学校里的功课憎恨异常，于是常常逃学。校长责备他不应该荒废学业，但是他说：

"我从没有荒废学业，我恰正是在加紧用功着，我喜欢自修，因为学校里的课程太不切合实用了，所以我不想呆坐着读死书。不过，我并不是不可以上课的，只是有一个条件，那就是，假如我有问题发问，如其先生回答不出来，那你是不是马上就辞歇他呢？"

校长被他塞得哑口无言，于是从此之后，便不再去强迫他了。

当粮荒正闹得凶险的时候，毛泽东在学校的外边看见许多豆商都从长沙回来，行色仓惶地好像出了偌大的岔子也似的，他觉得太奇怪，上前去问他们，告诉他说：

"严重的粮荒越闹越可怕了，在长沙亦有成千累万的人们没有吃的。饥饿的人们派了一个代表到抚台衙门里去请愿，要求救济。但是，那抚台不特不同情他们，反而很高傲地咆哮着对他们道：'为什么你们没有吃的？城里的人却永远是很丰富。而且我也总是有足够的吃的。'当人民听到了抚台这样不关痛痒的答覆之后，觉得非常的愤怒，于是当即便举行一个民众大会，并且游行示威。他们攻打满洲衙门，砍断了旗杆，驱走了抚台。"

"跟随着这件事而来的,是内务部的特派大员,一位姓张的骑马出来,告诉人民,说政府会要设法帮助他们,很明显的,那姓张的对于他的诺言,的确是很有诚意的,只是皇帝不赞成他的意思,责备他,说他和'乱党'有密切关系。他被革职了,来了一个新抚台马上发令逮捕事变的领袖们,许多的人被砍了头,都挂在旗杆上示众,作为对将来'谋反者'的一种警告,期收杀一儆百之效。"

"我们因为恐怖极了,所以不得不逃回家来。"

毛泽东把这件事告诉了他的同学们,他们在学校里讨论了好多天,使他发生了一个深刻的印象。同学们对于"谋反者"虽然都很表示同情,但是,都是从一个观察者的观点来看的。他们不能深切地了解,这是对于他们自己的生活有着密切关系的。他们的所以感到莫大的兴趣讨论着这件事,只是因为这是一件惊人的事变,完全出于好奇心理。但是,毛泽东的见解却不然,他觉得"谋反者"们都是些像自己家庭中的一样的自己人,于是痛恨当局处置这件事的暴政。

于是在这个时期中,毛泽东开始有了一些政治意识,这就影响到他整个生活的转变,也便奠定他日后为解放中国人民而努力的伟业的基石。

毛泽东的父亲希望他在镇上学生意,做个米商,以便将来可以继承父业,但是,他坚决地拒绝了。被逼得没有办法,他只得径自离开家庭,到一百二十里路开外的长沙去读书,他希望在那里获得更多的知识,能把许多横梗在脑海中的久久不能解答的问题找到答案。

在毛泽东青年时代的中国是古旧的,刚正学到西洋文化的洗礼,好像一个久埋在土中的木乃伊刚被掘出来,初次吸收到新鲜空气。中国想在短短的数十年中消化掉西洋五百年的文明精华。二十世纪初叶的古老中国,还没有完善的铁路交通网,然而已有了杀人无算的轰炸机;还没有许许多多足够应用的电话机,却已有了会说会唱的无线电。大多数的中国人还没有识字之前,却已会高喊着共产党的口号了。中古时期发现地球自转的伽利略,和最近发现相对论的爱因斯坦;十七世纪的思想家杰佛逊,和十九世纪的社会主义鼻祖马克思,都一同被介绍到中国来。青年们都一味地想把握住自己的未来，但是，什么样的未来呢，连他们自己都不知道。

毛泽东也是这一群中间的一个，他也求知心切，追求着自己的未来。

四　划时代底转变

毛泽东离开了家庭，从韶山步行到长沙，由人介绍进了湘乡人设立的中学。在那儿，他第一次看到于右任主编的《民立报》，这是国民党办的。他看到反对满清的七十二烈士的殉难新闻，使他深深地感动了，因此，他也就写了一篇文章，贴在学校的墙壁上，颇得同学们的好评。在论文中，他主张把孙中山先生召回来当总统，康有为当国务总理，梁启超当外交部长，但在这时候的他，实际上还不知道，孙中山先生与康梁之间有些什么关系。

但是，在这个学校里，毛泽东仅仅念了一学期的书就离开了，他和几个同学到了汉口，参加了革命军，当了半年士兵。后来又觉得自己的学问不够，需要吸收更多的知识，于是又回到湖南，翻阅报上新开学校的广告。那时候新开的学校很多，犹如雨后春笋，而且五花八门，各式俱全，都用报纸做宣传，吸引新生。毛泽东看了广告，到处乱闯着，想进警官学校，觉得不合性便放弃了，又想入制造肥皂的工业专门学校，认为太偏狭了又作罢论；又看到一个法政学校的广告，就立刻想做京官，后来终于为一个商业学校的广告吸引着，准备将来决定去做一个经济学家，因为英文程度不够，所以只好不去投考。最后引起他注意的还是省立第一中学。

后来家中不供给他的学费了，于是他又注意报纸上的广告，这次是湖南省立师范学校的一则动人广告引起了他的兴奋，因为那里不收学费，连膳宿费用也很低廉，这是最适宜于他的经济条件了。

毛泽东决定进师范学校，希望将来毕业之后当个教员。他有二个朋友，也鼓励他去投考。他俩都需要他的帮助，代做入学考试的作文。因此，他们三人便结伴同去报名，结果，三个人都被录取了——但在实际上，是他一个人被考取了三次。

他除了上课之外，加紧自我教育，尽量地搜集优良的课外读物，努力自修，因此，在这期间，毛泽东读了很多的西洋的理论和文艺作品，比如亚当斯密的《原富》呀，达尔文的《人类的起源》呀，约翰密尔的《论理学》呀；读过卢梭的著作，也看过史宾塞的《逻辑学》和孟德斯鸠写的法律书等等。严格地讲来，那时候的毛泽东的求知欲确实是坚强的，只是看了很多的书，不能完全消化掉，他虽然很有兴趣的研究着多方面的学识，但是，他把诗、小说、古希腊的故事，以及俄、美、英、法以及其他国家的历史和地理都乱混在一起，狼吞虎咽地咀嚼一阵而已。

在当时候，他自己说：

"我是一个理想主义者。"

他因为感觉到想要获得更多的新知识，必须结交些青年们来共同切磋，于是便在报上登了一则广告，征求志同道合的伴侣。一共有四个人的回音。共中三个后来都变了"反动份子"。还有一个是瘦削的少年，他就是李立三（他听了毛泽东所说的一切的话，当即就走开了），可是到了后来，他竟成为和毛泽东争取中共领袖的劲敌。

到了一九一〇年，中国的革命狂澜正达最高潮，人民都群起响应推翻满清帝制，普遍地策动剪除发辫运动，以示决心铲除封建束缚。毛泽东也把他的辫子剪掉了，并且还宣传着。其他的同学们当初都答应他，跟随他的之后，决意也把辫子剪去，可是到了后来，他们都反对了。毛泽东于是就用集体仪式解决了这件事——或者可以叫做列宁的"民主集权"方式。毛泽东声嘶力竭地叫喊着：

"谁是我的朋友，谁就该来帮助我替同学们剪除发辫，只要有一个朋友的合作就够了，迅速地就可以办完了这件事。"

他是在一九一四年进湖南省立师范学校的，毕业于一九一八年，整整地读了五年书。之后，毛泽东就和几个同学去到北京，因为人地生疏，没有职业，几乎流落在异乡，幸而由北大教授杨昌济介绍到北大图书馆去当助理员，解决了危难的生活问题。

北大图书馆的馆长是李大钊。

毛泽东因为工作上的接触，于是就在这时候认识了邵飘萍[1]、张国焘、陈独秀等等。后来，受了陈独秀的委任，就重返湖南组织湖南改造联盟，因之，毛泽东便成了中国共产党的农工组织者，开始领导阶级斗争。

由于环境的变迁，毛泽东就在上海暗中与陈独秀活动，使中国共产党的组织推行到全国。以后由于思想上的关系，与陈独秀闹成了分局，那是因为宁汉分裂时，陈独秀抱着右倾的机会主义，但为毛泽东所激烈反对，所以他就索性跑上农民组织的路线，任了农民协会的会长。

毛泽东自从眼看到了宁汉分裂的历史教训之后，他认为中国的共产党非武装农民不能争取政权，因此，在日后的工作上，他就专心致力于党军的组织。后来，中国共产党的军队虽然组织成功了，但是，终于敌不过国民党军队的压力，于是他便率领部队到了井岗山。

在井岗山上，毛泽东决心要在这儿作为复兴中国共产党基地而努力，幸而不久，接着朱德也从遥远的地方把队伍汇合起来，于是他就领导着军队到了江西赣南的瑞金，将中共的首都建立在那里。

后来，因为受到国民党队部的五次围剿，不得不从江西突围出来，开始二万五千里的长征。完成这项壮举，确实不容易的，从起点到达终点，共计远征经过十二个省城，其间不知走尽了多少艰苦的路程，才始到达陕北。

第二章　革命时期

五　中国革命的性质

一九一七年，苏联的大革命震撼了中国，真是惊喜交集。这给

---

[1] 邵飘萍（1884—1926）当时任《京报》记者，并在北京大学讲授新闻学，后被奉系军阀杀害。

予毛泽东是一个简洁而又明白的答案，他感到新希望。愉快地，兴奋地跑来奔去，赶东赶西地忙碌着，做着各式各样的工作，一忽儿在长沙，一会儿到北平，一刹那又到了上海，加紧组织工人和学生。在北平，他服务于北大的图书馆里，当着一名助理员，在那时候，他是生平第一次感觉到自己是一个无产阶级者。

"我住在一间小小的屋子里，"他说，"并且是七个人合住一间，到了晚上，大家都紧紧地挤在一个炕上，连气都透不过来。当我需要翻身的时候，总是必须警告睡在我两旁的人们。

"我知道了，因为我的职司太低贱了。以至于人们都躲避我，大多数的人并且不把我当作人看待……"

（就在这时候，他遇见了新文化运动的领袖傅斯年、罗家伦等；又在北大新闻学会中碰见了另外的旁听生陈公博、谭平山、邵飘萍等。）

但是，毛泽东的阅读共产党方面的书籍，亦在那时候开始的，他读了三本促成他走上马克思主义途径的书本，第一本是《共产党宣言》，第二本是考茨基的《阶级斗争》，第三本是克尔柯朴的《社会主义史》。

一九二一年，他在上海参加了中国共产党的成立大会。主要的角色是陈独秀、李大钊。另外有周佛海、张国焘、包惠僧等十二人。在同年十月，各地的支部组织相继成立，毛泽东才出任共产党的湖南省委。上海的中央委员中，有陈独秀、张国焘、谭平山、陈公博、殷秀松、施存统、沈玄庐、李汉俊（民十六年在武汉被枪决）、李达等。湖北的党员，有项英、恽代英、董必武、许白昊、施泽等。北京有李大钊、邓中夏、罗章龙、刘仁静（后转变为托派）等。广州方面有林伯渠、彭湃（民十六年被枪决）等人。

在国外的，法国有周恩来、李立三、蔡和森、向警予（蔡和森的妻子）、罗迈[1]。德国有高语罕、朱德、张申府。莫斯科有瞿秋白。日本有周佛海。

---

[1] 即李维汉。

毛泽东富于责任心，作事认真，不肯偷懒，当他在工作的时候，连得讲一句笑话都不高兴，就是在空闲时，他也不愿意参与同志们所讲的关于女人或者反革命的聊天；虽然，他是这么的少年老成，但是，毕竟因为他是个男性，终究逃不了食色天性的定律，自己却被浸入于爱的漩涡中了。

他十四岁时，就在旧式风俗下，奉父母之命，媒妁之言，配了一个乡下姑娘，但是，他没有跟她同居过一天，便把这门亲事退掉了。

后来到长沙读书，在湖南师范中学结识了一位女同学杨开慧，她是他的老师杨昌济的女儿。

关于杨昌济，毛泽东曾经作过如下的追述：

"杨昌济先生，可以说是对我印象最深的一位教员了，他是一个从英国回来的留学生，他的生活，后来和我有了非常密切的关系。他是教伦理学的，是一个唯心主义者，一个有高尚道德性格的人。他很坚强地信仰他的伦理学，努力灌输一种做公正的、道德的、正义的而有益于社会的人的志愿，给他的学生们。在他的影响之下，我读了一本关于伦理的书。这本书是蔡元培翻译的。我读完之后，写了一篇论文，题目叫做《心智的能力》[1]。那时我是一个唯心主义者，而我的论文被杨昌济老师大大的称赞着。他给了我一百分。当然啦，他是从他的伦理观点来评阅的。"

因为杨昌济的称赞他，奖励他，于是使他便有机会认识了他的女儿开慧。后来，她考进了北大[2]，毛泽东也恰巧正在北大的图书馆里做事，因此，十分接近，何况她也是一个马克思主义的信徒，中国共产党中的一位有力的女党员，所以格外亲昵，就由友谊进入到恋爱。当他们两人同到上海的时候，已是恋爱成熟，遂宜告正式结婚。在当时候，朋友们都说他们是一对"理想中的伴侣"。她生了二个儿子，都是送到莫斯科念书的。只是她的结局很惨，一九三〇年，在湖南被反共健将何键俘获了而处死刑。同时被枪杀的，还有毛泽东的二个弟

---

[1] 应为《心之力》。
[2] 杨开慧未曾进北大读书，而是随其父客居北京。

媳妇，毛泽潭和毛泽洪的妻子[1]。

关于毛泽东和杨开慧结婚时候的费用，还是由李大钊资助的，因为那时候的他，确是太穷了。

当中国共产党和孙逸仙的国民党合作，扩充国民革命运动时期，毛泽东还在国共联合执行总部中工作。在这时期，他遇见了一个年青的国民党领袖，像他自己一样，是个来自乡间的农家子弟，只是自负异常，野心勃勃地想要掌握住中国的命运。他就是蒋介石。

关于中国革命的问题，毛泽东曾说明了两个复杂的特点，这，不是一个非马克思主义者所能懂得的。第一是中国共产党正在领袖着资产阶级的民主民族革命，资产阶级有时帮助革命，有时离弃革命。第二是中国共产党的大多数领袖都是小资产阶级份子，而它的群众运动大都是农民运动，但它始终是无产阶级的政党。

毛泽东对于这项问题，作过如下的分析：

要了解中国革命的性质，当然必须先要了解中国社会的性质。

中国社会的性质，那就是半封建半殖民地社会。中国的经济形式是多方面的。但是，封建的小商业经济却占主要地位，这种经济的主要基础就是农村经济。所谓小商业经济，就是自给自足经济，此种经济出现于资本主义经济以前，而同时又比自己生产自己消费的最落后经济进步些。

然而中国同时又踏进了资本主义经济的阶段。否认中国有资本主义的存在，是不正确的。但这种资本主义经济是由下面三个成份构成的：那就是个人资本，政府资本和帝国主义资本。这三种份子结合起来，形成中国经济的资本主义机构。

在中国，这种经济形式是新的经济形式，与中国封建经济相冲突的。她的力量在于大城市，交通，工业和矿业等。然而资本主义还没有在中国经济中取得支配的地位，因为在帝国主义的压迫之下，中国的个人资本和政府资本没有更进一步的可能。在许多生产部门内，帝

---

[1] 不确。毛泽东的堂妹毛泽建，1928年被敌人杀害。毛泽洪无其人。

国主义资本超过中国的资本。甚至铁路矿山一类国营事业的资本也来自帝国主义。由于这种关系，中国的关税也受了帝国主义者的限制。

从上面的分析中，可以知道中国的资本主义经济是受帝国主义者的操纵的。同样，封建经济形式的存在也是阻碍中国资本主义的发展的。

把中国经济作为整体来看，则占支配地位的是封建经济。从中国资本主义发展的观点看，则占主要地位的是殖民地经济。这种殖民地经济决定了中国跟帝国主义的政治关系和别种关系的性质，例如关税受其操纵等等。

根据上述的各方面，我们不得不说，中国社会是半封建半殖民地的社会。

明白了中国社会的特性，就可以懂得中国革命的性质，她是一种反帝反封建的资产阶级的民主民族革命。

毛泽东又说，中国革命的主力是无产阶级、农民和小资产阶级。无产阶级是中国革命的领导者。为什么资产阶级革命不由资产阶级领导而由无产阶级来领导呢？为什么中国革命跟过去历史上的资产阶级革命不同呢？因为中国陷于半殖民地的状态，因此，无产阶级的力量比资产阶级大些。同时中国无产阶级又受了国际革命势力的影响，自从"五四"运动以后，已经升到政治觉醒的地位，开始在中国政治舞台上扮演着一个重要角色。同时中国共产党也被建立起来了。

中国无产阶级力量和共产党力量联合起来，是最壮旺、最坚强的斗争力量，何况它还有一个革命的盟友——农民。

由于中国政治经济条件的特殊性，下述的可能性是存在的：当反帝反封建的资产阶级性的民主民族革命获得了相当成功后，当民主革命达到相当阶段后，这一革命会转化成社会主义革命。我们共产党人相信这种可能性是存在着的。

革命的第一阶段是由无产阶级、农民和小资产阶级所领导的资产阶级性的民主革命。在它转化的过程中，它将通过工农的民主政体。

六　阶级关系的性质

有位著名的美国记者去访问延安，他会见了中国共产党领袖们，当然也遇到了毛主席。他问了他一连串问题，毛泽东都是有系统的一一的答复着，下面的一篇问答记录，就是毛泽东招待外国记者时候的谈话。这些都是关于中国社会各种份子的阶级关系的性质问题，这些问题都是跟中国革命的性质有关系的。

问："你认为中国银行家们是买办还是民族资产阶级？"

答："中国许多银行家都是买办或是半买办，但也有许多银行家跟帝国主义没有关系，例如一些中小银行都是如此。有一部分银行是属于单纯的政府资本。他们跟帝国主义资本有间接的关系，因为政府从外国借来资本，放在这些银行里。"

问："在中国革命运动中，小资产阶级的特点和任务是什么？"

答："中国小资产阶级和知识份子在革命中扮演着极重要的角色。这是因为中国社会具有半殖民地的缘故。帝国主义者创造了中国的知识阶级，而他们又攻击他们的帝国主义的老师。农民当然也是小资产阶级的一部分。

"小资产阶级知识份子和自由职业者并不是一个独立的阶级，他们附属于无产阶级或农民阶级。中国的学生、知识份子和自由职业者都来自地主阶级、小资产阶级或资产阶级，但他们招不到职业，因为他们的国家是无法发展工业的半殖民地。他们加入革命运动，反对帝国主义，拥护民主政治，因为他们的家庭日益破产，他们自己没有前途。

"中国的学生是社会革命很重要的一个支流，但他们没有决定的作用，只有无产阶级和农民阶级才是革命的主角。"

问："中国共产主义运动的性质如何？共产党的任务是什么？"

答："像我在上面所说的一样，因为只有无产阶级才能领导中国革命，所以无产阶级的政党一定要起领导作用。我们革命运动的基本性质是要实现社会主义的革命斗争，但只有通过民主主义的阶段，才能达到社会主义的阶段。"

问:"红军的性质和任务如何?"

答:"中国红军根本上是代表无产阶级的利益的,但同时也代表农民阶级、小资产阶级和资产阶级的利益。红军的主要成份是贫农,也有一部分是农村和城市无产阶级。我们没有统计过他们的百分比,但农村无产阶级一定没有贫农多。我们称无田无地的农民为无产阶级。我们把没有足够的土地维持自己生活的贫农看作半无产阶级。"

问:"托派说,因为红军是由小有产农民构成的,不能保证他们往后不出卖无产阶级革命。你以为红军始终靠得住吗?"

答:"托派的观点不是马克思主义的观点。农民阶级是介在资产阶级与无产阶级中间的阶级。资产阶级居领导地位时,他就跟资产阶级跑;无产阶级居领导地位时,他就跟无产阶级跑。苏联社会的主要成份也是农民,但现在,除了富农,一切农民都走向共产主义。所以说,农民是将归附资产阶级,变成反动,这是昏话。

"中国红军是在无产阶级领导下的军队,正跟苏联一样。中国红军拥护共产主义。这是因为红军,土地革命和整个革命在无产阶级领导下的缘故,这在上面已经说过了。别的任何阶级不能领导中国革命。资产阶级不能解决中国农民问题,农民也不能解决自身问题。只有无产阶级的领导才能解决这一问题。

"土地问题可以在资产阶级革命中解决的,例如法国大革命。土地问题同样可以在无产阶级革命中解决,例如苏联十月革命成功后解决了这一问题的。目前在西班牙,这一问题正在农民、资产阶级和小资产阶级的'人民阵线'领导下被解决着。像中国一类的国家,日本和德国也包括在内,资产阶级是不能解决土地问题的,虽然他们骗诱农民相信他们能够解决这一问题。他们可以答应,但决不能实现自己的诺言。"

问:"中国国民党的性质如何?"

答:"国民党是地主、资产阶级和一部分小资产阶级上层份子的联盟。当日本帝国主义继续在中国侵略的时候,他们有反日的责任。

国民党份子可以跟帝国主义妥协，但同时也可以跟他们分裂，这由帝国主义的态度来决定。一九二七年以前，国民党是资产阶级、小资产阶级和无产阶级的联盟，而主要地是代表资产阶级的利益。一九二七年以后，国民党跟帝国主义依旧有一些矛盾，但主要地是跟帝国主义妥协了。

"当国民党跟共产党合作驱逐日本帝国主义的时候，中国的阶级关系有变化的可能，可能削弱亲日派的力量。"

问："当国共两党在实际行动上联合起来的时候，地主阶级分子会不会从国民党其余份子分裂出来？"

答："这要看未来的发展如何。如果日本的侵略严重起来，国民党会认识土地关系有改变的必要，为的是要改善人民的生活。地主们是不喜欢这一着的，但他们同时也不喜欢自己土地被日军占领。

"当民众运动发展起来，农民们向地主们的要求高到无法妥协的时候，那种分裂就会发生。"

问："据先生估计，在抗日战争中，那些份子会变成汉奸？"

答："那些跟日本有最直接的共同利益的，地主和买办会变成汉奸。还有一些失业的人，迫于生活，受日人的雇佣，替日军做侦探工作。汉奸们的军队就是间接汉奸。"

问："中国封建份子的性质如何？你认为地主是'四边形'的东西吗？"

答："是的，中国地主是四边形的。他是地主，是商人，也是收税人，但不一定个个都是高利贷者。他有时跟中国式的商业资本也有关系。"

问："根据先生长期接触农民问题的经验，中国农村最毒辣的压迫形式是什么？"

答："一是地租；二是高利贷；三是捐税；四是贩卖商品。"

问："先生很知道所谓'亚细亚的生产方式'的理论。先生认为中国的封建制度是一种特殊的亚细亚式的封建制度吗？"

答："从基本上说，中国封建制度在利用土地剥削农民这点性质上跟欧洲封建制度没有什么不同,但中国的封建势力却有他自己的特殊性。"

问:"红军实践了十年反封建的斗争。先生认为这种斗争获得了很大的成功呢?"

答:"获得了相当的效果。在那些受红军影响的地方,封建势力受到了革命势力的打击。封建的力量多少被削弱了。"

问:"帝国主义在中国开辟了资本主义的市场,因而摧毁了封建制度吗?"

答:"是的,封建制度部分地被它摧毁了。中国所以成为半封建的国家,原因就在于此。帝国主义势力、中国民族资产阶级和商业资本,对于中国封建制度都有破坏作用。"

问:"日本人希望中国保持着半封建的殖民地性质吗?"

答:"根据历史的经验,所有帝国主义都不喜欢在殖民地发展资本主义的,我们发展它,仅仅为着自己的利益。如果帝国主义不支持封建制度,它要支持什么呢?"

问:"先生以为日本想利用中国统治阶级操纵中国吗?"

答:"也许这样。否则就不会有汉奸了。"

问:"我认为日本帝国主义侵略中国的成功只能限于利用中国统治阶级这一点;日本决不能用武力征服中国。因此,广田政策不是它最好的方法吗?"

答:"军国主义是日本帝国主义的特点,日本将被逼上军事冒险的道路。而其他帝国主义却等待,沿着正常的路线发展。这是因为日本帝国主义在财政上比任何其他帝国主义都要弱,这是日本的悲剧。日本已到了资本集中的阶段,但他依旧没有资本的剩余。

"满洲军事远征已经削弱了日本国内的经济力,因为日本本来没有剩余资本可以经营满洲,从国内又得不到新的利润。

"日本夺得满洲以后,满洲不再是日本的国外市场了,满洲在经济上和政治上都变成了日本的一部分。这于日本其实并不怎样合算。日本再也不能实行帝国主义的剥削,得不到通常所有的大量利益,而且还要负担军费，因为在经济上满洲是属日本的了。满洲已不是日本的国外殖民地。日本不能像剥削普遍国外殖民地一样地剥削满洲。满洲是一种国内市场，不是国外市场。"

七　二万五千里长征

在这时期，毛泽东联合了朱德，他是中国共产党的第二名大员，在民国十七年五月来到井岗山，帮助毛泽东创造无产阶级革命的伟业。朱德原是云南省的一员官吏，当过警察厅长，住在金碧辉煌的宫殿般的公馆里，过着养尊处优的奢侈的糜烂生活。一九二二年，受了友人的感化，鼓励，使他醒悟过来，毅然地独个子到欧洲去留学。在法国碰见了周恩来，正式加入共产党。[1] 后来，又转到莫斯科，进远东劳动学院攻读，以求深造。一九三一年回国后[2]，出任中国红军总司令，毛泽东则为中国苏维埃主席。

中国的农民，对于朱德曾经有过一种传奇式的想念——以为他是一个怪人，有着三头六臂，能够腾云驾雾，呼风唤雨，一目百里，听到千里，比之《西游记》上孙行者的本领还要高出万倍。

毛泽东清过党。他对于党员的纪律非常重视，宁可牺牲思想不健全、意志不坚强的党员，不情愿共产党之中有一个腐化份子。这就是每个共产党员所知道的，奉行的铁的纪律，严守秘密的最基本的入党须知。在一年之间，毛泽东一共清除了四千三百名思想不稳的同志[3]。可是不久之后，井岗山上的情形突然地变得恶劣起来。食物起了恐慌。本来，他们的生活原很节约的，如今只有南瓜可以果腹，这真是艰苦奋斗了。

"打倒资本主义！打到吃南瓜！"这是红军当时候喊出的口号，由此可见他们生活的困难了，连吃南瓜都被视为奢举。

---

[1] 朱德在德国柏林会见周恩来并加入中国共产党。
[2] 朱德在莫斯科东方劳动共产主义大学学习后，于1926年回国。
[3] 此说不确。

这时候，蒋介石已是中国的中心人物，屡次出兵，发动"剿匪"总攻击，满心想要消灭中国苏维埃，但是，总不能压倒这股新势力，不得不使他感到头痛。

有一次，毛泽东亲自到前线去指挥督战，他见到了猛烈的炮火，不禁嚷道：

"啊哟，这是多么热闹的枪弹呀！可晓得我毛主席在这儿吗？"

同时也正在这时候，野心的日本人，恰好积极地企图侵略中国，露出了狰狞的面目，张开了可怕的獠牙，进兵华北，使蒋介石无暇他顾，分散了他的力量。毛泽东和朱德两人，于是便乘此机会，率领了八万红军，突围而出，向西北角去，开始中国共产党所谓具有历史性的一件大事记——两万五千里的长征。

在一九三四年五次"围剿"时候，中共红军已有十八万人，十万枝枪。此外将有二十万的赤卫队和突击队支助着。为了应付这支军队及江以北鄂豫的徐海东的军队（只有一万至二万人），蒋介石调动了九十万大军，以四十万作战进攻，五十万封锁。

就在那时候，毛泽东决定放弃苏维埃区，冲出封锁线，向北长征，借以保全红军[1]。长征开始于一九三四年十月十四号。以后，苏区就仅由赤卫队及突击队，女人、小孩防守，但是，蒋介石还需直到十一月十日才能占领苏区。当红军离开苏区之后，只剩有农民和工人防守土地，武装都是很坏的。区内职联会内有三十万男子，十万女子，其中的百分之二十，都动员了作农民赤卫队，抵抗侵入者而防卫家乡。

可是在五次"围剿"中，红军的损失也实在不小，参加长征的人，只有九万人，而就在长征之前，红军还能从江西得到六千个新加入者。

二万五千里的长征中的损失是惊人的，但是，也由好几千的新加入者抵补了不少。蒋介石不顾一切使用不断的轰炸和追逐，企图消灭这急速行进的部队。当第一前线红军渡过金沙江时，似乎就已损失了

---

[1] 长征是当时把持中央的"左"倾机会主义领导者在第五次反"围剿"作战失利的局面下，匆忙作出的放弃中央苏区的决策。毛泽东当时受到排斥，未参与决策。

四万五千人。更后的由作战，由力竭，由饥饿，与疾病的死亡，由受四川、西康的蛮族与正规军的攻击而得的损失，更使其余兵力，大为减少。

毛泽东带着第一前线红军的第一、第三两军团到达陕北的时候，只剩了不到二万人。第一前线红军的其余两个军团，由朱德和罗炳辉带着远在四川，同时徐海东也由鄂豫苏维埃完毕了长征而到陕北，他的第二十五军，有三千至五千人，在陕北，改编入第十五军团。这两支大军，在陕西和刘志丹的约有一万人的第二十六、二十七两军会合，组成了第十五军团。这军团在一九三五年春天，远征山西，又收了八千新人，及七千山西的正规军。这里大约有三万补助的突击队及赤卫队。这小小的全军，可和有半数用在正式进攻的四十万大军——连张学良的十万东北军在内——的包围，周旋了一年。

虽然，长征对于共产党是一个浩大的损失，但是，在这样大的打击之后，士兵仍能保持，真是难能可贵而又使人万难置信的。可是这难信的事实继续存在着——士兵仍然在着，不曾被那决绝的冒险所摧毁，反由那儿创造出来。长征是一个熔炉，把一切的原素融在一起。经过长征的那些旧人，并不自视为铁铸的同志，而只自视为精钢的一份子，革命的精汁。

所以说，也就是长征，把红军的作农民革命的战斗员，防御者的特质，改变为新阶段革命的自觉的卫士。且若非他们是自觉的革命的军队，他们就不曾接受开始长征的命令，那末就得留在本土，或则在本土上战死，或则向国民党投降。

总之，自从毛泽东领导长征之后，中国红军，表现了社会史上民众教育的最不寻常的经验，为中国共产党的领导的力量立下了一座纪念碑。像中国这样落后的半封建的国家，怎样会有共产党存在，在这农业的非资本主义的中国，怎样能够创造出一个可以算是共产党的军队，这就是能够证明红军确是自觉的共产主义的军队。

在这伟大的长征中，毛泽东也承认受到很大的损失，但是，南京政府也失败了。他想毁灭共产党——结果没有达到目的。

在长征时期的红军，原是分路赶程的，直到三路主力红军于一九三六年十月间在西北会合的时候,这个富有历史性的伟大时期才算结束,而不久之后就发生了西安事变。

八 在苦难中成长

红军跋涉了六千哩。他们经过了十二个省份,越过了十八座山脉,渡过二十四条河流。沿路不时地遇到攻击他们底蒋介石的队伍,但是,他们总是一面应战,一面赶路。当他们开始长征的时候,带了很多的补给,以备半路上应用的,只是后来因为觉得太累了,不得不把他们丢了。据说毛泽东的第三位夫人(贺志贞,一个小学教员)的五个孩子,也在这时候将他们放弃了,交托给乡下的农民抚养。

长征走完了部分的旱路之后,就有一种新的困难降临到共产党身上来了,这是每个红军都感到头痛的一件事。阻碍他们进路的第一道关口,那就是扬子江[1],蒋介石原是希望靠着这个天险拦阻红军的去路的。国民党把各处的渡口都很严密地戒备防守,并且把所有江上的船只,都受命移到江的北岸,同时还回集了龙云的军队,围绕起来,希望用着一股足气把红军全部解决了。但是,终于将他的希望变成泡影。

那末,红军倒究怎样渡过这个既是天堑又是人为的险恶的口岸的呢?

说起来确是神妙得很的,共产党想尽了方法,终于使红军渡过了一个惟一可能的渡口,那便是绞平渡[2]。他们先派一小队士兵,穿了从国民党方面俘获过来的兵士的制服,在黄昏时候,混进了城,占领一个沿江的小镇,使大队人马,得以安全地渡过扬子江。

在长征中表演得最惊险的一幕,要算渡过大渡河了。那儿的山势峻峭,河床深而水流急,迫得每个红军不得不拼出全副精神来,应付当前的难关,他们一个个地都浮在水面上,双手紧紧地抓住了已是半

---

[1] 应为金沙江。
[2] 绞平渡在今云南禄劝县与四川交界处。

毁的泸定桥梁的铁链子,战战兢兢的,在敌人的密集的机关枪扫射之下游泳过去。[1]

毛泽东也是凭着两条腿赶路的,他同所有的同志们一样,除了几个星期之间生病由人抬着之外,他是和全体人马一样步行的。一年之后,长征到了荒凉贫瘠的陕西省,当初时候的八万名的浩浩荡荡行列的红军,如今也只剩得两万人了。毛泽东进入延安之后,便在长城脚下的一个山洞里,着手建立一个新的苏维埃政府。

延安确是一个好地方,它是一个古城,在共产党没有把它作为流动的临时中国苏维埃共和联邦中央政府的首都之前,已有久远的历史了。就在那些蔓草缭绕的宋代城楼建造之前,它对于中国历史上不是外寇的主要入口,就是侧面的入口。那广大的中亚细亚游牧人的骑兵一再扫荡过它军事上占重要地位的峡谷,作为征服中国大西北的走廊。每个山头,在以前,都会潜藏含毒的梭标枪矛,现在,林立着不久以前所筑的城堞堡垒,目下所暗置的来福枪机关枪阵地。好像延安的城名一样,它的每个村落都冠以"安"字或"平"字,是没有和平的地方的一种和平呼声,是一种纳在一个名字的魔术中的怀想的希望。

延安的四周为黄河所环抱,泾渭河的混浊的河水所灌溉,这个陕北的山谷和它富饶的西安平原,成为中国民族复兴的摇篮。现在,在这最早产生文化的岩洞里,还依旧住着中国的人民领袖——毛泽东。共产党过的日子虽然是非常艰苦的,但是,眼看着这么优良的天险屏障地,确是愉快得很呢。真是的,在这儿住下,在今日只当空中的轰炸,而和昔日抵挡利齿的老虎,一样的令人满意。那就是为什么从南方长征了二万五千里来的红星青年要感谢他们有先见之明的祖先,为他们安顿了这样舒适的岩洞哩。

毛泽东兴奋地说:

"伦敦的避弹穴不见得会比它安全,也不会如此的干燥写意。"

---

[1] 不确。因大渡河水流湍急无法泅渡,才选择强夺泸定桥的作战。桥面距河水十几米高,铁索并未损坏。

四周环绕着一片死去的世纪底残败荒凉，延安是一个在想像中最怪异也最风景如画的小城堡。它像一颗珠子般安在群山的顶上，每一个山头再冠以上凿枪眼的城墙和防御的碉楼。在城墙的四面，一条懒散混浊的河流作成一个自然堑壕。在一个山上，一座奉宣塔矗立着镇压"邪神"，在另一个山上一座古冢令人追想那远在原始女族时期的被人遗忘的葬仪。到处是坟墓，牌坊和磨灭的石碑，盖上从戈壁沙漠所吹来的灰沙。它们各种的式样给人一种整个变迁时代的纪录。沙漠的气候保存最古的纪念物正和保存较新的纪念物，差不多一样地好。

在陕北，共产党人维持简单到不能再简单的生活，每个人的物质享受都减到仅以活命的程度。就是这样：食物、衣服、一条棉被，概由政府供给，住所则由本地居民设法。枪械和军需品是兵士的责任。燃料只供煮物之用。到冬天，兵士们大家挤紧在一个炕上睡觉，吃饭时放些胡椒在食物中，就算是取暖的方法。毛泽东及其他的部下们，都是一律平等的过着最苛刻的性质的战时共产主义生活。这就是各尽其能，各取最低限度的需要。除了军人穿灰蓝色的制服，政治人员通常穿黑的衣服之外，一切人的吃着全是一样。不过，香烟对于知识份子却以为是最低限度的需要，有几个脑力工作者每月得到五元钱抽烟费的津贴。在医生照管之下的人则特别允许得到鸡蛋和鳕鱼肝油。一个人在社会的地步是依照灭减低他个人生活标准的能力但仍能维持工作效能这一种切实的比率而递升的。能暂以尽可能最少的一点维持生命，就是一种天生优越的标记，也就是一种天然领袖的资格。这也就是毛泽东的习惯所以博得声名，而受到广大的崇拜的缘故。

第三章　红军时期

九　红军发展史

国共合作的时期，没有多久，遂即宣告分裂。这是被蒋介石破坏的，因为他觉得国民党与共产党合作的结果，只有向他们投降，于是他就出尔反尔地毁了约，申明分手，走上极端反革命的独裁路线。这是毫没疑义的，如果蒋介石在当时候能够稍许改变一些儿他顽固的封建思想，或者能够眼光放得远大一点，不要太自私，不要野心勃勃地只知道自己想做皇帝，这，国民党结局的命运自然不会这么的惨，尤其是中国老百姓的生活亦不会被他蹂躏得焦头烂额。蒋介石认为分党不够称他的心，于是接着就下令他的爪牙们实行"清党"运动，那就是四月十二日的大屠杀的开始。所以到了一九二七年，共产党又独树一帜，与国民党展开了长期的反革命反封建战争，继续为解放人民革命而努力。

共产党自从和国民党分手以后，毛泽东回到他的老家——湖南，继续进行组织农民工作，但是，自从"立三路线"宣布并不准确之后，毛泽东遂重振旗鼓，采取一个简单而有效的战略，他的主张就是：在一个工业落后，科学不发达，一向是以农立国的民族中，共产党应该先争取农民，把他们武装起来，然后才能使革命成功。

毛泽东继李立三之后，一跃而为中国的领袖，他收拾残局，把溃不成军的共产党，撤退到江西瑞金，惨淡经营，建立一个中国苏维埃。三年之间，他的总部设在井岗山上，那是一座有着天险的屏障，易守艰攻的深山。他发号施令地指挥一切，慢慢儿地组织起红军来，到了民国十六年冬，已经有三旅人马了。这就是日后成为中国人民解放军的核心。

一九二七年国共分裂以后，苏维埃革命时期开始了。这一革命时期始于一九二七年的南昌暴动，直到各路主力红军离开原先的苏维埃根据地，于一九三六年十月间在西北集中，完成了伟大的长征时，这一时期才告结束。

在开头，毛泽东领导下的武装运动，不过要抢救一九二五年到一九二七年的"大革命"的残余力量。一九二七年十二月间"广州公社"的惨败，是中国无产阶级自卫运动最后的挫折。到一九二七年的末尾，国民党革命的军队也被毁灭了，因为参加南昌暴动的部队都被消灭了。直到一九三〇年，所有农民的游击队也是为着自卫。之后，苏维埃采取了攻势，到一九三一年十二月间第一次苏维埃大会时，游击部队被改编为正规红军，游击区转化为苏区，于是中国苏维埃共和国宣告成立，跟南京政府对抗的独立政府也被建立起来了。

毛泽东自从领导秋收暴动失败后，他就率领部队到了江西和湖南边界的井岗山。所以在那时候，红军分为两部。从一九二八年一月到五月，毛泽东就领导着井岗山的队伍，另一部是由朱德领导着在湖南的队伍。这两个队伍，直到一九二八年五月间才会合起来改编为工农红军第四军，军长是朱德，毛泽东任政治委员。这新四军共有三师，就是第十师，第十一师和第十二师。每师有两团。但是，全军只有两团武装齐备，受过训练。其中一团是南昌暴动的残余部队，另一团由湘南国民党的逃兵编成的。

在井岗山时期，白军曾向红军进攻过三次，但每次都被打败了，尤其够兴趣的事，共产党曾把国民党最精锐的部队带跑。后来，国民党的精锐部队经常的有逃到红军去的：一九三一年宁都暴动发生时，冯玉祥旧部二十六路军全部加入红军。在江西作战期中，朱培德部差不多天天有兵士归附红军。一九二九年，朱培德部下将领罗炳辉在吉安领导民团叛变，全部投入红军。

一九二六年和一九二七年的北伐时期，国民党最精锐部队张发奎的"铁军"，约有三万人参加红军。南昌暴动时的"铁军"部下两司令贺龙和他的两师人，而第十一军第二十四师的全部人马也跟着师长叶挺奔向红军。

使毛泽东能有机会在井岗山休息，改组红军的队伍，这还是白军第三次进攻井岗山的巧事。因为国民党这次派彭德怀领导他的部队进攻，那知他却在湖南平江地方暴动，全部加入红军。这给国民党的打击是很大的，不能使他调动援兵，也不能开拔。

但是，自从第三次"围剿"之后，共产党变为反守为攻，去进攻范石增师，占领郴州。红军离开郴州进攻酃县和茶岭。白军战术是长期封锁，而且不断地追逐着，跟踪着。国民党的军事封锁政策就在那时候开始的，同时又实行经济封锁政策。对方派遣十师兵力包围井岗山。同时彭德怀又带了许多新军到井岗山，所以在山上的食品显得恐慌起来了。因此，毛泽东便主张下山，只留彭德怀在那里带领新编第五军，守卫阵地。

毛泽东在一九二七年最初组成的工农红军，可以说是名符其实的，第一团是由汉阳矿工编成的，第二团是由农民自卫军编成的，第三团则是来自武汉的叛兵。所以到后来，共产党称他们的第一军为"工农革命军"，真是一点也不错的，因为这一军的确是由无产阶级所领导的。

共产党在一九三一年十二月十一日——这就是"广州公社"纪念日——开第一次全国苏维埃代表大会，这个大会产生了苏维埃中央政府，各处苏维埃都有很大的发展，而正规红军也组成了，朱德担任总司令。在一九三一年间，闽赣边界，湘赣边界，湘鄂边界，以及闽浙赣边界的苏区都有发展，而这些苏区相互开始有了联络。到了一九三一年共产党到处有了无线电交通。

第一次苏维埃代表大会是红军历史第一时期结束的标帜，这一时期始于一九二七年八月一日的南昌暴动，通过一个暴动和自卫的游击战争时期，直到一九三一年末游击队转化为正规红军，游击区转变为苏区的时候。

第二时期始于中央苏维埃政府的建立和一九三一年十二月间红军的联合，直到一九三四年十月间的"长征"。

一九三二年，共产党最重要的工作就是"赤化"新的区域，换句话说，就是推进和巩固苏维埃运动。那时候，贺龙部第二方面军跟中央苏区没有密切联络，因为他们没有无线电设备。每一不同的苏区当然有他特殊处境，例如湘鄂区的苏区在湘鄂皖边界的苏区都有强固的群众基础，因为一九二五年至一九二七年大革命已经唤起了那些区域的民众，而这些革命的群众组织了自己的红军。然而在江西，红军还有开辟苏区，发动民众运动的特殊任务。那些苏区发展得很快，很强固。如果湘鄂赣三省的红军和苏区能取得密切联络和合作，那末共产党在苏维埃运动中一定要获得更大的成就，这就是说，便有领导全中国的可能。

红军历史的第三时期始于一九三四年十月十六日出发的长征。

一九三六年十月，贺龙所部第二方面军和徐向前所部第四方面军都在甘肃跟第一方面军会合。第二方面军和第四方面军都是春间从西藏[1]出发的，把全部主力都集中在西北的甘肃，陕西和宁夏的交界，准备组织抗日统一战线。

看来像是神话的红军组成过程，要是没有铁一般的事实证明决不会使人相信，现在的中国人民解放军的前身，就是当初时候三团人而以寡敌众的红军蜕变成的呢。

十 "围剿"的奇迹

一九三〇年十二月末，南京政府的第一次"围剿"开始了，到了一九三一年一月，毛泽东完全粉碎了这次"围剿"。为了这次"围剿"，蒋介石调集了大批军队。那时候红军虽然没有无线电设备，但是情报工作却做得很好。国民党——实在是很愚笨的，竟把自己的军队调动和军事计划登在报上，使共产党很快就可以看到此项报纸。

那时期，共产党的根据地是在铜鼓[2]。

共产党到底怎样打退国民党的呢？这个，据毛泽东事后对人说：

"我们当时的战略是诱敌深入，使其中伏。我们诱敌前进，突然包围他们，消灭他们。我们就这样把国民党军队诱入到多村庄，同时我们运用自己自由的时间在后方训练新兵。这是好机会，因为那时的红军实际上都是新兵。那时的敌军非常蠢笨，毫无应付游击战的经验。每个国民党军的司令官都想获得蒋介石的欢心，他们贪心地深入苏区追踪红军。谭道源和张辉瓒就这样追踪红军几乎追到我们在铜鼓的根据地。我们于是突然袭击他们。红军很容易地消灭了这些军队，因为他们侵入了苏区的心脏，他们盲目地向前推进的时候，我们关于他们的情报又很正确。他们被高山所包围，我们很容易切断他们的后路。我们集中自己所有兵力攻击张部，我们以五万人攻击张部一万人，当然击败他们。

---

[1] 应为四川西部的藏民居住区。
[2] 应为江西东固。

这第一次'围剿'总指挥张辉瓒被杀，我们获得来福枪九千枪，无线电器具两套，张师士兵全部被俘。我们在这些俘虏中间做了很好宣传工作，后来全部释放。我们同时又攻击谭部。谭不知道张的遭遇。他只知道无线电交通被破坏了。他料到事情不妙，准备退却，但我们从他后面赶了上去，实际上消灭了他的部队。谭送给我们四千杆来福枪。敌军吃了这二次大败仗后，残部怆惶退逃。所以在第一次'围剿'中，我们完全获得胜利，我们继续实践扩展苏区的纲领。"

对于接着的第二次"围剿"，毛泽东也曾发表他的谈话称：

"第一次'围剿'的惨败，使蒋介石大吃一惊，于是改变他的战略。何应钦向他贡献意见，被接受了，当即就委他为第二次'围剿'总指挥。

"何应钦的新战术是稳扎稳打。从一月到五月，国民党集中精力准备新的'围剿'。我们也从事准备与训练，以应付第二次战役。一九三一年五月十九日，第二次'围剿'开始了。白军阵线从江西吉安直到福建建宁，长八百里。在此次战役中，白军调动了二百团军队，约有二十万人。

"然而我们从第一次战役中所获得的经验，对我们很有用处。同时我们也有无线电交通的帮助。红军派遣队伍到白军后方攻击。在十五天内，我们扫过八百里战线，粉碎了白军的防线，夺获来福枪三万枝。我们歼灭了王金钰和朱绍良的部队。第二次战役又是红军获胜。

"红军在第二次战役中所运用的战术是现代突破敌人防线的最高明战术。这次胜利大大提高了红军的自信，同时也激起了苏区群众热烈的反应，大家都给红军大大的帮助。"

事实真是太出人意料之外了，一次失败，二次不利，于是不得不有三次的发动，那知结果还是像过去一样。

第三次"围剿"的成绩如何，且看下面毛主席的报告吧：

"当蒋介石听到第二次'围剿'又遭惨败的消息时，他是愤怒极了，于是亲自组织第三次'围剿'，从南昌指挥军队。他的计划又是迅速进攻,就在七月间开始了第三次'围剿'。红军在这里估计错了,以为蒋不能如此迅速进攻。然而在另一方面,蒋因激于愤怒,也打算错了,他的准备过于匆促。蒋氏分平行的四路进攻。我们立即占领了四条平行线中间的隙地,不断地困扰他们、牵制他们。天气热得可怕,对方士兵们不惯于那种迅速的进军,都感觉到非常疲惫,因此,我们的战术获得大大的成功。

"郝梦麟是第二路司令。他的部队力量最弱,所以我们首先击溃他,获得许多来福枪和给养品。我们于是击溃毛炳文等师。蒋氏对此更加愤怒,于是改变原来的战略,把所有部队集中起来。我们到处搬开了所有食粮,把空空的村庄留给白军。因此,国民党军的给养非常困难,特别因为他们的队伍集中在一起。我们于是把自己所有兵力集中在铜鼓。让游击队到处扰乱白军,牵制白军,使白军猜不到我们主力集中在那里,往往猜错了方向。白军四面都被游击队包围起来,困顿不堪。我们就这样消灭了白军许多部队。

"那时候,我们攻击共有二十四团的十九路军。这是一种盲动,因为十九路军并不是真要打我们,他们惟一的目的就要支持蒋氏,把他救出险境。然而我们因打了许多次胜利,过于骄傲和高兴,并不慎重将事,于是就愚蠢地攻击十九路军。十九路军是生力军,刚刚开到前线。我们的战争又跟一年前一样,陷于胶着状态,两军不分胜负。他们终于退却,我们也跟着退却。

"当我们刚在铜鼓毁灭了白军五十二师的时候,九月十八日沈阳事变发生了。蒋氏不得不退兵,因为不能把注意力集中在剿共战争上。于是两军都乘机休息。

"那时候,发生了一九三一年十二月十四日有名的宁都暴动,孙连仲部实行叛变。孙部是国民党的二十六路军,驻在宁都,他们以前属于冯玉祥部。一万多人投入红军,我们把他们编成第五军团。这次暴动是曾丹和教导团领导的[1]。"

---

[1] 宁都起义是赵博生、董振堂领导的。

一九三三年四月间，第四次"围剿"开始了。当时江西红军的经济情形不很好，因为已把所有地主的财产都没收光了，经济来源断绝了。同时，这期的战略也不大好。毛泽东主张先进攻粤军，再进攻蒋部，这是错误[1]。至于先进攻粤军阵线上的南乡，为的是要减小后方的威胁，于是向北行进，穿过江西苏区东北部，与第十一军会合。

当时间，蒋介石还没有建立起强固的封锁线。他急要"消灭赤祸"，派遣部下最有力的部队参加作战，这就是陈诚所部三个师。这十一师，五十九师和五十二师是蒋介石最精锐的部队。他想很快地切断红军的防线，而共产党呢？只希望在他们未发动前突破他们的阵线。此次战争是很激烈的战争。共产党击溃了国民党军五十九师和五十二师，俘虏白军一万三千名。获得十二个团的来福枪，许多挺轻机关枪和三百万发子弹。并且又把第十一师缴了械，逐出战场。

蒋介石觉得非常的惊骇，为什么共产党打不垮的？！于是他情愿停止了长城抗日的战争，跟日军订立何梅协定，一心一意要铲除"赤色恐怖"。他亲自赶到南昌，准备新的第五次"围剿"。

陈诚部队失败以后，蒋介石知道自己必须改变整个战略。他聘请了许多外国顾问，凭藉经济封锁和军事封锁来实践进攻和防御的战略。同时也改组了自己的军队。在新的战略下，还是只能攻击红军的外围，不能攻击红军的中心部队。他攻击湘鄂皖的红军，红军被逼退却。这样一来，红军就失去了一个分散敌军，牵制白军的主要力量。

在一九三三年下半年，没有发生过主力战，因为蒋介石调动了所有部队作大规模的"围剿"的准备。那时候，苏区的经济情况不大好，这是蒋介石封锁成绩的最大收获。于是他就开动了三百团人进攻红军，而第五次"围剿"的大战就在一九三三年十月间开始了。

但是一九三三年十一月间，共产党错过了一个大好的机会，那就是没有好好地去应付闽省反蒋事变的发生。共产党本来可以帮助十九路军的，但是结果没有做到。

---

[1] 此时毛泽东已离开领导岗位。

在一九三四年的七、八、九、十四个月间，战事非常激烈，双方损失惨重。蒋介石对于部下军官给以法西斯训练，获得了很大效果。因为这些军官更加坚决地奔赴战场，但是结果也使红军多了一个大批俘获和斩杀的机会。

蒋介石在第五次"围剿"中所以能击败红军的主要理由是他获得国外帮助。共产党于是只得决定退出南方的苏区，于十月间开始长征。

但是，从五次"围剿"中，共产党得到了一个非常宝贵的教训，毛泽东说过如下的话：

"只要具有革命精神，不论任何武器，只要使用得当，都可以战胜敌人。尤其是民众的力量，只要有斗争的决心，可以用突击和夜袭去夺取敌人的武器，就可以作战，而且能够战胜。红军动员的迅速和武装自己的本领在中国历史上几乎变成了传奇，有些农民甚至以为红军懂得魔术，因为我们显然已经创造了奇迹。实际上，我们的魔术就是下述的事实：在夜间迅速进攻，迅速撤退，敌人永远找不到我们，除非我们自己有意跟他们作战。"

第四章 抗战时期

十一 统一阵线的过程

中国共产党最初在一九二七年揭起"红星"来斗争。接着是十年人类社会罕有的苦斗的阶级战争。苏维埃从南方撤退了，但是，红军继续前进。横贯大陆的六千里的"长征"。在大西北的新的天地。一九三六年十二月十二日西安的剧变。几十万军队，在新划的"赤色"和"白色"前线动员着。五十五天武装的对峙，不订条约的和平。三月、四月、五月、六月，七月七日——日本在卢沟桥进攻。是战争，还是和平？七月十五日——共产党定十月十五日为自动取消中华苏维埃共和国以开辟民族资产阶级民主政治之路的日子。八月——

蒋介石遭派红军到山西前线，废除了所爱的"红星"。第八路军进击日本人——穿上国民党的制服。——这样便结束了中华农工苏维埃共和国这历史性的一章。民族统一阵线就代之而起。

红军在"长征"中一路打到大西北，费时一年，损失浩大。一九三五年前到达四川苏维埃，所有的领袖们召开一次会议，毛泽东决定放弃苏维埃口号，而开始组织一个民主的抗日人民阵线以代替之。这个会议辩论得很激烈，而且有张国焘等的反对，但是，终于通过了，共产党发表一个新宣言——在一九三五年八月一日，而创立红军和采用苏维埃口号的纪念日。[1]

在这宣言中，共产党向南京方面和一切进步份子，提出一个建议：共产党建议放弃苏维埃斗争，如果停止内战，实现代议的民主共和政体；他们建议与一切愿意打日本的党派，军队和团体组成民族统一阵线。

从任何军队和政党，都没有反应给这个好意的建议。南京取笑它——而赞颂希特勒和墨索里尼。但是，在北平的一个勇敢的八百个学生的小集团却赞同它。一九三五年十二月九日，这个人民阵线的先锋队，开始在北平街上行进，当远在西北的共产党听到这个学生示威运动时，他们欣喜了。他们在他们的历史教科书中加上一个新的日子："十二月九日划了个新时代——小资产阶级开始转向统一战线。"

从此之后，人民阵线便迅速地发展着，甚至连得毛泽东都认为出于理想的快捷。东北军和杨虎城的陕西军直往左转，决心要把整个西北变成人民阵线的军营——他们要战争！他们不要空言！于是在十二月中他们扣留了蒋介石——而共产党却坚持要释放他！

毛泽东对于民族统一战线的意见是：

"我们必须把抗日战争的准备和民主政治，看得像一辆脚踏军的两个轮子，一前一后——抗日战争的准备在先，它后面便是民主运动。因为为了要从抗日中得到胜利，所以必须组织民族统一战线。"

---

[1]《八一宣言》是驻共产国际的中共代表团以中共中央名义发表的。长征中的中共中央是后来才知道的。

同时，对于民主运动这问题，毛泽东解释得很清楚，他说：

"共产党十四年的政治生活，是为民主政治而斗争呢，这是为无产阶级独裁？这个问题很明白，是为民主政治斗争。于是说，这个革命的性质，它是资产阶级的民主革命。不是无产阶级的革命。

"在过去的许多年来，共产党的政治制度是工农民主制度，不是资产阶级民主制度。但是现在是要把工农民主制度改为民族民主制度，它将包括地主，资产阶级和小资产阶级，与工人，农民，只把汉奸除外。

"民主运动的方法，是要运用政治斗争——就是民主斗争——来达到民族民主制度。不过共产党在过去用的是革命的方法——就是军事斗争——来建立工农民主制度。

"从这个观点来看，我们可以说，在这十年间我们运用了革命的方法为民主政治而斗争。我们不能说，我们为民族民主运动作过政治的斗争。现在，我们要为防御的抗日战争的目的，在除了汉奸以外的中国各阶级人民中，发动一个巨大的民主运动。

"现在，国民党要改变政策来实现孙中山的三民主义，所以我们现在可以说，我们要放弃苏维埃制度，以便循着三民主义的途径，改变为民族民主制度。这是我们协力实现孙中山三民主义以获得民主自由，民族解放和社会福利的方法。"

一九三七年八月间，红军开始戴上国民党的军帽，同时也穿上了南京供给的国民党军服。它甚至没有一个名称，却像其他所有中央政府的军队一样只有一个头衔：它是中国国民革命军第八路军。

在那时候，在延安的一位美国记者向军事委员会主席毛泽东说：

"红军打日本兵时，是不是红旗和国旗并带呢？"

"我们既然换了制服，当然也必须换旗帜。"毛泽东毫不迟疑地答道。

这样一来，在外表上，确是没有办法把中国的红军和它过去的国民党敌人区别开来。它欣然地接受蒋介石——共产党曾在中国一半的省份里高呼着反对口号的人——的指挥。这支军队约有十万人的革命军队,它的基本队伍在十年间几乎每天要和他们现在穿着的国民党制服所代表的一切相战斗。这支军队建筑在一种严格的纯粹的战时共产主义的基础上,同时它实行共产党的命令,在战争中支持中国的统治阶级。然而这十万个战士竟驯服地接受共产党的这种命令,没有任何明显的反抗,虽然他们的家属大多数已被那统治阶级所屠杀。这个现象怎会可能的呢?这个回答是:

共产党对民众所行使的权力是惊人的。但是,这种纪律,要没有一九三五年八月以后两年的关于中国革命性质的深入的教育,是不会养成的。

共产党放弃苏维埃运动,究竟是胜利,是失败,还是战略?这在延安的人们,并不作如此看法,他们却用一种非常理智的,实事求是的眼光来观察的。个个人都好像把它看作一种历史的必然,看作尚未完成的中国革命——他们称之为资产阶级民主革命,就是从土地革命阶段进入到反帝阶段的过程——的发展的一个新阶段而接受它的。

关于这个问题,毛泽东曾在共产党会议中演说着道:

"……我们拥护革命变质的理论。民主革命将变为社会主义。在这民主革命中,有好几个发展的阶段,但这几个阶段都在民主共和国的口号之下,而不在苏维埃共和国的口号之下的。……我们不是托派,也不是半托派。我们主张革命的变质,不主张托派的'不断革命'论。我们主张通过民主共和国各必要阶段以达到社会主义。"

但是,民族统一战线运动,在整个民族危机在一九三六年十二月十二日西安事变中得到一个结论之前,很少发展。共产党为谋与国民党和蒋介石合作起来,几乎负了事变和平解决的全部责任。此后,谈判在暗中进行,但是,最后的协定直到对日开战以后才始成立。八月初,红军奉命开往前线,作为国家军队的一部分。

共产党现在所努力的是实现和国民党合作的十大政纲,代替他们过去的苏维埃政纲:

(一)发动全国力量决心抗日,逐出日本帝国主义至国境以外。

(二)停止一切对日外交谈判,反对南京政府的妥协及动摇态度。

（三）动员全国军队，开赴前线抗战。

（四）动员全体民众，参加对日抗战，予人民以爱国活动及武装的自由。

（五）组织一容纳各党各派的国防政府，肃清汉奸并日本帝国主义在华的势力。

（六）建立抗日外交政策，与苏联缔结军事协定，并与英美法缔结太平洋反日协定。

（七）采取抗日财政政策，该政策的原则为：凡有钱者都应捐助国家，日本帝国主义的财产则一律予以没收；同时实行抵制日货，提倡国货的经济政策。

（八）增进并改善人民的生活，取消不合理的附加税，减低赋税及地租。

（九）发展抗日国防教育。

（十）以国共两党为基础，组织一全国联合阵线以与日本抗战。[1]

"这是我们伟大的抗日政纲，"毛泽东说，"这十条如果我们能够实现，我们就能打倒日本帝国主义，否则，中国行将灭亡。"

中国共产党，为了他们各种统一战线、分裂和重行统一的战线，实行长时间的而复杂的政治和军事斗争，在这斗争后面，有一种关于革命的广博的政治哲学，和一种辛苦得来的关于实现这政治哲学的战术和战略方面的经验。

十二　统一战线的特点

毛泽东的革命思想，可以说是素向就有了的，也许是求学时代的学校给他选得对，因为他的那个师范学校在当时是急进的小资产阶级学生群众的中心点，也是工农运动的中心点：他帮助了一九二四年赴德留学的工学团。[2] 这个集团也是共产党活动的一个最重要的核心。

---

[1] 上述内容与中共中央1937年8月22日洛川会议通过的《抗日救国十大纲领》文字有差异。
[2] 此事不确。

后来，他就一贯地专心于他的革命的伟业。

国共两党开始分裂的时候，毛泽东反对陈独秀的右倾机会主义的路线，这种路线实际上是投降国民党；一九二七年，他开始实践自己的政策——组织革命军，建立苏维埃的政策。有些共产党人不以为然，说这是"枪杆运动"。但朱德在井岗山跟毛氏会合，他们这个根据地实际上领导着整个共产主义的革命运动。一九二八年，毛氏站在拥护正常发展的立场上反对"暴动主义"，结果获得了胜利。一九三〇年，他反对过左的立三路线，这是跟陈独秀的机会相反的另一错误路线。一九三一年，一切政治活动都上了轨道，毛泽东就成为中国苏维埃共和国第一任主席。

后来，中日战争的距离很快地逼近拢来了，毛泽东于一九三三年八月间开始要求国共合作，结成反日的统一战线，愿以放弃苏维埃为交换条件；毛氏这种对日局势的估计，当时也曾受人指责过。一九三六年"西安事变"爆发时，毛氏力主和平解决，结果果如所愿。要使全体共产党员如红军一致拥护这个统一战线，无疑地需要一等的政治手腕——而毛泽东终于成功地达到目的，共产党并没因此而分裂。从一九三五年到一九三七年抗日战争发生时这一混乱黯淡的时期内，毛泽东始终坚决把握住自己的主张：抗日问题是最重要的问题，抗日战争非但不能避免，而且非常迫切了。他竭力反对托派和那些过左的脚色，他们不高兴同国民党联合。毛泽东这一着又是做得对的。一九三三年七月七日卢沟桥事件发生时，延安的人们个个都非常崇拜毛泽东的"天才"。在那郁闷的西北地平线上还没有罩上来自日军的战云的时候，共产党那样应付西安事变，显然的是一种狂妄的侠义行为，此种行为有如孤注一掷的赌博，但是，毛主席却联合马克思主义的巨人们坚决主张这么干。

因为毛泽东关于中国社会问题的研究富有经验，所以他坚决主张中国革命的性质是一种反帝反封建的资产阶级民主民族革命。但是，有一派人是不同意这种分析的，这就是托派。一九二七年大革命失败后，托派得到如下的结论：

中国资产阶级革命的任务已经完成；关税的独立证明中国反帝反封建的阶段已经过去。托派理论更进一步地发展到如下的观点：在中国经济中占主要地位的是资本主义经济，不是封建经济。

毛泽东对于托派的歪曲理论，斥责着道：

"最近我在托派杂志上看到关于这问题的文章，他们在帝国主义问题上已经改变了自己的观点，他们同意中国依然在帝国主义支配之下的看法，但关于中国经济的性质问题，他们始终认为是资本主义经济。托派既然承认中国社会受帝国主义的支配，而同时又说资本主义在中国经济中扮演着主导的角色，这真是十分奇怪的观点。

"托派根据自己对于中国社会性质的估计，得到如下的结论：目前中国革命不是资产阶级性的革命，而是无产阶级革命，我们绝对反对这种观点。我们再把我们的见解重说一遍：中国社会是半封建半殖民地的社会，因此中国革命是反帝反封建的革命。"

毛泽东又说：

"中国革命的第一个动力是无产阶级，其次是农民。因为他们处在中国封建势力和帝国主义的双重压迫之下，他们的革命性格是很坚强的。在帝国主义和封建地主联合剥削下，中国农民不得不缴纳百分之五十到百分之八十的地租和百分之三十到百分之百的高利贷利息。这就是说，如果一个农民收得一百担谷，他必须给地主百分之五十到百分之八十。农民不得不借债，一借债，就必须给债主百分之三十到百分之百的利息。

"摆在农民面前的问题是怎样获得自己耕种的土地的所有权和怎样废除帝国主义的剥削的问题。资产阶级不能解决这个问题。只有在无产阶级的领导下，实践坚决的反帝反封建的斗争，才能解决中国的农民问题。所以，我们说，中国农民是中国无产阶级一个强有力的，有决定作用的盟友。

"中国革命的第三个动力是城市小资产阶级。这一阶级包括广大的学生群众，文化界的知识份子，小生产者，小商人，以及许多自由职业者。这些队伍大多数都能站在反帝反封建革命一方面。

"在中国，民族资产阶级占有特殊的地位。他们是革命的敌人，同时又是革命力量的一部分。有时，他们站在革命的方面。有时，他们又动摇起来，甚至站到帝国主义方面去。有时，他们站在地主方面。有时，他们又站在小资产阶级方面。这是因为许多民族资本家具有买办和半地主的特性。我们不能把买办资产阶级包括在民族资产阶级里。中国民族资产阶级大多有自己的资本，但这资本跟帝国主义资本和土地都有一种特殊的关系。那些大半倚靠帝国主义资本的资本家是属于所谓买办资产阶级。地主和买办跟帝国主义有根本的关系，所以他们是中国革命的主要敌人之一。

"当前的南京政府是地主，资本家，买办资本家的联盟。

"在某一帝国主义直接占领中国的情态下，地主和买办的利益受到这一帝国主义的直接威胁，他们都有不反对反帝斗争的可能，而且有拥护这一斗争的可能——至于那些自身利益不受这种侵略的影响的，或这个特殊侵略者有共同利益的脚色，当然要除外。

"因此，我们的抗日民族统一战线实际上是包括全民的，就是说包括汉奸以外的一切中国人。这是我们的民族阵线跟'人民阵线'不同的特点。

"我们的统一战线的第二个特点是：他由无产阶级政党所发动，而在以后的发展过程中，也只有在无产阶级的领导下，才能坚强他的组织，完成他的任务。这是因为无产阶级是中国惟一的觉醒者，有坚强革命力量的阶级。资产阶级负不起这一任务。"

十三　八路军的行进

当一九三四年中国共产党占据陕西之后，世界性的共产主义集团采取了"统一战线"的策略，联合一切反法西斯的力量。延安于是建议蒋介石团结一致，联合起来对抗日本。

一九三七年，共产党宣布废弃苏维埃制度，红军与国民党合作，并肩作战，抵抗日本。对于这件事，中共的将领们曾经说是"暂时性"的间歇，因为蒋介石的野心决不会因此联合抗日而能改变他原有的顽固性的，到了相当的时期，他是仍旧要反对共产党的；果然，在另一方面讲起来，也能使久经沙场的红军，可以乘此机会，有个喘息的机会。至于共产党的战略，毛泽东说得很明白：

"中日之战，给予我们共产党是个发扬光大的好机会。我们决定的方针是百分之七十的是自强，百分之二十的是妥协，百分之十的是抗战。但是，这个决不是我们共产党的阴谋，而是国民党的防止'异党'活动给予我们的暗示。"

共产党保持了他们的战略，确实地实施了最后一项办法，从战争中获得成功。所以当一九四五年击败日本，各地举行受降之初，中共也就接收了许多原被日军盘据的地方，和日军所缴纳的大量武器。

同时，当苏联在向日本宣战后的一周之内，共产党便先走在国民党之前一步，长驱直入地进驻到东北。这时候，李立三也从莫斯科归来，率领了一支红军，便坐镇东北。现在的他，已经把托洛斯基派的罪名洗刷殆尽，娶了一位苏联太太，据说和史太林的交情很好。

长征之后，共产党简直是一个溃不成军的队伍了，走完了二万五千里之后，剩余下来的只是些老弱残兵，占据着三个荒芜的小省份；但是，到了第二次世界大战结束的一天，他们已经增加到百万大军，掌握了中国最富饶的土地，和五千万人民。

卢沟桥事变发生之后，在整个七月中，延安的空气好像密云下雨，是不是自一九三五年八月一日以来，红军就早已预备好的民族解放大战真实出现了？抑或是中日之间，还将有更大的妥协，于是每夜，少数的收音机旁边，都是集满了来听消息的热心的听众，而街头也布满了迫切期待的巷议。

七月十七日蒋介石在牯岭谈话会上所发表的坚决的演说，受到热烈的拥护。接着，在八月初间，平津都被日军所占据，而上海的战事，也在八月十三日爆发，真正的战争终于确已开始，这一件事是完全清楚了。

红军原是在时时动员着的，而一接着限期五分钟的命令，就能开拔上前线的。自七七起,更已都准备好,急切地等待出发。蒋介石邀请朱德去参加八月初在南京举行的军事会议,延安的共产党都屏息地静候他的报告。

八月十一日,毛泽东发表谈话称:

"就在一二天之前,红军接到南京的命令,叫开到前线去,在政府的指挥之下,对日作战。不过,蒋介石还没有允许我们发表两党联合的政治大纲,这须等到对日战争开始以后,才能发表。

"虽然一方面,共产党已获得法律的地位,而朱德也参加了南京的国防会议,别方面,南京却还没有下令释放政治犯。并且共产党也还不曾能公开在白区活动。

"红军还没有改组,是因为蒋介石把这件事耽搁下,并且也没有派定总司令的缘故,我们仍用着红军这老名称。现在,我们只有把红军先送到前线,到那里再改变符号。同样,我们也还没有改变苏维埃政府的名称,因为南京也把这问题耽搁了。

"我想南京所以要耽搁这些问题的原因,是他们恐怕日本帝国主义,若是统一战线的宣言一发表,日本方面是一定会起一种强烈的反动的。因此,我们希望到战争既起以后再发表宣言。我们自己是希望早点宣布的,但南京是推辞了。

"同时,国共两党之间,还有许多问题没有解决,这就是说,南京希望从南京派下红军总司令及政治部的领袖,而我们是推却了。共产党建议了十条政治纲领,但南京却还没有决定接受。"

这时期,毛泽东非常坚强地主持十条政治纲领,因为他认为战争的前途,自然不出两种可能:不是胜利就是失败。于是他又说:

"胜利如何取得呢?是我们要奋斗,保持我们的精神,继续奋斗,并且保持我们的士气。假如中国能够实现这十条政治纲领,我们当然取得胜利。反之,若是不能,我们怕要失败。"

但是,当毛泽东发表上述的谈话的数天之后,迫切的问题都圆满解决了。蒋介石派定红军为第八路军,在晋绥前线归阎锡山指挥,又在九月二十二日,派定朱德做总指挥,彭德怀做他的副总指挥。统一战线的宣言，也在一个月后，用九月二十二日的日期公开发表——这日期是划分一个新时代的日期。

在八月及九月中，红军已悄悄地开往山西前线，担任所防卫的阵线，在平型关和日军作了一次的接触，结果，在九月二十四日，第八路军得到一次绝大的胜利，也就是中日战争中的第一次大胜利。

第五章　成功时期

十四　列宁第二

在一九四六年，美国开始为国共之间作调停人，这给予共产党是一个更好的机会，使他们能够充分地巩固实力。美国特使赫尔利作保，由他亲自到延安去，把这位文质彬彬的毛泽东邀请到重庆来。当飞机离开延安机场之前，毛泽东是怀着沉重的心情，和他送行的小女儿吻别。

六个星期之后，毛泽东又匆匆地飞回延安。仅由另外一位中共的大将负责对外的发言人周恩来留在重庆与国民党联络，继续谈判，直到谈判决裂为止。周恩来，共产党的领袖们之中最温文最漂亮的一位人物；在他的求学时代，是以善演旦角出名的，他的拿手好戏是"一块钱"，在话剧中，周恩来扮演的是一个风趣的乡下女人。

在延安，毛泽东过着乡土气味的田园生活。在一九三九年，他和第四位夫人结婚，她是中国大名鼎鼎的一位电影明星。毛泽东的日常生活很简单而又朴实，夏天住在一所砖砌的茅屋里，冬天住在山洞中，但是，他却时常的迁东搬西，这是为了他的安全，唯恐遭人暗算。好多年来，毛泽东的代步的惟一工具，只是一辆救护车，这是美国华侨洗衣业公会送给他的。在每天的大清早，访问解放区的美国人走过他那儿的时候，总是看见他和朱德在一起，像普遍的乡下人一样，提着一只竹筐拾兽粪。有一次，毛泽东对中共的作家

演说,他道:

"在过去时候,我以为只有知识份子是纯洁的,工人,士兵,和农民是肮脏的……可是到了现在,我深深地感悟到,认为最最纯洁的只有工人和农民,他们的双手虽然满是肮脏,他们的双脚虽然踏着兽粪,但是,他们的心地却是光明的,无瑕的,要比布尔乔亚天真。"[1]

曾经到延安去访问过的美国人,都说毛泽东是个胖子(五尺八寸高,二百磅重),幽默,强壮,像个庄稼汉,他的外表,完全是一副乡下人的样子。他坐着的时候,常常把一双腿高高地搁在桌子上,在天热的时候,他是不讲究礼貌的,喜欢赤膊,往往是光着身子的。有一次,在延安,红军大学的校长林彪和他在一块儿研究着军事地图,他亦毫不在乎地把长裤子脱了,赤着膊,漫不借忌。他的烟瘾很大,整天的总是含着一支香烟不离嘴。所以在一九三八年,中共中央委员会特地加了他五块钱的俸给,让他可以多买一点儿香烟。闲着无聊的时候,他就谈天谈地,或者嗑嗑瓜子。每饭不忘的是烧酒。但是,最近在医生的劝阻之下,他正把酒瘾戒绝了,不过,这在他的精神生活方面,未免有些感到枯燥呀。

毛泽东对于美国的访问者都很客气。有位美国著名女作家——史沫特莱——得到如下的印象:

"这名颀长高大的著名人物,用着宏亮的声音,走过来欢迎我们。他和我们一个个的握手,真是希奇得很,他的双手十指纤纤的,甚至比我的手还要柔软;……丢开政治观念不谈,他至少是一个审美家,……他问了千百个问题,……他说起话来,真是口若悬河,能够滔滔不绝地谈论着,不曾感到一点儿的倦态……他讲到印度,文学;有一次,他问我,假如我爱上了一个男人,为什么要爱他?又问我爱过什么人吗?他也问我对于爱情的观念怎么样?"[2]

许多年来中国共产党中最高的决策,均集中在毛泽东、朱德、周恩来等几位外,毛泽东氏的臂助者——刘少奇也是运筹帷幄的主要人

---

[1] 引自《在延安文艺座谈会上的讲话》,与《毛泽东选集》第3卷第851页的文字有差异。
[2] 参见史沫特莱著:《伟大的道路》。

物之一。他是中国共产党的惟一理论家和实践主义者,抗日的时候,曾在日敌占领北平期间,亲自在那边做秘密工作好几个月,布置一切地下紧要工作。所以毛氏倚之为卧龙凤雏,不论推行什么工作,或者实施任何政令,必经过共同商榷,而后决定施行。

他善于团结各地工人,到处都会觅缝进行工作,所以在上海、汉口、广州等地均经由他布置的地下组织,他不但忠于主义,且肯喜欢在暗地里拼命的干。不必要叫人家晓得的事,就绝不肯轻易让人知道,什么都不露锋芒;看看他的厚厚的脸,配上两块厚厚的嘴唇,穿着老是一套中共的行政人员衣服,戴上了一顶四季适用的帽子,实足一付貌不惊人的土老儿相,可别忽略了他,他就是毛氏倚之为左右手的政策推动的原始力量刘少奇。

毛泽东是中国共产党头脑冷静的政治领袖,由于远大的目光和对于局势的正确估计,而成为共产党杰出的人物。他往往粗枝大叶地描出政策的基点,再由别的共产党人加以补充和注释。

这位中国的人民领袖获得了一个革命领袖特有的长期活动的经验,有了这种渊博的经验,他才能胜任目前的职位,这种渊博的经验不让任何天赋的才能。并不是说来过甚其词,毛泽东素向没有走错路线,他的每次的政策都是对的。人人都说毛泽东是"天才"家。在苏联的十月革命中,列宁的铁一般的意志使布尔什维克党坚决地向无产阶级专政方面奋斗,而毛泽东这样成功地实现了自己的政策,解放了全中国的人民从水深火热的生活中欣慰地喘了一口气,几乎跟列宁的作为一样伟大。

十五　心理武器

在延安,最流行的,最特殊的娱乐,也可以说是宣传,那就是"活报",它是以戏剧的方式来表演新闻时事,告诉人民一种政治认识的讲授法。但是,到了周六的晚上,他们经常地也举行跳舞会,毛泽东往往穿了乡下人的服装,和他的夫人同舞,或者朱德夫人,周恩来夫人，以及其他的女党员们。在晚舞会中，他们总是表演一种旧式的"秧歌舞"：一个牧童睡在羊群旁边，一位花花绿绿的姑娘走来在他身边舞蹈，用袖子扫过他的脸，唤醒他。这个脚本在旧式的演出上，原来是男女两人调情的一幕。但是，共产党是用旧瓶装新酒的作法，将它改为口号式的宣传，那女的惊惕地说道：

"帝国主义已经来吮吸你同胞的血了，你怎么还在这儿睡觉哩？"

牧童站起来，摆摆架子，认清了他的责任，和这姑娘走向光明去。

戏院在共产党的社会生活中占着很重要的地位，就是在英国莎士比亚时代或苏联现今也没有。对于中国共产党人，戏院断乎不仅是娱乐，或是一种唤醒社会意识的宣传工具。它是革命本身不可分的部分。它把几种机关合而为一——教堂，国家和政治集合。即使在"长征"中，在那艰苦的"大草地"上，戏院也在夜帐的火光四周极其活跃，酬慰那些苦斗了一天的疲劳的战士们。人类是不能单靠食粮而行军的。

有位美国的新闻记者，看了延安的戏剧之后，他发表感想说：

"艺术，抽剥到它最素朴的本质时，确是一种武器，尤其是中国共产党人的演员们，他们只有极少的道具，和很简单的情节来帮助他们演出，确是可贵的。他们在那赤裸裸的舞台上，他们的演剧才能不得不受最高的试验。演员就是戏剧。他们倒都好得惊人。孩子们是那么自然，那么平均，我想他们会使秀兰·邓波儿[1]显得非常做作。关于这一点，所有的中国人都是天生的好演员。他们不论男女老幼，在舞台上都是完全从容自在的。那些戏都是种极显露的宣传，但观众对于这点倒并不吹毛求疵。然而他们非常辨别表演，从不失掉一个精彩之处，立时用有眼力的喝采来回答任何一场刻划人物特性的好戏。我想那种临时加上的台词——那是常有的——是那么密切地吸住他们注意的部分原因。他们因此老是津津有味地看不同演员所演的同一出戏，而在许多次重看之后成为鉴赏家了。"

毛泽东及其他的中共领袖们，却常到戏院中来，——戏院每星期

---

[1] 20世纪40年代美国著名儿童影星。

演戏几次——恰像每个别人一样，好似孩子般的看得津津有味。

关于这戏院的有趣的事并不是剧本，也还不是表演。那是观众共享着剧中人生活的这个事实。人人的脸儿都是全神贯注的；舞台上活动的演员和长凳上受动的观众之间，情感的维系是正像梵亚铃[1]和它的乐弓一样地密切。这些演员始终合着听众的情感而演戏。他们不是和观众分离，给与外人的娱乐，却是代表群众作一种表演。永远不曾给人找到一些更"非职业的"演员——也不能找到眼力更惊人的观众。这是真的同志之谊。

每次，在戏院中的空气总是一样的。兵士们等从不感到厌倦，虽然他们之中也许有几个一定已经同一出戏看过十多次了。

剧本的来源，大多采用各国的名剧，或是由上海等地剧作家所编的，但其余的都是跟军队在一起的人们所创作的。

在延安，剧团多得不得了，各个的单位组织，差不多都有他们自己的剧团。这些剧团，都是兴高采烈地，生气勃勃地相互竞赛。

当然，延安的戏院，是中国从一九一九年新文化运动以来最有意味的发展。这是希腊神话中的飞马缚上一辆沉重的北平大车，因为必须使它能被兵士、工农大众所理解。但这比一头飞马高翔在牵强附会的稀薄空气中，是更真实，有更大的真的文化价值。

这种戏剧，却是与共产党有关的革命的知识份子所倡导了的，他们绝不应用中国舞台的任何古老的惯例——不用脸谱，唱白，男扮女装，假声歌唱，击打锣鼓。戏剧和它的表演都是十分自然的，正像取自现实生活一样。但在演出中，仍旧有着一种特质和情调，一种拘束，一种随便和故意的临时加上台辞，着重手势，全然赤裸的舞台[2]，和完全专心于表演本身——这一切使人想起中国戏院的特点。当然还有那戏剧的长度，观众好像总不以一场为足够的。

政治方面有变动时，戏院总是即刻完全改变过来适应它。所有的歌都换了新的语句，新的戏剧，新的讽刺短剧，和"活报"都匆促编

[1] 小提琴的音译。
[2] 指没有幕布和背景。

就。当取消苏维埃的时候，那戏剧的演出全都用来解释这个变动，并使人对这个变动同情。总之，延安的戏剧，一切都使人们向着同一目标了解，所以到了此番解放战争开始的时候，戏院的主要内容是：鼓励反对统治阶级的压榨运动，和唤醒人民要求民主。

共产党人非常明白：获得中国人民的心的方法，便是应用他们世代相传的爱好戏剧的心理。中国的露天戏院已经发达了好几百年了。虽然元朝以来历代的颓废的知识阶级未曾有过什么新而富有生气的创造，人民可因为缺乏较好的鉴赏对象，从来没有停止过对于旧剧的忠实爱护。现在，革命知识份子空前地在民众中间工作，人民正在其本身发现创造新文化复兴的才能。他们最初的努力就在那所爱的戏院的范围之内。

十六　新中国的创造者

毛泽东究竟是那一种共产党呢？

多年来，在美国记者的报导下，许多外人都以为中国共产党仅是一批"土地革命家"。因此，在华盛顿还流传着这么样的一个故事：有一次，在莫斯科的会议席上，莫洛托夫对一位美国代表说：

"中国共产党并不是共产党，他们是人造麦淇淋，就是好像是共产党而已。"

毛泽东并不是人造麦淇淋式的共产主义者。在他民国二十九年发表的《新民主主义论》中说得很明白，他表示要以温和怀柔的政策来使中国走上共产主义的途径。

毛泽东说："中国还是个封建的国家，在共产主义革布尔乔亚的命之前，应该先由布尔乔亚革封建思想的命。只有这二个步骤，才能使中国渐渐地走上马克思的路线。但是，第一步的'民主方式'，不是欧美式的民主；而是统治一切反帝国主义，反封建的民主共和国。"

目前的中国，因为他还需要工业方面的发展，所以应该仍旧和小资产阶级以及中小级的资本家合作。不过，土地是要"平均"的，资本是要"节制"的。不消说得，如果不是这样做，要想把中国建立成一个新的国家，那是不容易的。

"谁反对政策，"毛泽东以警告的口吻说，"就是自取末路……新中国的太阳在地面上出现，我们正举手欢迎它的来临。擎起你的手来，新中国是我们的！"[1]

中国人民历来受到许多征服者的统治，蒙古人、鞑子、满清。历代多少元首，如秦始皇、汉武帝、唐太宗、宋高祖、成吉思汗，都曾征服了地大物博的华夏古国，但是，这些人物，都不曾被毛泽东看得入眼，他知道得很透彻。

一般没有见过毛泽东的人，都以为他是一位时髦的马克思主义的信徒，或者是一个青面獠牙的杀人祖宗，那知道理想恰好与事实相反，毛泽东不但不是一个刽子手，而且还有着文质彬彬的学士才华。不相信吗？且看他于民国三十五年一月十九日，发表在《新民晚报》重庆版上的一首亲作的咏雪词，调寄"沁园春"，曾写下这样的句儿：

> 北国风光，
> 千里冰封，万里雪飘。
> 看长城内外，惟余莽莽，
> 大河上下，尽是滔滔，
> 须晴日，
> 看红装素裹，
> 分外妖娆，
>
> 河山如此多娇，
> 引无数英雄尽折腰。
> 惜秦皇汉武，略输文彩；
> 唐宗宋祖，稍逊风骚，
> 一代天骄，成吉思汗，

---

[1] 以上引文与《毛泽东选集》第 2 卷《新民主主义论》的文字有差异。

只识弯弓射大雕。

俱往矣，

数尽人物，

还看今朝。[1]

到了一九四七年，延安被国民党军队攻进，于是毛泽东又过他的流亡生活。但是，说来很难使人相信的，毛泽东不像中国的一般的将领，他是最后一个出城的，直到蒋介石的队伍进城的前一天，方才黯然的离去，退到郊外村子上，搭了蓬帐，暂时栖身一下，作为临时总部。当他退到郊外之后，一度曾被敌方突袭，与他的所在地只有十里光景，部属都劝他快些离去，而他却是意态悠闲地说道：

"急什么呀？等他们开了火再走，也不会显得迟呀。"

此后的一年多，他又浪迹天下，跑遍了陕西的山岳地区。直到去年深秋，他才到达华北石家庄，就是目前中共的新都[2]。他把这个小小的城市，奠定为中国共产党的行都，成为华北平原上的重要行政中心。不久之后，他又随着解放军的进展，再度地夺回了延安[3]，旧地重游，数战沧桑，一怀情深，自有一番说不出的滋味在心田。毛泽东在解放区中，他是深受一般人民的爱戴的，他的名望要超过他的权力之上。

十七　新中国的诞生

一九四九年六月十五日，这个伟大的将在中国近代史上留下不可磨灭的日子，不但是在中国历史上是一个划时代的伟大事件，乃至世界史上，也是一个非常光辉而重要的里程碑。因为全中国人民，盼望着很久的一个民主的、独立的、和平的、统一的中国就将从这个伟大的日子而开始诞生了。

---

[1] 作者摘抄与正式发表的《沁园春·雪》不同。
[2] 即河北平山县西柏坡。因在石家庄郊区，故有此说。
[3] 不确，毛泽东没有返回延安。

在三年前，基于毛泽东正确思想领导下的人民解放军，为了它，牺牲了无数的烈士的头颅和鲜血；为了它，牺牲了无数的人民的生命财产。到今天，全国解放就在眼前，那许障碍人民翻身的一切反动势力就要完全消灭，可以顺利地建立一个符合人民愿望的新中国，这是何等高兴的事啊！

新政治协商会议筹备会于北平就在这天隆重地揭开了序幕，经过了五天的讨论，便在一十九日下午六时半完满结束，宣告闭幕。这是建设一个符合人民愿望的新中国的诞生，这是表明中国人民在向毛泽东学习之下的革命已经基本上摧毁了蒋介石匪帮的反革命统治，革命的人民解放战争已经基本上奠定了全国胜利的基础。

召集新政治协商会议以建立民主联合政府的主张，是中国共产党在一九四八年"五一"口号中所提出的。中共的提议得到了全国民主阵营迅速的普遍的响应。代表各民主党派和各民主阶层的人士，去年八月开始，就陆续来到解放区，以便与中共共同进行新政协的筹备事宜。中共负责人曾与他们就各种国是问题，详尽地交换了意见。在历时约十个月的商谈中，对反动帝国主义、反对封建主义、反对官僚资本主义、打倒国民党反动派的统治，以及建设新民主主义国家的纲领和步骤等项根本问题，获得了一致的意见。

在这一坚固团结的基础上，经各方协议之后，新政协筹备会终于在六月十五日在北平中南海勤政殿召开。这次会议一共开了三次的全体会和两天的小组会。会议整个过程，充分显示出和谐团结的气氛和实事求是的精神。

在第一天的开幕典礼上，毛泽东讲演着说——

我们的新的政治协商会议，今天开幕了。这个筹备会的任务，就是：完成各项必要准备工作，迅速召开新的政治协商会议，成立民主联合政府，以便领导全国人民，以最快的速度肃清国民党反动派的残余力量，统一全中国，有系统地和步骤地在全国范围内进行政治的、经济的、文化的和国防的建设工作。全国人民希望我们这样做，我们就应当这样做。

新的政治协商会议，是中国共产党在一九四八年五月一日向全国人民提议的。这个提议，迅速地得到了全国各民主党派、各人民团体、各界民主人士、国内少数民族和海外华侨的响应。中国共产党、各民主党派、各人民团体、各界民主人士、国内少数民族和海外华侨都认为：必须打倒帝国主义、封建主义官僚资本主义和国民党反动派的统治，必须召集一个包含各民主党派，各人民团体，各界民主人士，国内少数民族和海外华侨的代表人物的政治协商会议，宣告中华人民民主共和国的成立，并选举代表这个共和国的民主联合政府，才能使我们的伟大的祖国脱离半殖民地和半封建的命运，走上独立，自由，和平，统一和幸福的道路。这是一个共同的政治基础。这是中国共产党，各民主党派，各人民团体，各界民主人士，国内少数民族和海外华侨团结奋斗的共同的政治基础，这也是全国人民团结奋斗的共同的政治基础。这个政治基础是如此巩固，甚至于没有一个认真的民主党派，人民团体和民主人士提出任何不同的意见，大家认为只有这一条道路，才是解决中国一切问题的正确的方向。

　　全国人民拥护自己的人民解放军，取得了战争的胜利。这一次伟大的人民解放战争，从一九四六年七月开始，到现在，业已整整的三年了。这一次战争是由国民党反动派在获得外国帝国主义的授助之下发动的。国民党反动派背信弃义，撕毁了一九四六年一月的停战协定和政治协商会议的决议，发动了这一次反人民的国内战争。可是，仅仅三年时间，即已被英勇的人民解放军所打败。不久以前在国民党反动派的和平阴谋被揭穿以后，人民解放军即已奋勇前进，横渡长江，国民党反动派的都城南京，已被夺取。上海，杭州，南昌，武汉，西安，已被解放。现在，人民解放军的各路野战军正在向南方和西北各省，执行着自有中国历史以来未曾有过的大进军。三个年头中国人民解放军共已消灭反动的国民党军九百五十九万人。截至现时为止，残余的国民党军，包括它的正规部队，非正规部队及后方军事机关，军事学校等在内，只有一百五十万人左右了。肃清这一部分残余敌军，还需要一些时间，但已为期不远了。

这是全中国人民的胜利，也是全世界人民的胜利。整个世界，除了帝国主义和各国反动派，对于中国人民的这个伟大的胜利，没有不欢欣鼓舞的。中国人民反对自己的敌人的斗争和世界人民反对自己的敌人的斗争，其意义是相同的。全中国人民和全世界人民一齐看见了这样的事实：帝国主义指挥中国反动派用反革命战争残酷地反对中国人民，中国人民用革命战争胜利地打倒了反动派。

在这里，我认为有必要唤起人们的注意，这即是：帝国主义者及其走狗中国反动派对于他们在中国这块土地上的失败，是不会甘心的。他们还会要互相勾结在一起，用各种可能的方法反对中国人民。例如，派遣他们的走狗钻进中国内部来进行分化工作和捣乱工作。这是必然的，他们决不会忘记这一项工作。例如，唆使中国反动派，甚至加上他们自己的力量，封锁中国的海港。只要他们还有可能，他们就会这样做。再则，假如他们还想冒险的话，派出一部分兵力侵扰中国的边境，也不是不可能的，所有这些，我们均必须充分地估计到。我们决不可因为胜利，而放松对于帝国主义分子及其走狗们的疯狂的报复阴谋的警惕性。谁要是放松这一项警惕性，谁就将在政治上解除武装，而使自己处于被动的地位。在这种情况下，全国人民必须团结起来，坚决彻底干净全部地粉碎帝国主义者及其走狗中国反动派的任何一项反动中国人民的阴谋计划。中国必须独立，中国必须解放，中国的事务必须由中国人民自己作主张，自己来处理，不容许任何帝国主义国家再有一丝一毫的干涉。

中国的革命是全民族人民大众的革命，除了帝国主义者，封建主义者，官僚资产阶级，国民党反动派及其帮凶们外，其余的一切人都是我们的朋友，我们是一个广大的和巩固的革命统一战线。这个统一战线是如此广大，它包含了工人阶级，农民阶级，小资产阶级和民族资产阶级。这个统一战线是如此巩固，它具备了战胜任何敌人和克服任何困难的坚强的意志和源源不竭的能力。我们现在所处的时代是帝国主义制度走向全部崩溃的时代，帝国主义者业已陷入不可解脱的危机之中，不论他们如何还要继续反对中国人民，中国人民总见有办法取得最后胜利的。

同时，我们向全世界声明：我们所反对的只是帝国主义制度及其反对中国人民的阴谋计划。任何外国政府只要它愿意断绝对于中国反动派的关系，不再勾结或援助中国反动派，并向人民的中国采取真正的而不是虚伪的友好态度，我们是愿意和它在平等，互利和互相尊重领土主权的原则基础之上谈判建立外交关系的问题。中国人民愿意和世界各国人民实行友好合作，恢复和发展国际间的通商事业，以利发展生产和繁荣经济。

诸位代表先生们：我们召集新的政治协商会议成立民主联合政府的一切条件，均已成熟。全国人民是如此热烈地盼望我们召开会议和成立政府。我相信，我们现在开始的工作，是能够满足这个希望的，并且不需要多久的时间就能满足这个希望。

中国民主联合政府一经成立，它的工作重点将是：（一）肃清反动派的残余，镇压反动派的捣乱。（二）尽一切可能用极大力量从事人民经济事业的恢复和发展，同时恢复和发展人民的文化教育事业。

中国人民将会看到，中国的命运一经操在人民自己的手里，中国就将如太阳升起在东方那样，以自己为辉煌的光焰普照大地，迅速地荡涤反动政府留下来的污泥浊水，治好战争的创伤，建设起一个崭新的强盛的名符其实的中华人民民主共和国。[1]

这个新中国的诞生的开始，正好像在黑暗中奋斗着的太阳，经过了漫漫长夜的绞心沥血的努力，终于吐出万丈光芒，以雷霆的步武冒出地平线上来了。

当然的，中国的人民不能不以满怀的热诚，庆贺这新生的太阳出土。更不能不以满怀的热诚，庆贺这新生的太阳永远上升，永远不会下降。这是规模宏大的新民族形式的史诗的序幕，是畸形儿的旧民主主义转换到新民主主义的光荣的开始。

我们中国在二千多年来的封建统治之下，在一百年来的帝国主义侵袭之下，在三十年来的买办资本主义蠹蚀之下，国家生产落后了，

---

[1] 见《毛泽东选集》第 4 卷第 1463—1467 页。

人民受着三重的奴役。一百年来我们的祖先为了抢救前后免除奴役，不屈不挠地作着流血的斗争，然而连旧民主主义形式的革命，一直没有得到完成的。

旧民主主义形式的革命在中国未能完成，在今天看来与其说是不幸，倒毋宁说是一件幸事了。我们今天在全心全意为人民服务的中国共产党和毛泽东主席领导之下，在毛泽东主席所提倡的新民主主义的照耀之下，我们将要永远走着上坡路，而永远不会下降了。

从今天起，中国人民迈步踏进了有史以来最严肃而重要的时期——即建立我们人民自己的政权的时期。在这个政权领导之下，中国人民将努力建设一个人民民主的新中国，逐步逐步地把我们这个落后的农业国家变成进步的工农业国家，把我们英勇勤劳然而多年来受苦受难的人民最后迈进康乐幸福的境界。

十八　向毛泽东学习

毛泽东思想就将照遍全中国的每个角落里；没有一个人民不欣喜地鼓掌着自己底翻身，人人都做了主人，谁都不出现以对这位伟大思想家的致敬——人民底救星，毛泽东。他为人民服务，争取和平，争取民主，争取人类最高尚的正义。

毛泽东会引导人们走向何等高度的民主，走向何等庄严与荣誉，伟大的新民主主义——新中国的诞生就在眼前。

中国共产党领袖，毛泽东，教育了这批具有特种性格的干部，教育了这批经过千锤百炼的人民的队伍——解放军。新民主主义——是我国伟大人民底民族天才底精华。

在获得解放后底每个人民，人人都有一种统一的要求，这即是改造思想的学习。但是学习些什么？向谁学习？都是当前在学习前提之下需要找求答案的普遍课题，这个，其实还是容易解答出来的，一句话，为人民服务。不过，为人民服务，不是一句口号，而是需要你实事求是地去做的，它本是有着原则的，这便是应当循着工农大众利益的出发点去为人民服务，不要凸出新民主主义的新的范畴，要向毛泽东看齐，要向毛泽东学习。

今天，每一个人民都要把毛泽东思想作为自己学习的主要课题。所谓毛泽东思想就是新民主主义。所谓新民主主义就是新式的民主主义。旧式的民主主义是由资产阶级所领导，而今天我们所要学习的新民主主义却是无产阶级领导的。它和社会主义不同的地方，是社会主义废除私有财产制度，消灭资本主义，消灭资产阶级剥削，由无产阶级专政；新民主主义不废除私有财产制度，除了官僚资产阶级和大买办阶级必须打倒之后，不消灭一般的资本主义，不打击民族资产阶级。旧民主主义是以实现资产阶级民主主义革命为目的的，而新民主主义却是以实现无产阶级社会主义革命为理想。

我们要建设新民主主义的新中国，就必须对新民主主义展开普遍的学习。为了人民翻身做主人的需要，在理论上，实践上，都应该深切了解新民主主义的真谛。但是学习应从实际出发，不是从定义出发。因为毛泽东思想是根据马克思主义的，实事求是的。马克思主义叫我们学习不要从抽象的定义出发，而要从客观存在的事实出发，从这些事实中找出方针，政策，办法来。我们要向毛泽东学习，就应该这样做。

从毛泽东思想中告诉我们，现在的中国的革命，是无产阶级领导的人民大众的反帝国主义，反封建主义的革命，真正人民大众的东西，一定是无产阶级领导的，资产阶级领导的东西，不可能属于人民大众。

那末，什么是人民大众呢？最广大的人民，占全国人民百分之九十以上的人民，是工人，农民，兵士与小资产阶级。所以毛泽东思想，第一是为工人的，这是领导革命的阶级。第二是为农民的，他们是革命中最广大最坚决的同盟军。第三是为武装起来的工农，就是中国人民解放军及其他人民武装队伍，这是战争的主力。第四是为小资产阶级的，他们也是革命的同盟者，他们是能够长期地和我们合作的。这四种人，就是中华民族的最大部分，就是最广大的人民大众。

已经解放了的翻了身的中国的人民，应该要向毛泽东学习，要向新社会学习。这里所说的毛泽东思想，是群众生活群众斗争里完全适用的活的新民主主义，不是单单书本上的死的新民主主义。我们要向毛泽东学习，应该把书本上的新民主主义移到群众中去，成了活的毛泽东思想。

但是在学习之中切切不可轻视了和忽视了普及，不可不适当地太强调了提高。提高应该强调的，只是强调到不适当的程度，那就错了。然而普及在目前比提高来得切要，因为人民要求普及，所以我们的学习，是为普及有所决定，同时又给普及以指导。所以说，我们的提高，是在普及基础上的提高，我们的普及，是在提高指导下的普及。

学习应该根据实际的需要的，不着边际的学习，那是要不得的，关于这方面，毛泽东曾经说过如下的佳言：

"我们学的马恩列斯。但是我们中的许多人，他们学马恩列斯的方法则是直接违反马恩列斯。这就是说，他们违背了马恩列斯所谆谆告诫人们的一条基本原则：理论与实践统一。他们已经背违了马恩列斯的这条原则，于是他们就造出一条相反的原则：理论与实践分离。……教哲学的不引导学生研究中国革命运动的逻辑，教经济学的不引导学生研究中国的经济特点，教政治学的不引导学生研究中国革命的策略，教军事学的不引导学生研究中国军事的特点，诸如此类，其结果，谬种流传，误人子弟。"[1]

中国就将彻底地全国解放了！

我们赶快来向毛泽东学习，迎上这个伟大的新时代！

这伟大的解放事业，不单单是我们四万万七千五百万同胞受到空前的、巨大的影响，就是全世界的人民，不论是社会主义国家的或者是资本主义国家的人民，也一样为这一划时代的伟业，受到空前的、巨大的震动，东亚的睡狮毕竟是觉醒并且站起来了！

这是一个悲惨的，痛苦的，哭泣的旧时代的终结；这是一个快乐的，光荣的，欢笑的新时代的开始。由此，我们就当虚心学习，丢掉劣根性，献出我们的力量来为人民服务！

---

[1] 见《改造我们的学习》,《毛泽东选集》第3卷第798页。

毛泽东和我的游学经历

萧瑜 著

〔美国〕雪城大学出版社（Syracuse University Press）

1959

第一章　湖南——英雄与强盗之域

我和毛泽东都生于以出英雄和强盗著称的湖南。在中国，甚至在海外的华侨社会中，常流行着下面的一句俗语："若欲中国真灭亡，除非湖南人死光。"[1]

两千多年前湖南是一个很强的国家。当时称为楚国，它的世仇是其近邻秦国。另外一个从那时一直流传到现在的俗语是："楚虽三户，亡秦必楚！"[2] 湘是湖南另一个代用的名字。省的名字常随朝代而改变，在一八六四年时，太平军差点把满清王朝倾覆了，但终于亦被湘军所剿灭，因而湖南人在武功上遂得赫赫之名。

八百里洞庭横卧在湖南省的北边，无数的河渠贯穿于长江与大湖之间。发源于南部群山的湘、芷、沅、澧四江约略平行地向北汇流于洞庭，而将湖南分割为若干片状地区。四江中最大的是湘江，这就是本地区旧名所自来的原因。

今名湖南乃是"湖"和"南"两个字的组合。本省既是坐落在洞庭湖的南边，则本省之被命名湖南固极显然。湖南位于华中地区。根据一九四七年的官方统计，全省人口为 26 171 117 人。省会长沙，全省计分为七十七个区，总面积计为 204 771 平方公里。

地险山高而又穿插着四条奔腾的江川，遂使湖南的地理形势显得异常的奇突、险要、壮美。天才诗人屈原即降生于此。当年楚王因听信谗言，竟至将他放逐，而屈氏的名著《离骚》即其自白自悼之作。最后当他体认其改革朝政之理想已不可能实现时，遂投汨罗江而死。他投江之日系五月初五，两千多年来每逢此日，全国各地，家家户户，无不举行纪念；这个纪念即西方人所习知之"龙舟节"。这个节的最初仪式系把竹叶包裹的米投入水中，而后来则演为吃粽子以及龙舟竞赛。

---

[1] 此语出自杨度。杨度（1874—1931），湖南湘潭人，清末民初致力于君主立宪活动。晚年倾向革命，并加入中国共产党。原话为："果若中国灭亡，除非湖南人死光。"
[2] 语出《史记·项羽本纪》。"三户"指楚国昭、屈、景三大姓，亦曰楚国即使剩下很少人，亦能灭亡秦朝，指项羽灭秦。后人常以此语比喻楚人的顽强精神。

除了供给它的诗人和画家灵感之外，自古以来，这些奇突的山脉即为无数的匪徒提供掩护而使其获得滋长，因而有"群盗如毛"之俗语。湖南受孔孟之道的直接影响远较黄河流域为晚。一个有趣的现象是，三千多年前曾一度主宰此地区的苗蛮，乃是今天住在边远的山洞中而与世隔绝的那少数断发纹身、在半开化状态下的部落之祖先。

湖南人，包括受过文教陶冶的学者在内，总是喜欢作豪语："老子不怕邪！"湖南人的勇敢和坚强不屈的精神全国驰名。

一九一一年八月十九日标志着向统治中国三百年之满清王朝进军的第一步。那次革命起于湖北，初起时声势并不大，并被孤立。但在还不到半个月的时间之内，在九月一日那天，湖南即正式投入革命，而在杀死了总督和若干满清王朝的高级官吏之后，当地的革命情形即已底定。

来自上海的三千至五千吨的货船可在湘江行驶，湖南经常有大量货物出口，而出口货物则以运销到欧洲之猪肉和猪鬃为大宗。以稻米饲养的湘猪只，其肉以味美著名于世。

在湖南这个奇异的地区之中，当地所生产之极其辛辣的辣椒，已成为经常食用的食品之一。儿童几乎从学走路时起即开始吃这种东西。这种辛辣的辣椒或者正可以被视作食用者之活跃而坚强的性格之象征。我和毛泽东这两个英雄和强盗地域之子孙，习惯了这种食品之后，全世界再没有任何更辣的东西能难倒我们的了。

在这个辣椒和腊肉地区的中心，从省会长沙乘汽船约莫两小时即可到达一个被称作湘潭的县份。越过湘潭县城约莫四十至五十公里之遥，有一个被称作阴田石的地区[1]。在这里人们可以看到一座高山，高山过去是一座较低的山，而再过去又是一座高山，两座高山之间有一个离我家乡不远的地方称为韶山冲。阴田石的高山和丘陵常被比作形成美丽花朵的莲花瓣。

在其中的一个"花瓣"之上，一八九三年十一月十九日[2] 出生了

---

[1] 今韶山市银田镇一带。
[2] 毛泽东生于1893年12月26日，按阴历是清光绪十九年十一月十九日。

一个属于人类的小生物，他在那里度过了他的童年。那个青年的名字即是后来世人所习知的毛泽东。

第二章　毛泽东度过其童年时代的田园

　　毛泽东的父亲毛顺生在湘潭韶山冲拥有几块小面积的稻田。毛家住宅坐落在一个小山丘的脚下，是一所乡下的矮小房屋。他们自己耕耘，自己收割，过着自耕农的生活。

　　父亲和长子毛泽东生性都异常固执，以致常常争吵；这父子二人从不曾在任何问题上获致过协议。

　　起初毛顺生送他的长子进本村一间私塾就读，在那间学校中，学生只能学到少许汉字以及计算流水账之类的东西。毛顺生从不曾打算让他的儿子接受任何较高的教育，这是因为他在农田里需要帮手，而又雇不起长工之故。不过当毛泽东已经认识足够阅读简单故事的汉字之时，便弄到了一部他在相当程度上能够读得懂的小说，在他居住的那个小村庄中，只有极有限的几木书可以找得到的。而刚巧在那几本书中有两部最为大众所爱读的小说：《水浒传》和《三国演义》。头一部讲一百零八将聚义的故事；第二部则是叙述三国时代战争的故事。于是毛泽东便对这两部小说着了迷；他几乎把从农忙中所能抽出来的每一分钟，都用于在田边上来阅读这两部小说。

　　其时毛泽东已经长得身高体健；当他十四、五岁的年纪时，便已经长得和他父亲一般高大。他能把两个异常沉重的粪桶挑送到田里去，而每日数次。父亲见有这样一个好帮手，心里自是高兴，然而毛泽东的心思却并不在这些地方。他每天到田间去时总带着他的书。一遇机会到来，他就跑到那个隐避在古墓后面的树下，聚精会神地阅读起来。当他逐字逐句阅读那些山大王的生活和劫掠之事，或三国战争的奸计和谋略时，常常手舞足蹈，有如发狂。

　　他的父亲完全被日常生活所占据，因发现田里工作没有做完而又常常半天看不到他儿子的面，于是开始注意毛泽东的行为了。最后有一天，毛泽东终于被他当场逮住；其时毛泽东坐在古墓后面，身旁放着两只空粪桶，手里拿着一本书，看得正起劲呢。毛顺生看到这种情形，几乎连肺都气炸了。

"原来你已经决定不做活了，是不是？"毛顺生怒气冲冲地问道。

"不是的，爸爸，我只是少歇一会。"毛泽东回答说。

"那么，整个早上你为甚么连一点粪都没有挑呢？"

"不是，我做过了。从天亮起我已经挑了几担子粪了。"毛泽东指着身旁两只空粪桶向他父亲解说。

"挑了几趟？"

"从天亮起至少已有五六趟。"

"半天的时间就只五、六趟吗？你以为那就足以赚回你的费用了吗？"

"那么，你认为在半天的时间之内能挑多少趟呢？"

"二十趟！至少十五趟。"

"但是从家里到田里可是够远的呀！"

"你认为我应该把房子建筑在稻田边上，而好减轻你的工作！从前我像你这样大年纪时，也只做这一点活吗？你对家里的事情似乎不再关心了。你也不想想我们怎样活下去！你安闲地坐在这里，仿佛甚么事都不放在心上！你就全然没有一点义务感吗？浪费时间看两本子破书会有屁用呀？你已经不是小孩子了，假定你要吃饭的话，你就必须做活！"

"成了，成了。你总是成天抱怨。"毛泽东回答道。

这一幕过去之后，他们一起回家吃中饭，大约在当天下午五点钟左右，儿子又不见了。这一次毛顺生很容易就找到了他的儿子。他径直到古墓后面的树下，因为这个地方早上曾经惹他生过气，他记忆犹新。这回毛顺生到了那里一看，他的儿子正坐在那里，而又是两手捧书，身旁放着两只空粪桶子。早上中断的争吵又开始了：

"难道你的魂魄已经为那两本坏书所夺，而对你老子的话全不再放在心上了吗？"

"没有,爸爸。我很注意听你讲的话。你叫我做的我都做好了。"

"你很清楚我需要甚么。我要你照顾农田,按时在田里做活,不要再看这些坏书。"

"我是要按时在田里做活的;但是我也同样要按时看我的书。当我在田里把活做完之后,我就得闲了,我现在不是很空闲吗?这样你就不能再抱怨和咒骂。假定我在田里做完了我的活的话,你就没有权不让我看书。"

"可是,孩子,你只挑了几桶子,就躲到这里来看书了。"

"在到这里来看书之前,我已经把你所告诉我的做完了。"毛泽东心平气和地回答。

"你挑了多少?"父亲质问道。

"吃过中午饭之后,我已经挑了十五担子粪。你如果不信的话,你自己可以到田里去数一数,然后你可以再到这里来。但请你现在让我安静一会,我要看书。"

他父亲一听,目瞪口呆,一时做声不得。十五担子粪半天做完,确是一件很沉重的工作,而假定他的儿子所说属实的话,他实在没有理由再加抱怨。他带着受挫和忧伤的目光看了看他那不平凡的儿子,便拖着沉重的步伐往田里走去。此时他的家人正在田里工作,他数了一遍之后,发现不多不少正是十五担。

从那天起,每天把父亲指定工作做完之后,毛泽东便在那个神秘的隐避处,安静地阅读他心爱的描写战士和强盗的小说。

第三章　毛泽东为求学而奋斗

毛泽东艰辛苦读那两本小说的结果,使他多认识了很多生字;经过了一段时间之后,他便发现他读起来已经不像起初那样吃力。当他每日做他所憎恨的那些工作时,他想到那两本书中的故事。他常常梦想他能进入一家新学堂去读书,他认为在学堂里,比他这样偷偷的阅读会学得更多。这种令人心焉向之的梦想,在他脑子里静寂而神秘地孕育着。难道这真是空中楼阁的梦想吗？他愈是希望，愈是思索，就愈觉得这绝不是荒诞而不可能的事情。渐渐他就觉得事在必行，于是他开始设计和策划了。

当时满清王朝已快要寿终正寝。国内的学校制度亦渐渐西化。人们称为"洋学堂"的学校，在全国各地正如雨后春笋似的纷纷出现。其中有一家，毛泽东梦寐以求的要成为它的学生。他下定决心要做"洋学生"了，这样的名字，最能投合他那意气风发的心意。

他不敢直接向父亲提出，但是这个想法，实已到了使他心神恍惚神魂颠倒的地步，有一天，不自觉地忽然脱口而出说：他要到一个大城市里进"洋学堂"。他父亲怔怔地惊愕了一阵子，然后说："你要进学堂？真是痴心妄想！真是荒唐透顶！你也不好好地想一想，你能进甚么学堂？小学吗？你这样牛高马大的人怎样能跟小孩子在一起念书？中学吗？你既没有读过小学，就不可能进中学。你简直是发神经病！"

毛泽东回答说："我要进小学。"他父亲立刻报以一阵聒耳的大笑，仿佛表示不必再谈下去了。

这次大笑之后，父子两人很久都没有再说过话。可是毛泽东消磨在那古墓后面"自修室"的时间却愈来愈多了。但他的沉默却绝非如他父亲所想像的那样，已经心灰意冷，将他今后的全部生命用于家园的耕作之中。恰恰相反，这一段时间更是他竭精殚虑，作出义无反顾的决定。对于田间工作，以往他还有几分兴趣，现在则觉得这简直是牛马生涯，厌恶异常，除了打算到大城市，把这些工作抛诸脑后之外，他甚么也不愿意想了。他的脑子里翻来覆去的盘算如何进学堂的问题。他只想到如何才能使他的想法成为事实，而对成功的可能性绝无半点疑虑。在那一段时间中，他父亲常常暗自庆幸：他的儿子居然轻易地接受了他合理的劝告了。

最后毛泽东终于想好了他的行动计划，决定进行他的第一个步骤来追寻他的自由。他拜访了几个亲戚和世交，请他们每人帮助少许学费，但却要求那些亲友不可告诉他的父亲。他的计划获得相当程度的成功[1]。

口袋里有了钱之后,毛泽东获得更大的力量和信心。因此,他感到他必定能说服他的父亲同意他到城里去念书的计划。有一天晚上,全家围桌吃晚饭的时候,他突然单刀直入地宣布道:"我已经决定进东山学堂。"他的父亲为之瞠目结舌,愤怒地注视着他,一言不发。毛泽东继续说:"三日之内,我就要离家,前去上学。"

他父亲带着满脸狐疑的神色问道:"你说的是真的吗?"

"当然是真的。"毛泽东回答说。

"你得了上学而不用花钱的助学金了吗?还是今天早上中了彩票,忽然变成了百万富翁了呢?"他父亲嘲笑着说。

"你不必愁钱的问题。我决定不向你要一文钱;这就是我所要说的。"

他的父亲慢慢地站了起来,吸着他的长烟杆,离开了饭桌,考虑着事情的新转机。五分钟之后,他转了回来,毛泽东和家中其余的人都注视着他。他问道:"你有助学金吗?如果我不出钱,你怎能进东山学堂?我知道得很清楚,学生要进学堂必须缴学费和膳宿费。这些花费是很可观的。小王好几年来就想进学堂,可是他始终都未能如愿。很可惜,小学又不是官费的,都是为有钱的子弟而设,抱歉得很,绝不是为你这样的穷孩子而设的。"

毛泽东轻蔑地笑了一笑,说道:"请你不用担心这些事情,用不着你花钱。这得了吧?"

"什么?"他父亲带着忧伤的口吻说,"这怎么就得了。要是你离开了家,我就少了一个做活的人。你走了之后,谁帮我在田里做活呢?你说我不必花钱,可是你却忘了我须雇一个长工来代替你。孩子,你是知道的,我雇不起长工。"

毛泽东倒是不曾想到这个问题,一时不知如何回答才好。他承认父亲的说法也算合情合理。那么,他现在怎么办呢?钱永远是一个问

---

[1] 据李锐,《早年毛泽东》(辽宁人民出版社 1993 年版第 13 页)记载,毛泽东求学得到私塾先生李漱清、表兄王季范、毛宇居和堂叔毛麓钟的支持和帮助。

题，他感到十分伤脑筋。同时，他也觉得恼怒和下不了台，因为在这最后关头，父亲的机智竟胜过了他。他得花点时间来想一个解决的方法。最后他想到他们一位亲戚王季范。因为毛泽东曾经听说，王氏平日最喜协助有志青年获得受教育的机会。毛泽东告诉他自己的志向和困难，请求他借点钱。王氏深为毛泽东的勤奋和壮志所动，答应了他的请求。

毛泽东回家之后，又开始谈及关于大城市的事情。父亲忧愁地又重覆了他前时的话，说不能让他走开，因为需要他在田里帮忙做活。

"雇一个长工需要多少钱？"毛泽东问道。

"每月至少一块钱，"父亲答道，"一年就是十二块。"

毛泽东一言不发的递给他父亲一个钱包，说道："这里是十二块钱。我明天清早就要离家前往东山学堂。"

第四章　到学堂的路上

第二天天刚破晓，毛泽东就起床了，他满怀计划和野心。当父亲和往常一样悄悄的往田里去之后，毛泽东已在动手整理他的行囊。几分钟之后，一切都弄好了：一个蓝色的蚊帐，这是在湖南的夏天，即使最穷的农夫也要用的东西；两件白衬衣由于日子太久，洗濯次数太多，已变成了灰色的了；几件破旧而褪色的长衫。他把这些东西都打成一个包袱系在竹竿的一端。竹竿的另一端系着一只小竹篮，里面放着他两本心爱的书，那一定是《水浒传》和《三国演义》了。

他母亲关切地注视着他，当他收拾停当正要动身的时候，她问道："你要不要到田里跟你爹说一声？"

"不，我不去。"毛泽东回答道。

"你还要带别的东西吗？"

"不要了，我需要的一切东西都有了。"她的儿子回答道。

没有说一句告别的话或做任何手势，毛泽东便离开了他湘潭县中破旧的家园而昂然上道了。他甚至连头也不回转一下看看他倚门而望

的老母。[1]

他所走的正是以往每天挑粪到田里去的那条路,现在他挑的却是他的行李,竹竿的一端是衣裳,他那两本宝书则在另一端。但是这付担子却是轻便得多了,两端的重量也极为相称,因此他挑起来就像全无重量似的。

刚离开家门走了几分钟,他遇见了邻居王老头。王老头一看见他便停了下来,带着惊奇的眼光注视着毛泽东的新袜新鞋。因为在湖南

[1] 毛泽东离家时,抄写一首诗留给父亲:"孩儿立志出乡关,学不成名誓不还。埋骨何须桑梓地,人生无处不青山。"以表达一心向学和志在四方的决心。这首诗曾载《新青年》第一卷第五期,原文是"男儿立志出乡关,学不成名死不还。埋骨何须桑梓地,人生无处不青山",署名西乡隆盛。

乡下，贫穷的农人和他们的孩子只有在过年过节的时候才穿着袜子。

"小毛，你穿上了新鞋子看起来很神气！"王老头说道。

"我到学堂里去！"毛泽东骄傲地说。

"你到学堂干甚么？"王老头带着怀疑的神情问道。

"自然是去念书啦。"

"你去念书？"王老头笑着问道，"你打算将来做个学者吗？"

"是的，请问，难道不可能吗？"毛泽东问道。因遭遇到这种猝然的嘲笑，他似乎有点沮丧。

王老头大笑不已，竟至把眼泪都笑了出来；毛泽东感到十分尴尬。等情绪平复之后，王老头又问道："你到什么学堂去？"

"到大城里的东山小学。"

"噢，原来你要进洋学堂，"王老头嘲笑着说，"你要做那像孝子一样穿着白衣裳的洋学生呀？"在中国，白衣裳是孝子的服色，在现代学堂里学生在夏季多穿着白色的制服。"你父母亲都没有死，"他继续说道，"你为什么在他们去世前就戴孝呢？这真是荒谬绝伦！你父亲答应你进学堂吗？你父亲也疯了吗？这些洋规矩有个屁用？真不知道我们的国家会变成个什么样子……进洋学堂！"

这时，毛泽东异常愤怒，大声嚷道："你是落伍透顶的老顽固！你什么也不懂！"便扬长而去了，王老头仍然站在那里，带着茫然不解的目光注视着他的背影。

行行重行行，一步一足印，前路遥遥，像没有尽头似的。穿过一望无际的稻田之后，他爬过一座高山，前面又横亘着无边无际的稻田。他抖抖双肩，咬紧牙关，坚定地继续走下去，虽然那时他已经感到身重脚软，十分疲乏了。

当他又到达一座山脚下之后，他看到一位穿着整齐的小孩同一个老工人坐在一棵大树下。毛泽东在他们旁边坐下来，向那个小孩问道："我也累了，打算在这里和你们休息一会。你叫甚么名字呀？"

那小孩神色惘然地看看毛泽东，又看看老工人，然后说道："我叫李大帆。你叫什么名字呢？"

"我叫毛泽东。你到哪里去？你是学生吗？你到什么学校去呀？"毛泽东连珠炮似的向那小孩发问，因为他十分急切的要在他奇妙的新世界中发展关系。

"我去连平小学。在那大城镇里有两家小学。在镇子边上的那家叫东山学堂。"

毛泽东听了之后异常高兴，因为他遇见一个学生。既可以从他那里打听到东山学堂的情形，又可打听到洋学堂里生活的状况。为了满足他深藏已久的好奇心，他要把握住这个机会充分地加以利用，于是他开始一连串的向李大帆发问："你们学堂里有多少学生呀？"

"有一百名左右。"李大帆答。

"他们都是多大年纪？有没有比你大的？"

"我十岁，读二年级。三年级的学生是十二、三岁，他们比我大一点。你知道连平是小孩子的小学校。"

"你们学校里有多少先生呀？"

"我们有五个先生。"

"他们很凶吧？"这是毛泽东特别要知道的。

"是的，他们非常的凶。"

"我听说在新学堂里打手板是唯一的处罚方法，那是真的吗？"

"不，不是这样的。我们有一位姓庞的先生，他时时用他的粗手杖来打我们。他最凶了，时常打伤人。"

"那么，你们就听他这样而不想法子对付他吗？"毛泽东带着惊异的神情问道。

"你真是，我们又能怎样呢？"李大帆反问道。

"你们不应该让他把你们打得那样重。"

"但我们只是小孩子呀，而他是一个大人。"李大帆非常吃惊，他对这些问题想都没有想过。

"但是，你们有很多人，他只是一个人，要制止他不会太困难。"

"是的，不过他是一个先生，我们必须尊敬先生。你难道不了解吗？"

"但是当他对你们太凶的时候,你们仍然尊敬他吗?"毛泽东带着怀疑的神色问道。

"我们都怕他,所有的同学都怕他。我们连一句反驳的话也不敢说。我们实在没有办法。"

"你们这些小孩子简直都是些傻瓜。"毛泽东对他们这样懦弱,表现出一副异常厌恶的神情。

这时李大帆已经站了起来,告诉毛泽东天已不早,他和老工人须得赶路。到那大市镇还有很多的一段路呢。毛泽东表示他们可以一道走,因为他要到那个大市镇里去,他们可以继续刚才的谈话。那个小孩没有回答,他们三个人就一起走了。

不言不语地走了几分钟之后,毛泽东开始责备那个小孩:"你为什么走得这样慢?这样走法,我们永远也到不了市镇。我们必须走快一点!来,加点劲吧。"

"我不能走得更快了。我只是一个小孩子,我不能跨这样大的步子。"

"你说你已经十岁了。你走起路来却完全像小婴孩。"毛泽东嘲笑他说。

"不要理会我吧,你自己先走。我并没有邀请你和我们一道走。"

"但是我不愿意一个人走,我偏要和你一起走。我要你试着走得快一点,把步子跨得大一点。走,来,快一点,快一点!"大约二十分钟之后,他们走到路旁的一座凉棚前,那里正有几个行路的人在休息。

"我们在这里歇一会罢。"那小孩向老工人说,但却不理会毛泽东。

毛泽东也在他们旁边坐下来,带着极为轻松的表情问道:"你要吃点东西吗?你或许饿了罢?"

李大帆说不要,但那老头却说:"我想他是渴了。走了这么些路,我想你也渴了罢?"

毛泽东知道这老头的意思。于是他到凉亭买了三杯茶,想了一会之后,又给那小孩买了一块小饼。在一起吃喝过之后,紧张的气氛即告消除，毛泽东已经达到了他的目的。他还有几个问题要问，在他们一上路之后，他的问题就跟着开始。

"告诉我，你为什么进连平而不进东山呢？东山是一所好学校吗？"

"是的，东山小学很好，我为什么进连平，因为我叔叔在那里教书。"

"告诉我，小孩，东山小学有没有十四、五岁的学生？"

"噢，我想不会有。那是为小孩而设的小学堂。"

"你有没有朋友在东山学堂呀？"毛泽东问道。

"没有，我没有。"李大帆回答说。

这时他们已经离城门不远。毛泽东问道："料想你现在要到连平学堂去？""是的，"李大帆回答说，"你到哪里去？你或者有亲戚在这里，要去看他们吗？"

"没有，"毛泽东答道，"我在大城镇没有什么亲戚，我要去东山学堂。"

"你是到那里拜访甚么人吗？"

"不是，我是去做学生。我现在要进学校。"

"噢，但那怎样可能呀！你太大了。你一定是开玩笑。"

"不，不，我不是开玩笑，完全是真的。我是去做学生。再见，李。"

"再见，毛。"

第五章　到了东山学堂

和新交告别之后，毛泽东渡过了江，沿着一条用蓝色石子铺成的大路，走了约莫两公里之遥，便骤然停了下来。他看到在他前面有一座巨大的建筑物，矗立在一个空旷的广场上。这使他回忆起祠庙，在他听见到的事物中，他从未见过这样宏大的建筑物。这座建筑物的规模使他想到一座庙，他在乡间所看到的最大建筑物便是庙宇。忽然，

他开始想到早上才离开的破旧茅舍。他站在那里,对这座即将成为他学堂的"庙"注视很久,在他的脑海中,他把这座"庙"的建筑和他家里的茅屋作了一番比较。

这所新建的东山学堂是昔日东山书院听改建[1]。我(作者,下同)曾经在那里消磨了三年的时间,直到毛泽东进去之前不久才离开。建筑物的四周围绕着一条宽约百尺,有似城壕的人工河,一座巨大的白色石桥横跨其间。我还记得当年我常常一个人站在桥头上,观赏河里的游鱼。它们对我的手臂所映出来的影子似乎从不感到惧怕,有时甚至当我作势欲抓之时,反应亦是如此。围绕着城壕的是一圈用石砌成的坚固围墙,高约十五尺上下。当时我们这些小孩都把这一圈围墙叫作万里长城。

现在毛泽东看到了这座围墙,这所学堂在他看来竟好像是一座城堡。于是他抖抖双肩,豪迈地走到围墙中的头一道大门,然后慢慢地越过白色大石桥,对周围的美景也无心去着意欣赏了。在石桥和学堂的主要进口之间有一片空地,当毛泽东挑着他的行李经过时,几个学生正在那里奔跑和游戏,这时差不多是正午了。毛泽东以奇异的眼光注视着他们,他们停止了游戏,也以同样的眼光注意着他。他们心里在揣测,这人必是其中一位同学的挑夫。于是他们立刻恢复游戏,而毛泽东则继续向前走去。

但是,仅仅过了几秒钟工夫,便有一个学生自大门内跑了出来,高声大叫道:"你们都快来呀!快来看呀!一个工人要进学堂,他现在正和门房吵闹呢!快回来看呀!"

所有孩子们一窝蜂似的急步向着门房的房子跑去。他们停了下来,听见毛泽东说道:"我为什么不能像其他孩子一样进学堂呢?"

他们对毛泽东的话报以高声的大笑,其中一个嚷叫道:"你进大学都够大了!"

他们围着毛泽东笑谈不已,使毛泽东无法听得清楚门房所说的

---

[1] 湘乡县东山高小学堂为戊戌变法以前湖南最早兴办的新式学堂之一。谭嗣同在《浏阳兴算记》中说:"湘乡改东山书院之举,又继之以起,趋向亦渐变矣。"

话，他忽然大声叫大家肃静。

"我只恳求你告诉堂长，说我要和他谈谈。"毛泽东请求道。

"为了这种荒谬绝伦的事情去打扰堂长？我不干。"门房回答道。

"如果你不去替我通知的话，我就要自己去了。"毛泽东嚷着说。

"你敢！"门房怒喝道。

毛泽东犹豫一阵，停了下来。他不知道下一步究竟怎样才好。他没有预料到会受到这样的接待。那时一个年纪较小的学生悄悄地走开去找堂长，告诉他道："噢，先生，有一个年轻的强盗要闯进我们的学堂来。他现在正在进攻门房。门房正在拼命防守，所有的同学也都正在尽力帮助他。可是这个强盗很高大很强壮，非常凶猛。你应该去帮助我们。噢，先生，赶快去罢！"

堂长不禁惊奇起来，于是他决定亲自到前面去会会那个"年轻而凶猛的强盗"。他拿起他的长烟杆。那支烟杆是用竹子做的，长一公尺左右，下头根子上是一个沉重的烟斗子。这支烟杆在必要时可用作自卫武器。

忽然，一个学生大叫道："堂长来了！堂长来了！"

几乎是不约而同的，学生们在堂长的身后结成一个密集的队形，一副肃静回避的样子。他们对堂长那奇特的长烟杆具有极大的信心。因为他们曾经听说，堂长过去凭着这支烟杆，击退野兽对他的进攻。

"是怎么一回事？吵闹什么呀？"堂长问门房道。

"先生，"门房指着毛泽东轻蔑地说，"这个傻瓜要进我们的学堂，并且要见你。"

留着八字须的堂长转脸注视毛泽东。毛泽东直趋他的面前，谦卑地说道："先生，请你准许我进你学堂读书罢！"

堂长对毛泽东的请求没有表示，只转脸对门房说："把他领到我的办公室里去。"

毛泽东愉快地作会心的微笑，于是他急忙把篮子挑在肩上，未等门房带领便随在堂长的身后离开那间房子。然而门房却愤怒地拦住了他："你打算把行李挑到哪里去？把它放在这里，你一个人跟我走!"

毛泽东不愿意把他珍贵的宝物放在校门外面。那些学生曾经满怀好奇心的翻看过他的东西,他生怕那两本小说会被他们偷去;如果这样,他就永远看不到它们了。他犹豫了一会,终于小心地把他的东西放在门房房子的一个角落,然后跟着门房向堂长的办公室走去。

这个时侯,那些学生即分开为两组。一组跟着门房和毛泽东走向堂长办公室。另外一组则走进门房中去看毛泽东所留下的东西。几秒钟之后,篮子的东西都被翻摊在地上,而那两本宝书却被藏在建筑物的另外一处。正在走向堂长办公室的毛泽东和门房,对适才所发生的事情一无所知。

走进堂长办公室之后,毛泽东尽了他所能发出的最毕恭毕敬的声调,重覆他方才所作的请求:"先生,请你准许我进你的学堂读书。"

堂长带着疑信参半的目光注视着他,问道:"你叫什么名字呀?"

"先生,我的名字叫毛泽东。"

"毛泽东,你住在哪里?"

"我住在韶山,离这里约莫五十里。"

"你多少岁了?"

"我刚刚过了十五岁,先生。"

"你看来至少有十七八岁了。"

"没有这样大,先生。我仅仅十五岁零几个月。"

"你曾进过你们村庄上的学校吗?"

"我跟王先生读过两年书。我已经可以看小说了。"

"你看的是什么小说呀,毛泽东?"

"《三国演义》和《水浒传》,我都看过很多遍。"

"你读过小学的课本吗?"

"没有,我没有读过。"

"你能够阅读二年级的课本吗?"

"能阅读大部分。其中有些字我还不认识。"

"你学过算术吗?"

"没有，先生，我没有学过。"

"你知道多少历史和地理？"

"我还没有读过任何历史和地理呢。"

"我要你写两行正楷字给我看看。"

毛泽东拿起笔来写了几个字，但字体却写得异常难看。他的一双手又壮又大，一向是做惯粗活而非拿笔杆的。

"别写了，写得不好。你不能进这间学堂。我们没有专为初入学而设的初级班。再说，你的年纪进小学也太大了。"

"噢，求求你，让我进你的学堂罢。我要读书。"毛泽东恳求道。

"你跟不上来。那是毫无希望的。"

"但是我要试试。请你让我留下来罢。"

"不行，那是不可能的。你永远也跟不上班，只不过浪费你的时间而已。"

"但是我一定拼命用功……"

就在这个时候，一位姓胡的教员走了进来。他曾经听到以上一部分的口试。毛泽东向学的热忱使他颇受感动，因而他提议堂长接受毛泽东的请求。他建议给毛泽东五个月的试验。假定到那时他没有进展，不能入班时，他就必须走路。

堂长同意胡先生的以试验为基础的原则，并进一步请胡先生为毛泽东作私人性质的补习。[1]

于是毛泽东进了东山学堂，但只属临时性质，为期半年。

第六章 到长沙去

在试读期间，毛泽东拼命用功，到了五月底，已有很大的进展，获得了学校当局的准许留校成为正式生。原来对他十分惧怕的同学，

---

[1] 据尹高朝著《毛泽东和他的二十四位老师》（中央文献出版社 2001 年版第 136 页）记载，东山学堂堂长是李元甫。毛泽东当场写了一篇作文后，李元甫决定破格录取他，将他安排在戊班。

这时都对他友善起来了,并且把他们偷藏起来的两本小说还给毛泽东。现在毛泽东再打开那两本书一看,发现阅读起来已经不像先前那样吃力,这使他大感惊奇。

他的友伴很快就将毛泽东视为三国历史和水浒故事的权威。他时常给他们讲述那两本书的故事,他们亦每每听得心旷神驰。

不过,后来他终于听到了这样的说法:《三国演义》并非三国的真实历史;仅不过是将历史事实加以传奇性的夸大描述而已。这是毛泽东所无法承认的,《三国演义》的故事已经在他的生命史中占据重要的地位,对其中故事真实性的任何怀疑,都意味着对他个人所肯定的真理加以非难。他常常在这个问题上和历史教员发生激烈的争辩。

因此,最后他决定迁地为良。在一个晴朗天,他收拾起简单的行李,径往省城长沙而去。

一九一一年暑假过后,毛泽东到了长沙,不久,在农历八月十九日,大革命在湖北的省会武昌和邻省湖南爆发了。起义的领袖迅速征集学生,建立战斗队伍;这个消息在报纸上刊布之后,很多湖南学生立刻首途武昌参加民军。这时在长沙不名一文的毛泽东,也是参与者之一。不过他们到达武昌后不久,湖南的战事即已爆发。省政府很快就被推翻,当地驻军司令和满清的高级官吏亦被杀死,一支学生军立刻就组织起来,这支学生军被置于一位将军的统辖之下。这位将官原是著名的体育家,积极地参与革命的策划,但毛泽东和他的同志在武昌加入革命军的企图并未达成,听说本省(湖南)发生了战争,他们便遄返长沙。

革命迅速延至全国,中央政府马上在南京建立了起来。学校的生活很快就恢复正常,学生军也解散了。毛泽东试图参加湖北和湖南军队的努力都没有成功,现在情况恢复正常,他遂面临严重的经济困难。省城的生活费用很高,他缺少足够的金钱在那里继续留住下去。在这种情形之下,他一时不知如何是好。

有一天他无目的地在街上闲荡,不知不觉间走到了天心阁。天心阁是长沙的"摩天大厦",坐落在靠近南门的城墙上。那是一座宝塔式的建筑物，楼高七层。

　　这时毛泽东反正无事可做，便爬上天心阁的顶楼，观赏下面的美景。他朝西眺望，离城不远的湘江滚滚奔流，立刻吸引了他，这是湖南最主要的河流。再过去数里即是岳麓山，山峰峻削。高高站在天心阁上的毛泽东，可看见起伏的峰峦，迤逦数百里，甚至可以看到五岳之一的南岳。这个山脉以奇险著名，风景绝佳。毛泽东看见岳麓山的脚下有一所白房子，那就是历史上著名的白鹿洞书院的旧址，宋代大理学家朱熹当年讲学之地，而现在则是一所省立的高等学校[1]。毛泽东对着那所白房子凝视良久，然后回转头来俯瞰长沙城。他从天心阁顶望下去，长沙城有如一只巨碗。下面无数的屋脊，看来像一条条鱼似的大小。

　　民国元年，即一九一二年，第四师范成立于长沙，陈润霖先生任校长。陈先生是著名的教育家，当时他还经办一所名叫"楚怡"的私立学校。我们两人后来成为很好的朋友。约莫三年之后，他邀请我到私立楚怡学校担任高年级教员。当毛泽东初进第四师范时，他的第一个教员即陈润霖。在该校的若干班主任当中，其中有一位名唤王季范[2]，常常借钱给毛泽东，乃是我的朋友。

　　第四师范开办后仅只数月，便奉湖南省政府的命令并入我所就读的第一师范。有一天早上，我看到很多用具以及一些可移动的设备，搬运到我们的学校，原来是两校合并，合并后的学校仍叫第一师范。学监王季范先生也随同数约两百名的学生转了过来。第一师范原先本已有学生千名左右，和第四师范合并后现在已成为长沙最大的学校了。

　　来自第四师范的学生在衣着上并不像第一师范的学生那样考究，因为我们都穿着制服。他们的衣裳无论在式样和颜色上都杂乱得很，看上去他们倒颇像刚征集来的新兵。在这些"新兵"之中有一个生得

---

[1] 应为岳麓书院，与今湖南大学校园相邻。
[2] 王季范（1884—1972），毛泽东的姨表兄。长沙优级师范（湖南大学前身）毕业后在第一师范任教，毛泽东去东山学堂求学，曾得到王的支持和赞助。1914年毛泽东考入第一师范后，他们既是师生又是亲戚，王对毛帮助很多。建国后王季范任国务院参事、全国人大代表。

高大,他脚上那鞋子真需要加以缝补了。那青年就是毛泽东。

毛泽东的外表并无任何与众不同之处。他永远是一个长相十分普通而正常的人。他的脸部生得相当大,然而他的一对眼睛却是既不大也不锐利,并不像有时别人形容的那样,给人以神秘或狡诈的感觉。他的鼻子相当扁平,是典型的中国型的鼻子。他的耳朵生得十分相称;他的嘴甚小,牙齿很白,很整齐。他一口优美的白牙齿使他笑起来显得很有光彩,他说话也很缓慢,而无论如何他都不能算是一个富于说话天才的人。

从两校合并的头一天起,我就知道他是毛泽东,而他也知道我是萧旭东(旭东是我的学名),因为我们两个是小同乡之故。我们的家乡相距约莫三十公里,分属于相邻的两个区。我是湘乡人,而他是邻境的湘潭人。

虽然在见面之时彼此已经认识,但除了在学校走廊或校园的其他地方相遇时偶作寒暄之外,我们从未正式交谈过。因为在当时,我是高年级的学生,他不敢先向我谈话;而那时我对他的为人和想法则全无所知。当我正在为功课弄得十分繁忙之时,既无时间亦无兴趣在低年级的同学中展开无谓的交往。

不过后来由于一件偶然的事情,使我们彼此之间增加了认识。那是在学校所举办的作文优胜展览的课室中。全校十五班或二十班的学生,每人每周都须作文一次。各班最好的几篇作文则交由教员委员会加以审定,而最后选出三篇、四篇或五篇作为模范,将之贴在大阅览室的玻璃框中,供全校学生阅览。我的作文常常获得这种荣誉,而毛泽东则成了我的最热心的读者。他的作文也有好几次被选中,我也颇有兴趣阅读。因此我对他的想法也渐渐熟悉,然而当时给我印象最深的却是他的字体。他从来不曾把一个字稳妥地写在一个方格之内。最后他似乎自我解嘲地向我说:"你在一个小方格之中能写下两个小字,我写两个字则需要三个小方格。"他所说的确属事实。从阅读彼此的作文中,我们相互知道了对方的想法和意见,于是一种同声相应的纽带遂在我们之间建立了起来。

当然，毛泽东一直知道，我那时是第一师范的优等生；而我也知道，照一般的标准来衡量，他也不能算得太差。每天早晨我几乎都听到他高声诵读古典文学的声音，我知道他用功甚勤。但是在所有功课中，他只有作文一项算是出色。他的英文甚差，一分也得不到；算术只能得到五分。而在绘画一科中，他所作的唯一东西是一个圆圈。在这些课程中，他永远是全班最末尾的几名之一。然而在那个时代，作文被认为是最重要的。假定学生的作文不错的话，那么他就算是一个优秀的学生。因此，毛泽东是一个优秀的学生！

自从那次在展览室里交谈过几句话以后几个月，有一天早上，我们在走廊上碰见了。当时我们都走得很慢，由于我们都不是走往教室，毛泽东便面带笑容地在我的面前停了下来，向我招呼一声："Mr. Siao"在当时同学之间，彼此称呼都是用英文。

"Mr. Mao"我回答说。寒暄过后，我心中纳罕着要看他说些什么，因为那次是我们彼此之间实际上第一次真正地交谈。

"你在第几教室呀？"

"在第一教室。"我回答说。其实他早就知道，所以明知故问者，不过找一个交谈的藉口而已。

"今天下午上完课之后，如果你不介意的话，我想到你教室里去看看你的作文。"他请求说。

"当然，欢迎你来。"我回答说。因为当时好朋友之间都习惯阅读对方的作文，作这样要求，也表示对作者的推许和尊敬。毛泽东的要求同时还表示了希望与我建立友谊，而我答应了他的请求即表示我已接受了他的友谊。不过我并没有要求看他的作品，因为对高年级来说，一般情形都不会作这样的要求。

到了下午四点钟，那天的课上完了，毛泽东也在一个小时之内到了我的课室。我的同学们都出外散步去了；教室里只剩下我一个人等候他的造访。在头一次的谈话中，关于我们彼此家乡的事情全没提到，我们谈话的重心集中在学校的组织、课程和教员上。我们非常坦白地交换了彼此的意见。我们学校一共有四个体育教员：其中一个负责军训；另外一个教授国术。我们对体育教员的意见完全一致。但我们却不喜欢他们，我们发现实在无法对他们有任何敬意。就作为教师来说，他们的穿着实在过分漂亮了，而我们对他们的道德标准也有很大的怀疑；我们认为他们并没有照着应该的去做。他们常常早上缺课，因为夜里他们玩牌玩得太晚了；因此，第二天早晨他们无法按时起床。

毛泽东和我对我们头一次谈话都感到很恰意。最后他说道："明天我要再来，向你请教。"他拿了两篇我的作文，规规矩矩地鞠了一个躬，转身而去。他非常有礼貌，每次来看我，他都照例地一鞠躬。

第七章　我们第一次谈话

第二天上完课之后，毛泽东又来看我，对我说道："我很喜欢你的作文，我想把它们放在我那里多搁几天。晚饭后我们一起去散散步好不好？"我表示同意，并且提议饭后在会客室里聚合，晚饭后散步，是当时的学生一种很普遍的习惯。

第一师范的校舍是当时长沙唯一的现代建筑，人们往往称它为"洋楼"。它四周环绕着一圈围墙，大门前面横亘着一条马路，几条小街道则由这条马路伸展出去。校园的后面有几个矮小的山岗，称为妙高峰。长沙城坐落在它的右边，它的左边有一条通向铁路的约莫五百级的石阶，越过铁路再向前走几步就到湘江岸边了。湘江是湖南最长的河流，经常有大小不同的船只在其中行驶。江中心有一个长岛，岛上遍植橘子，因而此岛便以橘洲之名著称于世。当橘子熟时，远望长岛，有如浮在水上的金红色云丹。在当时我和毛泽东所作的诗中，常有咏橘云和桥绿洲的句子。越过湘江约莫十里之遥有一座高山，那便是岳麓山了。

有些学生喜欢城里的刺激，其他的学生则喜欢走到相反的方向，观赏自然的美景：河、山以及那些好似在峰峦间飘浮的云朵。在礼拜天的时候，同学中常常有人沿江远行数十里，而到一处称为猴子石的地方。那里有一块灰色的巨石，其形状竟和猴子的身形一模一样。我们习惯远观石猴的大小，十分准确的能判断其间的距离。

沿江的风景异常优美，真有诗情画意之感。有一天当我和毛泽东在沿着江边闲荡时，我们作联句的一首诗的头几句。那几句是：

萧：晚霭峰间起，归人江上行。云流千里远，

毛：人对一帆轻。落日荒林暗，

萧：寒钟古寺生。深林栖倦鸟，

毛：高阁倚佳人……

我已不记得毛泽东提到那个佳人的时候，我是否曾经看到，也记不得随后的几句了。

我和毛泽东在这所学校同学三年有半，我们傍晚的散步成了正规的习惯。不过，在这种时会中，我们并不常常作诗，因为当时我们最大的乐趣是谈论，是彼此听取对方关于各种事物的一般意见。

我们晚饭后沿着江边的第一次谈论，连续了两个小时。毛泽东打开话匣，说他喜欢我的作文。我的中文作文教员王钦安先生，宁乡人，是著名文学家。他常常说我的作文每每使他想到欧阳修的文章。不知道毛泽东是真心或仅是为了礼貌，他说他同意王先生的看法，认为王氏对我有真正的了解。甚至四十年后的现在，我仍然记得王先生和毛泽东的话，仿佛发生在昨天一样。

在我借给毛泽东的那两本作文练习簿中，有我的作文二十多篇。头一篇的题目是《评严先生祠堂记》。毛泽东不同意我在那篇作文中的观点，我们花了整整一个晚上讨论我们之间的歧见。[1]

---

[1] 英文版加上了一段话："光武帝是汉朝的一代名君，在位执政三十三年。在继位之前，叫刘秀，曾与学士严光交情甚厚。刘秀登基后，邀请严光一同临朝执政。严光来到京城，并与他的这位皇帝朋友共卧一榻。据说，他们的深厚交情的一个佐证是：夜间，严光不由自主地把脚伸到皇帝的龙体上。光武帝请严光出任宰相要职，当他眼见严光迟疑不决时，甚至授予他与自己平起平坐的权力。但严光不爱仕途。他瞧不起为官作宰这种职业，认定如果接受朋友的邀请，谁也不会相信他所说的辅佐刘秀是为朋友帮忙是真心话。因此，他推辞了。光武帝再三恳请，但严光不肯改变初衷。他离开京城洛阳，返回浙江的富春江，在那儿终日垂钓河上，过着宁静淡泊的生活。至今，富春江上有一处严子陵钓鱼台，那是用来纪念严光常坐的地方。他四十岁时谢世。他的举动像传奇一样。宋朝为他立了一座祠堂，当朝宰相范仲淹——也是一大文士——应邀作了一篇碑文。这篇碑文素负盛名，后来收录在各种文学课本且作为'精选文章'，国文教师常常要求学生写出他们读过这个故事后的感想。我借给毛泽东的一个练习本上的第一页就是写的这样的一篇作业。"

范仲淹的《严先生祠堂记》，文长仅二百十九字，要旨为对光武帝和严光的赞颂。两人皆被誉为罕见的高人：光武帝能尊重圣者的智慧，而严光则能抵受现成的权力和虚荣的诱惑。[1]

但我读这篇赞词，却不能同意范氏的见解。我在作文中解释说，光武帝只不过是请他的老友来协助他解决面对的难题，因而他对严光的邀请便不应该解释为对大智慧的崇敬。另一方面，我也不认为严光为人真如文中所渲染的那样高洁。假定他事前确无求取权位的意思，那么他为甚么又要去拜访光武帝，并且与他同榻而眠呢？这种行为不就正是他为人虚荣的表现吗？

毛泽东不同意我的意见。他认为刘秀做了皇帝之后，严光就应该出任辅相，正如汉高祖时的张良之所为。我辩道："这就显而易见，你没有能把握住严光的观点了。"

第八章　第一师范"孔夫子"

"孔夫子"是第一师范的学生送给本校一位教员的绰号，那位教员所以能获得这个绰号，是由于他的道德行为卓绝无伦之故。"孔夫子"的真正名字是杨昌济。

杨昌济先生，字怀中，长沙潘藏村人[2]。毛泽东常常说杨先生对他的生命有重大影响，杨氏把他的书斋命名为"大华斋"，并且把这三个字写在他所有札记簿的封面上。

杨先生是一位学问十分渊博的人。他秉具着坚强的性格，由于他的性格他养成非常严格的道德律。他的行为从无可议之处。由于他对孔子的学说异常熟悉，因此他的朋友和学生便都认为他俨然就是伟大圣人的化身。

他在青年时期，把光阴花在研究哲学方面。在三十岁时，他开始

---

[1] 严光，字子陵，余姚（今属浙江）人。毛泽东赠柳亚子诗有"莫道昆明池水浅，观鱼胜过富春江"之句。

[2] 杨昌济生于长沙县清泰都板仓冲（今长沙县开慧镇）。

学习英文。后来他又出洋到外国游学，先到日本，继去英国，曾经在爱丁堡大学获得哲学一科的学位。其后他又转到欧洲大陆，在一间德国的大学继续从事哲学的研究。因此，无论是东方还是西方的学问，他都有很深的造诣。民国元年他从德国回到长沙，并立时受聘于第一师范任教。

第一师范是长沙最富有的学校。它不仅免费供给学生膳宿，并且供给书籍和服装。在帝制时代，学生还可以从学校得到一些零用钱。由于这种缘故，可以想象得到：它的入学考试自然极不容易。在湖南全省的六十三个县中，每县每年提出二十个最优秀学生的名单，而由这些学生分别在各县参加初试。但二十人中能够通过初试者，通常不超过五人。当我在湘乡参加考试时，百分之八十的学生在头一次考试中即被淘汰。在第二次考试时，五百名考生只有百名及格。学生的挑选固是严格，而聘请教员所定的标准之严格，亦正不相上下。当时第一师范的教员不仅都具有良好的训练，而其中有些教员的人品道德更是声誉卓著。他们的薪金甚高，如一旦有空缺，学校当局往往远自上海、安徽或其他省份中聘请填充。这就说明为什么杨先生会留在长沙，在那里教授逻辑、哲学和教育方面的课程。

暑假结束，重新回到学校之后，我发现同学们谈论一件事情：我们即将获得一位新教员；据说这位教员超凡脱俗，为第一师范前所未有。很自然的，每个学生都好奇地想知道他究竟是一位怎么样的人。上课的钟声响后，我们看到他远远向我们走来。他走路很慢，当他走进教室之后，我们发现他约莫五十岁年纪，胡须剃得精光，肤色黝黑。他的眼窝很深，而眼睛甚小。他说话笨拙，上课就念他的讲义，只念一遍，绝不重复，也不加解释，学生也无发问讨论的机会。一堂上完之后，每个学生都感到极大的失望。两个礼拜之后，我们又举行了一次会议。在这次会议中，有人提议请教务主任将杨先生解聘；假定这个要求被拒绝，就全体罢课。当时我是各班代表会议的主席，对这个提案表示反对。我辩说，杨先生讲话并不流利，但假定人们阅读他的讲义，便会发现是极有价值的。这些讲义是他个人研究和经验的结果，和那些只是从别人书中抄录而编成的东西大不相同。我认为在我们作这种鲁莽的决定之前，应该等到学期终了，看看我们所得到的实际结果如何。第二班的代表陈昌表示同意我的意见。最后我的提案为全体与会代表所接受，于是问题解决，杨先生仍继续授课。

在这次会议结束之后，我和几个最好的朋友，熊光祖[1]、陈昌等，商谈怎样能使同学们听懂杨先生的讲授，以及能够加以欣赏的问题。当时我们所能够想到的唯一方法，似乎只有劝同学们细心阅读他所编的讲义。还有，就我们几个人来说，更重要的是，向同学们解说杨先生儒者的人格。当时毛泽东尚无听杨先生讲课的机会，因为他所教授的都属高年级课程；杨先生初到校时，毛泽东的班次比我低三年。

还不到两个月的时间，所有受杨先生课的同学都对他极为称赞和尊敬。虽然他在课堂上谈得很少，但他的每句话都意味深长。他的方式是真正儒者讲学的方式。在不到一年的时间，全校师生无不对他五体投地，于是他成了"第一师范的孔夫子"。长沙其他的学校争相延聘，他执教的范围甚至包括远在岳麓山下的高等学校在内。很快，所有长沙的学生无人不知道这位今天的"孔夫子"了。

每个礼拜天的早晨，我的朋友熊光祖、陈昌和我三人，照例相偕到杨先生家里去讨论功课。我们交换阅读每个人的笔记，讨论提出来的问题，吃过午饭之后返回学校。杨先生对我笔记上的很多短语感到极大兴趣，因此，他便常常把它们抄下来，留为己用。他对我的功课甚感满意，在我的试卷上，他常常给我最高的分数一百分，还额外再加上五分。有一次毛泽东写了一篇作文，题名"心力论"。杨先生给了他一百分之外加五分。毛泽东甚感骄傲，因为这是他获得这种高分数的唯一的一次。

杨先生生前写过几部书稿，皆未出版。在他去世之后，他的儿子杨开智把那几部稿子卖给了业已卸任的教育部长易培基[2]。但事实上

---

[1] 应为熊光楚（1886—?），湖南湘乡人，1913年在第一师范毕业后任该校图书管理员，后参加新民学会并赴法勤工俭学。

[2] 易培基（1880—1937），湖南长沙人，1920年任第一师范校长。1924年11月任国民政府教育总长，仅一个月后辞职。后任故宫博物院院长、北平师范大学校长等职，曾将萧瑜安排到故宫任职。1933年因"故宫盗宝案"被起诉，后郁郁而终。

他和杨氏的思想极为不同,自然不能欣赏杨先生著作的真实价值。易培基去世之后,杨先生的遗稿显然是失落了。

在长沙任教六年之后,杨先生收到来自北京的一封电报。这封电报是前教育总长章士钊拍来的,告诉他北京大学校长聘请他至该校任教,并促其前往。他于一九一八年夏离开长沙首途北京。住在北京豆腐汁胡同[1],其后我也曾在那里住过几个月。我一到北京之后,就住在杨先生的家里,后来毛泽东也搬了去。因此,我们三个人曾共同住了一段时间。

一九一九年正月,我离开北平前往巴黎,数月之后,我竟在一封信中获知杨先生去世的噩耗。在长沙时,他曾定制了一只特别大的木桶。桶内满盛冷水,每天早晨他把全身浸到水中洗冷水浴。到了北京之后,他仍继续这种冷水浴的习惯。他说:"一个人必须在每天早晨做点难事,用以强化他的意志。冷水浴可以强化意志,并且有利于健康!"我以为,北京那种冰冷冬天的冷水浴,可能就是导致他死亡的原因之一。

杨先生在他的日记中给我一个很好的评语,这个评语他生前曾数度在公开场合中重复过:"在长沙六年所教过的数十学生中,三个最杰出的:第一是萧旭东;第二是蔡和森;第三是毛泽东。三个最优秀的女生是:陶斯咏[2]、向警予和任培道[3]。"

第九章　许配毛泽东的杨开慧

杨先生有两个孩子——一儿一女:儿子名开智,女儿名开慧,开慧是年小的一个。她生就一副圆脸,身材异常纤巧。有些地方很像他的父亲,深眼窝,小眼睛;但肤色很白,完全没有杨先生的黝黑遗

---

[1] 应为地安门豆腐池胡同9号。
[2] 即陶毅(1896—1931),湖南湘潭人。长沙周南女校毕业,新民学会会员,并与毛泽东一起创办文化书社。
[3] 任培道(1894—?),湖南湘阴人,1915年毕业于长沙第一师范,1927年毕业于北平师范大学,1929年赴美留学,获硕士学位。回国后在国民党中央从事党务和妇女儿童工作,1948年后任国民党立法委员。

传。一九一二年当我头一次看到她的时候，她是十七岁，就读于长沙中学。[1]

从那一年起，我和两个同级同学，熊光祖、陈昌等三人，每个礼拜天的早上，例必到杨先生的家里去讨论功课，和杨先生的家人同吃中饭，饭后再返回学校。同桌吃饭的，除了我们师生四人之外，还有开慧和杨师母。当她们进来之时，我们只是恭恭敬敬地一鞠躬，以此代替寒暄；我们之中从无一人开口说话。在整整两年的时间中，我们每个礼拜天都在杨先生的家里吃中饭；每次吃饭都吃得很快，而且气氛肃静，连一个字也无人吐露。当然我们亦并非彼此冷漠。我们不可能旁若无人似的坐在那里，有时我们的视线相交，特别是当我们之中两个人同时在一个盘子中夹菜时，我们只有藉眉目交通，但彼此之间却绝无相对而笑。一九一八年，当我在北京杨先生的家中用饭时，我们在饭桌上的表现仍和在长沙时一模一样。

杨先生吃饭时从不讲话，我们尊重他的肃静，所以只有尽可能地快吃。这种气氛每令人想到基督徒在教堂里祈祷时的情形。杨先生本来很讲卫生，但他不曾体验到一项事实：人们在饭桌上正常的谈笑，造成欢快的气氛，会有助于消化。

杨太太对人很和气。她烧得一手好菜，每次都让我们吃得很多。我们对杨师母的菜特别欣赏，因为学校里的伙食太不能令人满意了。我的两个同学和我，每次在杨先生家中都比平常吃得多。但为了避免把桌子上的菜吃光而弄到不好意思，有时我们必须自我节制。我们向杨先生表示，我们吃饭应该付若干饭费。他说假定我们愿意这样，那是可以的，因为在某些外国的大学生也有这种习惯，但只能付一点点，作为象征的费用，绝不能多。

我们三个总是同去同回，但有一次例外，那是在民国元年，中饭过后，杨先生送我们出门之时，他忽然让熊光祖留下来，停一会再走。于是光祖又坐了下来，我们两个人先走了。当时我猜想，杨先生

---

[1] 杨开慧生于1901年，当时应该是11岁。

一定有甚么话要单独和光祖说,而不愿意让我们听到;因此,对于那件事情我们从来没有再提过。

一九一九年,我在巴黎之时,忽然接到开慧一封长信,感到不胜惊奇。在那封信中,她告诉我杨先生的死讯。她知道我钦佩和尊敬杨先生,而她深知杨先生去世的噩耗会使我十分伤痛,因为杨先生和我之间宛若父子。她信中充满了忧伤。我们彼此之间从不曾交谈过,这封信是我接到的唯一的信。在那封信的末尾,她说她正动程返回长沙,但却未告诉我通讯地址;因而,我也无法写信给她。

一九二〇年毛泽东回长沙之后,便和开慧结了婚。

不过,开慧却并非毛泽东所爱的第一个女人。在我们同学圈的朋友之中,有一位芳名陶斯咏的小姐,曾为杨昌济先生认为最优秀的三个女弟子之一。陶小姐是很出色的人物。一九二〇年，她和毛泽东在长沙开办了一间文化书店，然而由于思想上极不相同，后来他们终于在友好的气氛下宣告分手。陶小姐在上海创办了一所学校，名叫"立达学院"[1]。后来她一直住在上海，直到去世时为止。她的年纪远较开慧为大。

一九二〇年，我从巴黎回到长沙之后，曾经向毛泽东询问杨师母和开慧的消息，因为我打算去看看她们。毛泽东告诉我她们住在乡下，很远，但对他们恋爱的事情却只字未提。后来却又完全告诉了我。当时，我正请杨师母的一位朋友桓太太，替我把一件小礼物交给她。我抱歉的是没有回答开慧的信，感到罪过的是没有献议照顾杨先生的遗稿。

一九二七年，我在南京听说湖南省政府即将逮捕开慧，因为她已经是一名共产党员，并且是毛泽东的太太。当时我尽了一切努力，包括给具有影响力的人物写信、打电报等等，试图挽救她的生命，但终于没有成功。

一九三六年，我第三次旅居法国，老朋友熊光祖到巴黎去看我。我们很自然地谈到过去第一师范的种种，对杨先生的家庭都不胜感伤。

第十章　我们的朋友蔡和森

谈到中国共产党的兴起，必须提到我们的朋友蔡和森。他是第一个毫无保留地接受共产主义原则的中国人。毛泽东信奉共产主义，他有极重要的影响。

和森和我是同县同乡。他身材瘦长，两只门牙突出。他是意志十分坚强的人，虽然少有笑容，但对朋友却非常友善。

和森和我本来是第一师范的同学，比我低两班，但后来他转

---

[1] 应为立达学园。为湖南人匡互生（1891—1933）创办，陶在该校任教。

到岳麓山高级师范学校就读。他的母亲在我们湘乡县城主持一所学校,我们都管蔡母叫"大娘"。"蔡大娘"还有一个女儿,芳名蔡畅,现在是中共全国妇女会的主席。[1]蔡畅在十几岁小姑娘年龄之时,我们都叫她"小妹"。她的意志十分坚强,有似乃兄,但她的身材矮小,在体魄上和她哥哥全无相似之处。我很喜欢和森,并且尊敬他的家庭。

和森为人缺少创发力和推动力,又不愿意在任何事情上求助于人。因此他在高级师范毕业之后竟一直失业。他的母亲和妹妹在岳麓山下租了一所小房子,和森就和她们住在一起。他们生活异常困窘,常常弄到无米下锅。

那时我在"修业"和"楚怡"两所学校任职,有一份固定的收入,又在"楚怡"的宿舍住宿。毛泽东知道我与和森的友谊,有一天他急急忙忙跑到学校来找我,问我道:"你听到关于和森的消息吗?"

我惊奇之余,答说我已有一段时间没和他见面了,一直等待着他的消息。

"那么,"毛泽东接着说,"有人告诉我,他家里现已断炊,和森为此十分苦恼,认为自己住在家里是给母亲增加负担,因此提了满篮子的书离家,到岳麓山下的爱晚亭去了。"爱晚亭是由四根圆柱所支撑的小尖亭盖,并无墙壁,是黄昏乘凉的地方。"他已别无所有,只好餐风露宿了。"

"你看到他没有?"我问道。

"没有,我没有看到他,是老陈告诉我的。"

"你为甚么不去看看他?"我问道。

"我去看他毫无用处,我没有办法帮助他。"毛泽东耸耸肩膀,把责任交给了我。

毛泽东走后,我向学校请了假,渡过湘江,往岳麓山走去。走近爱晚亭之时,看见和森背依亭柱,坐在石阶上,手里拿着一本书,正

---

[1] 蔡畅(1900—1990),1919年随蔡和森去法国,1923年入党。回国后从事妇女工作,曾任中共中央委员、全国妇女联合会主席、全国人民代表大会常务委员会副委员长。

在聚精会神地阅读，对我的走近全无所觉。从他的神情看去，对整个世界似是寂然无存。

当我叫出他的名字时，他抬起头来看了看，带着错愕的神色说道："你怎么有空老远过江来看我呀？"

"我请了一天假。"我回答说。

"那你一定是到岳麓学院去的了？"他问道。

"不是，我不到那里去。我特地看你来的。而且我还要去看蔡大娘呢。"我答道。

"有甚么新闻吗？自我上次进城后又有很长时间了，这里又没有报纸。"

"没有什么特别的新闻，"我说，"你就住在亭子里吗？毫无疑问这里很好，很凉爽，但如果下起雨来，那也不好受的呀。"

"但现在不是雨季呀。"

"我特来邀你搬到我们的学校楚怡里去住。我在那里很感寂寞，我寝室外面有一间小房和一张床。你可以在那里看书，课余时我们可以一起谈天。"

"但那里不是你的家呀。"他反对说，"你只是在学校住宿，我不想给你添麻烦。"

"一点麻烦也没有。学校里有我们的宿舍，那就像我自己的家一样，决不会有麻烦。你搬去之后，马上就会感到像是在家里一样。走，现在就跟我去，今天。"

"我必须先回家把东西整理一下。我明天和你一起去。"他说。

就这样决定了，我们便一起去看蔡大娘。和森小心翼翼地提着他那破竹篮子书。当我们到达他家时，蔡大娘叫她女儿去弄些山树的枯枝，不一会工夫，"小妹"就面带笑容地端了一杯白开水给我。他们买不起茶叶，蔡大娘抱歉地说"没有时间进城去买茶叶"，请我接受一杯开水。我递给她一个信封，里面是四元钞票，我解释说是"给大娘一点礼物"。

"噢，谢谢你，"她说，"可是你不必这样客气！"她谨慎地把那

个信封放在她的衣袋中。

她猜测,毫无疑问这是金钱,但她却不知数目多少。当时四块钱是颇为可观的数目,至少可供她们母女二人两个月的食用。她很快走进房里,一会又面带笑容地走了出来。她没有说甚么,然而我却知道,她已经打开信封看过了。

"蔡大娘,"我说,"我来邀和森跟我一起到学校里去。他在这里很寂寞,我在学校下课之后,也感到寂寞;因此,我来把他接去和我同住。"

"噢,那太好了。"蔡大娘说,"他一直在家里很寂寞和苦恼,那就是为什么他要到爱晚亭去住了!"

第二天和森带着他简单的行李来到学校,在我宿舍外面的一间小房安顿了下来。房里有一张桌子,一个书架,凭窗阅读,光线甚佳。窗子外面有一株美丽的花树。

那天下午,毛泽东又来看我。当时我正要去上课:我们只谈了几句话,等到上完课学生离去之后,我们作了一次长谈。毛泽东提议和森应尽可能在这里多耽一些日子,后者听了之后也很高兴。我们三个人同吃晚饭,然后毛泽东回第一师范,他那时还是学生。

我必须和学生们在一起吃中饭,因此和森就只得单独在我房子里用饭。我先已安排了厨子为他准备饭食，但我听说他每天只吃一顿中饭。他每天下午外出，直到晚饭过后他才回来。当我问他为甚么不和我一起吃晚饭时，他答道："在下午的时候，我喜欢到图书馆里去看书。有时候也回家去，我自然是在家里吃饭，饭后再回学校。"

这件事似乎十分奇怪，因为他家距离很远，又必须渡过湘江。他怎样能够每天晚上都回家吃晚饭呢？至于在城里我实在想不到他能在什么地方吃晚饭。不，他一定每天只吃一顿饭。

不久之后，厨子开玩笑似的评论我朋友的胃口。"你的客人真是大吃家！"他惊奇地说，"我常常给他拿半桶饭，他的食量竟能抵得上三四个人。"

听了厨子这番话之后，和森每天只吃一顿饭，已毫无疑问了。我再问他晚上究竟在哪里吃饭，但他不肯答覆；我也就不再说什么了。他显然不愿意让我给他多付饭钱，尽量地为我节省。但他不肯解释他的动机。我对此感触良深，自不待说。便暗嘱厨子为他每餐增加肉食一盘，够他一天所需的营养。这件事情显示出和森的禁欲主义以及他在友谊方面的完美。

后来我和他提倡学生"半日工作"的运动。一九一九年，他和他的母亲、妹妹一起到了法国，他住在蒙太几中学学习法文。在那里他爱上了我们最好的女会员向警予小姐。因为当时我也适在法国，和森便把有关他恋爱的种种完全告诉了我。他们二人曾就有关两者的爱情写过一部题名"向上同盟"的小册子。他们征询我的意见，我知道他们已经同居，有如结了婚的夫妇，虽则他们已违了婚姻的原则，于是我答复道："你们两位都是我最好的朋友。我祝贺你们两位，并献给你们四个字——'向下同盟'——这是你们的书的名称，只不过改换一个字而已。"

过去和森已坦白表示过对所谓资本主义制度的厌恶。早在苏俄革命之前，这已是他个人的公开意见，只是他还没有发现怎样才能把它实现。因此在俄国建立了共党政府之后，他全心全意、毫无条件地接受它的理论，自是合于逻辑的结果。我曾经劝过他，接受共产主义之前应先对他的理论加以研究和分析，但他认为那是不必要的，因为共产主义的真理十分显明。法国的《人道报》充满了共产党的宣传，和森的法文水准虽然甚差，但他却天天手拿字典来阅读那张报纸。由于他不能完全看得懂，因此在翻译上他便弄出很多错误，但他对这种错误却并不承认，甚至对他自己亦是如此。他有一些先入为主的意念，任何力量都不能对他的信念动摇。不过当我们在一起讨论时，彼此之间的态度总是愉快而亲切。我们彼此之间的意见虽然相去甚远，然而我们都尊重对方的意见。因此，直至和森去世时为止，我们之间的友谊仍然十分坚牢和亲切。

和森在法国生活于中国留学生群中，因此，他便从共产党同志当中挑选了一些人，组织起来，宣传共产主义。受他影响最深的有向警予、李维汉、蔡畅、李富春等人。透过书信的方式，毛泽东亦受影响。

一九二一年，和森和他的家人一起回到上海，成了那里的中共机关刊物《向导》的编辑。

一九二五年，当我在北京的中法大学任教时，先后接到他两封长信。他的爱人向警予在汉口法租界被捕，他要求我设法营救。我虽然尽了一切力量，但最后她还是被枪毙。这件事情使我感到十分难过，我们虽然抱持着不同的政见和哲学，但她是一位很好的朋友。

几年之后，和森也遭到和他爱人同样的命运。和森虽然是中共的创始人之一，但直到最后，他仍是我的亲密而敬爱的朋友。

第十一章　杨度

中华民国建立不到半个世纪，在这段时间之内，就有两个人企图要推翻它，并且都成功地实现了他们各别的计谋。奇怪的是，这两人竟然都是湖南湘潭人。其中一个是杨度，另外一个是毛泽东。

他们二人并不相识，但我和他们都熟稔。在思想本质方面二人在基本上很不相似，但大异中有小同，谈到毛泽东少年时代的故事，杨度其人必须一提。

杨度比毛泽东差不多年长二十岁。他属于前一辈的人物。

记得我在私塾读书时,便曾听人说:"杨度是具有非常天份的人"。不过当时我不知道他们所说的究竟是甚么意思。杨度当时已考中腐朽的科举制度中的榜眼,声望甚高,为全国到处所盛称。

民国在一九一二年成立后,国内政治局面并不稳定,杨度认为,除非教育能够普及发展,否则有效能的民主共和政府不可能建立。他相信,要使大众能够治理自己,必须让他们先接受相当程度的教育,在青黄不接之际,民国应该改为有限度的君主立宪制度,有如当时的英国和德国一样。

一九一三年,他开始把他的想法付诸实施。他先纠集五个举国知名之士,在北京组织了一个名叫"筹安会"的团体,出面劝请袁世凯由民国总统而登极为皇帝。对袁世凯来说,自是正中下怀,这计划当时确获得一部分人的支持。于是民国建立仅只四年,中国又返回帝制的老路。袁世凯做了洪宪皇帝,而杨度则入阁拜相,一品当朝。

当时很多高级将领都不赞成政治制度的改变,因此,老袁只做了八十三天的皇帝,便给以军人为核心的全国性起义所推翻。于是共和再次出现,袁世凯则在气急败坏之下,一命呜呼。

杨度的政治活动表面上虽已失败,然而他的野心却依然如故。当时我和毛泽东仍在第一师范读书,我们带着极大兴趣逐日从报纸上注视事件的发展;我们一方面讨论业已发生的及正在发展中的事情,也极力预测将来可能发生些甚么事情。我对他的政治计谋感到不耐烦和漠视。我认为杨度是十分卑鄙的人物,在人格上毫无可以自傲,亦无尊严和完美可言。至于对袁世凯,由于过去他在许多事情上所表现,我感到他实在不配膺皇帝之名。

袁世凯猝然去世后,国中许多人士颇有飨以挽联者。对杨度来说,他虽是榜眼出身,但追挽袁世凯这件事亦颇为棘手。他既做过袁世凯的朝廷大官,人们便感到他是最能够写出合适的挽联的人,当时人人都等着看他的作品。杨氏挽袁世凯的挽联上联是:"共和误民国,民国不误共和，千载而还，再平此狱；"下联则是："明公负君宪，君宪不负明公，九原可作，三复斯言。"短短三十六字，已极尽其舞文弄墨的能事了。

一九二六年张作霖在北京开府，自号大元帅，杨度应邀出任教育总长。杨在接任之后，乃邀我到教育部帮他办事。当时我是革命分子，经常生活于随时可能被张作霖特务逮捕的恐惧之中。因此，为了在必要时能获得保护起见，便欣然接受了他的邀请。我和杨度曾经作过数次关于共产主义的长谈。张作霖当时企图对共产主义赶尽杀绝；事实上，任何稍被怀疑从事此种运动的积极分子，如一旦落到他的手上，会被立时枪决。当时北京的共产党领袖是北大图书馆馆长，我的好友之一的李大钊。李氏后来为张作霖所逮捕，被处绞刑。在那段时期中，有很多无辜的人被杀害；他们不过被认为有同情急进分子和共产党的嫌疑而已。毛泽东当时匿居，我全无他的消息。

有一天杨度和我谈话时，警告我，说我现在处于危险的情况。我们那次的谈话如下：

"子升，"他说，"你最好当心点。人们说你有共产的倾向，在某些场合，有人说你是共产党的间谍。"

"这就奇怪了，"我答道："他们为什么会怀疑我呢？"

"因为你的谈话总有急进的倾向，在大学里，据说你常常称赞共产党的学生。不过，最主要的原因还是由于你是毛泽东的好友，又常听到你说他为人有他的长处。你好像不断地为他捧场似的。"杨度警告我说。

"不错，毛泽东是我最好的朋友，但是我绝不会成为共产党员。"

"可是，老弟，你怎会有这样的好朋友呢？我听说他没有一点人情味！"

"我们是同学，"我解释道，"他似乎很愿意跟我接近。我们经常都喜欢讨论，时间一久，自然就成了很亲密的朋友。我承认，毛泽东的行为有时显示出他可能成为硬心肠的人，然而他们却不能说他全无情感和人情味。"

"好罢,"杨度继续说,"我看到报纸上说,他的头发在前额生得很低,他的相貌也十分丑陋。"

"那是荒诞不经的说法!他一点也不难看。事实上他是十分正常的人。"

"他们说他要杀死他的父亲。"杨度转述道。

"毛泽东和他的父亲相处并不好,那也是事实。"我表示同意,"但他决无理由要杀死他父亲。"

"我还听说,他在学校的功课很坏,是否如此呢?"

"整个说来,他的功课不算好,但在国文和文学方面倒很出色,而在历史方面亦不错。"

"他能写文章吗?他的字写得怎么样?"

"在学校里,作文永远是他最好的功课,但他的字却写得很坏。他似乎不能掌握书法的艺术。他的字总是写得很大,很不整齐。"

"他在古典文学和哲学方面有良好的基础吗?"杨度进一步询问道。

"这倒不见得有。他没有读过多少古典著作,对书本亦从不肯用心研究。但是他长于讨论问题。"

"这是我头一次听人说到毛泽东的好话。"杨度解释道,"但是这种话你可不能到处乱说,否则异常危险,更会增加别人怀疑你是共产党的嫌疑。"

"谢谢你的忠告,"我恳切地说,"我知道我不便随便对任何人说话,但假定我不能不说时,我也不能说谎!"

"古人说:'祸从口出'。这年头,还是少说为妙。当然,在你我之间,我们可以无话不谈。"他接着问,"告诉我,你对毛泽东的看法究竟如何?他是否有任何真正的能力、知识、天赋,或才分呢?我的意思是,他是否具有真正的才分?"

"什么是才分?"我问,"谁是天才?这是很难回答的问题。就我所知,第一、毛泽东对他所从事的任何事情都肯花功夫去精心规划,他是杰出的谋略家和组织者。第二、他对敌人的力量估计得异常准确。第三、他可以催眠他的听众。他确实有惊人的说服力，很少人能不受他说话的影响。假定你同意了他的说法，就是他的朋友，否则就是他的敌人，就是这样简单。我在很久之前就已经了解他是这样的一个人。假定你说他有天份，那么他就是天才。"

"现在先不谈哲学方面的问题，"杨度打断了我的话，"你以为共产主义可以付诸实现吗？"

"这决定于政府运行的方法，以及国家的政治能力。"我解释道，"假定对于原来的政府，人民感到不安和不满足，那么，共产主义就会很快扩展。记得当年六国如何被秦征服的情形吗？就那一段史实来说，与其说是秦的胜利还不如说是六个失败更为恰当。同样的事情可能重演。假如共产党在中国成功，那一定是由于它的对手犯了当年六国同样的错误。"

后来的事实证明确是如此，我们作上述谈话时，共产党人绝没有预料到他们会有统治整个中国的可能。

第十二章　妙高峰上竟夕谈

第一师范学生的日常课业非常刻板，学生从早到晚的活动安排得非常严格：进教堂、入阅览室、到饭厅以及寝室等等，都须随着号角的响声依时而行。当号角响声一起，在十个训导人员的指挥之下，一千多学生就像鸭群一般迅速地集合起来，我和毛泽东认为这种强制纪律是不必要的，对之异常反感，便常常不依号角行动。有一个时期，训导人员对我们大加斥责，但最后还是校长让步，由于我们都是好学生，行为纪录甚佳，因而对我们的过错也就不了了之。

我们当时所以完全不理号角的声音，主要原因是我们不愿意谈论中断。我们认为这种谈论很重要，也很有意义，不应该中途而止。

我在前面曾提到，每日晚饭我们常常聚在一起，沿着江边一边散步，一边不断的讨论。夏天的时候，同学们都到大阅览室或自修室用功去了，我和毛泽东便常常走出去，到妙高峰的草地上坐下来，妙高峰是约莫两三百尺的小山岗,坐落在我们学校的后面,只消几分钟工夫,便可以从体育场走到那里,从这座山岗的顶上,我们可以俯瞰学校高耸的建筑物,以及岳麓山的山峰。我们常常夜里登上峰顶,坐在星月之下,一壁高谈阔论,而一壁远眺长沙城中闪耀的万家灯火。

我们有一次的谈话,我现在仍是记忆犹新。那次吃过晚饭之后,我们像往常一样,走到妙高峰顶,找一块舒服的草地坐了下来。我们聚精会神地谈了一个多钟头的时间,然后,学校的号角响了,"他们现在一定是到休息室去了。"我们不约而同地说。后来号角再响,"现在他们要到寝室去了。"半个小时之后,传来了最后的一次号角:"现在他们要熄灯了!"但是我们仍然坐在那里倾谈。倏忽之间,整座学校已被卷入黑暗之中,我们是仅有的两个尚未就寝的学生。我们的潜离给察觉了。然而当时我们都得意忘形地谈论,熄灯后仍留在校外会

毛泽东和我的游学经历

有甚么后果，根本想都没有想到。

当时正是袁世凯任大总统之时，我们照例谈论报纸上的种种事情，试图对中国的未来加以预断。那天晚上的讨论我记得非常清楚。"你想想，袁世凯怎样会对中国的将来有任何影响！"我大声说，"他只是一名罪犯。那些带兵的头头也不过是他的傀儡而已！"

"但除了袁世凯，又有谁能肩负得起中国所需要的改造工作，"毛泽东说，"康有为有些很好的想法，但他已是过时的人；至于孙中山，他虽然是真正的革命领袖，但却没有半点军事力量。"

"要改造中国，必须有崭新的理想！"我说。

"当然，新力量是需要的。"毛泽东附和着说。

"在改造国家的过程中，每一个公民一定要加以改造，每一个人都必要磨砺他自己。"我说。

"那要把很多人结集起来，规划出一个共同信奉的坚定理想，"毛泽东解释说，"我们两人就能够做任何事情！"

"不，我们两个人是不够的。"我回答说，"一定要有很多人，和我们有同样的想法的人。我们两个必须把他们组织起来，成为我们的同志。"

"第一步，我们先考虑我们的同学。他们大约有一千人，看看其中有多少位可以参加我们的组织。"

"我们一定要选择最优秀、最精干的，"我说，"只选择那些有崇高理想的人。"

"谁最精干，我们都知道，那太容易了，"毛泽东说，"他们的行为我们都熟悉，但要想知道他们的理想却并不简单。"

"你我二人可以用普通的方式和他们讨论问题，然后我们挑选那些最优秀的分子。然后，我们再分别和每一位作个别谈话。"我提议说，"譬如，高级师范的蔡和森就是一位。我们都清楚知道，他和我们有共同想法。再和熊光祖、陈昌和陈绍修[1]等三人，我相信他们都

---

[1] 即陈赞周（1892—1921），又名绍休，湖南浏阳人。毛泽东在湖南省立第一师范学校读书时的同学，新民学会会员，1920年5月赴法国勤工俭学，次年在巴黎病故。

会成为我们第一批会员。在低年级中,你比我知道得更清楚,那么,你可以设法挑选。"

毛泽东表示同意,说:"是的,现在我心目中确有一两个人,可以设法和他们谈谈。"

我们继续讨论我们的计划,我接着说:"从学校千名左右的学生中,开始时我们只可选择十个人。当然可能还有很多人值得挑选,但这种选才工作必须异常谨慎。万一在千人之中十个人都找不到,那当然非常糟糕。我们可以把这十个人作为核心,建立一个社团,等第一批人组织起来之后,我们再着手吸收更多的会员。"

毛泽东提议道:"团体一定要有个好名字,而且一定要有规章!你何不动手拟定一些规章呢?"

"这个团体既以研究为宗旨,我们可以把它称为新民学会。"

漫漫长夜,我们继续讨论。"我认为团体应有三个宗旨",我提议说,"第一、在会员中鼓励良好的道德行为;第二、交换知识;第三、建立紧密的友谊。"

"我认为你应该起一个详细的草稿,然后我们再重新详加研究。"毛泽东说。

于是我们周详地讨论应该如何为团体吸收新会员的问题,最后我们决定,本校既无更多可以选择的合适对象,我们便应该到外面去找。这当然不是很容易的事。因此,我们花了很长的时间,讨论种种可行的方法。

最后,我们决定把宗旨摘要写出来,阐明我们的救国之道以及建立团体的原因。我们认为一定要写得清楚简明,然后分寄到其他学校的学生会社,请他们加以考量。凡同意我们的原则及宗旨的,就写信给我们,由我们先去拜访,讨论商谈后,再决定入会与否。

毛泽东动手起草一封信,准备付印后分寄到长沙各中学。那封信很简短,大意是:

"今日我国正处于危急存亡之秋。政府当局无一人可以信赖。吾人拟寻求志同道合的人,共同组织团体。团体之主要宗旨是自策自励及改造国家。凡对此有兴趣之同学，皆请惠赐大函，俾能约期私下聚谈，以再作进一步之计划。"

这是一封相当大胆的公开信，我们深怕会贻人笑柄，因此我们考虑到，在那封信上签署我们的真名字，并非是聪明的办法，于是我们使用了代名，毛泽东的代名是"二十八笔"。因"毛泽东"三个字合起来恰巧是二十八笔[1]，这或许是一种先兆，因为"二十八笔"一词，后来不止广泛地被用作中共的代名词，而且，共产党之"共"，也像二十八的样子。[2]

毛泽东起草这封信的初稿时，我则着手草拟新民学会的章则。分别完成之后，我们又交换审阅，作了若干修正和建议，此时，天已破晓，忽然之间，响亮的号角自山脚下升起，已经是次日早晨了。那是起床的号声，于是我们走下山岗，返回学校。我们改造中国的第一步工作计划，花了一个整整的通宵。

第十三章　新民学会：中国共产主义的胚胎

新民学会是毛泽东和我在一九一四年发起的[3]。最初，只是精选品格良好，和我们志同道合的学生所组织起来的团体。它的宗旨简单说来：就是每个人自策自励，增强道德和精神的力量，切磋学问，以及改造中国等等，绝未表示任何政治主张，亦不隶属于任何政党。不过，后来毛泽东和学会一些别的会员却发展了政治野心，接受了共产主义理论。现在北京的很多高层领袖，都是昔日新民学会的会员；而另外一些有学术兴趣富于理想的会员，则依然是自由主义者。共产主义理论在中国知识分子间引起广泛兴趣之时，新民学会便已有这种运动的核心人物，因此，新民学会可以称得为中国共产主义的胚胎，中国共产主义的胚胎这个称谓我认为最为恰当；虽则若干年后，另外有

---

[1] 指繁体字笔划。
[2] 《二十八画生征友启事》发表于1915年9月。
[3] 应该在1915年9月以后。

些不同的语词出现,然而新民学会仍然是主要的核心。

我记得很清楚,那年春天我草拟好新民学会会规,该规章仅有七款,都非常简明。毛泽东看过之后,未加任何评论。于是我们又把打算提名为发起人的会员,对他们的品格重新审核了一番。我们都同意这些人都是一时之选。一共是九个人,再加上我们两个发起人,总共是十一人;然而在青年人的一股冲动下,我们却自命是十一个"圣人",以实现时代使命自况!同时,也认为我们彼此是志同道合的兄弟,大家都能互相尊重。

一个星期天的早上,我们十一个人在第一师范的一个教堂中聚会,在庄严的气氛下举行了第一次会议。[1] 我把印好的新民学会规章分发给每一个人,并请与会者提出建议、问题和评论。但没有任何新的意见提出。每人交了极少数目的会费,我被选为头一任秘书。我们决定不设会长之职;于是会议宣告结束。如此这般,便是新民学会的创生了。虽然没有人发表演说,然而一种更密切的关联却在我们十一人之间建立了起来,我们为了从事运动,我们不知天高地厚的想法和热情,获得了新的力量。都感到从现在起,我们的双肩上增加了一种新的责任。

在会议席上,毛泽东一句话也没有说。对于我们的宗旨以及会员所应该做的事情,我们都非常清楚;我们认为每人都应该表现切合实际的作风,而不应空谈高论。新民学会的会员中,只有一个是习于为讲话而讲话者,那便是陈昌,他以发表冗长的演说著称。我们这位陈同学是浏阳人,在一个偶然的机会中和我相遇,我们便成了好朋友。不过,在新民学会成立大会举行时,甚至陈昌都没有发表演说。他后来成为中共早期的组织者之一,在一九二八年为国民政府所枪杀。

新民学会成立后,大约每月开会一次,我们的集会虽然不是秘密举行,但也尽可能减少别人注意。原因是,我们选择会员有严格

---

[1] 新民学会成立大会是1918年4月14日在岳麓山刘家台子蔡和森家中召开的。与会者13人,推选萧瑜为总干事,毛泽东、陈书农为干事。萧去法国后,学会事务由毛泽东负责。

的限制，那些没有被邀参加的人，很难避免他们不会感到嫉妒或觉得受漠视。在那段时期中，我们必须处理的大问题，是怎样吸收我们心目中认为够标准的新会员。一个崭新的名字提出后，须全体会员投票决定是否接纳，如有一人投票反对，那个提议中的准会员即被拒于门外了。因此，人们要取得新民学会的会籍，须得全体会员百分之百的支持。

杨怀中先生已经知道新民学会的成立，也知道我们选择会员极为严格，有一次他告诉我，他从熊光祖和陈昌两个人那里听说，长沙有陶斯咏、任培道和向警予等三个女学生，似乎完全合于我们的规定，而且她们都是优秀的学生。后来在一次会议中，我把她们三人的芳名提出来，获得全体无异议通过。

陶斯咏，湘潭乡人，是我一生认识的人中最温良、最文秀的人物之一。她在一九一四年参加了新民学会，约在六年之后，和毛泽东在长沙合开了一间书店，取名"文化书局"。他们当时深深地相爱，但由于彼此的政治见解不同，最后她终于离开了毛泽东，另在上海创办了一所学校，名叫"立达书院"。她大约在一九三二年去世。她是新民学会的第一个女会员，也是头一位反对共产主义的会员。

向警予是另一个动人而聪慧的姑娘。她的文笔优美，书法亦出色，更具有天赋的讲话才能。她天生一副动人容貌，不加修饰，美貌之极。她对朋友温暖亲切，有如兄弟姊妹。在"勤工俭学"计划的资助下，她于一九一九年去了法国，在那里与蔡和森堕入爱河。她是新民学会第一个接受共产主义的女会员。我在前面曾经提到，她是在汉口法租界被逮捕，当时我曾请求法租界当局拯救她的性命，但结果她终于被国民党军队所枪毙。她虽然成为共产党员，但我对她的尊重毫不稍减；她那悲剧性的结局，曾使我深受感动。

第三位姑娘任培道，湘阴县人，是一位极不寻常的优秀人物。这三位小姐宛若姊妹。和陶小姐一样，任小姐也及时拒绝了共产主义，长沙高级师范毕业之后，她去了美国，在一家美国大学继续深造。回国之后，她担任过很多学校的教员和校长。现在她除了是台北立法院的立法委员之外，并且在那里担任教授职位。

这三位小姐成为新民学会会员之后，我曾提议也应该邀请蔡和森的妹妹蔡畅入会。但其他人，包括她的哥哥在内，都不同意，认为她太年青，才十五六岁，刚进中学。几年之后，她去了法国，终于在那里成为新民学会会员。现在她是中共妇女组织的领袖之一。我们对她那种坚定的性格，以及为人信诚，都很赞赏。由于我们尊重和爱戴她的母亲和哥哥，因此我们便都管她叫"小妹"。事实上，我们亦确把她当作自己的小妹妹一样看待。

在我最早的照片集中，虽然失落了一千多张，但至今尚保存一部分，其中竟还有向警予和蔡畅在内，是在当时全体合摄的。

一九二〇年，中国共产党正式成立之时，新民学会的会员已经超过百人。一九一九到一九二〇之间，我和蔡和森在法国吸收了约三十人左右，但毛泽东在长沙所吸收者竟达百人之多。[1] 他主要的兴趣在于建立坚强的组织，对新会员的道德行为和思想方面，却不甚注意；而会员的道德和理想正是运动初期我所坚持的。他当时的做法非常公开，也很积极，凡是和他有相似想法者，他都来者不拒。他没有把理论转化为行动的耐性，但欲着手出版一种报纸形式的学会通讯。我有很多信都被选登在上面发表，包括我反对以俄罗斯共产主义作为改造中国的手段那一封在内。直到那时为止，新民学会仍是一个联合体，所有会员都有充分自由表示其政治见解。

一九二〇年，分裂的现象开始出现了。毛泽东所领导的那些热衷共产主义的人，形成了一个单独的秘密组织。所有非共产党的会员，除我之外，都不知道这暗中进行中的事情。因为毛泽东把有关新组织的一切都告诉了我，并且希望我也能参加。当时毛泽东蛮有信心，认为我决不会出卖他们，虽则我对他们并不表赞同。

有一天，发生了一件深饶趣味而且颇有意义的事，这件事显示了我们两人之间的分歧。被我们称为"何胡子"的何叔衡，比毛泽东和

---

[1] 此说不确。从新民学会会务报告第1、2号可知，当时长沙有50多名会员。

我约大十岁。他和我们虽然都是朋友,和我的交情似乎还较近一些,由于我们同在楚怡学校教过两年书。那天他告诉我说:"润之曾经在会员前面秘密批评你,说你是布尔乔亚,你不赞成共产主义。他真正的用意,是不让他们对你有信心,只跟随他个人走。"

后来我把何胡子的话告诉毛泽东,他听了之后,立刻承认。我问道:"你为什么说我是布尔乔亚呢?假定我说过不赞成共产主义,那么,你知道,我所不赞成的不过是俄罗斯共产主义而已。如你所知,我很喜欢共产主义的原则,我并且相信,社会主义亦应渐渐转化为共产主义。"毛泽东一时闭口无言,何胡子却高声大笑起来,"萧胡子,"他嚷道,"当你不在这里之时,润之叫我走一条路,当润之不在这里之时,你又劝我走另一条路;当你们两个都不在这里的时候,我不知道走哪条路好;现在你们两个都在一起,我仍然不知道走哪条路好!"何胡子的话引起了一阵大笑,但他所说的亦是事实。何胡子虽然是以诙谐的口吻,说明他自己的情形,但实际上他确是不自觉地做了所有会员的代言人。因为当时的新民学会,显然有一部分人陷于歧途彷徨之中。不过何胡子是唯一坦白而诚恳地公开说破两位领袖的意见分歧,这种意见分歧终于造成以后的分裂。

第十四章　学校放暑假了

暑假就要开始了,布告栏上贴出了一张布告,这表示各班的功课业已考试完毕,我们将获得两个半月的假期,全体学生可望在三日之内离开学校了。

每个人都动手收拾行李,笑容满面地准备回家度假。书籍都自教室中搬了出来,装在箱子里;巨大的行李房中,这类箱子数以千计。在这两天之中,学生的情绪异常兴奋,不断地进进出出,把那间大行李房弄到有如海关的大办公处一样。人人有说有笑,喧闹异常。功课考完之后,每个人都生活于放假的气氛之中。"你写信给你的太太了吗?她知道你就要回家吗?""你的未婚妻会来看你吗?"诸如此类的话,终日可以听得到。

最后,所有的教室都空空如也,只有一个例外,那就是我的教室。我的书籍、笔、墨、文具等等,仍然摆在桌子上,我的书籍还是塞得满满的。毛泽东进来找我,他看到我还未动手收拾,便坐了下来,问道:"旭东,你什么时候回家?"

"我决定暂不回去!"我答道。

"你真的打算留在学校吗?你上个月和我谈到,我还以为你是说笑呢。"

"不是的,"我说,"我决定先在这里停留一两个月,然后再回家去住上一二十天。今后的两个月中,学校一定很安静,我可以在这里做很多功课。"

"你这两个月里的计划如何?打算做些什么功课?"

"我打算把下学期的代数、几何、英文和地理等课目,自己先做一番研究,此外,我还打算读点哲学的东西。"

"我知道了。那么,校长准你留在学校里吗?"

"准的,我昨天晚上曾经去看他,告诉他我的打算。他表示这本来是违背校规的,但由于我要认真读书,因此他也同意了。他告诉我,在暑假期间,门房和四个校工会留在学校;因此,我不会感到寂寞。他说他会告诉校工和我住得近一些,以便对我加以照顾。厨子也要有一两个留在学校,我的膳食也有人料理。但是我必须自付膳费,学校不能负责任何额外的开支。"

"听来很不错呀。我也愿意和你一起留下来,你以为如何?"

毛泽东是我最好的朋友,我自然很高兴,当即说道:"快去见校长。假定你喜欢的话,我愿意和你一起去,这样可能对你有帮助,有一个好友做伴,和我一起住在这里,那是再好没有。我很希望你能留下来。"

"但是请你告诉我,"毛泽东有点犹豫,"你要给厨子多少伙食费?"

"两块半钱一月。每餐一菜一汤。"

"两块半钱！那就是说，两个月需要五块钱！"毛泽东吃惊地说，"这太多了！"

"不，不多。我认为很便宜！但是，你不必担心花费的问题。假定你钱不够的话，我可以借给你。走，现在我们快去见校长。"

我们一起去见校长，他对毛泽东的请求毫无异议地接受了。其他的学生听说我们要留在学校，其中两个也要一起留下来。又要求我和他们一起去见校长。校长也答应了他们的请求，因此，在那年暑假中，我们四个人继续留在学校。我对那两个同学虽然很熟悉，但他们和毛泽东只不过泛泛之交而已。我和毛泽东都认为他们非常平凡，没有被挑选为新民学会会员的资格。

夏天天气非常炎热，因此，在下午根本不能做甚么事情。我们都是早上看书，中饭之后，则作闲谈，但有时热到连闲谈也感到吃不消。温度之高，我们即使坐在那里不做任何事情，也会汗流浃背。

我们几个人早上的工作各不相同。我从英文、代数开始，而毛泽东对这些则毫无兴趣。他甚至根本不想去提高研究英文和数学的兴趣。他花费大部分的时间阅读古典文学和历史。其余的时间，我常以写字来排遣。

毛泽东留在学校的原因和我不同。他在家里全无温暖可言，假定他在这个时期回家去的话，他必须在田间帮助他父亲收割麦子。田里的工作，对他来说，比最初他离家时更觉乏味。但在这里他仅有一双鞋子，已经破得不像样子，两只鞋的底子都已经磨穿；因此，为了弄一双新鞋，他至少须在稍后的时间回家一次。

那个时候，学校所有学生几乎都穿着家里做的鞋子，穿着鞋铺做的鞋子的绝无仅有。穿鞋铺做的鞋子乃显示不必要的浪费，目的不外是向人夸耀而已。因此，凡穿着这样的鞋子，其人总是被人瞧不起。那另外两个留校学生，有一个就穿了一双很漂亮的鞋铺做的鞋子。对我来说，这种鞋子反不如毛泽东所穿的那双破鞋有价值。那位伙伴发觉我们对他鞋子的观感，即不再穿，毛泽东的那双破鞋反而获得了真正的荣耀。

我们只有几个人,就更显出彼此性格的不同。我觉得保持我的书桌、书籍和房间尽可能的整洁是一种道德上的责任,而且这也是我一种根深蒂固的习性;即使没有人天天要来检查,我也是如此。然而,另一方面,毛泽东的书桌却永远是乱七八糟。这在我们的书室里也并无两样。我的书室永远是整洁,而有次序,毛泽东的书室则是一塌糊涂,他从未想到要来一次洒扫。有一次我开玩笑地向他说:"大英雄如果不能治理他自己的房间,怎样能够治理天下呢?"毛泽东回答道:"大英雄一心想着治理天下,就没有时间来治理房间了!"

暑假期间,学校没有热水供应,因此,每个人必须到厨房去烧自己所用的热水。我每天洗澡一次;但在那样的大热天,毛泽东却经常数日不洗澡。他抱怨我洗澡洗得太勤了。"真是不必要的麻烦!"他说。

毛泽东不仅对自己的不清洁洋洋自得,并且对我喜欢爱整洁的习惯大加反对。我在饭后,总是刷牙一次,他却讥笑说:"吃过饭之后,就必须刷牙么?这是富人子弟的典型习惯!你是个十足的绅士,是吗?"于是他送我一个"富人子弟"的绰号。我们彼此之间的性格、背景和生活习惯虽然这样的不同,我们也常常毫不犹豫地互相批评,但是我们都从来没有真正争吵过。事实上我们彼此双方都很欣赏,并且觉得必须相互尊重。彼此批评一阵之后,我们总是以大笑来作结束。我们都喜欢开玩笑,因为可以藉此得到松弛和调剂。

这些小意见上和习惯上的不同,并不妨碍我们严肃的讨论。每天下午我们都有一段长谈,通常都是没有特定的话题,而以当时所发生的事情为谈论中心。特别是讨论我们在报纸上所读到的新闻。

第一师范,认为教育宗旨最重要。大礼堂入口处的横匾上,写着下面几个大字:"德、智、群、美"。这是民国元年首任教育总长蔡元培的宗旨。但所谓群育,往往是摹仿了德国和日本。毛泽东认为这一点最值得赞赏。我却不表赞同。我说"蔡元培的宗旨虽然很有道理,我却认为平凡得很。其中只有美育一点比较新颖。当时蔡元培曾就这个问题写过一篇很好的文章,题名《以美学代宗教》。"

"但是，"毛泽东坚持说，"群育比什么都重要，假定国家弱的话，讲美学又有什么用呢？首要的事是克服我们的敌人！与美学教育又有何关系呢？"

"在古代的诗歌、经典和音乐中，德性的完美是最着重的。那也就是同样意思。"

"假定民族衰弱的话，德性完美又有何用？"毛泽东反诘道，"最要紧的事是强盛起来。一个人要能够以力量征服别人，能征服别人即表示这个人有德性。"我们的基本观点是这样的不同，然而在我们欢快的热忱的青年时期，我们又哪里知道这种不同的深度呢。

第十五章　修业学校和楚怡学校

当时长沙还有一间叫明德的中学，但以修业和楚怡两间声誉最好。一九一五年，我在第一师范毕业之前两个月，便应聘到修业学校任教。在那里只教了一个学期，我便转到楚怡去了。

我是一九一六年正月开始在楚怡任教的，连续在那里教了两年多的时间。

那一年第一师范的毕业生中，我是唯一受聘到这些中学任教的，在同学的心目中，这是很高的荣誉。毛泽东对此事的印象其深。有好几次我很清楚的看得出来，他对学问和灵智怀有很高敬意，虽然他固执地强调军事教育。在我任教时期我们所讨论的问题，可以大致分为三类，即：自修之道、中国的改革以及课本和最近的新闻。

毛泽东对教员生活颇为好奇。我应聘到修业学校任教后不久，有一天他问我道："你教多少学生？"

我说我任级主任的那一班，共有五十八个学生。"你要照顾五十八个学生，又怎样还有时候教书呢？"这是他要知道的。

"每个级主任都必须同时教课，"我解释道，"我现在所教的几门主要课是国文、修身和历史。"

"你每个礼拜教多少钟点？"我从表情上可以看出来，他很有兴趣要知道这些事情。

"每个礼拜我教十二小时,另外还得批改国文卷子。我的学生每周作文两次。还要备课呢。"

"这就是说,除了教课之外,你每个礼拜还要批改一百十六本作文卷子?"他问道。

"是的,改过卷子之后,我还必须向每个学生分别解释所批改的要点。"

"学生为甚么一定要每礼拜做两篇作文呢?"这他也想知道。

"因为这对他们是很好的练习。"

"你太劳累了!"毛泽东说。

"教员虽然有很多事情要做,然而我在其中也找到了乐趣。这当中也有刺激和挑战。并且学生都很喜欢我,我也喜欢他们,这是最重要的。在学校里我们就像在大家庭中一样。你看着学生成长和进步,是非常快乐的事情。"我向他解释。

"我认为教育制度应该改革。教员工作太辛苦了!"毛泽东坚持着说。

"教员的待遇的确很好。"我耐心地说下去,"经费有限,不能聘请更多的教员。这就是为甚么我们每人都必须教好几门课。我对工作很感兴趣。"

就在同一天,约莫是在夜半,毛泽东刚刚离去后不久,学生宿舍忽然起火,火势很快蔓延到教员宿舍,造成惨重的损失。我的箱子和被盖都烧毁了,幸喜书籍被抢救了出来。

第二天毛泽东在报纸上看到了这个消息,当天下午就来看我。"这次大火你的损失很重吗?"他很关切地问道,"不过,我想学校会赔偿教员的全部损失的。"

"不,学校不会赔偿教员任何损失。"我答道,并且告诉他我损失了甚么。"不但如此,"我继续说,"今天早上,校长召集全体教员,要求我们捐出若干薪金,以补偿学生的损失。你知道,有些学生是很穷的。"

"但是你们不能这样做！这样要求太过分了！你们一定要起来抗议！"毛泽东情绪激动，嚷着说。

"那也没有什么关系，不值得这样大惊小怪。"我说，"这学期现在刚刚开始，我还要接着教五个月的书，然后再决定是否继续在这里教下去。"

这桩不幸的事件过后不久，毛泽东又来看我，他问道："你觉得做教员很有趣吗？"

"是的，"我说，"我感到很有趣。只要你一旦习惯了，就永远不会感到厌烦，我告诉你日前发生一件很有趣的事情？"

"好的，你说，那是怎么一件事呀？"

"我记得我告诉过你，我班里有几个比我年纪还大的学生，他们很明显的对我表示不满。因为他们极不喜欢有一位比他们年青的教员。每次上课之前，他们在黑板上写些刺激我的话，但我总是假装没有看到，这种事经常发生。"

"是的，"毛泽东同意道，"最好是装作没看见，不要理会这些事情。"

"我从来没有外罚过他们。"

"但是，他们写过侮辱性的话吗？"毛泽东急于知道。

"那倒没有。有时候他们从书本找些极艰深的字句要我解释。我头一次上课时，他们看我这样年青，极感惊讶。教务主任向他们介绍时，告诉那些学生说：'你们不要因为萧先生年纪轻，而有错误的印象。我今年已经五十岁了，但在国文修养方面，仍得认萧先生为老师。'这些恭维的话，使班上大多数学生恢复了对我的信心，课堂上的气氛顿时安静了下来。但那几个年龄较大的学生，总是想尽办法给我找难题。几天之前，他们的机会来了。"

"教务主任这样来介绍你，确是很好。"毛泽东加了一句评语，"请你继续说下去，究竟发生了什么事情。"

"一位学生死了，同学要举行追悼会。他们虽然知道我会写文章，但是撰写挽联之类，那些主事的学生们认为我根本不懂，因为这经常是由经验丰富的老学者来做,他们都善于运用古典文字。这样一来,他们就可以在全校师生面前出我的丑了。"

"你既然是他们的国文教员,假定他们请你做的话,你自然不能拒绝。好在你对撰写这类东西确有过人的才能,不会被难倒的。"毛泽东回答说。

"但是你却不知道他们怎样来进行这件事情。仅在前天上午十一点钟,当我上完课,在教员休息室休憩的时假,四个这些年龄较大的学生就进来看我。他们先向我一鞠躬,然后其中一个开口说道:'老师,我们的任同学死了,我们要开追悼会。希望送一对挽联,但是我们都不会做。请老师替我们写一副好吗?'

"我当然感到很惊奇,但在另一方面,对他们的请求,我也感到很高兴,但我一直没有听说他们打算举行追悼会的事情。'很好,'我说:'你们什么时候要呀?'他们好像预先演习过一样,异口同声回答道:'追悼会在今天下午四时举行。'当时我立刻察觉,这是他们的一个陷阱,但已经太迟了。他们已经用尽心思,故意要整我。撰写挽联的事,他们本来可以在一个礼拜之前告诉我,但他们却要拖到最后一刻,让我到时候什么也写不出来,好人大地去一次丑。不过,我如责备他们,是毫无意义的;假定我不想闹出什么笑话,那么,我只有利用这仅有的时间,作出一副真正好的挽联。我问他们'你们和任同学份属甚么关系?'

"他们回答说,他们和任君只是同学,但任君却来自同县同乡。我告诉他们说,我必须利用这一刻的时间把挽联做出来,他们可以先行离开。但他们还有话说。'老师,'他们请求道:'还得请你用你的书法替我们写出来。请不要晚过下午两点钟。因为在三点钟之前,我们必须在大礼堂把一切都布置好。'我尽量抑制自己,对他们不要表露出不愉快的神色,告诉他们说我当及时完成。

"他们离去之后,我在教员休息室的沙发上坐了下来。我的脑子是空白的,我从窗口注视鹅毛般的雪飘,厚重得似乎要把学校压塌似的,一种凄清的气氛笼罩了大地的一切。这种情景,骤然之间使我想到了第一句:'哭吾友亦痛吾邦,冬花悬涕开霜雪。'"

"上联非常精彩,"毛泽东说道,"但下联总比上联更难做。"

"是的,写出上联之后,我的脑子又空白了,一时我真不知道下联怎样开始。半个小时过去了,我一个字也想不出来。我开始感到愁闷和烦恼了。时间太短促了。中饭过后,下午一点钟时,我还要上课;因此,我只剩下一个半钟头的时间,而我必须作出真正的好挽联,在这有限的时间想出下联来。当时我正要进厕所。我常常会在那里得到灵感,这次厕所之神又向我微笑了。我果然得到了灵感,写出了下联:'长其才而短其命,苍昊不仁握死生。'我对下联感到非常满意。"我说。

"你应该感到满意,的确太精彩了!"毛泽东惊叹道,"后来你的学生怎样说呢?"

"恰恰在下午两点钟的时候,四个学生又一起来了,后面跟着一群看热闹的学生。他们尽量装作挽联已及时完成而他们并不感到惊奇的样子。其中一个说:'请老师快替我们写罢!'我问他们墨和挽联布是否已经备妥。'墨已经磨好了,'他答:'但是,布还没有准备好,因为我们不知道每联字数有多少。'

"'每联十四个字,'我告诉他们:'你们赶快一点,把布上的线打好,快,快!'于是他们急忙把白布弄好,我随即提笔写了出来。他们向我道谢之后,便赶往大礼堂悬挂。"

毛泽东问我,在那天的追悼会上,是否还有其他真正好的对联。于是我再告诉他故事的下半部。

"到了下午三点钟,各班都停了课,使追悼会能在四点钟举行。约莫在三点多钟的时候,我到了大礼堂。那是很大的房子,四壁悬挂着约莫两百副挽联。人人都在那里审阅,并且加上评论。王大胡子也在那里。我们所以送给他这个绰号,由于他长了又长又粗的黑胡子之故。在科举考试时,他曾得过很高名衔。他是学校的首席国文教员。当然,他被认为是全校文学方面的最高权威。进入礼堂后,我远远地看到他正阅读我写的那副挽联,他身后还围着一大群学生。他向那些学生加以解释，接着他高声朗诵了起来，在韵律的衬托之下，有如唱歌。他朗诵完毕之后，转身对那些学生说：'好，太好了。谁做的？'这时有一个学生看到了我，于是王先生领着一群学生向着我走过来。他感情激动地对我说：'太出色了！太出色了！毫无疑问是所有挽联中最出色的一副。值得赞赏。'

"学生们脸上所表现的惊异之色最是有趣。接着校长走过来向我作亲切的道贺。四点钟之时，追悼会开始了，由校长主祭。追悼的仪式过后，他开始演说；在演说中，他再次称赞我的挽联。当他说话的时候，所有的学生都不住的看我。那情形好像集会并非为了追悼死者，而是给我一个荣誉似的。追悼会结束后，王先生握着我的手首先走了出去，校长亦跟着出来。当时我感到宛如获得一个伟大的文学学位一般。"

"你可以想象得到，后来那些年龄较大的学生不再找我的麻烦。"我说，"他们对我都很尊敬，无论是在学校内外，他们遇见我都鞠躬为礼。在教室他们也很安静，情形有如在教堂一样！"

毛泽东静静地想了一会之后，说道："我能够了解，让学生相信教员一切所说的，一定是十分困难。但对于一位教员来说，在学生中建立信心是异常重要的。"

时间如飞过去，很快就到了学期的尽头。有一天毛泽东的表叔王先生问我在修业学校是否愉快。我告诉他说，我对工作虽然感到愉快，但很疲劳，现在还没有决定下学期是否继续在那里教下去。他对我说，楚怡需要一位好国文教员，他希望我接受他的邀请，到那里去任教。这问题让我考虑了好一段时间，鉴于楚怡是出色的学校，我终于决定接受王先生的邀请。

第十六章 "叫化"生活

一九一六年正月起，我开始在楚怡中学任教。翌年，近三个月长的暑假即将来临之时，我感到生活上需要一种变化了。乃决定以叫化[1]生活来消度漫长的暑天。

我深为叫化生活所吸引,因为我一直没有过过那种浪荡的生活,而自少养成的生理和心理上的困难,亦可以藉此克服。在中国以至整个东方,大体上说来,从很古的时代起,一直认为乞讨也是一种行业,不似西方那样视之为一种贫困的标记。身无分文而到处旅行的生活是很够刺激的。

当时毛泽东仍在第一师范读书,常去找我聊天。

有一天他说:"暑假就要到了。你的功课什么时候结束呀?"

"我们现在正在举行考试,再过一个礼拜,暑假就要开始了。"我回答他说。

"我们离放暑假还有两个礼拜。"毛泽东接着说。

"你是否打算像去年一样,在暑假期间仍旧留在学校呢?"我问道。

"今年暑期要怎样过,我还没有任何打算。"毛泽东回答道,"你有什么计划呢?"

"今年暑期我有一个新计划。"我告诉他道,"我决定做一段时间的乞丐。"

"做乞丐?你说做乞丐究竟是什么意思?我真不明白。你为什么要去做乞丐呢?"他连珠炮似的询问道。

"是的,我要做一个叫化子。身上一个钱不带,去作长途旅行,吃和住的问题,我打算用乞讨的方式来解决。我希望过一段最有趣味的假期,去看很多有趣的地方。"我解释道。

"我仍然不明白,"毛泽东继续说,"假定你找不到任何人去向他求乞,或者人们根本就不理你,你又怎样活下去呢?你当然不愿挨饥抵饿罢。"

"那正是最有趣的一点,"我说,"我要测探人们对我的反应。你认为叫化真会饿死吗?"

---

[1] 即乞丐。

"不，当然不会。乞丐倒像是很少挨饿的。"

"不仅如此，他们还是生活最幸福、最自由的人呢！'叫化做三年，有官都不做。'你记得这句话吗？现在请你告诉我，他们为什么要这样说呀？"

"为甚么，那是因为做官的人身有重任，而叫化则一身轻松。"

"是的，不仅如此。"我解释说，"做官要受种种约束，而叫化则完全自由。我过过那种自由自在的叫化生活，你知道那种生活的滋味如何？"

"不知道，然而我也能像你一样想象得出来。"

"但是，我可不是想象呀。我真正过过叫化生活。"我说。

"你是说你真的做过叫化吗？"

"当然了。你还不知道那件事，我一直从没有告诉你我生活中的那段插曲么？"

"请你讲讲，那个故事。"毛泽东道，"那一定是很有趣的。"

"那是四、五年前的事了，在不同的情形下我做过两次乞丐。在那之前，我曾经想过叫化的自由和幸福，便决定在生活上作了一次实际尝试。我头一次的叫化生活只有一天，但第二次就有三天之久。

"在头一次的叫化生活中，我一早出发，走到乡下，感到饥饿的时候，我就开始乞讨了。头一家人家给我的饭不够吃，于是我又转到第二家。第二家的饭不清洁，于是我又跑到第三家，这一家让我尽饱而罢。吃过之后，我开始往回走。到天黑之时，我又饿了，于是我又讨了一些米饭。我终于在月亮出来之时回到家中。"

"但人们看到你的时候，他们真的以为你是叫化吗？"毛泽东问道。

"注意他们的反应确是很有趣的。有些人很冷淡，对我全不理睬。另外有些人问我识不识字。很明显的，他们以为我是'送字先生'（送字先生是一些穷书生，以廉价字画去换衣食的人）。不过，我只简单地说我没有钱，又没有任何东西吃因而挨饿。有些人极表同情，当我吃东西的时候，他们就和我聊天。有一家给我一满碗饭，此外还给我一个煎蛋和一些青菜。那家长是一位老太大，她有两个儿子，都在城里读书。她三番四次地问我，为甚么会弄到这样穷困而至乞食的田地。我和那老太大作了一次非常有趣的谈话，因而使我对社会心理获得进一步的认识。"

"那的确很有趣呀。可惜你只过了一天这样的生活。"毛泽东说。

"是的，这就是为什么后来又走出去三天的缘故。这一次比头一次还要困难，原因是我必须找地方睡觉。"

"那么，你怎么样去求得过夜的地方呢？"毛泽东问道。

"为什么不能够呢？让我告诉你罢。那是夏天，夜间并不很冷，并且还有月亮。那是非常奇幻的经验。我缓缓地走过荒林，世界上似乎只有我一个人了——在一种灵虚的境界中，没有阻碍，没有烦恼，而完全自由自在。日常生活中的繁嚣都远远离开了并且忘掉了，只有蓝色的天空、星河和明月与我为伴。以往我从来不曾经验过这样宁静和孤离的感觉，因此，我决定通宵达旦地漫游下去。到了第二天黎明时，我倒在一块河岸的草地上，呼呼大睡了起来，一直睡到日中。就又再起来乞讨。第二天晚上的夜色特别阴暗，没有月亮。不一会我走到一座高山之前。当我在山脚下行走的时候，我看到一块巨石，耸立在高处，远处漆黑一片，比当时的天色还黑。那漆黑的影子和怪异的形状使我开始恐惧起来，当时我的心情就不似头一天夜里那样愉快了。"

"可是，你不怕山里的老虎和其他野兽吗？"毛泽东问道。

"老实说，我当时一感到恐惧，马上就联想到我从前所听到的山中猛虎的故事来，想象着有一群老虎真正的在围着我，虎视眈眈。我站在那里，想着是继续前进呢或是往回头走，正在犹豫莫决之时，忽然看见远处一家人家的灯光，于是我便朝着那灯光走去。灯光是从一座农舍的窗子中透射出来的。一觉得有人家存在之后便安心了，于是我便加快脚步。抵达那里之后，我敲打那家农舍的大门，不一会，从门缝中看见一个十六、七岁的小姑娘，手拿着一盏油灯走过来。她从门缝瞧着我，但不把门打开，只问我有何贵干。我告诉她我是个叫化，因为迷了路，需要找个地方歇宿一晚。她向我注视片刻，随即转身向后面房中走去。我猜想到,在黑夜中她不敢开门让一个自称叫化的人进来,因此回去叫她的父亲。不一刻工夫,一个手提灯笼的老人走了过来。他先问我是何许人,从哪里来,又问我是孤身一人或有其他同伴没有。我的回答似乎令他感到满意,于是他把大门打开,让我走了进去。我们走进一间大房子之后,他把灯高高举起,从头到脚仔仔细细地把我打量了一遍。我也以同样神情把他打量了一遍。他显然是一个农人,约莫五十岁年纪,头发几乎已经完全脱落,只有几根稀疏的小胡须。他向我温和地笑了笑,从他的这种笑容中,我知道他已经断定我不是什么危险的人物了。我转头过去看站在桌前的那位姑娘,她梳着一条辫子,身穿一套蓝布裤褂。从她那给太阳晒得黑褐色的皮肤,可以一下子看出来,她是常常到田间工作的。不过她的眼睛很大,很明亮,牙齿生得洁白而匀称。她当时也正在看我,因而我们两个人的目光一时碰在一起。

"她旋即转过脸去问她的父亲:'爸爸,你问过他没有,他要不要吃点东西?'我说我还没有吃饭,但也不怎样饿。那位姑娘没说什么,便急忙转身离去了,她的父亲和我则继续谈话。一会,她回来了,微笑着递了一杯茶给我。'饭马上就好了。'她说。那老人问起我家庭的情形,并且问我为什么会沦为叫化,于是,我便告诉他我在学校里读书。他告诉我他的老伴去年刚刚去世,他只有一个女儿。为了生计,他们父女二人都要在田里操作。后来那位姑娘给我端了一碗饭和一碟青菜来,那时老人向他的女儿说:'孩子,这年青人不是叫化,他是一位学生。'她听了之后,微笑着说:'萧少爷,请用饭罢。'我吃饭的时候,他们父女都坐在那里陪我谈话,饭后不久,我们就寝了。我当时实在太疲劳了,他们父女则都有早睡的习惯。

"第二天早上,我们都在天刚破晓之时就起床了。我向他们告别,准备上路,但他们却挽留我多住些时间。因为盛情难却,我便没有马上离去,和他们在一起吃过午饭之后,我对他们的热诚招待表示深深的谢意,然后举手作别,打道回家了。我们现今仍然保持着彼此之间的友谊。"

"哈哈，"毛泽东惊叫道："现在我知道你为什么对叫化生活这样感到有兴趣了！原来你仍然想去看看那个农夫和他的女儿呀！"

"去年冬天当我回家的时候，我曾顺道去看过他们一趟。"我解释说，"我给他们带了一点小礼物。那位姑娘已经出嫁了，并且已有了一个两岁大的孩子；她父亲和他们居住在一起。这次出去行乞，我打算走一条新路。我想看看新的事物，并且希望获得全新的经验。最有趣的是对困难的克服；天下任何困难也不及身无分文而要想法生活在别人的社会中更困难的了。我打算尝试一下我怎样能克服那种困难。"

毛泽东很是兴奋。"那真是很有趣呀。我可以和你一起去吗？"他问道。

"当然可以，假定你愿意的话。实在说来，叫化生活只能是一个人，而最多亦不能超过两个。但我们两个一定要好好相处。"

"很好！我要跟你一起去。我们甚么时候动身？"

"我的暑假下个礼拜开始，但是我要等一个礼拜，等到你放假，然后我们再决定确切的日期和全部细节。"

第十七章　乞丐出发了

起程日期终于决定了。行乞的主意既是由我提出的，因此，我事前便决定从我住的楚怡中学出发。那是个美丽的夏日，毛泽东一早就赶到了。他穿了一套学校的制服，那是一身白裤褂，已经很破旧了。那时我因为是个教员，日常在学校中便穿着传统的长衫；但为了适应叫化生活，我就改着短装和布鞋。毛泽东永远是剃大兵式的光头；因此，在出发的前一天，我也学样把头剃个精光。我的化装就这样完成了。

毛泽东带一把旧雨伞和一个小包袱。包袱中包着一套可供换洗的衣裳、洗脸巾、笔记簿、毛笔和墨盒。我们携带的东西愈轻就愈能走得快；因此，我们事前曾经说定不带更多的东西。我也带了一把雨伞和一个小包袱。包袱中的东西和毛泽东的差不多，只不过多了一些信纸信封，一本《诗韵集成》而已；携带《诗韵集成》是为了一旦有灵感而作诗之用。

我已经把我的钱交给学校的会计代为保管，现在又把口袋里的零用钱拿出放在书桌的抽屉里。我们两个人身上都没有携带一文钱；各人所携带者只不过是一把雨伞和一个小包袱卷而已。

一切准备停当之后，我说："请你等一会，我要去看看校长，并且向他告别。"

当校长的听差看到我之后，他睁大了眼睛，注视着我身上穿的一套旧裤褂。犹豫了好一阵之后，显然他是一时不知说甚么才好。最后他问道："萧先生，这是怎么回事？发生了什么事情？你跟谁——你跟谁打架了吗？"

看了我这身穿着之后，他所能想象到的唯一解释是我和别人打架，现在则是向校长来投诉来了。

"我要跟谁打架呀？"我问道，"我只不过来和校长说几句话而已。"

校长也和他的听差一样惊奇："萧先生！"他不胜诧异地问道，"你好吗？发生了什么事情，为什么穿得这个样子呀？"

"没有发生什么事情，"我安详地回答道，"我只不过要去作一次旅行罢了。"

"你穿着这一套衣裳究竟到什么地方去？"他追问道。

"我想熟悉熟悉本省的情况，因此决定作一次徒步旅行。穿着这样的衣裳走起路来最是舒服。"我解释道。

"你在路上可要当心点。"他继续说，他对我的安全甚表关切。

"谢谢你，"我回答道，"我还有一个同伴毛泽东同行呢。"

"啊哈！他就是常来找你的那个年青人吗？当我在第四师范教书时，他还是我的学生呢。一个奇怪的小伙子！你和他一起出去旅行，两个奇怪的小伙子！很好，但你们两个人在路上也要当心。"

我从校长办公室走回宿舍的时候，大厅里迎面遇见我一个最好的学生。他一时目瞪口呆地瞧着我，在相距约莫十步之地向我鞠躬为

礼。等我们走到对脸之时,我问他为甚么还留在学校里,因为所有的学生都在一个礼拜之前离校度假去了。但他却立时沉默起来,一句话也说不出口。他的脸红了,低下头不敢再瞧我。不待说我已经明白是什么一回事;他必是认为我的衣装奇形怪状,活像一个工人,看上去没有一点尊严,但他却不敢问任何问题。当我再说话之时,他的头低得更厉害,深深地鞠了一个躬,便迅速地走开了。

我回到房间之后,毛泽东和我商量我们走哪条路的问题;出门之后是向左走还是向右走。向左或向右本来是没有多大关系的,因为就乞讨生涯来说,横竖都是一样,但却也有一点差异。假定我们出了学校门而右走的话,十分钟之后,便可走到城外,来到旷野之中。但假定我们转向左走的话,那么,在十分钟之内我们就得越渡湘江。

毛泽东道:"你在前头走,我跟着你就是。"

"我要向左走,渡过湘江。"

"很好,"他回答道,"我们就向左走罢。但是你为什么要过江呢?"

"假定我们向右走的话，那就完全是空旷的平地，毫无阻碍，但也就没有甚么趣味了。但假定我向左走的话，我们就必须设法渡过大江，那我们就要遭遇到第一个障碍。"

毛泽东纵声大笑道："那确是真的！我们必须要避易而就难。好，咱们就走罢！向左走。"

我们拿起了包袱，锁上了房门，便踏上行乞之道了。我们把包袱挂在伞杆的一端，将伞抬在右肩上，而包袱则靠近脊背；这样重量便分配得比较匀称，背起来也感觉到轻松些。这个门道是我在以往的行乞经验中学到的。我本来提议由毛泽东带头，但经过一阵辩论之后，他还是坚持仍由我带头，他在后面跟着走。于是我们就起程了，我在前面走，毛泽东则在后面跟着。在一整月的行乞生活中，我们走起来总是这样一个次序，只有很少的几次例外。

当我们走出校门的时候，门房走了过来，眼睛瞪着我们，面现惊异之色。他缓缓地张开了口，但却没有说出话来。

我对他说："老卢，我出去旅行，如果有我的信件，不要转寄出去，我在一个月之内就会回来的。"

他仍然张口瞪着我，好像他完全没有听到我的话似的。因此，我问他道："老卢，你听明白我对你说的什么没有？"

他张口结舌地回答道："是的，萧先生，是的，是的！……"看门房中的几个工人都带着奇异的目光，在后面瞧着我们，我们继续走我们的路。我知道他们必定感到奇怪，究竟是发生了什么事情，他们平日看来一位很庄严的教员，竟穿着得这样的奇形怪状，走到街上去？

但是以后我们就不再是人们注视的焦点了，因为大路上很多人都穿着这类破旧的衣裳。我们的穿着也正是那种式样。

第十八章 克服第一道难关

出长沙小西门，步行几分钟，便到江边了。那里江面宽约五六百公尺。我们经常看到很大的汽船在江中行驶，所以知道江水一定甚深。到了江边,我们当然不能再继续前进,于是便在草地上坐了下来,呆望着江水在前面滚滚奔流。

"我们怎样过江呢?"二人不约而同地问。渡过江去只有三个办法。第一、是游水,可是我们两个都不会游泳,而且我们还带着两个包袱,假如游水的话,我们的东西就会完全弄湿了。因此,游水过江的办法不能考虑。第二、如果我们沿江边向南走一里半左右,就可以乘公船免费过江;但是我们两个人都不愿意这样做,这似乎太容易了。假定我们那样做的话,就表示我们避重就轻,不去克服困难。第三、我们坐着的地方就有一种小渡船;但乘坐这种小渡船,每人须付两个铜板。照说那是很便宜的,很多人都乘这种渡船过江,但我们两个人却是全无分文。我们是一文不名的叫化。

就在那里坐着,看着小船上乘满了人,向着对岸划去,约莫十分钟就有一艘。我们已经眼光光的看着同一艘船来回三次了。如果我们只是坐在那里观望,便永世不会过得江那边去,我们必须采取行动。毛泽东提议,我们走过去和摆渡的商量商量,告诉他们身上没有带钱,请把我们划过去。

我对毛泽东的提议不以为然,"他一定不会答应。"我说,"万一他一口拒绝了,那么,我们下一步又怎样呢?"

"我不在乎,"毛泽东说,"我去跟他讲。"于是他带着坚决的神情,向我们附近的那艘小船走过去,很有礼貌地请求那个摆渡,把我们免费载过去,因为我们身上没有钱。

那年青船夫斩钉截铁的粗声说道:"要是你们没有钱,为甚么不去乘官渡,从这里走一会就到了。"

毛泽东回来之后,问我下一步应该怎样办。

我回答道:"我早就知道他不会答应载我们过去的。我倒有个打算,我们也像一般乘客一样,一句话也不说先行上船。当他们收钱的时候,渡船已经到了江心。那时我们才告诉他,我们身上没有钱。这样,他既不能送我们回来,亦不能把我们抛下江里。如此这般,我们就可以过去了。他决不会从那边再把我们送回来,因为他需要空地方载别的乘客。走，咱们去试试。"

于是我们站起来，迅速登上一只刚刚靠岸的小船，旁若无人地直向船舱的中心走去。因为那种小渡船根本无座位可坐，每个乘客都站立在那里，等到上满十四个人之后，就宣告满座了。只听得船夫喊一声："开船！"他把长竹竿向岸上使劲一撑，船就离岸了。船划行得很快，一会工夫便已经到了江心。

一个五、六岁的小姑娘手拿着一个盘子向乘客收钱。每个乘客丢进去两个铜圆，只听见铜板落在盘子里的声音，当，当，当的响个不绝。当她走到我们面前时，那种当当的声音却蓦地停止了。摆渡的朝我们看了一看。说道："那两位体面的先生请把钱付给她呀！每人两个铜板，请吧。"

"很对不起，我们没有钱。"毛泽东说，"你难道不载我们过去吗？"

"甚么，没有钱？"那摆渡的表示不信，问道，"那么，你们为甚么要上这只船？我不载不付钱的乘客。请你们赶快付钱吧。"

"我们真的没有钱。"我插嘴道，"我们两个身上连一个子儿也没有。请把我们划过去吧，一个月后我们一定加倍付给你。"

"一个月之后？那时我还认得你们吗？"他说，"如果你们没有钱，那么留下一把伞给我好了。"

"那，不行。"毛泽东答道，"伞我们在路上还要用呢。再说，一把伞值铜板十四枚，我们两个人过一次江，加在一起也不过四个铜板罢了！"

"但是，若果你们不付钱，你们就不能过江！"那摆渡的嚷道。

"你说我们不能过江吗？"我说道，"我们现在已经到了江中心。看你能把我们怎么样？"

"你们简直是强盗！"摆渡的嚷道，"我要把你们送回去。"

这时，其他所有乘客都大声提出抗议。他们先是带着隔岸观火的心情听我们的谈话，但现在他们都大嚷起来了："不行，不行。我们急着要过江，我们已经付了钱！快点把我们划过去。"

毛泽东和我的游学经历　　337

乘客之中,有一位态度温和的老人走上来说道:"我愿意替他们出两个铜板,其他乘客可付另外两个铜板。我们千万不能再划回去。"

另外有好几个乘客都对那老人的意见表示赞同。但我和毛泽东却高声叫道:"不成,不成!我们不同意,你们不能替我们付钱!"这时我脑子灵机一触,想出一个主意。于是,我宣布道:"现在渡船已经到了江心。摆渡的可以歇歇,让我们替他来划。用这个办法来补偿我们坐渡船的费用。"

但那船夫却不同意。"那我仍是损失四个铜板,而且我也不需要休息。"他说,"善心的乘客既然愿意替你们付钱,你们又为甚么不让他们付呢?你们故意跟我找麻烦!你们简直是活强盗!"

乘客这时都不耐烦地叫了起来:"快划呀!"那位老人又再三向摆渡的保证,船靠岸时,他一定代我们付钱。

其他乘客一上了岸之后,那摆渡就马上把船撑离岸边,让船停在离岸约莫二十码之处,意思是怕我们逃跑了。那位老人还在船上,又要替我们付钱,但毛泽东却坚持说,我们在一个月之内必定回来,我们要等那时候再付给他。

我也插嘴道:"老先生,要是你付了四个铜板的话,就无异是打我们的耳光,也是故意使我们为难。"

摆渡的听了我的话之后,立刻大叫道:"什么打不打耳光?你们若不付钱,我就给你们好看!"

"你如果要打架，我们决不在乎。"毛泽东道。

此时，岸上已经有些打算过江的人等着，另外一只渡船又已经到了江心。那摆渡的十分清楚，假定另外一只船先靠岸，他就会失去那些乘客了。于是，他终于自认倒霉，再把船撑到岸边，但口里却咕噜着把我们痛骂了一顿。渡船一靠岸，那位老人及毛泽东和我三人便跳下船来，我们随即向那位船夫莞尔一笑，说道："谢谢你，再见。"

那老人很快就上路了，我们也沿着面前的大路走去。也不理会那条路会把我们领到甚么地方。只知道那是一条从长沙通到宁乡县城的大路。

"那个要替我们付钱的老头很和气，"我一边走一边说，"我们既然是叫化子，本来是可以接受的；但如果我们接受了，就又避重就轻了。无论做什么事情，我们一定要选最吃力的方式。"

"让很多人在江边上白等确是不好。"毛泽东思量着说，"假定那里没有人，我们就可能和那个船夫好好地打上一架！"

我们朝着宁乡县城走去。

第十九章　第二道难关：饥饿

那个时候，行驶汽车的现代公路根本是梦想不到的。我们走的那条大路，宽仅一公尺左右，中间铺以小石板，凹凸不平，它唯一的好处，只是在雨季里较少泥泞而已。道路两旁长着幼嫩禾苗的稻田。每个十字路口都竖着一块路牌，但我们从不去看。我们宁可就路认路，永远选择最宽的路走。

太阳晒得炙人如火，我们又没有帽子，但是我们仍然不用伞来保护我们剃过的光头。我们的脚烫得厉害！石板似乎像火一般的热，路面尽管平滑，但我们却宁可走在两旁的草地上。我们离开学校之时，脚上都是穿着厚重的布鞋；但在渡过湘江之后，我们便已经换上草鞋了。

我一路走下去，摆在我们面前的又长又直的大路，像磁铁一般吸住我们。在这样平坦的路上行走真是单调乏味,但不到一刻,我们便看到前面有一座山,这座山我们是要爬过去的!当景物一旦改变,我们又感到愉快起来了。

但在山里行走,也会渐渐感到厌倦,于是我们又渴望平原了。但当我们在坦荡荡的平原上行走时,脑中则又记起山中美景。大自然似乎对人类这样的特性甚为熟稔,因而总是在漫长的平原上又配衬以美丽的山景。我们究竟经过了多少田地和山岭,也无法数得出来,唯一知道的就是无尽无穷的旅程。

我们一边走着,一边谈论各种各样的有趣事情。时间对我们已经不存在了。我们两个人都没有戴表,完全用日影来判断时间。当日影指向东方之时,我们即断定那一定是下午两点钟;忽然之间,我们发觉我们都还没有吃东西,立时感到饥饿起来!我们一直全神贯注于谈话,因而根本就没有注意时间的问题,忽然发现时在下午,因而饥饿在我们的空胃中就更增加了痛苦难耐之感。我们愈是想着就愈感到饥饿。我们两条腿更像火烫一样,疲劳的程度亦随着跨出的步伐而增加。

一会以后,我们走到一间设在路旁边的小食店面前。那是一般行人习惯停下来休息的地方,即使他们并不一定想歇息,也会在此吃点什么东西。谢天谢地,当时凉荫下正有两把空着的椅子,于是我们便躺在上面,倒头大睡起来,这趟酣睡,我根本不知睡了多久,当我醒来之时,毛泽东却仍然在睡梦之中。但过了一会,便有一辆又大又重的车子从他身旁经过,他终于被那行车的声音惊醒过来。

那位小食店的女人带着好奇的神情向我们打量。毫无疑问,她一定觉得我们赶路赶得满头大汗,疲劳不堪,而到了她那里,竟然也不买点茶水喝喝,会感到有点奇怪。她问我们是否需要吃茶,我们说不喝,对她的好意表示感谢。我们并不需要喝茶,这倒是真的,我们最需要的是一些能抵饿的食物,因为我们饿得实在太厉害了!我们应该向她讨点东西来吃吗?看来她为人很和善,多半会给我们米饭一碗,但直接向她乞讨就太容易了,因而我便打消了这个念头。她一定猜想到我们当时的窘境，因为过了一会，她就给我们端了两杯茶来，并且表示那是不要钱的。我们呼呼两口就把茶喝了下去，但却马上又后悔起来，因为这样一来，我们感到饿得更厉害了。

"走。"毛泽东说，"咱们开始去讨饭。我一秒钟也不能再等下去了。我已经快要饿死了。咱们就从那些农家开始。"

"这却有点麻烦，"我解释着说，"每家人家只能给我们少少一点东西，我们要连续讨上四、五家，才能够一顿饭。况且，有些人家可能只给我们一点生米，这对我们毫无用处。我以为最好的办法，是打听打听附近有没有读书人家，假定有的话，咱们就登门拜访。毫无疑问，我们会得到较好的招待。"

毛泽东转头问那女人道："你知道就近有读书的人家吗？"

"有的。"她答道，"离这里一里左右有一家姓王的。他们有两个儿子在长沙念书，但他的邻居都姓曹。那家长是一位大夫，他那十五岁的儿子也在家里习医。另外在这店子后面那个小山坡上，住着一位姓刘的绅士。他是一位翰林，现在已告老在家。他没有儿子，但有几个女儿，都已经出嫁了。"

"润之，"我嚷着说道，"刘先生要成为我们今天的东道了！我们第一个就该向他进攻。我认为最好的办法是写一首诗送给他，用象征的语言表示我们拜访他的用意。"

"好主意！"毛泽东表示同意，"让我想想，头一句可以这样写：翻山渡水之名郡。"

"很好，"我赞赏道，"第二句：竹杖草履谒学尊。接下去的一句可以写为：途见白云如晶海。"

"最后可以这样结尾：沾衣晨露浸饿身。"毛泽东结束了全诗。

诗中第三句对"白云"的形容，系称赞刘氏能摆脱俗事的牵缠在山中别墅过隐居生活。"翻山渡水"和"浸饿身"二处含意似乎够明显了。

这首联句做成之后，我们仔细再读了数遍，感到相当满意。"刘翰林应该佩服我们的勇气！"毛泽东道，"我们马上就去看他，看看

毛泽东和我的游学经历　341

究竟他是怎样的一位学者。"我们又再吟读了一遍，发现确是很好，两人都由衷地大笑起来，一时连饿肚子的事情也忘到九霄云外去了。

我打开包袱，把笔、墨、纸和信封拿了出来，竭尽全力以我最佳笔法把那首诗写在一张纸上，并且两个人分别签上各人的真名。信封上则写"刘翰林台启"几个字。那个女人看到我们写信封，以为我们是要寄家信，便走过来告诉我们说："这里没有邮局，你们必须拿到宁乡县城才能寄发。"

谢过那个女人之后，我们便起身去拜访刘翰林。走出小食店，向左转个弯，然后又爬上一个斜坡，很快就到了小丘的顶上。从那里我们看到山脚下有一座用白砖砌成的房子。料知那必是刘翰林的住宅无疑，于是我们便朝着那个地方走去。

那白房子后面的山坡上长着齐整的青绿树丛，在这景色的衬托之下，虽然站在很远的地方，这座白色房子也看得清清楚楚。房子前面的窗户和柱石都是一色朱红，一道长长的围墙，上面覆着整齐的一色黑瓦，看来就像一座城墙一样。右手是进出的大门，大门两旁长着一些红花灿烂的大树。围墙前面有一个大水塘，水面上满是硕大的青绿荷叶和异常美丽的莲花。远远地看上去，那风景有如一幅颜色极浓的彩色画，但却需要一位艺术家独具匠心，才能表现得恰到好处。我们走到那座堂皇的住宅门前之后，看到一副用正楷书写的嵌在油漆大门上的红色对联。上联是："照人秋月"，下联是："惠我春风"。这副对联的书法令人赞赏，我们猜想这必是出于刘翰林的手笔：因为他既参加过殿试，则书法和诗文必有相当的造诣。因为翰林都是出色的书法家。我们希望，这位书法家和诗文鉴赏家的刘翰林，对我们送给他的杰作，也感到喜悦。

围墙大门关闭着，并加上了锁。我们可以从门缝里看到，约莫十公尺之外的第二道大门，也是关闭起来的。从两道门缝中看过去，那座房子坐落在一个大院子里，门窗则完全敞开。我们在大门上敲了三、四下之后，立刻便有几只恶犬在第二进院子中狂吠起来。恶犬狂吠的声音，一时使我们颇感惊恐。因为它们吠声异常凶狠，很可能窜将出来。但当我们停止打门之后，犬吠声也随之停了。我们以往全无对付恶犬的经验，只好暂时停止敲门，商量应付之策。我们手里的雨伞若用来对付恶犬，可以说毫无用处；因为如果恶犬向前扑一下，很可能便把伞杆折断。这时毛泽东便急忙爬上附近的干枯树干上，折了两根又粗又硬的树枝下来。每条有五、六尺长，坚硬如钢。

这两根棍子使我们壮了胆子，就用它来敲打大门。我们愈敲，那些恶狗也就吠得愈厉害。但是现在我们已不用害怕了；不管它们怎样狂吠，我们仍然继续敲打不已。大约敲了五分钟光景，所得的唯一结果就是那些恶犬似乎已经疲倦，吠声没有先前那样凶了。又过了几分钟，我们从门缝看到一位短装老人从房子内走了出来。这一定是刘翰林的仆人了。他慢慢穿过庭院，走向第二道大门，半打左右的大狗随在他的身后，仍是在那里狂吠不已。他打开了第二道大门，便继续朝我们面前的头一道大门走来。到了大门边，他停下脚步，用粗野的声音问我们来干什么。毛泽东透过门缝说道："我们是从省城来的，替刘翰林带来一封书信。"

我从门缝把信递过去，他用较温和的语调说："请你们稍等一会。"便转身向内走去。无疑他认为那封信是我们从长沙一路带来的，我们一想，也觉好笑。那些恶犬似已从仆人的声音认出，我们是主人的朋友；因而，它们不仅停止了狂吠，并且摇尾表示欢迎了。

我们坐在石阶上等待着，除了屋后树枝上的鸟叫之外，一切声音都平静下来。我们耐心地等了十几分钟，毛泽东又要去敲门，但是我告诉他再等一会，因为刘翰林一定会对我们的诗大加赞赏。又等了相当长的一段时间，仍然是静悄悄的，一无动静。我们等得不耐烦了，于是便再度敲门，那些大狗也再度吠了起来。几乎是在顷刻之间，那个老头走了出来，并且把大门打开。"少爷，请进。"他招呼道。我们随在他的后面，穿过两道大门到了内院。他又说道："对不起，我回来得稍迟一点。因为主人午睡刚刚转醒。看信之前，他又洗了把脸，看了信之后，他就告诉我立刻把两位请进来。"

他领着我们从房子的中门走进去，穿过一个大房间。那大房子里满墙都是字画，但我们却未能仔细去欣赏，因为我们只是跟着那个老头匆匆走过，转往另一个较小的房间去。把我们领到小房间之后，他走开了。我们猜想那必是刘翰林的书房。因此，没有坐下来。

刘翰林终于走出来了。他是一位年约七十岁的老人，生得矮而瘦小，并且略现驼背。白须稀疏得只剩下几根了，头顶已经全秃。他穿着一件白长衫，手里拿一把绸扇子。我们向他深深鞠了一躬，他带着惊奇的眼光站在那里注视我们："你们为什么穿成这个样子？你们遭到什么意外了吗？请坐！请坐！"

我们坐下之后，刘翰林继续问道："你们在路上遇着强盗了吗？"

"没有，我们没有遭到什么麻烦。"毛泽东答。

"你们从哪里来的？又要到哪里去呀？"刘翰林问道。

"我们从长沙来，打算到宁乡县城去。"我答道。

"你们在长沙做什么事情呀？"

"我们是省城里的学生。"毛泽东说。

"你们或许是在哪个洋学堂念书的吧？我明白了，你们也会作诗。你们作得很好，书法也很不错。"刘翰林一面说着，一面端详我们。

"我们在学堂里不仅要学作诗，并且还要研究古书呢。"我解释道。

"噢，你们研究古书？什么古书呀？"

毛泽东告诉他我读过《十三经》、《老子》和《庄子》，他甚为高兴。"你们既然研究过《老子》和《庄子》，对这两部书你们认为谁的注最好呀？"

"最好的《老子》注是王弼，最好的《庄子》注则是郭象的。"我答道。

他对我的回答很感满意，说道："非常正确！我同意！你们家乡在哪里？"

"我的朋友毛泽东是湘潭人，我是湘乡人，但是住在和湘潭交界的边境上。事实上我们彼此相距不远。"

"曾国藩就是湘乡人。"刘翰林说。

"是的，我的高祖曾在曾国藩家里当过教师。"我接口说。

"他既然在曾家教书，那一定是出色的学者了。请你们稍等一会。"他一边说着，一边站了起来，向里走去。

在这种情形之下，我们只有耐心地等待。我们的空胃直打鼓，对那些美丽的绘画和工巧的书法都难以欣赏了。不过，我和毛泽东二人互相安慰，猜想他多半是去叫厨师做一顿丰富的饭来招待我们，因而需要较多的时间。很显然，他决不会不明白我们诗中含意的！那是一定的解释。这就是为什么他去了这样久还不回来的原因。但是我们愈想到饮食，也就愈感到饥饿！

最后刘翰林终于面带笑容地走了回来。但并没有提到吃饭的事情。他只是从宽大的衣袖里拿出一个红纸包，微笑着递给了我们，未再说一句话。从那纸包的形状我们立刻猜知，其中必然是一些钱。接过来之后，从它的分量我已猜到那是一个不小的数目。我们两个人向他申谢之后，即行告别。

他伴随我们走到房舍的门前，然后叫那老佣人送我们出去。穿过院子和两道大门，我们走了出来。一走出大门之后，我们便立刻闪到一棵大树的后面，将红包打开。忽然之间，我们富有起来了！原来红包中竟然是四十个铜圆。

根本不需要商量，我们就知道应该做什么！我们用最快的速度赶回那家路旁的小食店，请那个女人尽速替我们准备饮食！不到一会的工夫，我们的饭就拿上来了，除了米饭之外，还有一些蔬菜和青豆。我们狼吞虎咽地吃了三大碗饭之后，终于吃饱了。这顿饭每人花铜圆四枚，因此，我们仍然有三十二枚铜圆剩下来！

略事休息之后，就又上路了。每当走到岔叉路口，我们仍然选最宽的一条路走。但全没有想到究竟到哪里去，也没有想到前面可能有什么危险。到了天黑时，我们决定在路旁的小旅店投宿一晚，作其"鸡鸣早看天"的旅客。

在旅店吃过晚饭之后，我们讨论第二天的计划。我们立刻想到那位绰号"何胡子"的朋友何叔衡来。因为他就住在宁乡县区，于是我们乃决定去拜访他。我日记上有他的地址，据旅店的老板说，从那里前往约莫一百四十里左右便到，那需要一天的路好走。明天夜里我们就要与何胡子在一起了。

第二十章　何胡子的家

第二天一早，起床之后，我们匆匆地洗了把脸，便朝何胡子的家乡走去。我们决定每天早上吃早饭之前，先走二十里路。湖南人每天都吃一顿早饭，和中饭晚饭同样丰盛。这和北京、上海、苏州等城市，人们在早上只吃稀饭的习惯颇不相同。湖南是鱼米之乡，湖南人除非到了极穷困的时候，才吃稀饭。

今天我们走起路来，又轻松又愉快，因为我们已经有钱，不要再向人乞讨了。还有，我们在日落时分就会到达朋友的家，将会受到热烈的款待和欢迎！因此，我们在心里真的感到是回归家乡一样。

我们在路上谈起房白纵其人的生平来，这是一个怪人。他是我的表兄，又娶了我的姐姐。毛泽东听我说过这个人，对他的一切都感到很大兴趣。房白纵是我外祖父的第四个孙子，我小时候叫他振球哥。我父亲的文采颇为人称道。他娶我的母亲时，家境并不富有。因此，外祖父便拨出一些田产作为我母亲的嫁奁，以备不时之需。三十年后，我母亲因需要钱供给我弟弟读书，便把陪嫁的田产卖掉了。这个时候，房家的家境亦已衰落，大部分田产都没有了，房白纵也不能完成他的学业。

于是他开了一间杂货铺，后来又学纺织，不久又做裁缝、建造房屋，最后制造家具。奇怪的是，他对所有这些东西都能做得异常精巧，虽则他不曾正式学过师。类似裁缝这一类手艺，至少需要当学徒三年，但房白纵只要几天工夫便上手了。他善于摹仿，任何一种手艺他都做得尽善尽美。

毛泽东对他的天赋大为惊叹，认为他生在中国是糟蹋了，因为在中国，这种天才无人加以培植，也没有人欣赏。"假定他生在意大利，很可能成为另外一个弥盖朗琪罗[1]！"毛泽东慨叹不已。

我又说，房白纵还是小孩子的时候，他对制造各种木材和竹子的玩具便极有兴趣。因此，家里便给他弄了一套小巧的工具：锥子、刀子、锯子等等，应有尽有，事实上他等于拥有一个雏形的工厂。不过，他虽然在各种手艺上是天才，然而书法和绘画方面，却没有半点才份。毛泽东认为，那是因为各人才能不同，因此教育原则应该是因才施教云。

我们那次谈话五、六年之后，房白纵在勤工俭学的资助下到了法国。他是和周恩来、李立三、李维汉及蔡和森等一道去的。他留法四年后回到中国。但不幸在四十岁便去世了。他的儿子名叫房连，也有同样的才能。中日战争期间，因在川北遭到土匪的袭击而被杀害，死时还不到三十岁。

我曾经答应毛泽东以后介绍房白纵给他认识，然而一直没有机会，他们二人也就从无一面之缘。

那天我们在路上谈房白纵就一直谈到正午。太阳晒得很厉害。于是我们便在路边一个茶馆，找个位置坐下歇息。那里荫凉蔽日，非常舒服，我们不知不觉竟睡着了。等到醒过来的时候，发现我们睡了很久，茶馆老板告诉我们说，我们要去何胡子的家，还得再走八十里路。

我们马上赶路，但都不再说话了，集中全力，迈开大步向何胡子的家乡走去，希望在夜间可以到达。

黄昏时分，我们在路旁一家小饭铺吃晚饭，叫了米饭、蔬菜和几个煎鸡蛋。那家饭铺的老板告诉我们说，我们还得再走四十里路才到目的地。于是我们草草把晚饭吃了，便即上路。走到一个岔叉路口，面前有几条羊肠小径，而路牌一个也没有。在这进退维谷之下，我们别无他法，只有等过路人来加以询问。后来一个过路人指示我们穿越前面山岗的一条小径。原来何胡子的家坐落在离开大路很远的地方，

---

[1] 米开朗琪罗，意大利文艺复兴三杰之一，雕刻家。

当我们走进山岗之后，竟然又碰到了一个岔叉路口。那里异常偏僻，根本没有人可问，究竟选择哪一条路走呢，我们经过一番讨论，两条路都差不多，便决定选向右转出山那一条。我们选择这条路，是希望在走到山坡下之后，能找到人加以询问。

现在月亮已经出来了，但在山中的树林里面，光线仍是甚为幽暗。并且可以听到很多野兽叫闹的声音。但我们并不害怕，因为那里是小树林，谅无老虎出没。还有，我们毕竟是两个人同行，胆子也壮了，约莫一个小时之后，我们走完了山路。出现在我们前面的是一片广阔的平原，一条大路贯穿其间。我们看到远处有两户人家，但没有灯火。里面住的人显然已经歇息了。我们既已迷了路，于是便走到较近的一家敲门询问。那家主人起来告诉我们说，我们走错路了，在山中的岔路口处，我们应该向左转，而不应该向右。那么从那里向左再走三十里左右，就可以到达何胡子的家了。俗语说："行百里者半九十。"这句话用在我们当时的情形，实在是再恰当不过了。

从那以后，在路上已遇不到行人。每逢岔叉路口时，我们便到附近的住家去询问。最后，当我们确知已经到达了目的地，便问道："这是何胡子的家吗？"这样问了好几次，得到了几个否定的回答："不是，你们沿这条路走过去那一家就是了。"

我们终于到达了！直冲到何胡子的大门前，兴奋地在门上敲打[1]。"何胡子！何胡子！"我们高声叫道，"赶快起来，让我们进去呀！"

一盏灯在其中的一间屋里点着了。接着何胡子把大门打开走了出来。他愉快地大笑着，抱住了我们。"萧胡子！你们怎样会走来的？润之也来了呀？我做梦也想不到你们两个会到这里来！请进，请进！"

我们走进一间大房子，何胡子的父亲也从另外一个房门走了出来。他约莫五十岁年纪，看来是一个标准的农人。我们朋友的弟弟也

---

[1] 何叔衡故居在今湖南省宁乡县沙田镇杓子冲。

出来了，何胡子在楚怡中学任教时，我们曾经见过他。他十二岁的侄子接着也出现了。我知道他是楚怡学校的学生。何胡子又叫他的太太和弟媳妇进来和我们见面。那简直像一个家庭聚会，欢迎阔别重逢的家人。我们真是感到回到家中了。

经过一番介绍和招呼之后，何胡子问道："萧胡子，你们从哪里来的？"

我告诉他我们从长沙来，毛泽东又接着说："我们一路从长沙走到这里，专程来拜访你！"

"啊，不敢当，不敢当。"何胡子道，"非常欢迎，非常高兴看到你们，但你们为什么一路走着来呢？你们一定累坏了！"

"噢，"我回答道，"走路并不是坏事情呀。事实上，我们还正打算徒步走遍全省呢。"

毛泽东和我的游学经历

"你瞧。"毛泽东道,"我们是作一个试验。打算走得愈远愈好,身上却分文不带。我们要像叫化子一样生活。"

何胡子显然甚感吃惊:"像叫化子一样生活?"他问道。

"是的。"我接着说道,"我们离开长沙时,身上一个子儿也没有,因此,在路上我们便必须乞讨过活了。"

"但是我真的不了解,你们为什么要这样做呢?"何胡子道。

"我们的想法是,看看我们能不能克服困难;在分文不带的情形下,我们是否能够一样过我们的旅行生活。总之,我们是练习克服困难。"我解释说。

何胡子大笑道:"你们真是两个怪物。你们做的事情真是奇哉怪也!"

何胡子的弟弟拿了一瓶酒出来,我们就说,我们都已经吃过晚饭了。但我们每人还是喝了点酒,吃了一些水果。当我们就寝之时,已经是次晨两点钟了。经过了一天的长途跋涉——一百五、六十里之后,我们实在太疲倦了。而我们也知道,在这一夜之中,我们对他们的打扰太过分了。

第二十一章 从何家农场到宁乡县城

何家是典型的农家,尽管夜里受到了打扰,但第二天刚破晓,他们就都起床了。于是我和毛泽东也起来,首先我们在日记上记录了头一天的经过,我还把毛泽东对房白纵生平的评语,也写了下来。

与何家寒暄一番,吃过早饭之后,何老先生领我们去参观他的农场。一个猪栏里面有十只猪,其中有些是黑色的,有些是白色的,其他的则是黑白相间。这是何氏最宝贵的财产。其中有一只大肥猪脊背上黑黝黝的,像一条小牛一样。毛泽东问这只猪有多重,年龄多大。"我看你并非内行,"何老先生笑道:"这头猪体重约三百二十斤。一只猪长到两岁的时候,它的肉已经太老,不好吃了。这头猪还只有十一个月。"

"只有十一个月就长得这样大了吗?"我问道。

"猪的大小决定于它们的品种及所吃饲料。这只猪的品种特别好。我会养到它四百斤重为止。"何老先生说。

在我们以往的生活经验中,从来不曾见过这样优良的猪种,因此我们便在那些猪栏之前徘徊了好一阵子,何老先生向我们取笑说:"现在你们也许有个好题目,可以写佳句了!"我后来确曾在日记中以"肥猪"为题写了一首短诗。

我们从猪栏走向菜园之时,何老先生说道:"这些猪是我们家庭的财富。没有这些猪,我们的生活就很难维持了。全年的油、盐、茶和肉类等等的费用,都是从它们身上得来,还有盈余。真的,没有这些猪,我们实在难以为生。"我和毛泽东都完全了解这些动物对湖南农民的重要性。湖南是中国最主要的猪肉生产区,那时候湖南的肉类出口为全国最大宗。

广大的菜园长满了肥美的菜蔬,园中连一根莠草也没有。菜园的整齐清洁,尤使我们赞叹。我向何老先生提到这一点,他感到非常喜悦,乃用书呆子口吻摇头摆胸的说:"莠草有如人品低劣、心术不正之徒,一定要铲除之,其对秀美之菜蔬之为害也,大矣哉,'君子乎','圣人乎'!"

何胡子由衷地笑起来说:"你们看我父亲的古文怎么样?不错吧?有其父必有其子!"

最后我们参观了何家的稻田。那些稻田当时还是满灌着水,但茁长的秧苗已经欣欣透出水面来。何胡子的弟弟是在田里工作的,他告

诉我们说，再有两个月时间，田里的稻子就可以收割了。这些稻子可供他们全家一年之需。他们自己养猪、种菜和耕田，全家自食其力。他们又必须种一些胡麻，作为纺织之用，他们只需再购买一些棉花，就万事俱备了。

何胡子是何家的长子，受过良好教育，当时是中学教员。他们就是所谓"耕读之家"。我和毛泽东两个人的家庭也都属于同样的阶层。

那天中饭，我们享受到一桌十分丰盛的宴席：刚从水塘里捞出来的鲜鱼，活杀了几只鸡，还切了一些熏肉。此外，再佐以刚从园子里摘下来的非常鲜美的青菜。总共有十几道菜之多，真是应有尽有。看到他们制备了这样一桌豪华的宴席，我和毛泽东深感叨扰太甚，乃道："你们实在不应该这样破费呀。你知道我们现在还过着叫化子的生活呢！"

何胡子正要开口说话，他的父亲却抢先说："你们两位都是学者，并且都是叔衡的好友。你们是我家的贵宾，怎么还说你们是叫化子呢！"

何老先生对我们之所以过叫化子的生活，是永远无法了解的。他对我们在他家作客，确实有蓬荜生辉之感。不过，他虽然不了解我们，但我们对他却是甚为了解。他既不喜欢我们做叫化子，我们便谨慎的不再提起这件事。从那以后，我们也就以贵宾身份自居。

但这种身份不合于我们的计划，因此，吃过饭谢过主人的殷勤招待之后，我们便说要继续我们的行程了。何老先生听了颇不高兴。"这是怎么回事呢？"他问道："你们老远跑来看我们，吃了一顿饭就走。我以为你们至少要住一个礼拜的。我已经宰了一头猪，准备了很多菜，你们现在竟然说要走了。你们还没有尝到我们的菜味呢。请你们再多住一些时候。今天下午，我领你们到山上去看看我们的树林。"

我们觉得如果再坚持要走，就实在过意不去了，于是便答应多留一天，再作一天贵宾。后来，我们又偷偷逼着何胡子，叫他劝父亲不要再强留我们了。

吃过茶之后，何老先生就领我们去看他的树林。他们家里所烧木材都是从那里砍伐得来的。在何家的山林里,虽然大部分都是松树,但其中也有很多种树我们全不熟悉。一面山边长的全是竹子。在春天的时候,幼嫩的竹笋苗出,可供家中菜食之用;将来长成的竹竿又可作种家庭用途。我们从矮小的山顶上往下看,可以看到一片大平原,一直伸展到远处,景色幽美之极。于是我们四个人便坐下来,观赏当前的景色。清风阵阵,凉爽怡人。何老先生开始述说他早年为生计而奋斗的故事。何胡子静静地听着,当父亲叙述到某些悲惨的段落时,他竟感动得流下泪来。

晚餐的菜式又是非常丰富,更使我们感到心里不安。我们目前要过的是节约的生活,这显然与我们的想法背道而驰!在离开饭桌之前,我们便说我们打算明天一早动身。何老先生的神情显得十分颓丧,但没有再说什么。又闲谈了一阵之后,大家便分别就寝了。

第二天清晨,吃过早饭之后,我们向他们全家一再表示谢意,便作别而去。何胡子伴我们走了很长一段路,并且极力劝我们带点钱在身上,以备不时之需,但我们坚拒不受,并请他大可放心。现在我们再开始过乞讨的生活,决无挨饿的危险。"你们真是怪物。"他又一次说,可是他仍然不放心:"你们多半不会饿死,不过,千万要当心。"因为他提起要给我们一些钱带在身上,乃使我们想到还有刘翰林给我

们的钱剩下来,于是便请他把那些钱带回去。但何胡子坚决拒绝,我们只好放在包袱里面,尽量忘掉我们还有钱这件事情。

和何胡子握别之后,我们匆匆走向通往宁乡城的大路。路上,我们谈说何家的情形,心下快慰。他们家是多么愉快和安定啊。但在那个时候的中国,这类农村家庭到处都是。到了正午时分,我们感到饿了,决定不在路旁饭店里停留。我们走到一个大院子的门前,大模大样的穿过大门,到了院子里,当时我们每人手里都有一根粗重的大棍子,但没有恶犬上来狂吠,于是我们便敲打院门。告诉那家的女主人说我们是叫化子,向他们讨些饭吃。她一句话不说,转回房中,一会工夫,便给我们每人拿了一小碗没有蔬菜的冷饭来。当时因为我们已经饥饿,一会就吃光了,又向她再讨一些,但她回答说:"任何要饭的人来,我们照例给这么多。这还不够吗?"毛泽东告诉她,假定我们不饿,也就不会再向她乞讨了,她便提议我们最好是到另外一家去讨。

我们已经体验到,向人乞食和在饭馆里叫饭点菜截然不同。在饭馆里,一个人只要有钱付账,便可以随心所欲;但一个叫化子却必须对凑拼着乞来的食物,甘之如饴,而且,要连续乞讨几家,才得一饱。在这农村地区,住户多是散居的,有时一家和另一家的距离有二三里之遥。

在第二家我们没有什么好收获。那家主人说:"我们没有现成的饭。但可以给你们一点生米。"但生米对我们没有任何用处,于是我们再继续乞讨。

到了第三家,主人非常慷慨,给我们每人一大碗米饭和一些蔬菜。他的米饭虽然粗糙,然而我们吃得很饱。

我们有一位同学住在宁乡县城,但我们决定不去拜访。因为有了在何胡子家的经验,假定我们再用这种避重就轻的方法来解决生活,那么我们的叫化生活就失去了意义了。宁乡县城本身并无甚么奇特之处[1],在县城近郊,有称为玉潭的一泓清溪,广阔的潭面上横跨着一

---

[1] 今宁乡县政府仍驻玉潭镇。

座精巧的桥梁，桥附近则群集着很多小船。从潭边远望，可以看见一座小山岗，称为狮固山，山坡上种满松树。

我和毛泽东坐在河边上，观赏玉潭和周围大自然的景色。我们写了一首小诗，我感到其中最得意的两句是：云封狮固楼，桥锁玉潭舟。

第二十二章　沩山之行

静静的坐在河畔上，我们商议决定前往沩山。沩山之所以出名，固然是由于它美丽的风景，另一方面是由于一座巨大庙宇，这座古庙建筑于山坡上，自唐代起即甚为出名[1]。这座庙产业很多，主持方丈又是一位大学者。我们要访问这座名刹，由于两个原因：第一，我们要看看庙里的组织，了解僧众的生活；第二，我们都渴望结识那位有名方丈。

我们现在不必急于赶路，因此信步而行，一边谈谈问题，一边欣赏不断转换的大自然景色。

离开宁乡约莫二十里远近，我们攀登一座不知名的山丘，正面山坡上的嶙峋大石，老远就望得见。山坡上有一棵枝叶茂密的古松，它的枝干向四面伸展，有如鸟翼一样形成一个巨大的荫影。周围则有很多突出的巨石，恰如一条锁链锁住树身一样。我们放下包袱和雨伞，背靠着古松，坐在"锁链"上。在清馨而凉爽的气氛之中，我们为之心旷神怡。我们想起与何老先生在一起的那个愉快的下午，于是我说："何老先生以耕种自食其力。日出而作，日入而息。这种生活不是很写意吗？"

"他一直说他是快乐的。"毛泽东答道，"很可惜，他在年青的时候，没有受教育的机会。你应该看得出来，他没有受过多少教育。"

"他辛勤的体力劳动给他一种愉快的心境。这是为什么他这样自得其乐，而且身体健康的原因。"我说，"你记得'为古人担忧'这句话吗？假定何老先生读过书，他就可能不会这样快乐了。"

---

[1] 即唐元和二年（807）修建的密印寺。

"是的!"毛泽东附和着说,"知识这东西固然是好事,但有时候没有知识反而更好一些。"

"他唯一所担忧的事,是谷子的收成和猪的成长。他获得足够的家用,他就快乐了。但是要知道,他是小地主,他能够自食其力,这就是为什么他感到愉快。但那些必须为别人工作的农夫,却是痛苦的。他们起五更睡半夜辛勤工作,到头来必须把劳动果实交给地主!"

"是的,"毛泽东道,"更不幸的是,有些想要在田间出卖劳力,往往亦无人雇用。这类事情在中国屡见不鲜。"

我不大同意毛泽东这种说法。"那些人大多数也是快乐的。"我说,"穷的比富的更快乐,也更健康。"

"你说的对极了。"毛泽东表示同意,"这种情形可以叫作富人命运的悲哀。"

我们在清凉的微风之中闲谈,感到非常畅快和舒服,后来不知不觉沉沉睡着了。我睡了半个多小时,醒来之后,毛泽东还嘴巴张开酣睡不已。但一会儿他睁开眼睛笑道:"睡了一阵子后,我感到精神得多了。"

"像佛祖在菩提树下一样,我们也在这里静坐几天,你以为如何?"我提议道。

"如果我像他那样静坐,毫无问题,我一定又睡着了。"毛泽东说。

"我是认真的和你谈论这件事情,你是否愿意在这里停留几天?"我说。

"首先,我要到沩山庙去看看和尚。看他们如何静坐,然后我们再回到这里来,照样学习一番。"毛泽东笑着说。

我赞同他的意见,我接着说,我已经饿了,应该下山去讨饭。我们虽然都极不愿意离开那棵古松,但不得不把小包袱背起来了。我们朝着古松和巨石鞠了一躬,谢谢它们给我们憩息,便往山下走去。我们看到山脚附近有一房子,于是便急忙赶了过去。

一切都是静悄悄的。显然这家人没有养狗,这使我们想到刘翰林家的狗所给我们的狂吠真算是由衷的欢迎了。我们正怀疑里面是否有人时,一个畸形怪状的老头儿走了出来,他听了我们是叫化子之后,拒绝给我们任何食物,并且以侮蔑性的口吻向我们说话。我们自是大不高兴,因此,便用同样的方式对付他。

"我没有东西打发叫化子。"他说,"你们再赖下去也是白等。"

"你连打发叫化子的饭都没有,那算是什么人家?你们根本就不配称为住家。"

"住嘴,给我滚开!"他嚷叫道。

我们说除非他能给我们满意的解释,为什么不打发叫化子,否则,我们决不离开。说完就坐在大门框上,让他无法关门。当时我们还紧紧抓住包袱,以防被他夺去。他看到我们不愿意离开,便狂怒起来。脸色几乎红得发紫,连脖子上一条条的青筋都鼓起来。"你们真的不走吗?"他带着恐吓的神情问道。

我们和他讨价还价,向他说,"除非你告诉我们为什么不打发叫化了,或者是拿饭给我们吃,我们才会走开。我们走遍天下,从来没有碰到不打发叫化子的人家。"我们嚷着,"你们究竟属于什么人家?讨饭并不犯法。只有残忍和心地不良的人才拒绝打发叫化子。"

那个老头看见我们并不怕他,脸上泛出一种奸笑。"我没有熟饭。"他道,"不过,我给你们一点生米,你们走不走?"

"除非你答应以后好好对待上门讨饭的乞丐,并且给他们饭吃,否则我们就不走。"毛泽东坚持道。

老头并没有回答。他坐在那里,对毛泽东的话好像全没有听到似的,我们重说一遍我们的条件,他终于说道:"好了!好了!我答应你们!"

于是我们拿起包袱,大剌剌的向他表示谢意,在转身要走之时,对他说道:"过几天,我们回来路过这里,一定要来向你讨饭。"

走了约莫一里路远近,我们到了另一处人家,一对和善的老夫妇给我们米饭和蔬菜,吃饱之后,我们和他们作了一次很有趣味的谈话。那老头姓王，他告诉我们说他有两个儿子。"大儿子十年前去了新疆，但已经五年没有得到他的音信。二儿子在宁乡开了一间茶铺，生意不错。他有两个孩子，都住在宁乡县城。"

我恭维他道："老先生，你很了不起呀。一定读过很多书了？"

"我对读书很感兴趣。"他答道："但当时我家很穷，仅仅能够在学校里读四年书。随后我跟一个裁缝做学徒，后来很幸运，我在县衙门里获得了一个守卫的工作。我在那里赚了不少钱！但是你们两个小伙子，你们看上去一点也不像叫化子。你们为什么一定要以讨饭为生呢？"

"我们的家庭也都很穷，"毛泽东答道，"但是我们为了要旅行，唯一的办法便是乞讨。"

"讨饭没有什么不对。"他说，"叫化子总比贼盗要强一点。"

"叫化子是最诚实的人，"我辩解道，"比做官的要诚实得多。"

"你说的太对了！"他笑着说，"多数官吏都是不诚实的。我在衙门里做守卫时，县太爷满脑子想的就是钱！他审判一件案子，给他钱最多的一边照例是打赢官司。向他求情是没有用的，除非花大钱向他贿赂。"

"我想你在衙门当守卫，也得到不少钱吧？"毛泽东问道。

"不过一点零用钱，和县太爷所得的不可以道里计！"

"他们向县太爷送钱，你又怎样知道呢？"我询问道。

"他们告诉我的。"他说。

"假定原告和被告都送钱给他，"我问道，"那么，他又如何处理呢？"

"那就要看哪一方面送他的钱多了，多钱的一边一定赢。输的一边总是异常气恼，他们常常告诉我关于行贿的事情。"

"难道县太爷一点不怕别人告发？"毛泽东问道。

"惧怕什么？"我们的主人问道。

"打输的一边可能到省城告他一状呀。"毛泽东说。

"他倒并不在乎！"老头说，"在省城打官司比在县里花费更多；

如果没有很多钱去行贿,在省城就更没有赢官司的希望。连在县衙门贿赂县太爷的钱都拿不出来,就更付不起在省城行贿所需的钱了。总之,官官相护是尽人皆知的。"

"真是不成体统!"毛泽东慨叹说。

"但也不是说完全没有好官吏。"老头连忙补充道,"我在县衙门做了七、八年守卫,总共经历过三个县官。头一个是贪官,另外两个却都清廉正直。但是一般人似乎没有是非观念。在这个社会中根本无正义可言!你们可以想得到,贪官污吏固然人们抱怨;但一般人对两位拒绝受贿的县官亦同样抱怨不已。我告诉那些人说,贿赂是没有好结果的,但他们怎样都不相信。'这算是甚么县官,居然不肯接受礼物?'他们会这样说。他们绝不相信会有不受钱的事情,因此他们甚至认为那两位廉官比贪官更加恶劣。在这种情况之下,叫人怎样不接受金钱呢?这恐怕就是好官不多的原因了。"

我们都认为他的结论可能是正确的。又谈了几分钟之后,我们乃向这对老夫妇告别,继续我们的行程。在路上我们又谈了一阵可悲的世事。下层阶级多数人无知无识,相信他们所听到的一切;他们完全听任官吏摆布。

我们远望沩山,有似一片低的云层,但在我们走近之后,山的形状就渐渐显露出来了。

第二十三章　沩山的寺院

黄昏时分,我们到达沩山了。我们走近之时,先前远望一色碧绿的背景,渐渐显出是围绕着寺院的树林。我们很快到达山脚下,开始登上山坡。

有两个和尚走出庙门来欢迎我们,陪着我们走进寺院。他们以为我们必是经过长途跋涉来朝山进香的。为了免致产生进一步的误解,我们乃告诉他们说,我们系为乞讨而来。他们说道:"拜佛和乞讨本来就是一回事。"

我们不了解话中的含义，但料想其中必有深奥的哲理。可能符合佛祖众生平等的教义。我们没有作任何询问，便跟着他们穿过第二道大门，抵达后面的禅院。看到有上百僧人在那里缓缓散步。我们给引进到一间禅房之后，他们叫我们放下包袱去沐浴。我们不胜感激，便照着去办了。

洗澡回来之后，和尚让我们到佛前烧香，但我们告诉他们，我们并非为拜佛而来，我们解释说，我们是要见方丈。他们看了看我们叫化子的穿着，便说方丈不随便接见客人！继又补充说，方丈讲经说法之时，我们可能看到他。我们说我们不仅要看到他，并且就要在当天晚上和他谈话！由于一再坚持，他们乃大为感动，但因为方丈不认识我们，他们却不敢前去打扰。最后我们托请他们把我用心撰写而由毛泽东和我两人签名的一张便条送给方丈。

约莫十分钟时间，他们回来说方丈愿意和我们谈谈，并且请我们立刻前往。那位方丈约莫五十岁年纪，面目慈祥，方丈室的四壁都摆着书刊，我们看到其中有《老子》和《庄子》，此外还有一些佛家经典和论说。大房子中间一张桌子上摆着一只高花瓶和一个矮花盆，此外别无他物。我们不能和他讨论佛典，对中国古代经籍却兴致勃勃地谈了近一个小时。方丈非常高兴，留我们同进晚餐。晚餐后，我们回到大殿之时，那里又聚集了很多很多僧人。

他们看到我们从方丈室走出来，并且曾和方丈同进晚餐，猜想我们一定是庙里的贵宾，因而便都站起来向我们寒暄。既然能和方丈做朋友，我们必是出色的学者，或第一流的书法家，于是他们便纷纷请我们在纸扇或卷头上题字留念，这使我们几乎忙到半夜。

第二天早晨，我们说要走的时候，和尚告诉我们，方丈请我们盘桓数日，当天下午他还要接见我们。上午则由和尚带我们参观菜园、香积厨、斋堂和庙中的其他部分。园丁、厨师和担水夫等等皆由和尚充任！

当天下午，我和毛泽东再到方丈室，方丈又热诚地接待我们。这次他显然决定要和我们谈"生意"了。他用极婉转的口吻对佛教的美德加以称颂，要唤起我们宗教的兴趣。但我们无意讨论宗教问题，只是礼貌地倾听着，极力控制自己不表露同意或不同意的态度，他继续说下去，最后提到孔子和老子，我们发现了自己熟悉的题目，便表示我们的意见。真正使我们感到兴趣的并非佛学，而是佛教在中国的组织。于是我们在这方面问了他一些问题。

我们问庙里僧人数目多少，他笑着说："约莫百名和尚属于本寺。但经常有来自远方的游僧。因此，庙里常常住有三、四百人之多。那些在这里的游僧，通常住几天便离去了。从前这里一度住有八百僧人，这是建庙以来的最高纪录。但那是在我以前的事了。"

"数千里之外的和尚，为甚么会跑到这里来呢？"毛泽东问道，"他们来这里干什么呢？"

方丈解释道："他们是来听经和传戒的。本寺方丈向以说法著名。这里庙产甚丰，招待挂单客停留若干时间，并无困难。全国僧人多半知道这个地方。你们也知道，和尚是出家人；对他们来说，所有的寺院都是他们的家。云游四方，相互谈经论道，彼此都能得到启发。"

"请问全国有多少和尚？"这是我想知道的。

"这倒没有确切的统计数字，"方丈说，"除了蒙古和西藏之外，在中原地区至少有数万人。蒙古和西藏的僧人所占比数极大，把他们加在一起，为数约百万，或可能更多。"

"像沩山这种讲经的中心全国有多少？"我问道。

"至少亦有百处，如把规模较小的地方也算在内，当在千处左右。"

"有甚么佛教的书籍出版吗？"毛泽东问道。

"当然有，并且很多，特别是在上海、南京和杭州一带的地方。"

"我们打算访问一些大寺院，"我解释道，"你能给我们写几封介绍信吗？"

"那是不必要的。你们不需要任何介绍信，因为无论走到哪个庙里，都会受到像在这里同样的欢迎。"

我们向他申谢，接着告诉他我们打算次日离此他住，他说，我们

既然要走，他也不便挽留，但希望在离去之前，再和我们见一次面，我们向他解释说，我们喜欢一早动身，因此，再次向他谢过之后，便向他告别了。

我们走进大殿，那些和尚又起来欢迎我们。他们知道我们第二天清早就要离去，又纷纷请我们题字留念。他们把我们团团地围了起来，纷纷地提出他们的请求，我们亦尽可能使他们获得满足。

那些和尚之中，有五个系特别年青的；他们多半在十四、五岁之间。其中一个名叫法一的小和尚给我的印象最深。

法一，十五岁，很会说话，字也写得很好。从我们初到那里起，他就引起我们的注意。我们停留期间，他绝不放过和我们谈话的机会。他无法告诉我们他是哪里的人和出家之前的姓名，他只记得曾经有人告诉过他，他是在一岁的时候到庙里来的，我们猜想他一定是私生子，后来由庙里的和尚把他养大。我向毛泽东开玩笑，他和法一有相似之点，他也不甘示弱地说，那是毫无疑问的，你也和他有相同的地方。

除佛经之外，法一热切希望能对儒家的著作以及唐代著名诗篇加以研究。他已经能够背诵一些唐诗了。起初我们劝他放弃和尚的生活，出庙还俗。他很愿意这样做，但同时却有点害怕；因为他和俗家从无来往，而他也没有什么财产。当时我们问他，他为什么不和我们一样，身上分文不带，只带一套换洗的衣裳，而自由自在的遨游呢？这给他的印象很深，但当他表示犹豫之时，我们却有点害怕了；我们害怕他可能试图逃走，跟随着我们，因为这样一来方丈就会说我们诱他逃跑，大加谴责。还有，他现在还太年青；因此，我们改变话题，劝他多多读书。有些和尚的学问甚好，他可以向他们领教，现在他却不应该离庙还俗。

那天夜里，我用最佳书法给他写了几首诗留作纪念。

第二天刚破晓，我和毛泽东即离开了寺院，向山下走去。法一送我们到山脚，洒泪而别。可怜的法一！渺小的法一！

第二十四章　到安化途中

在沩山山脚下与小和尚法一作别之后,走了百码左右,我回过头来看他时,他细小的身影正在慢慢向着山上的古庙爬去。当时他距离我们很远,然而他还是一样显得寂寞和可怜。他是多么的忧伤,我为他感到难过。

我们朝安化县城走下去。安化是湖南重要的产米区之一,走到安化县城需要两天的时间。但我们却无须赶路,因为沿途风景优美,我们又有许多话题来消磨时间。

我们对沩山寺的僧人生活留下很多有趣的印象,因此,我们行经路旁的一家茶馆之时,便决定停下来休息,写我们的日记。可是只写了两三行,我们就把笔放下,开始谈论起来。

"佛教在中国的影响真是太大了。"我说,"甚至儒家也受它的影响,在唐、宋两代尤其如此。"

"佛教为甚么发展到这样大的势力呢?"毛泽东问道。

我解释说:"第一、因为它对普遍的真理有重要的阐扬,并提供了一种完满的人生哲学。第二、历史上的中国帝王都有宗教的天性或哲学的倾向。"

"帝王有宗教的天性?"毛泽东问道。

"是的,"我答道,"特别是唐代的帝王。你知道他们曾封孔子以'王'的尊号,并勒令全国各州府县一律修建孔庙。这个运动始自唐代,差不多同时,他们又把类似的荣誉赠给老子,因为老子姓李,和皇帝同宗之故。他们宣称老子是道家的始祖。道教道观的建立也是在唐代开始的,由官方发动而遍及全国。佛教虽然是外来的宗教,但也受到欢迎,当时佛教的寺院也遍及全国各地。于是,在唐代,中国便有了三个由官方承认的宗教:儒教、道教和佛教,共存于一种和谐的状态之下……"

"是的,我知道。"毛泽东说,"我记得,唐代有一个皇帝,曾有意把佛骨搬到中国来。"

"当时有一个著名的学者和尚玄奘,在印度住了十多年,研究佛教理论。"我接下去说,"他带回中国来的佛经,超过六百五十卷,他和他的弟子翻译了其中的七十五卷。玄奘是家传户晓的人物——他也是唐朝人。"

"太奇异了!"毛泽东评论说,"三个大宗教仿佛都是在唐代开始传播的。不过孔子只能算是哲学家而非教主。"

"是的。"我表示同意,"虽然老子后来被道教徒尊为始祖,但他也只能算是哲学家。中国人现实主义的性格,我们加以研究,就会发现这是很有趣的事情。中国人可能有宗教信仰以指引生活,但绝少发展到宗教狂热的地步。那就是为甚么三个宗教能够和平共存的原因。"

"是的,几个宗教能够和谐地共存,对国家来说,是很好的事情。"毛泽东说道,"那就是说,我们没有像其他国家那样的宗教战争。历史上有些宗教战争竟持续百年之久!在中国历史上,我们从不曾听说过有这样的事情发生。"

"是的,那确是真的。"我同意说,"但还不止此。在中国,几个宗教不仅可以在社会中和平共存,并且也和谐地存在于每个人的心灵之中;这和唐代的皇帝是没有甚么相干的。在我自己的家庭中,就有这种现象,便是很好的例子:像其他任何家庭一样,我们有一个刻着天、地、君、亲、师的牌位;但我祖母希望我们对圣人怀有特别的敬意,于是又加上了一个孔夫子的牌位。后来她对佛教也有好感,于是又悬挂了一幅释迦牟尼佛的画像。最有趣的是,当她听过欧美的基督教传教士讲过道之后,她认为那些人既然从很远的地方跑来传教,那么,他们的宗教必然也有利于人生之处。于是,她在佛祖的旁边又挂上了一幅背着十字架的耶稣画像。我常常把我祖母所设的神坛称为'宗教共和国'。这是很多中国人宗教信仰的典型事例。"

"这不仅是我们宗教自由的一个好例证,并且,正如你刚才所说的,也显示我们中国人宗教本性的薄弱。"毛泽东说,"还有一个事实是，儒家思想在中国的影响比佛教和道教都更广泛和巨大，佛道二家仅被认为单纯的宗教。但孔子的思想为甚么会有这样巨大的力量呢？在两千多年之后的今天，它的影响力依然不衰。那些帝王为什么会对孔子的估价这样高呢？是不是由于孔子坚强的人格呢？"

"儒家影响力之所以能够持续不衰，系由于两个原因。"我解释说，"碰巧那些帝王们和所有的高级官吏，都对孔子特别崇敬，于是他们规定在高等考试中，孔子哲理是与试者必须通过的要目。在这种情形之下，假定你不研究孔子的哲理，那么，在你一生中，你便不可能获得好的职位！还有，他的哲理也的确可以作为处理人与人之间相互关系的指南。他非常恰当地告诉世人，什么是应该的，什么是不应该的。在另一方面，老子和佛家的理论则没有这些。在我们的日常生活中，孔子给我们一些实际而具体的训示。"

"我认为我们现在应该停止讨论，把这些都写在我们的日记上。"毛泽东道，"这是很重要的。"

于是我们便停止讨论，开始写日记。我们写完之后，时间已近正午。我们也感到饿了。访问过沩山之后，我们有很多问题要谈，也有很多东西要记下来，因此，我们已经错了我们长途步行的节奏，现在我们既然仍坐在那里继续谈下去，便决定在那家茶馆吃中饭，吃过饭之后再行上路。

毛泽东问女店主是否有米饭。她说有，但却没有什么菜：没有鱼，没有肉，甚至连一个鸡蛋也没有，只有一些蔬菜。我们认为有蔬菜便已经很够了，我们的消化系统已习惯于素食。然而我们是否还有钱呢？

毛泽东说，他知道我们的包袱里还有些钱，他提议我们好好地吃上一顿米饭和蔬菜，把所有的钱用光。"然后看看我们前途的遭遇将会如何。"他说。我表示同意，并认为这是个好主意。

吃过中饭之后，由于天气太热，难以行路，于是我们便在茶馆的荫凉下睡了一个午觉。当我们缓缓地再上路之时，已经是下午四点钟左右了。

第二十五章　沙滩上的一夜

离那家茶馆不远，有一条沿着一座高山山脚下的路。我们虽然不知道那座高山的名字，但却知道现在我们已经是在安化境内了。

这座山出产两种物品。安化以产茶著名，而这座高山的山坡上正是满种茶树。另外还有一种物产，用作覆盖房顶的枞树皮；除了覆盖房顶之外，这种树皮还有一些别的用途。山上数以千计的枞树，树皮都已经被剥去，只剩下一棵棵呈乳白色的奇异树身。

我们在一个小户农家，讨得一餐非常满意的晚饭，晚饭过后，我们便沿着一条不知名的河岸，向前慢慢地游荡。我们继续走了约莫十多里，那条小路却仍然沿着河岸而下。那河的河床很宽，但其中只有一条流水涓涓而流，其余尽是覆满圆石蛋的沙滩，一望无尽，岸边长着斜垂的树木，树枝披散在河岸上面，仿佛像是要讨点水喝的样子。

不到一会功夫，月亮照得异常明亮，宛如白昼，辰星大都消失不见，只有那些最大最亮的星还发出点点光芒。路上印着我们两个人的影子，轮廓异常明晰，往往就像有四个人，在那寂寞的午夜，在路上游荡。

我们无法想象，再走多远才能找到旅店住宿；村庄里的人都已安眠了，我们连一个可以问路的人也碰不到。光明的月亮和清晰的影子

成了一种新奇而动人的景色；于是我们在柔软的沙岸上坐了下来，着意欣赏一番。

"我真不知要再走多远，才能找到旅店。"毛泽东道，"今晚我们不知住在什么地方。四顾茫茫，不知哪里住有人家。一片空寂，渺无人迹。"

"是的，四周真是茫茫然，空无所有。"我说，"但我们也是空无所有了，我们现在一文不名；纵使找到了旅店，旅店主人如果知道我们付不出房钱，也不会让我们住宿。"

"这倒是真的。"毛泽东答道，"我忘了已经没有钱这回事了。我们就在这里消磨一夜，你以为如何？这沙滩岂不也可以作很舒适的床吗？"

"是的，"我表示同意，"你说的很对。就把沙滩当睡床吧。我们甚至可以住到比这里还坏的地方；蓝天要成为我们的帐幔了。"

"那棵老树就是我们的衣柜。"毛泽东一边拿起我们的包袱，一边说道，"现在且让我把我们的包袱，挂到我们今晚的衣柜中。"

"月亮不也正像一只大灯笼吗？"我说道，"我们今天夜里就点着灯笼睡觉吧，好不好？"

我们找到了两块又大又平的石头当作枕头，但那两块石头实在太高太大，因此，我们便把每块石头的一半埋在沙子里面。睡倒之后，我们齐声赞赏说：真是再舒服没有了。

躺下之后不久，我又起来说："在睡觉之前，我得到下面河里洗洗脚。"

毛泽东责备我说："我们过叫花子生活，睡在空旷的沙滩上，你却仍然保持着这种布尔乔亚的臭习惯！"

"在睡觉之前，我照例要洗脚的。"我解释道，"这是我多年来的习惯，如果我不洗脚，我就睡不好觉。"

"你今天夜里就试一试，看看不洗脚是否能睡得好！"

"可是，我为什么要不洗脚呢？"我问道，"我还想洗个澡呢。"

"我知道了，原来你是个绅士叫花子呀！"他一边说，一边倒头大睡起来。

我从包袱里拿出毛巾，走到河底下洗脚。等到我回来的时候，毛泽东已经呼呼睡着了。我感到浑身洁净，清馨和爽快，但糟糕的是，这时我已经被冷水完全振奋起来，一时无法入睡。忽然之间，我看到一个人匆匆地沿着河边小路走过来。他显然是一个赶路的人，他不能像我们一样随遇而安。那个人走过去之后，我想到，假定我们两人都睡在路旁，而我们的包袱就挂在路旁的树枝上，给月光明亮的照射着，但谁能保证明天早晨我们醒来之前，路上会走过什么人呢。我们的财产已经少到不能再少，确实不能再冒被偷窃的危险了。因此，我当时想到，假定我们能够移到离路边较远的沙滩上睡觉，那么，我们就不会被过路人看得清楚，我们的包袱就比较安全。于是我决定把毛泽东叫醒。

毛泽东睡得太熟了。我一边摇撼他，一边喊叫他起来，但结果竟是全无反应。我甚至还在他脸上打了几下，最后他终于睁开眼睛了。于是我便立刻把我的意思向他解释，强迫他迁移阵地，他在半睡半醒的情况下，唔唔呀呀地说道，"你不必担心有什么贼。就睡在这里好了……"话未说完，他的眼睛又合上了，又睡得昏天黑地。我知道要想再叫醒他，一定会比头一次还要困难；即使能够把他叫醒，他多半还会懒着不动；可是，在另一方面，假定我勉强睡在那里，我就会放不下心来。

考虑了一阵之后，我决定单独到另外一个沙滩去睡。我拿了我们两个人的包袱和雨伞，走到约莫四十公尺外的一个同样的沙滩。这沙滩离开行人道颇远，并且有一些小树丛围绕着，甚为隐蔽。我把"卧床"准备好，便很快入睡了。

毛泽东在夜里醒来，发现我失踪了。当他看到我们的包袱和雨伞都已不见，站了起来，高声叫我的名字，但未得到回应。因为当时我正睡得很香，什么也未听到。他无法猜想到我在什么地方，便沿着那一带的河边，在沙滩上来回找了十多次。因为被树丛围绕着，树下的情形根本无法看得清楚。他叫了几次之后，得不到回应，便断定包袱和雨伞必是都被我拿去了，大概不会失落，于是便又倒头大睡起来。第二天早晨，他说："我猜想你必定在河那边的某个地方睡着了。你是不会一个人先走的。"

虽然我不曾听到毛泽东的喊叫，但睡得也并不安静。我醒来之后，不禁怔怔地仰望着那蓝色天空中光明的月亮。宇宙是这样的伟大，人类是如何渺小和微不足道呵！曾经有多少人类的种族惊奇地注视过这同一光明的月亮，凝视过覆盖于我们顶上的无边无垠的冷冷的夜天呵！……古代的民族都已逝去无踪，现代人都不能及见了？这个寂静而晶莹的月亮，银白的光辉，照射在黑暗的人类世界上，不知已有几许岁月，冥想着它的年龄，会使人陷于迷惑之境。我们人类的生命呢？和月亮比较，那实在是太短促而不足道了！这时我开始慢慢地吟咏写于千年前的陈子昂的名作：

"前不见古人，后不见来者，
念天地之悠悠，独怆然而涕下！"

我不知道是在甚么时候又睡着了，但睡着之后，做了一个噩梦。梦到一只老虎雄踞在河边的高坡上，目不转睛地瞪着我，在那里弓腰作势，准备择人而噬，随时可能冲下山坡，以铜牙利爪向手无寸铁的我攻击！我全身颤抖，蓦地惊醒过来。月亮已经换了位置，寂静的天空仍然覆盖着我。我深深地抽了一口气——原来是南柯一梦！

梦中的恐怖感渐次消失之后，我转脸朝高坡上一望，一颗心几乎从口腔里跳了出来。一个又黑又大的野兽正踞坐在那里，注视着我！当时我完全清醒着，这绝不是梦了。这是一只真的老虎。它已经嗅到了我的所在，蹲在那里，准备随时扑过来。防卫感或某种第六感觉已经在先前的梦中向我警示，我能从梦里醒转过来，获得脱逃的机会！但是我怎样逃脱呢？我不敢移动，只是静静地躺在那里，用眼角注视着老虎的行动。

我带着极度紧张和不安的心情在那里停留了十几分钟，老虎却并无行动；于是我开始产生一线希望。我怀疑它是否真正看到了我。它可能认为我是一根倒下来的树干罢了，或者认为是一棵树的影子。

它可能刚巧停在那里休息。无论如何,假定我一移动,它一定会看到我,闪电般地向我扑过来了。我便仍然躺在那里装死,大气也不敢透。

过了一会,我忽然想到,毛泽东正在熟睡,对当前危险全无所知。假定他醒来,一有动静,或喊叫,那么,老虎定然会向他进攻。我开始想象到他随时会醒过来,于是,我乃拼命思索,怎样才能拯救他。

我把危机告知他是我的责任,我必须即刻冒任何必要的危险。我必须爬到他睡觉的地方。我当时推想,假定我爬得很慢很慢,老虎可能不会察觉我的动作。于是我开始移动了,我每次只能爬行一寸左右,我移动的情形与其说是爬行,还不如说作蜗牛式的蠕动更恰当些。在这样的速率之下,头一公尺的路程花了我超过一分钟的时间;我以最大的耐心,经过一个多钟头,才爬到一片能够掩护我的丛树后面。

在这个新位置上,我转过身子,透过树丛枝叶向高坡上探视,发现老虎并未移动;这时我感到我的耐心获得了报偿了。我已经安全了。但我还得越过一段相当长的空旷地,或是作一个大的迂回;还需再花上一点钟的时间才能完全脱出老虎的视界。于是我迅速地站起来,用我所能跑得最快的速度,跑到毛泽东睡卧之处。他正张着大口酣睡不已,唾沫则正自他的口角慢慢流出。甚至在这个时候,我仍然不敢做声。我不能叫他。怕的是,纵然能把他叫醒,他在一旦醒来之后,就会高声讲话;讲话的声音势将把老虎立刻引到我们的面前。

我悄悄地在毛泽东的旁边躺下来,并想最好就是睡着。但在精神极度紧张之下,这是绝不可能的。不一会,农夫们开始在田里出现了,并且有好几个人从我们很近的路旁行过。毛泽东睡醒了。天已破晓,有人在附近走动,危险可以说是过去了。来不及告诉毛泽东昨天夜里虎口余生的经过,我便跑到那边树下取我们的包袱和雨伞。现在已经没有被攻击的恐惧了。

把东西取下来之后,准备以最高速度往回跑之前,我匆忙转头朝昨夜老虎踞坐之处一看,发现那只大黑老虎仍然在那里。它一动不动,再定睛一看,发现那只凶猛的大黑老虎原来是一块天然的黑石头!

第二十六章　离开沙滩之后

我们离开昨夜歇宿的地方,决定仍然沿着河岸继续前进,因为这似乎是到安化唯一的道路。

我们拿起包袱,准备开始今天的行程之时,一条大青蛇忽然从河岸低处的草丛中爬了出来。那里正是离毛泽东几分钟前还在睡觉的地方不远之处。这使我颇为吃惊,因为昨天夜里,这条看来含有剧毒的爬虫当离此不远。假定当时它发现了毛泽东,是否会咬他一口呢?又假定它爬过树林时,我当时的处境也极其危险,那只老虎原来只是我神经过敏幻想出来的,这条毒蛇才是实实在在的东西。我想到人们听说假定被毒蛇咬着,毒液会顺着血管流到血槽,很快会传遍全身的情形。在这人迹稀疏的地方,万一被毒蛇所咬,那是万无生望,因为要寻找医生或任何治疗都不可能。我把想到的情形告诉毛泽东,彼此决定再不在荒野露宿了。

我们单调地走着,那条河岸似乎无尽无穷。沿着河岸,每隔一段距离,便有一段又矮又直的树丛。我们走过之时,常常想到这好像是军队阅兵时的样子。我们似乎是在阅兵,而军队正在向我们敬礼。

走了约莫一个钟头,到了一座石桥之前。桥的石板上刻着"到安化县城走右边"几个大字。于是,我们过了桥,顺着右边的一条路走下去。这条路虽然已与那条河分开来了,但却又把我们带到一群山岗之中。在一个小山脚下的路边上,有一个由四根柱子搭起来的方形凉棚,四边无墙,就像通常的凉亭一样。凉棚下边摆着一条长凳子,以供行人坐息。

我们在那条凳子上坐下来,举目向四周眺望一环,我看到一条羊肠小径,直通到一座小山之顶,山顶上有一座小庙。我告诉毛泽东让他等我一会,便急急跑到山顶,发现那座庙非常的小,庙墙宽仅四、五公尺,高亦不过七公尺左右。正中间供着一尊石像。墙是白色的,并无刻字。那里景色甚好,站在山顶上极目远眺,东、南、西、北一望无际。我走下山去,从包袱里取出笔墨,然后又回到庙里,在白墙上写了两个大字:远大。

及至我回到毛泽东歇息之处,发现多了一个路人,他们正在交谈。毛泽东问我那庙的名字。我答:"不知道它名字,但我刚刚在墙上写了'远大'两个字。你记得,在学校里杨(怀中)先生教我们人格修养的五个原则,其中头一个便是'远大'。他说'远大'的意义,便是一个人的行为和思想应该放得远,目标应该放得高。一个人应该不断想到超于平庸的某些东西。我一直没有忘记他所讲的那一课,当时那话嵌进了我的心灵。对我来说,这些话实在意义深远。"

毛泽东立时领悟,说道:"对极了,确实对极了!"

离开凉棚,走了一小段路之后,便见到一间路边茶馆。我们便向茶馆主人乞讨早饭。它和一般同类茶馆一样,店主是一位二十岁上下的女人,她看来人很和气,通达,不一会便给我们每人拿来一大碗米饭。当时我忽然想到,她是否知道那座山顶小庙的来历呢?于是就问她小庙的名字。

"这是刘邦庙。"她答道。

"刘邦?"毛泽东问道,"那两个字怎样写?"

"我不会写字。我只知道那个庙叫刘邦庙。"

"这附近有叫刘邦的人吗?"毛泽东继续问。

"那我就不知道了。"女店主说,"我在安化县城出生,在那里结婚,搬到这里才只两年的时间。对本地的事情实在知道的太少。"

毛泽东沉思片刻,又说道:"刘邦是汉朝第一个皇帝的名字。他不是这里的人,甚至他生前是否曾巡游过这一带地区也成疑问。因此,我实在想不出这庙为什么要取他的名字。"

"我的确不知道。"女店主答道,"我连刘邦是汉朝第一个皇帝也不知道。"

"你知道那个庙为什么要修建在山顶上吗?"毛泽东追问道。

"那我更不知道了。"她很有耐性的回答。

正巧那时有一个男人走了进来,看来像是女店主的丈夫,于是我们就把关于那小庙的问题向他请教。下面就是他告诉我们的话:"这所小庙为什么会取名刘邦庙,我们并不知道真正的原因。有人说刘邦是皇帝,另外一些人又说刘邦庙的刘邦只是和刘邦皇帝同名的另外一个人。究竟哪个说法正确,我亦不知道。关于这个小庙建造的故事则是这样的:很多年以前,有一个人生了病,病得很厉害,已经到了死亡的边沿。每一个人都认为他没有康复的希望了。后来有天晚上他做了一个梦,梦到一个名叫刘邦的人,给他开了一个药方,告诉他吃下那药之后,他的病就会好了。他醒来之后,便叫他的儿子照方煎药。服药之后,他的病果真霍然而愈。为了纪念他梦中遇见的刘邦,于是他便修建了这座庙。"

"这刘邦是皇帝吗?"我问道。

"这我就不知道了。"女店主的丈夫回答说,"有人说他是皇帝,另外的人说不是。我弄不清楚。"

"这庙修建了多长时间?"毛泽东问道。

"我也不知道。我记得,我很小的时候就已经看到这个庙,现在我已经二十六岁了。这里很多人都说,那是一座古庙。这种说法是否可靠,我就无法判断了。"

向店家两夫妇致谢过后,拿起包袱和雨伞,我们又再踏上漫游之途。

第二十七章　安化县城中的困厄

　　自离开刘邦庙之后，我们对旅程的安排比较来的从容自在。因为我们对谈论极有兴趣，对前进速度反而淡然置之，是以在离开刘邦庙后，在路上花了好几天的时间，我们才到安化县城。一进城里，我们感到确实已经离开家乡很远了。那里的人说话的口音和我们的颇不相同，对他们的生活习惯，我们也感到陌生，真有点置身异乡的感觉了。

　　虽然我们有些同学住在那里，但我们决定不去拜访。因为恐怕他们又像何胡子家里一样，对我们殷勤招待。不过，由于我们连最后的一文钱，也早就用去了，因此在进城之后，下一步究竟应该怎样做，却是全无主意。我们成为真正的叫化子了，我们须靠机智来换取生活。

　　我们到达县城之时，约莫是在上午十点钟左右。由于还不曾吃早饭，当时已经饿得很厉害。走到一家茶馆门前，站在那里犹豫了片刻，望了望里面的情形，我们便昂然地走了进去。拣了靠近窗子的一张方桌坐了下来，将包袱和雨伞放在旁边，接着便叫了茶和早餐。

　　我们的饥饿获得相当程度的抵消之后，便开始讨论如何付账的问题。总得设法在那里乞讨，或赚些钱来，这是毫无疑问的。我提议毛泽东留在那里写日记，我则到街上去走走，看看有什么法子可想。

　　我走出去之后，很快就发现：安化县城的店员不肯打发叫化。我一次再次的被拒绝："我们这里不打发叫化子！""不要站在这里妨碍我们的生意！"有好几个地方，他们根本不准我进门，常常会有一个人拦着我就说："这里没有东西打发你！走你的路罢！"他话说得非常粗鄙，脸上现出一副冷漠残忍的神情。也有少数人勉强给我一两文钱，但那么少量的钱对我们亦没有任何用度。花了一个半钟头的时间，走遍了两条街，结果我只讨到二十一文钱。于是我便放弃了这个吃力的工作，返回茶馆。

　　我告诉毛泽东，这个城市乞讨实在太难，走了两条街只讨到二十一文，这个数目还不足我们早餐所费之一半。我们如何付账呢？怎样离开这间茶馆呢？毛泽东提议我留在茶馆里写日记，由他到另外一条街去试试；但我知道，那将是徒劳无功的。后来我终于想出了一个计划。我提议我拿着先讨来的二十一文钱去买些纸来，然后像那些送字先生似的，书写若干副对联，分别送给那些商店的店主。这是知识分子的乞讨方式，是一种间接乞食方法。不过所送对联需要自己书写，受之者则赠送少许金钱作为酬报。

"用这种方式我们或许能多弄一点钱。"我说，"你在这里把笔墨弄好，我去买纸。"

毛泽东对这个提议热烈拥护，立即开始磨墨。我在街上买纸时，顺便把沿街的若干重要店铺名字抄了下来。每张纸约莫长一公尺半，宽三十公分；于是我们便把这种纸一分为二。

以我最佳的书法，谨慎地在每一副对联的顶端写上一间大店铺名字，这是最紧要的一点。因为某一副对联只能送给某一家，在这种情形之下，他们是不好拒绝的。我更希望，他们看到这种特定的对联之后，会感到一种光荣。我只赠给大的店面，因为估量着它们拥有很多钱财。

在头一家店铺里，一个青年雇员接到了写给他们的对联之后，转递给三个年纪较大的人。他们将它展开了看，都面带微笑，表示欣赏。他们是否真正能欣赏我的书法颇可怀疑，但至少他们已经承认他们自己是写不出来的。

他们看看我又看看那副对联，一再地重复道："写得很好，写得真好！"于是他们相互之间开始耳语，我猜想他们是在商量应该给我多少钱的问题。假如他们给多了，店主将会不高兴；假定给得太少了，他们又怕得罪了一个学者！他们耳语了一阵之后，仍然不能决定，于是其中一个便拿了对联到后面去见店主。立刻便有一个人面带笑容走了出来，并且伸手递给我四个铜圆。四个铜圆亦即是四十大文。

他问我从何处而来，为甚么会弄到这样穷困的地步，及一些类似的问题，而正当我要回答他时，另外一个穿得很体面的人从后面的房间中走了出来。此人看上去约莫四十岁年纪，很肥胖，显然是这家店铺的主人，因为他走出来之后，其他的五个人便立刻散去，只剩下他和我两个人。他很礼貌地问了我几个问题,接着又把先前出来的那个青年人叫了过来,问他送给我多少钱。年青人答道:"四个铜圆。"

"再多给他四枚!"那个胖子说。我向他道谢之后,便离开那间店铺。这八个铜圆已经是我起先苦苦地乞讨的四倍了!我想到那些接待我的人之冷漠和残酷的表情,以及欢迎我写对联的笑脸,我得到了安慰。我感到学问是怎样被人尊重呀;于是我带着更大的信心走进第二家店铺。

然而,花不常开,月不常圆,人也并非永远都是愉快的。希望愈大,失望愈大。在第二家店铺里,店主以极不耐烦的态度挥手让我走开:"字对我有什么用?把你的对联拿去送给别人罢!"

我提出抗议道:"这是专为你铺子而写的。请你看看,你铺子的名字已经写在上面。你纵然不愿意出钱,也请你收下。"

那店主现在开始看我的书法了,他果然看到了他店铺的名字,勉强地将对联收下,塞了两个铜圆给我。我很礼貌地谢了谢他,即转身离去。

从第二家店铺走出来之后,我想毛泽东正在茶馆里等我,假定我把所有的对联送完后才回去,他势将在那里等候很长的时间。于是,我乃决定先回茶馆一趟。

我们付了账之后,乃商量下一步的行动。我们虽然并不即刻需要更多的钱,但那些写好了的对联如果不加以利用,却是很可惜的事情。于是,我们把这些对联分成两部分,由我们两个人分头去送,送完之后,再在茶馆里碰面。

第二次开始送字,头一家店铺,那店主一看到他的店名,便立刻表示接受。第二家卖茶叶的,店主是一位读过书的人,也会写字,对我的书法赞了一阵,便邀请我到他的书房,并把我介绍给他孩子的家庭教师。他们二人一再端详我所写的对联。后来店主请我为他的家庭写一副对子,我很快便写了出来。当我请教他们写点什么时,他们都只是微笑。后来店主指着墙上所挂的一副对子说,那便是教师的手笔。他的书法倒也不错,然而,我认为我的却比他更好。

他们以香茗飨客。我们三个人作了一段很有趣的谈话。"学问和书法是很难的事情，"店主说，"这实在是无价的财产。在近代社会中，学者不被尊重，确是很不幸的事情。我读过几年书，但找不到工作；因此，最后我决定开设这家茶叶庄。假定我当时继续读书，恐怕早在多年之前便已经饿死了！"

"假定你不开这家茶叶庄，我定然不会有事可做。"那位教师补充道，"在饿死鬼的名单上，将会增加一个读书人。"

"假定你不开这家茶叶庄，"我补充说，"我今天也无法获得和你们两位读书人畅谈的机会，另一方面，我多半会在安化城中饿死了！"

店主听了之后，哈哈大笑道："可惜这个铺子太小，否则，我一定要请你们两位同任教席！"

"假定一个人读了书，他就有饿死的危险；但假定不读书，他就得不到文化的陶冶。那么，他应该怎样选择呢？"那老师问道。

"在我看来，你们的东翁似乎选择了最好的计划。"我回答道，"先读书，然后去做生意。"

"既然已经改换了职业，我就不被称为学者了。"店主说，"但是我有三个儿子，其中的两个我决定让他们去做生意，而让第三个专心致志于读书。这样安排之后，可以保持我们家庭读书风气，也可能不致有人会饿死。"

"这样安排对你来说实在太好了，因为你有三个儿子。"那家庭教师说，"但是只有一个儿子的人怎么办呢？"

"这是作父亲的计谋，"我提示说，"这是以家庭作单位的计划。但是你一定要记住，儿子并不仅仅为了维持家庭而存在。他应该获准自己去计划他的未来。他必须认识到他是社会一分子，应该为社会的幸福着想。"

他显然不了解这种观念，但是在这个问题上我们已经讨论了很长时间，因此，我觉得最好不作进一步的解释。我还需要访问其他店铺，于是我告诉他们，我们必须作别了。店主向他的办公处走去，等他回来之后，他递了个信封给我，我向他表示谢意，作别以后，便向街上走去。我打开信封一看，发现里面是二十个铜圆！我又去送了几个地方，都获得成功。于是我便回到茶馆去找毛泽东。我们旅程的下一站是益阳县城。

第二十八章　到益阳县城的路上

离开安化之后，我们沿着大路走下去，很快就走到一个路碑之前，路碑上刻着"向右到益阳县城"几个字。益阳县城是我们下一站目的地。从起程时我们就已决定只沿最宽的大路走，道路通到甚么地方，我们就到甚么地方。

到益阳县城的路程究竟有多远，我们全不知道；我们对道路的远近距离也毫不在意，因此，我们也不向别人打听，是远是近对我们都是一样的。我们的双足单调地向前走着，一步一步，有如用尺量路一般；不过，这样的走动完全是机械性的，我们的兴趣完全集中在谈话方面，对其他事物便不甚留意了。

离开安化之后，我们便开始谈论我和那家茶叶店老板的谈话，关于如何安排他三个儿子的事业的问题，他让一个儿子做学问，但学问并非可靠的谋生之术，因此让另外两个儿子学做生意。他们计划将来每人经营一项不同的买卖，假定其中一个失败了，另外一个仍可支撑。我批评那个做父亲的决定，是自私自利的方法，因为他只照顾他的家庭利益，对他儿子个人的愿望，以及对社会全体的利益，却全然不加考虑。我这个批评，使我与毛泽东之间引起了关于家庭制度的大辩论。我说那个店铺老板是典型的中国父亲，不过，他这种观念却是太古老太落伍了。

毛泽东道："你知道养儿防老的古训！这已是中国无数代的制度了；父母衰老之时，儿子的主要责任是照顾父母。父母完全依靠儿子。"

"很奇怪，这种自私的家庭观念，我一直不以为然。"我申述道，"假定我有一个儿子，我很自然的会喜欢他；然而我却永远不会按照我自己的需要，把他当作财产一样看待。他应该是社会的一分子，把他养大，让他接受良好的教育，自然是我的责任，但以后的生活，他对我的态度，则应该决定于他个人的情操。我永远不会想到，我老了之后还需要他的照顾！我父亲虽然属于前一代的人，但也和我抱有类似的观念；他反对父亲对儿子有自私的打算。"

"我以为因为中国人家庭观念太重，所以缺少民族情感。"毛泽东道。

"儿子并不完全属于家庭，"我补充说，"但也并不完全属于国家！夸大了国家观念，其害处绝不逊于夸大家庭观念。"

"你对子女有这样的观念，连我都觉得奇怪。"毛泽东惊讶地说。

我解释道："认真的说来，一个人生而为家庭的成员，同时在国家之中，他亦是不可分离的一分子；在另外一方面，他又是全世界的一个公民。他对他的家庭、他的国家，以及对整个世界都有责任。总之一句话：他对社会负有责任。"

毛泽东却表示不同意："我认为国家应该占最优先的地位。"他说。

我进一步加以解释："我想的是一个人的抉择问题，假定一个人面临有利于己而有损于家庭的行为，他便不应该去做；假定面临有利于家庭而有损于国家的行为，他亦不应该去做。尤其重要的是，假定一种行为有利于国家而有损于世界及社会时，他就更加不应该去做。检定行为的最后标准，是社会的终极之善。"

"但是国家是保护人民的，"毛泽东辩驳道，"因此，人民便有保卫国家的义务，人民是国家的子民。在未来最理想的国家中，儿童应该脱离父母，而由国家教养。"

"那么，这就必须要有两种制度。"我说，"其一是儿童的教养，其二是老人的收容。假定你把传统的养老制度取消了，那么，老年人的生活就应该另外设法加以照顾。"

"最最重要的第一件事，"毛泽东强调着说，"是需要一个强有力的政府！这样的政府一旦建立起来，人民也就可以组织起来了！"

"但是如果政府过于强大，那么，人民的自由就要受到损害。那情形好像是，人民变成了羊群，而政府则成了牧人。那是不应该有的制度。"我反驳道,"人民应该是主人,政府只应该做他们的仆人!不过,所有的政府都毫无疑问的想做牧人或主人!"

"不过,我的确认为人民是羊群。"毛泽东坚持着说,"非常显明,政府一定要充任牧人的角色。假定没有牧人,由谁来保卫羊群呢?"

"对这个问题我有另一种看法。"我说,"假定人民是羊群,政府也必须是羊,但那是最坏的一种形式;在这种情形之下,那些图谋取得权力的人就要成为主人了。绵羊政府中的官吏定会说他们是最聪明、最能干的,他们永远不会认为这些人是一批土匪!"

"根据你的想法,"毛泽东道,"假定你不让羊群成立政府时,那么,谁是牧人呢?"

"假定羊由人来照管,那就意味着它们已失去自由了。它们系生活在牧人的慈悲之下,已全无自由可言。牧人可以对它们生杀予夺。所留给它们的唯一事情只是吃饭、工作和睡眠,它们为甚么还要牧人呢?"

辩论到这个当儿,我们看到几只牛静静地在路旁吃草,旁边没有人管理它们。"润之,你看,"我说,"看看这些牛。它们不是很快乐和满足吗?它们需要更好的组织吗?"毛泽东没有回答。于是我们便注视着那些牛,沉默地向前走下去。等到我们快要走到牛的身边之

时，一个手拿长鞭的人突然出现。那些牛对鞭子似乎特别敏感，因为当拿鞭的人走近时，它们很快地四散开来。连安静地卧在那里的牛也立刻站了起来，那些本来站着的则开始奔跑。顷刻之间，秩序大乱，它们已经害怕得无法吃草了。

我着意地看了看毛泽东。"你看到牧人对畜牲的效果了吗？他一到这里，那些牛就立刻生活在恐怖之中！"

毛泽东顽固地回答道："牛必须加以管制！这个人手里有一条鞭子，他必须用来鞭策它们。这个牧人太软弱无能了！"

"只可惜这些牛不能了解你的高论！"我讽刺道。

"正是由于它们不懂人言，因此必须用鞭子来打，它们也必须有人来加以照顾。"毛泽东答道。

当毛泽东说话时，最前面的一只大黄牛忽然停下来，抬起头，张口大叫。似乎是在抗议。我说道："假定他们继续作威作福时，有一天甚至牛羊也会起来反抗他们的。"

第二十九章　到了益阳县城

约莫是在下午三点钟，我们走到益阳县城。这个县城与其他差不多大小的县城并无显著不同。街上店铺林立，行人拥挤，没有甚么新奇之处。不过，我忽然看到了一件有趣的东西。"润之，你看！"我惊奇地叫道，"你看到墙上所贴的县长布告吗？"

"是的，我看到了。"毛泽东答道，"我对这种东西没有兴趣。你为什么这么兴奋呢？你为什么问这个问题呢？"

"这里又有一张。"我停下来说道，"你仔细看看。"

毛泽东看了之后，回头对我说："所有的县城都有这种贴在墙上的布告的。"他说，"我实在看不出这张布告有什么特别之处！"

"你看看县长的签署，"我提示道，"这个人是谁？"

"字写得很清楚，"毛泽东答道，"他的名字是张康峰。""但是你知道张康峰是谁吗？"我问道。

"不知道。"毛泽东说："我为什么要知道？他是谁呀？"

"他是第一师范的化学教员。"我说。

"噢，原来如此。他只教高年级学生，所以，我不认识他。"毛泽东道，"我们的化学教员是王先生，你能断定这个张康峰和第一师范化学教员是同一个人吗？同名的人很多哩。"

"是的，我能断定是他，他是益阳县城的人，我记得他那浓重的益阳口音，并且知道他是在暑假之前两个月离开学校的。刘先生接替他教员的位置，现在我才知道他是回来做县长。"

"你和他的交情很好吗？"毛泽东问道。

"是的，他非常喜欢我，每次考试，他都给我一百分。我们作过多次有趣的谈话，每次谈起政治问题来，他都感到很大的兴趣。"

"假定那样的话，"毛泽东提议道，"你就应该去看看他。"

我对他的建议大笑了起来。"不要忘了，"我说，"在这个社会上，政府官员和叫化子是两种天壤有别的身份。他们分别代表社会上最高的和最低的两个阶层。——没有比政府官员再瞧不起叫化子的了。我们是以叫化子的身份从长沙来的，我们有很多有趣的经验。但是我们却从不曾拜访过县太爷。我认为你说的很对。我们就利用这个机会来获取新的经验，你以为如何？"

"反正你是认识他的，他不会把我们当作叫化子看待。"毛泽东满怀信心地说。

"最大的问题，"我指出说，"是怎样通过守卫和衙门里的下人的关口。张康峰本人决不会把我们当作叫化子，不过，他左右的人就不同了。问题是怎样通过他左右的人。走，咱们去试试，看看结果如何。"

毛泽东非常高兴。"好！"他惊叫起来，"这是我们这次冒险中最特出的插曲：叫化子拜访官吏！我们就这个样子去好不好？穿着草鞋和其他一切？"

"当然。我们是以叫化子身份去拜访张康峰县长！"我说。

县长是县区的最高行政首长，是地方最重要的行政官吏，获得人民的高度尊重。他的职位远较其他国家的市长为重要，他的衙门或官邸有如宫廷，警卫森严——和绝大多数西方国家的办公处大不相同。

我和毛泽东两人问了好几次路，才走到那所庄严的衙门之前。前面是一个广场，广场的中心，恰恰与县府围墙的中间大门相对，从那里一直看过去，可以望见两道相同的大门。穿过这两道大门，就是法庭了。县长的私人住宅则在法庭的后面。靠近第一道大门的右边，是守卫人员站岗之处。守卫的也算重要人物，因为他的角色，是对求见者加以检察；只有和县长约定有要事要谈的，才准许内进。

我们走过广场，到了县政府的大门，守卫立刻拦住了我们。我们要求到里边，他犹豫了一阵，终于准许我们到门房去商量。那些守卫在我们印象中，是懒惰而不负责任的。他们似乎采取事不关己的态度。

但门房却是高大而粗犷的家伙，他大踏步走出来，高声嚷道："滚开，赶快离开这里！叫化子到衙门里来干什么？"他向我们瞪了一会，看到我们的短衫、草鞋、雨伞和包袱，于是又大嚷了起来。这次他喊叫的声音似乎还要高些："滚开！我问你们，你们到这里来干什么？"

"我们来拜访县长。"我一边说，一边掏出名片，将毛泽东的名字写在上面。

"请你替我们传达一声好吗？"我把名片缓缓递给了他。

他呆呆的站在那里。"叫化子还带着名片！什么名字？萧旭东和毛泽东！你给我这张名片干什么？"他问道。

"请你交给县长——告诉他我们想见见他。"我笑着说。

"你们为什么要见他？你们要告什么人吗？你们知道需要先呈状子吗？"

"但是，我们并不是来控告别人。"我说，"我们因为在此路过，不过顺便来看看他而已。"那个可怜的家伙站在那里，用眼睛瞪着我们，似乎不能相信他自己的耳朵。可以想象得到，他把我们看作两个精神病汉了。他带着迷惘的声音问道："叫化子哪能跟县长有什么往来？"

"贵县长是很好的官吏，并且是非常和气的人。我十分有把握，他一定愿意和两个叫化子谈谈的。请你进去看看,你只把名片交上再问他就行了。"

那门房又大嚷道:"你们疯了!要是我进去告诉他,说有两个叫化子要见他,他一定认为我发神经病。他一定立刻把我开除!你们不要胡缠了!假定你们不知好歹,我就要守卫把你们赶出去,滚,快滚!"

"我们不走,"我抗议道,"我们一定要见县长。"

毛泽东加以助阵:"我们是叫化子,是的,不过,我们一定要见县长!"

至此,门房十分不耐烦了。他高声叫道:"好罢,假定你们不可理喻,我就要用武力来赶你们了!卫兵!卫兵!卫兵!卫兵!快来!"

看来那个门房真正要有所行动了。站在那里的两个卫兵走了过来。

"我看谁敢用武力对付县长的客人?"我叫道,"你们不怕被革职吗?"

"我们要见县长。"毛泽东道,"我们并没有做什么犯法的事情。看看谁敢强迫我们走!"

我坐在大门里的石板上,说道:"若见不到县长,我们两个叫化子就不离开这里。"毛泽东在我的旁边也坐了下来。

这时有三个人从门房的办公室走了出来,另外一个卫兵也加入了他们的阵营。有些面貌凶恶,有些则态度和善。他们围成半个圆圈,用眼睛瞪着我们。他们异口同声的说,我们必须走开,但却没有人敢动手。

其中一个老年人,忽然对那个门房说:"你何不进去报告县长呢?你就告诉他有两个傻瓜要见他,说他们给我们惹麻烦,不肯离开。"

"我怎可以这样做呢?"门房问道,"上礼拜县长的一个穷朋友就来求救济。当时我想都不想就去报告县长,等那个人走了之后,县长却把我大骂一顿。因为我一通报,他就不好拒绝接见,只好给了那人一点钱。他说我的主要任务，是要注意访客，只选择那些认为他必须见的人。假定我认为他们是不受欢迎的人物，有权自行打发，免得麻烦他。那次事情刚刚过去，我怎样还能为这两个叫化子通报呢？他们虽然是疯子，但我并不疯！"

那老人表示同意，但说道："让我来试试看。我进去报告县长，就说他们在这里胡缠，我们虽尽量设法让他们走开，但他们却死赖不走。我去请示他，看看我们应该怎样办。除非是他问到，否则，我就不把他们的名片拿出来。完全由他自己来决定，我们都不须负任何责任。"

那个人走进房去，穿上一件长衫，又梳了梳头发。于是他把我的名片放在他的口袋中，慢慢的向里边走进去。那个态度恶劣的年青门房在后面还大嚷道："你在县长那里讨个命令，把这两个傻瓜捆起来，送到监狱里关上几天。好好地教训教训他们，使他们以后不敢再扰乱良民了！"

我知道他这是有意警告我们，我们诈作没听见，安静地坐在那里，但却禁不住偷偷发笑。

那老人走了不久，便忽然在第二道大门处出现。他快步走了出来，面带笑容，直向那个年青门房跑去，对他说道："县长说赶快把这两位先生请到他的书房里去！"

我们仍然安静地坐在石板上，假装未听见他们的谈话，但看到那一伙人，接到这个出乎意外的命令，脸上吃惊的表情，煞是有趣。那相貌粗犷的门房低声的焦急的问那老人家说，他是否听清楚了县长的话，县长是否真的说要把他们带到书房里去？

"是的，"老人答道，"我听得很清楚，绝没错。他告诉我两次，叫立刻把他们两个人领到他的书房！"

他们谈了几句话，那门房便走到我们的面前，恭恭敬敬地鞠了一个躬说："县长要立刻接见两位，请随我来好吗？"

我们拿起包袱和雨伞，那老人抢着要替我们拿，但我们说道："不，谢谢你。你知道，叫化子总是拿着自己的东西的。"我们跟着他，经过第二道第三道大门，又穿过一座花园，便到了县长的书房了。这时张康峰先生正在他的书房等着我们。

那门房走开之后，张先生带着惊讶的声音问道："萧先生，发生了什么事情？你们是从哪里来的？看来你们好像遭遇到什么烦事哩！"

"我是从长沙来的，"我答道，"这是毛泽东。他是第一师范第十四班的同学。"

张先生和毛泽东握手，问道："你们两个人，都是从长沙直接到益阳来的吗？"

"我们从长沙出发，经过宁乡和安化，来到这里。"我答道。

"你们怎样老远来到这里来看我呢？"他问道。

"我们是偶然而来。"我解释说，"在进城之时，我们看到贴在墙上的县长布告；断定你就是县长，就决定来拜访你。我们打算从这里到沅江。"

"原来如此，"张先生道，"那么，你们从沅江再到哪里呢？"

"我们只顺着大路向前走，走到哪里算哪里。"我语焉不详地答道。

"但是你们究竟要到哪里去呢？你们是要干什么呢？"他带着迷惑的神色问道。

我知道张先生完全不能了解这种奇异的情势，因此，我便给他详细地解释，我们用叫化子的方式来过暑假的生活，并告诉他一些沿途经验。他听了之后大为惊奇，但对我们这种试验的勇气却表示赞赏。"绝大多数人是不能了解的。"张先生评论道，"这就是为什么刚才那个门房告诉我，有两个傻叫化子坚持要见我，赖着不肯走！当我问叫化子是谁时，他递出你的名片，因此我才知道是你们。但是，说真话，我看到你们的穿装打扮时，我完全能谅解门房的态度，现在你们两位先去洗个澡，换换衣裳和鞋子，然后咱们再好好的谈谈。"

我们和张先生谈了好几个钟头，并且和他同进晚餐。在饭桌上，他告诉我们，我们以前的一位同学现在益阳县任教育局长，另外一位任中学校长，还有一位担任小学校长。一共有六个同学在当地的教育圈里获得了重要职位。他要分别为他们每个人送一个信，请他们第二天早上到县政府里，为我们举行一个欢迎会。

我们表示不赞同，不需要这样一个欢迎会，但张先生却坚持他的意见。"我怎样能不把你们的访问告诉他们呢？"他说，"他们都一定非常高兴看到你们！"最后我们只得同意，但我们却要各自去拜访他们。

于是，两个叫化子又转为上宾了。在动身到沅江去之前，我们在益阳停留了三天。我们向张先生告辞时，他坚持要我们带四块钱在身边，以为不时之需，他并且命令门房伴送我们到城门。我们说不需要人相送，但他却坚持一定要这样。

我们走向城门的途中，我向那个门房说："你们的主人是个大好人！他不愿意叫化子被缚起来送进监狱。相反，他却盛意的招待我们！"那门房只是低着头，一言不发。

第三十章　沅江泛洪

一出城门，就有一块路碑，指着去沅江县城的大路，沅江县城是湖南省最大的县城之一。张先生的门房送我们到了这里，就回去了。现在剩下我们两人，可以讨论一下我们刚经过的这次经验。

毛泽东批评我们的东道主张先生，他说："那门房虽然可憎可厌，但他的主人张先生比他更坏。因为门房只是遵从张先生的命令，他不过奉命执行，不让穷人进来。张先生真可以说得是势利小人，像他这样的人，人生的主要目的就是金钱和权势，除此之外，他的头脑不会有高尚一点的思想。至于那门房，是因人而不同的，我见过许多门房都比他好得多。"

"同样，也不是所有县长都像张先生一样的。"我回答说，"古语有云，衙门八字开；但如果要打官司，无论曲直，没有钱是不成的，简直就没有正义可言，金钱就是正义！"

"不错，"毛泽东表示同意，"社会上的人，很少不是有这种看法的，在人生世事当中，金钱具有最大的操纵力。金钱就是权力。"

"权力是坏东西，"我嚷着说，"所有权力都是不好的。而运用个人的权力鱼肉人民，更是罪恶。"

"那不一定，"毛泽东反驳说，"你说所有的权力，究竟你所指是哪种权力呢？"

我解释说："在初民时代，有权力的人，他在氏族中战胜别人，打猎觅食，因此权力最先是藉体力而得来的。但到后来，权力就归于兵士，归于武器了。再后来，就有了金钱权力，又有了政治权力。"

"你是说有四种权力，全部都是不好的？"毛泽东问道。

"权力本身没有甚么好坏可言，"我解释说，"主要是看怎样去运用它。强迫别人去做不愿意做的事，是罪恶。权力就像一把刀，本身不好也不坏，但如果用它来杀人，就可能是罪恶了。"

"那么，你认为政治权力也像一把刀么？"毛泽东问道，"当然，你绝不可以说，因为刀能伤人，因此就不要制刀？刀也可以用来雕刻精美的木刻和雕塑呢。同一道理，政治权力也可以用来把国家组织起来，发展起来。"

"你不应把政治和艺术创作混为一谈，"我反辩说，"从历史上看，不论中外，你都会发现，搞政治的人没有不杀他的政敌的。甚至最好的政治家，也会杀戮人民，伤害百姓，我不认为这是好事情。"

"我认为政治权力比金钱权力较为善良，"毛泽东说，"资本家的金钱权力，纯粹就是榨取劳动人民的血汗而得来的。一个人不管他有没有文化修养，有没有学识，不管他如何为非作歹，胡天胡帝，但一旦他有了财富，社会上的人就推崇他，尊敬他。

"一个人可以公开的作坏事，只要他有钱，人们就会对他百般奉承，向他打恭作揖，说他是怎样怎样的大好人！正如你所说，'金钱就是正义'，总之，金钱万能，钱可通神，不是吗？如果我们穿着体面的衣服，去见张先生，那门房不是会对我们笑面相迎吗？假若我们给他一点小钱，他不是会对我们打恭作揖吗？钱可通神！人们都崇拜金钱！"

"你说政治权力北金钱权力良善得多,这点我不同意。"我说,"金钱权力无疑很坏,但政治权力却更坏！你不可不注意一个重要的事实:政治权力已包含了金钱权力及军事权力于其中。一个人有了政治权力,其他两项权力就都有了。金钱权力只是一种罪恶之源,但政治权力却混涵着几种罪恶之源。一个毫无良心没有教养的人,一旦取得了政治权力,他就在国家中占了高高在上的位置。人们尊他为皇帝,为总统,于是他可以为所欲为,生杀予夺。然而,他还大言不惭地说,他这是为人民、爱人民。他成为国家的基石,人民的救星。

"就因为这个缘故,在中国历史上,很多高风亮节的学者,拒绝出仕。即使皇帝三番四次礼聘他,有些学者还是不愿意去做官,因为他们不愿向没有教养和没有教育的人叩头屈膝。这些学者绝不认为政治权力会增加一个人的内在品德。他们知道,政治权力是集各种罪恶渊源之大成,而皇帝自己,又往往不过是一名成功了的贼寇而已。这些学者心甘情愿的放弃权力,因此被人称为君子和贤人?"

"晋朝的皇甫谧,"我继续说,"他写过一部书,叫《高士传》,其中列举了将近一百个古代学者,都是不屑于向社会权贵卑颜屈膝的,他们独行其是,舍高官厚爵而不为,这部书写于将近两千年以前了,自此以后,正不知有多少千万的人跟着走同样的道路。"

这冗长的一段话,毛泽东听了以后,答道:"这只是你的高论,认为政治权力集各种罪恶之大成,说得固然很动听,但道理太高深了,恐怕一般人下能了解和欣赏,你比我们这些老粗清高得多;事实上,你似乎是站在云端上说话,除非你声大如雷,否则地上的人是无法听得见的。我倒是从较低的标准说话,我同意势利小人是可憎的,简单的说来,我认为就是这样:如果你有钱,或者你是大官,这些人就会对你笑脸相迎,打恭作揖;但假若你没有钱,你不是官老爷,他们就根本不理你,那门房就是这样对待我们,这是司空见惯的事。"

"势利小人这句成语,与另一个相对的成语道义君子,都是从很古就相传下来的了。这就是说，凡是小人，就必然是崇拜权势的，所以为圣贤所耻。三四千年以来，中国学者都相信这个道理。孔子说道：'君子忧道不忧贫。'孟子也说：'饱乎仁义也，所以下愿人之膏粱之味也'，汉朝的董仲舒也说：'正其义下谋其利，明其道不计其功。'总之，人类的行为准则，应该建立于这些圣贤道训之上，但政治权力和金钱权力的影响太大，破坏了这些教训。"我反驳他说。

毛泽东听了以后，答道："你说得好极了，但是在现实生活中，这些高尚准则是很难办得到的。一个快要饿死的人，绝不会再想到什么道德修养的问题。我倒是相信管仲的话：'衣食足而后知荣辱。'这与孔老夫子的说法刚刚相反，他说：'君子谋道不谋食。'"

"可是，你知道'道高一尺，魔高一丈'这句老话吗？"我反辩道，"人类的道德发展是慢慢才能达到的，但物质进步却往往一日千里。这就是说，道德只有百分之一的进步，而物质却已有百分之十的进步了。军备和飞机的发展不是很大吗？枪杆大炮的威力愈来愈大，所杀的人更多了，相反道德却没有一点点的进步。中国的圣贤一直强调道德与正义，但仍然很难去劝服人类，收敛起他们卑下的本性。"

毛泽东不耐烦了，他答道："所有这些道德教训，听起来都是冠冕堂皇的，但对人类的饥馑又有屁用。"

我们沿着沅江的大路，走了几天之久。大多数时间都在谈论着大同小异的问题。某天傍晚，我们在一家旅馆停留下来，准备吃晚饭，然后在那里度宿一宵。那店里的主人，是非常美丽的少妇，大约二十岁上下，因为没有其他客人，她就走过来我们的桌子，与我们谈话。"这两位先生是从什么地方来的呀？"她问道。

毛泽东告诉她，我们来自益阳县。她就说："你却没有益阳口音呢。"

"我们是湘潭县和湘乡县人。"毛泽东补充说。

"啊呀！"她惊叫起来，"那地方距离这里很远呀！"

毛泽东说大概有一千里左右，她就问我们到什么地方去。我们

告诉她没有特定的目的地,她表示不能相信。我告诉她,我们就是要在全湖南省到处逛逛,我们都是乞丐,因此我们的旅行是没有什么目的的。

她听了之后,一阵惊愕,然后放怀大笑起来,露出她美丽的牙齿。"你们是乞丐?怎么可能!你们这样斯文!你们真是叫化子?"她表示不相信的说。

"我们何必骗你呢,"我说,"我们从长沙一路步行到这间旅店,一直都是叫化子。"

她仍是不信,而且有点火了。毛泽东就说:"为什么你不相信呢?"

"简单得很,就是你们看起来绝对不像叫化子呀!"她激动地说。

"乞丐的样子有什么特征吗?"我问道,"你怎么说我们不像呢?"

她凝神注视了我们一会,说道,"我知道你们两位都是了不起的人物!"

"什么是了不起的人物?"我问道:"难道你会看相么?"

她点点头,"是的,看相,我确是懂得一点,并且还会测字,能卜凶问吉,这是我爷爷教我的。我爷爷是诗人,出版过一本集子,叫《桃园曲》。我父亲也是一位大学者,但他们在三年之间竟然先后去世了,只剩下母亲和我孤伶伶的在这个世界上。因为生计无着,所以开了这片小店。"

"那你还没有出嫁呢?"我问这位书香世代的年青女子,"无疑你一定是很有学问的。不知你肯不肯让我看看令祖父的诗集?"

"我跟父亲读了七八年书,他去世的时候,我正开始学作诗。"她答道,"我祖父的诗集《桃园曲》收藏在箱子里,明天我找出来给你看看。"

"你说你懂得看相,可以给我们看看吗?"毛泽东问道。

她迟疑了一阵,然后回答说:"好的,如果你们愿意,但假如我说错了,你们不要介意。"

她刚说完，大概是给她母亲听见了，从后面房间里向她喊道："茹英，不要胡闹了，你不怕得罪贵客吗？谈别的吧！"

但毛泽东马上说："不，不，我们毫不介意，请你照实的说吧；你想到什么就告诉我们什么好了，我们绝不生气就是！"

这位女子认真地给我们相起面来。她预测我们今后几十年的富贵功名和凶吉祸福。毛泽东和我听了，都只觉得有趣，对她所说的不大理会。毛泽东更无半点不快之感，我们把它当作笑料。

讲完以后，她就问我们做叫化子的由来，我们便源源本本一五一十的告诉她，她听了感到万分有趣，并说假若她不是上有老母在堂，一定也要试试过叫化子的生活。

第二天早上，吃过早餐之后，我们就要告辞，她要留我们多住一天。我们要付她食宿费，她却坚持不受。我们问她的姓名，她叫胡茹英，我说："假如有一天毛先生做了国务总理，或者是山大王，说不定他会写信给你，邀你做他的顾问哩！"

听了这个笑谈，她大笑起来，答道："那时候他会完全把我忘记；连我的影子也忘得一干二净了。"

许多年来，我一直保留了她的地址，但从未给她写过信。她那美丽的容貌，她的亲切与开朗的性格，却在这许多年来，清晰的印在我的记忆之中。

别过了美丽的茹英之后，我们继续走路，三个钟头以后，沅江县城已在望了。

我们看见县城的周围，全给水浸了，大为惊奇，一家店主告诉我们，这是西水，每年夏天总要来的。因为长江发源于高山地带，春夏之交冰雪融化，澎湃的洪水便自西方上游滚滚流下。洪水一下就浸满全城的街道，四五天之后，洪水高涨，一切与外界的交通都告断绝，因这一带是处于低洼地带。

在这种情形之下，我们觉得乞丐生涯无法再继续下去了；由于这个突然变故，我们的冒险生活得告结束，于是，我们决定乘搭河船，径直返回长沙。

第三十一章　返回长沙

毛泽东和我上了船，但觉河水暴涨高与天齐。整个景色全然改观，无数房屋、树木给淹没了，在汹涌的洪水中仅能见到树梢和屋顶。船上挤满了人，哭声震天，母亲呼叫儿女，儿女哭叫父母。

因为我们要书写日记，乃在一个角落找到座位。但刚要下笔，两条汉子就在我们跟前打将起来。两人都似是五十岁光景，一个脸白无须，鼻架眼镜，另一个则唇披小髭，没有眼镜。两人都穿着光鲜，看来他们是有社会地位的。我们听不懂他们在吵什么。拳来脚往之际，那个有小髭的人把另一人的眼镜扯掉，掷到船头，再一脚踢入江里。掉了眼镜的人反过来撕下对方的长袍，用力将长袍撕开两片。很多人迅速围拢过来，毛泽东和我也走过去看个究竟。我们很想知道他们为什么打架，但听不懂他们的土话，又不好向其他旁人询问。

他们静下来以后，那个有小髭的人拾起他的烂袍，围在身上，又执起包袱，要找一个地方来坐。他走去我们停放东西的角落，于是，我趁机向他探问个究竟。

我说："告诉我吧，为什么那家伙撕烂你的长袍？他真是无赖！"

他怒吼道："那恶棍呀！他居然没有给我抛到江里去，算他幸运！"

我追问道："他什么地方得罪你呢？"

"他真是无赖！"他激动地说，"那家伙要找地方坐，于是我移开些，让他坐在我的右手边。他似乎十分高兴，自称是常德衙门的文书。这时，我把两包香烟放在右边，那是我买来的。过了一会，我找烟吃，却找不到了。看见他正拿着一包在手，准备抽一根出来，另一包却放在他袋里。我看得十分清楚，因为他的袋口不深。开头他坐下来时，手里和袋里原都是空的，而我吸的牌子并不常见。不用说，他一定偷了我的两包香烟，我问他，我的烟呢？他就喊打喊杀，跟着就动武了。他不知道我是沅江县城的捕快，可是，无论如何，抓住这种小偷真是易如反掌！"

我安慰他说:"算了吧,不要再生气啦,现在一切都过去了。"

我们交谈之际,毛泽东坐在旁边看着,一声不响,及至那人自称是捕快时,才露出惊讶之色。他向我微微冷笑,我便说道:"润之,你曾说过'衣食足而后知荣辱'。这就是一个好例子,那两个人为什么打架?其中一个是捕快,另一个是衙门文书,他们都不会是没有饭吃那一类人呀,他们的衣着也很光鲜,你都看得见的,这件事你怎样去解释呢?"

毛泽东叹了口气,没有做声。那捕快不会听到我的话,只是断断续续的听到几个字眼。

他问道:"你是说我没有吃饭?不错呀。我为着赶路上船,所以来不及吃饭。现在我要走开一会,找些东西吃吃。拜托你为我守着这个位置,我一会便回来。"

他离开后,我在那里偷笑。毛泽东不放过这个机会,扯扯我的腿,说道:"你看,他真是没有吃过东西呢,这就是为什么他要打架了。"

这时,我们完全被洪水包围着。放目四野,尽是无边无际的海洋,我们好像在天上浮游。由朝至晚,简直说不出哪里是天的起点,哪里是水的尽头,因为迷蒙的水平线完全没入水中了。

这是难得的机会,我们谈论太阳下的众生相,以及我们所经过的种种冒险生涯。我们甚至评断诸色搭客的方言,和默察某几个人的举止,这时不知是谁突然喊道:半个钟头内,便要抵达长沙了。

我转过头来,向毛泽东建议道:"润之,半个钟头内,我们便要回长沙了,自从离开长沙,所发生过的一切事情,让我们作一个大概的总结吧,你看怎么样?"

毛泽东表示同意,说道:"好主意!首先,我认为克服重重困难并非不可能,只要我们能够充分全面认清我们的目的就可以了。袋里虽然不多一文,并不就是要饿死,我们一样能设法过活。直到现在,我们的叫化生活,还不致有饿死之虞。我们也设法解决了好些困难,克服了很多障碍。可是,还有另外几点呢。"

我附议道:"不错,还有其他事情。最棘手的问题是捱饿,整日空着肚子真是难受——肚饿时，连手脚也没劲。很多人在这个世界上，大半生都是这样捱饥抵饿的。但是，还有呢？"

毛泽东接着说："我们发现社会上差不多每个人都是势利小人，都是灵魂龌龊的拜金者！他们所思所想的只是金钱！我们离开长沙时，袋里一个子儿也没有，结果受过很多刻薄的话语和十分可恨的待遇！叫化子被视为下贱的讨厌的人，因为他们没有铜板！"

我提醒他说："不要忘记那个俏姐儿，那个擅于看相，说你将来大富大贵的俏姐儿呀！她就不是拜金的人！"

毛泽东表示同意："对的，在我们整个旅途中，只有她是不拜金的人。"

我跟着说："可是，还有呢！不要忘记那个捕快和衙门文书，他们食尽珍肴美味，却还是偷东西，还因此斗个你死我活。这证明金钱无助于修心养性，只有博学广识能之。"

"还有什么？"毛泽东问。

"唔，你千万不要忘记那些没有牧童管理的牛，它们非常满足和安详地吃草；一旦手拿长鞭的牧牛人出现，结果唯有秩序大乱。"

"还有呢？"毛泽东又问。

"还有一点。我们现在完全明白，古语所云'叫化做三年，有官都不做'这句话确是至理明言。为什么呢？因为叫化生活是完全自由自在的生活。"

这时，其他的搭客喧哗嘈吵，我们不能听到自己的说话。全船的人都忙于收拾行李，你叫我喊，使我们无法继续交谈。船一会儿就靠近岸边，一大堆人朝跳板拥去，都想挤过他人，以便率先离船。

不一会，我们又身在西门了。

就在西门内，我们拍了一张照片，雨伞搭在右肩，背负包袱，恰像我们在旅途上携带着的模样。我记得毛泽东站在我的左边。我们的确拍了一张妙趣横生的照片，我们的头发修得很短，我们的短裤和草鞋，都破烂得不能再穿了。这张照片留在湖南我出生的屋子里。

拍过照后，我们返回楚怡中学，两人在那儿洗了澡，吃过饭，然后坐下来，打开包袱。我们写完日记，便逐一逐二数铜板。我们剩下两文四十个铜板，便平分为二，作为叫化子的家当。然后，我对毛泽东说："我现在要回家了，我爹娘一定在想念我。你呢？"

"我也要回家了，"他答道，"他们给我做了两双鞋子，他们一定在等着我哩。"[1]

第三十二章　留学运动的发起

我在"楚怡"教了两年多的书，在这一段时期里，毛泽东常常来看我——一周里总见几次面，所有的学生都知道他是我的好友，同学们既然敬重我，对他自然也礼让三分。

我们所讨论过的许多事情，不可能在这里一一细说。但有一天我们所讨论的问题却相当重要。

毛泽东一再询问我的教书生活。他说："你似乎对教书很有兴趣，你在这里可以长期耽下去吗？"我告诉他，我实在是不想再教书了。他脸露惊讶之色，问道："你在'楚怡'做事，可没有'修业学校'那么辛苦呀？"

"不呢，"我说，"放学后我还得给学生温习功课，常常在深夜十

---

[1] 这次游学经历自1917年7月中旬至8月16日，途经五县，行程九百余里。以后毛泽东又和蔡和森作了同样的旅行考察。

点钟仍跟他们在一起。上课之外，又要评改学生的作文、习字和笔记。每天我至少要工作十二小时，我倒不是因为这样而感到厌倦，反而觉得其乐无穷，不过我不愿继续教书，因为我另有别的计划。"

"有什么计划呀？我一直以为教书是你的终身职业呢？"

"不，不！"我说，"我想出国留学。"

"哦，是吗？"毛泽东问道，"那么，你可以告诉我，你想去哪一国？"

"还不知道。法国、美国、英国，也许日本，还未决定。"

"你有什么门路找钱出洋？"毛泽东不大相信似的说。

"钱？那慢慢再说。这本来就是'新民学会'的事情呀。你知道，我们都说过要出洋留学的。"

"是呀，这倒是真的。"毛泽东同意说，"但我们必须拟订具体步骤去实行。"

"第一步是把那十来个人叫来，召开一次会议，讨论一下进行的方法。"

"好极了。"毛泽东说，"你是文书，那你就发通知，让我们见见面，看能做些什么。"

毛泽东和我继续讨论"新民学会"的会员怎样到国外留学的问题。最棘手的切要问题是怎样去筹募经费。

我主张："如果我们等到财源充足才动身，那就永远到不了外国。我们必须立定决心，一定要踏出国门，然后才开始谈旅费问题。"

毛泽东坚持先召开所有"新民学会"的会员一起商谈。我不同意，我建议，为了激发我们的热情，应先同他们个别谈话，然后再集体磋商。毛泽东最后同意，于是我先找熊光祖与陈昌谈话。

他们两人都觉得这计划在原则上不错，但陈昌身为独子，如果他出洋，便没人看家了。熊光祖和我劝他卖掉田地，将妻儿带在身边，但他说他不够钱支付一家人的费用。这对他简直是毫无办法！"新民学会"会员的老大哥熊光祖，一向读书甚勤，他对出洋为之雀跃不已。他说他会请他的兄弟，照顾妻儿。

接着，我跟蔡和森作了一次长谈，他对出洋计划亦大为称赞。他说这是他朝思梦想的，必须赶快实现。兴高采烈的问道："你喜欢去哪个国家？"

我说："法国是上选，其次美国。但即使去英国或日本，也就很好了。"

他说他也喜欢去法国，但跟着就问："我们怎样去筹旅费呢？"

我说："我听说有一个叫'华法教育学会'的组织，会长是北京大学的校长蔡元培先生，我打算跟他谈谈，了解了解情况。"

"好！"蔡和森说，"我们就这样办。法国现在正打仗，有十多万华工在那里工作，他们多数是留下妻儿在乡下，我们可以为他们写家书，亦可教导在法的华童，我想我们可以赖此糊口。只要我们能得温饱，就能读书。"

我说："除了教导华童，我们不妨把华工集合起来，鼓励他们念法文，学习技能，以及了解一下法国的社会政治组织。那么，他们返华后，便能在下层阶级成为改革运动的中坚分子。在这些华工中，我们可以为改造中国的伟业找到很多同道。"

蔡和森觉得这实在很有意义，主张不要浪费时间，立即进行赴法的计划。我告诉他，我打算通知"新民学会"的会员，在下礼拜日的下午聚集，进一步大家讨论，我请蔡和森务必到会，提供意见。

开会时，我对出席者说："今日集会的目的是讨论会员出国留学的办法。我们希望所有'新民学会'的会员都能留学，但首先想知道，个别会员喜欢去哪个国家。然后，我们会讨论怎样去实行。由现在起，'留学'必须是我们的口号，是我们战斗的呼声！我们务必协助每个会员出国留学！"我在会上又说，我听说有一位张静江先生，他在巴黎开了一间茶叶公司，后来成为规模庞大的中国古玩店。他发财后，把家当无条件拱手献给孙中山先生，赞助革命。"我对他万分仰慕。"我告诉与会代表说："我见到他的话，会促请他为作育英才而慷慨解囊，帮助用功勤奋的穷学生，为进一步改造中国而努力。"

接着，毛泽东说："我们必须先决定去哪一国，然后才谈到去的方法，一切都要有严密的组织。我以为最好是大家分别到不同的国家。主要的是美、英、法、日等。"

蔡和森随即说："萧先生同我已决定去法国。萧先生是否可以告诉大家，他去法国的详细计划？"

接着，熊光祖说："我以为萧先生留法的安排用意至善，留法是切实可行的，大多数学生都能去。我自己亦决定去法国。"毛泽东插嘴道："好些会员对萧先生的想法完全不知道，我建议请他解释一下。"

我向他们介绍了"华法教育会"以及第一次大战期间，在法工作的华工等等，我把计划大致说过以后，大家都认为这是万全之策，切实可行，便都愿意到法国去。只有一位会员周明德说他喜欢去日本。陈昌又说他因没人照料妻儿，所以不能去了。不过，他说他留在长沙，在那里尽可能帮助我们。

再经过一阵讨论之后，我说："杨怀中先生接受北大的聘请，到北京去了。我会写信给他说明我们赴法的计划，请他从北大校长蔡先生那里，探听一下'华法教育会'的情形。我一接到他的答覆，便请大家开第二次会议。"

第三十三章 "勤工俭学"运动

"新民学会"在一九一八年六月，即刚在放暑假之前所召开的集会，成为留法勤工俭学运动实际的开端。仅仅一年之间，便有二千多人利用这勤工俭学计划赴法，他们之中，约有二十人是北京舞台上的主要人物，诸如李维汉、李富春、李立三、周恩来、陈毅、饶漱石、徐特立、蔡畅等。

集会之后一星期左右，我接获杨怀中"老夫子"的覆信，这是一张写给我个人的明信片，他很喜欢写明信片。信文简短扼要。他说：

"昨接来书，今即走访蔡子民校长。蔡称彼乃'华法教育会会长'，今留法勤工俭学已组成'俭学会'，汝欲赴法勤工俭学，必得偿所愿……"

接诵之下,我自然大喜过望,马上去找毛泽东。他亦雀跃万分,他看过明信片后,笑容满脸,心花怒放。接着,我过江找蔡和森。

我把明信片交他,他大叫起来:"你看,你的计划成功了!勤工俭学组织解决了一切问题!妈姆(他的母亲和妹妹就坐在我们旁边),你和妹妹同我们一起去法国吗?现在没有不可克服的困难!这真是大好的讯息!"

我到蔡家时,蔡和森的爱人向警予亦在座。当时,她静静的说:"萧先生,我也决定去法国。"开朗的微笑露出她洁白齐整的牙齿。我对他说,明日下午三时在第一师范举行集会,请他们务必准时参加。

开会的时侯,各人都读了杨怀中先生的明信片。就算是一张中奖的彩票,也不能令他们这样的高兴!大家都全心全意做着赴法的美梦,以为一下子大家都可以在花都了!我说:"我们第一步必须到北京找杨怀中先生和蔡子民校长。下星期我先回家走一趟,回来长沙以后,就可以马上动身去北京。有没有人愿意一起去?谁需要火车费?"我这样问,是因为我知道在座中只有我一人因为教书而有固定收入的。蔡和森与毛泽东,我也知道他们很想去北京,但恐怕付不出车费。

杨怀中先生到北京任教之前,由于他的潜移默化,不仅因为他的讲解论述,更因为他自己曾出过洋,无形中影响我们也考虑到出国问题。他在长沙讲学六年,最后受聘为北大教授,这自然是一项重要的成就。我们认为这是由于他曾出洋镀金的结果,因此也想跟着他的路子走。况且,如果没有他的帮助,我们怎能将计划付诸实现。在情在理,我们都要对他感谢。

当年夏天的七月末或八月初,我们有十个人去了北京。毛泽东、熊光祖、张昆弟和我,是第一批抵达的。杨怀中先生热心地留我们住在他家里,即在豆腐池胡同门外后面。直到后来我们在北京大学附近的三眼井胡同租了一间有两间房的房子,才搬出来。

我们把屋内一间房子,用作读书,另一间作睡眠。卧床是一溜炕,用砖块做成,在下面生火取暖。冰天雪地的时候,我们七个人就睡在这张大床上,挤在一块取暖,因为我们在炕下生火。房里只有一个小得可怜的炉子，用来煮食。任何事情我们都是通力合作来做，北京的冬天冷得厉害，我们七个人只有一件大衣，在气温特别低的时候，只有穿着它轮流外出，到了年底，大衣已由一件增至三件，但毛泽东一直不设法为自己添置一件大衣。

国立北京大学校长蔡子民先生由皇帝敕赐翰林，这是读书人可获得最高学历品位，又曾在德国研究哲学，后来还参加革命，民国成立后，成为第一任教育总长。以后再游学国外，在法国研究教育。回国后获聘为国立北京大学校长。他是当时教育界公认的领袖。他天资聪慧，识见渊博。我们拜访他的时候，他恂恂儒雅的态度令我们深为感动。他真是一个伟大的学者和君子，他给我的印象永远不能磨灭。

拜访蔡家之后，当日二时，我带着蔡校长给我写好的介绍信找李煜瀛先生[1]。李先生住在遂安伯胡同。他不在家，门房说他五点钟会回来。我五点钟再去，他还未返；佣人叫我等一会。不一刻，李先生便回来了。他约莫四十岁年纪，留着八字须。我把留法计划向他说明，问了他很多问题。他对我说：前些时，他们曾嘱咐学生要略有积蓄然后才可赴法，因为法国生活费用比日本要大些，而且要学习过节俭的生活。已有一百多人去了，结果甚为成功。

"最近，"他继续说："蔡子民校长、吴稚晖先生[2]同我组成一个留法勤工俭学团体，一切细则都厘订好了，但成员甚少。不过，勤工俭学必须推行，付诸实现。你们湖南人以刻苦硬干著称，我认为你们一定得偿所愿。你最好马上着手学法文同时要学些手艺——例如绘画，或者铸造场的一般技能，大战很快便要结束，你们到时就可启程，你们按部就班的做，一定会马到功成的。"

我一回家，便一五一十的向大家转述李煜瀛先生所说的一切。李先生的乐观意见，使他们极感兴奋。他们问我对李先生的印象如何，我说，他似乎很精明，一言一语皆经过深思熟虑。他跟蔡子民先生完

---

[1] 即李石曾，河北高阳人。清末留学法国，加入同盟会。后与蔡元培等人发起留法勤工俭学运动，1916年成立华法教育会，任书记，帮助大批青年去法国。北伐后当选为国民党中央委员。
[2] 即吴敬恒（1866—1953），江苏武进人。1905年在法国参加同盟会，后宣传无政府主义，1924年起任国民党中央监察委员，为国民党元老之一。

全不同，蔡校长是典型的中国君子，而李煜瀛给人的印象，是长期在外国念洋书的中国人。进一步说，蔡校长看来像大学教授，但李先生像革命家。李煜瀛鼓吹自由思想和大同主义，我赞成他的道理。蔡和森、熊光祖和我立刻安排念法文及学做手艺的课程，预算所有"新民学会"的会员都来上课。

一日，我同蔡和森商讨大计，我说："大战快打完了，法国将获胜。到时必会大兴土木，重建家园，这样一来，法国必缺乏劳工，不单只我们'新民学会'的会员，甚至其他诸色人等也都会半工半读的。这个运动要是展开，很多年青人都会受到鼓舞，到法国留学。你想想有多少学生在急切的希望出洋，只是没有钱成行罢了。有了半工半读的办法，他们就统统去得成了，一千、一万人都去得了，将来他们带回所学的知识，对中国是大大有利的。"

我满怀热情的谈话，使和森也兴奋起来，他说："对啊，我完全同意你的意见。由现在开始，我们尽力推展我们的运动，使更多人能去法国！"

可是，在我们动身之前，有两个重要问题仍待解决。首先，由中国赴法的旅费一定要大量减省；其次，抵法后，学生在未找到工作之前，住宿起居在在需钱，这得靠"华法教育会"加以援手。我跟蔡子民校长和李煜瀛先生，作了好几次冗长的谈话，不厌其详的再三讨论，最后，厘订了满意的解决办法。法国轮船公司同意特价优待，把我们划为四等搭客，只付一百元中国大洋（当时普通的三等客的船费亦须三百多大洋）。抵法后，"华法教育会"负责照料我们，直至我们能服当地水土，安排学生到各地进学校念法文，同时协助寻找合适的工作。学生在校的开销和入学费用由该会支付。

我们得到这项保证，便即着手加紧宣传，使留法勤工俭学引起更多人的注目。我们又进一步起草更详细的组织细则。最初只有四十名学生参加北京的法文预备班，但很快的便有第二、第三班相继开课，最后学生超过四百名。

十一月，第一次大战告终，我们都想着乘船赴法为期不远了！我受聘担任"华法教育会"的秘书。一九一九年,我和李煜瀛先生同往上海,再转赴巴黎。

当时,蔡孑民先生是"华法教育会"中国方面的会长,李煜瀛先生是秘书长。他们邀我协助处理勤工俭学的事务,还担任大战期间在法华工的教育问题。在法华工人数超过十万名。

"华法教育会"在华的组织未臻完善,赴法学生由各省组成,所以各组人数参差不齐。例如,一组有五十人,另一组却达一百二十人。学生在国内大多未经预备训练,抵达目的地又缺乏金钱维持生计。该会要照料所有学生,实是费尽九牛二虎之力。我们最初的工作,很多未尽惬意,但这是无可奈何的。

国内勤工俭学计划的进展,却异常良好,一年之内,便有二千多名学生抵达法国。湖南表现最佳,共占五百多人;川、粤次之,每省约三百人;江浙又次之,各占二百余人。还有其他省份,但人数较少。这些人都分配到法国各地的学校,同时给他们大多数人觅工厂工作。

这些青年人由我们办事处安排学习。大部分返回国后都担任重要的职位,诸如政府部长、驻外使节、地方官吏、大学教授、艺术家、实业领袖等。有很多是现今中共统治下身居政界领袖、军人之类高位的。我们"新民学会"的早期会员,蔡和森和他的母亲以及他妹妹蔡阳,和森的爱人向警予,都送入"蒙达尼公学",该校后来成为共产党向中国留学生宣传的主要场所。

第三十四章　毛泽东留在北京

蔡和森、熊光祖以及其他人和我着手组织勤工俭学预备班,毛泽东也帮忙。但经过多次跟和森与我讨论后,毛泽东终于决定不去法国,他说他喜欢留在北京。

有四个理由,使他作此决定。首先是路费问题,毛泽东一文不名,船费虽然减低到一百大洋,但对他来说,仍是非常宠大的数目,他自己知道无人会借这一大笔钱给他。其次是在语言方面，他说不上纯熟。他在学校时，连最简单的英文发音也弄不清。第三，留在北京，他可以继续读书，同时又能为我们的新民学会征求新会员。而我们留法学生当然需要有一个可靠的联络员留在北京。第四，他认为要在政治上有成就，不一定要读书或求学问，要紧的是一个人有能力去组织政党，并纠集一大群忠心的徒众。基本上，毛泽东是行动派人物，他不适宜做学者；总之，他没有为了读书而跑到外国去的兴趣。

蔡和森跟我都同意毛泽东留在北京，实现像我们在法国那样的勤工俭学计划。这就产生了无可避免的问题，要找工作给毛泽东糊口，我们三人对这个问题讨论多次。当时，我们正在国立北京大学为新民学会征求会员，于是告诉毛泽东，认为他最好是在北大找一份工作。我们想到一份课室清洁员的工作，因为他做完简单的工作之后，可旁听讲课。北大确需雇用一人，在下课后清洁黑板和打扫课室。这是轻便的工作，而且有额外的好处，可使该工作人员经常接触他所负责的几个课室内的教授和学生。我们一致同意这对毛泽东是理想的安排。

横在眼前的问题便是怎样获得工作。负责雇人做这些工作的，是一名地位十分高的教授，他另身居其他要职，工作繁忙，我们不知道怎样为这份卑微的工作求见他。终于我们想起蔡子民校长，他一直对我们很关心爱护，我们给他写了一封信，问他可否下一个公事，为我们一位朋友，找个课室清洁员的工作。蔡校长是位可敬的人，他马上了解我们的困难。不过，他有一个更好的意见：他建议，毛泽东与其做课室清洁员，不如就在图书馆工作。于是，他写了张条子给北大图书馆长李大钊先生，说："毛泽东君实行勤工俭学计划，想在校内做事，请安插他在图书馆——"蔡校长没有指出毛泽东是由长沙来的，也没有说他是"青年领袖"。李大钊于是让毛泽东负责整理图书馆，这是十分简单的差事。完全是靠蔡校长的帮忙，因为李大钊身居高位，雇用低职工人的事情与他没有直接关系。[1]

---

[1] 按《毛泽东年谱》，工作是通过杨昌济托李大钊解决的。

一九二一年，李大钊和陈独秀都成了共产党在北京的秘密领袖，毛泽东在湖南也占着同样的地位。在我第二次赴法之前，我曾跟李大钊数度长谈。返国后，由一九二四年至一九二六年间，我们一起搞革命反对张作霖。常常躲避军事当局的搜捕，但是我们总是相约秘密会见。我们曾谈及毛泽东，有一次，他说："我给毛泽东整理图书馆的工作，不过是遵从蔡校长的指示。我根本不认识你的好朋友。"一九二六年，李大钊在北京俄国使馆被张作霖逮捕，并遭绞杀。

毛泽东对蔡子民校长一直非常感激，他给蔡校长一封信，每一封都是以"蔡夫子大人"起笔。他自承是蔡校长的学生，永远对他表示恭维和敬慕。一九三八年，蔡子民先生匿居九龙，这是距他逝世前十二个月左右，我常到他家促膝闲谈，我们好几次偶然谈及毛泽东，垂暮之年的蔡校长已忘记许多细节，他只记得毛泽东写给他的信，却不能忆及毛泽东的容貌和口音了。

就图书馆的工作来说，毛泽东成绩不算好。他依照我们原来的计划，凡到图书馆看书的学生都尽量藉故攀谈，以吸收新民学会会员，但这项工作亦做得不算好，他读书亦没有多大成绩。他写信对我说：北大学生，像傅斯年、段锡明、罗志希等人，他在长沙听说过他们是最优秀的学生，都使他十分失望。

一九一九年，毛泽东返回长沙，参加"驱张行动"（推翻湖南的暴虐总督张敬尧）。驱张的唯一途径是说服驻湘粤交界的军队，开进长沙，协助革命，然后请前任总督谭延闿重掌大权，在教育界开展革命运动的主要策动人是易培基，他在第一师范曾是毛泽东的国文老师。实际上整个教育界都卷入旋涡，张敬尧被指为湖南人民的公敌。易培基与毛泽东及其他学生，筹划起义大计，他们称起义是"与邪恶势力的斗争"。

要了解毛泽东离开北京的原因，这里必须一提北大校内的两位激进领袖：文学院长陈独秀和图书馆长李大钊。这两位都曾写文章颂扬一九一七年俄国十月革命，他们后来跟俄人秘密联系，接受俄人建议在中国组织共产党。

因为不能公开以组织共产团体为名义,于是发起"马克思研究会"和"社会主义青年团",总部设在北大。另一个重要步骤是"外国语文学校"的创设,该校的唯一目的是教人学俄文。在这些领袖的计划里并未把毛泽东考虑在内。因为毛泽东当时仅系图书馆的一名工人,而且未在北大注册。他们甚至没有注意到他的存在。这样一来,毛泽东便觉得以他的处境看,他是不可能获得任何重要的位置的。而且,他自己在北大的工作亦无成效,于是,几个月后,他便决定返回长沙,在那里从头干起。他仍旧是新民学会的核心分子,希望将新民学会发展成为强有力的组织。[1]

这是一九一九年的情况,就在蔡和森与我抵法后不久发生的。毛泽东、蔡和森和我三个人仍是新民学会的主要负责人,蔡和森与我在法国征求到三、四十名新会员,毛泽东在长沙则征募了百多人。不过,他将我们坚守的精挑细选的原则弃而不用,而仅以思想基础来挑选会员。他出版了一本杂志"新民学会会员通信集",内容包括函札和评论,会员在上面发表他们自己的见解。但这刊物出了三次就完了,除了新民学会的工作之外,毛泽东还编印了一份周报,称为《湘江评论》。[2] 当时他正筹划湖南革命,该周报的文章十分偏激。很多年轻学生甚至自动到街上推销《湘江评论》。为了宣传,我从巴黎写去的信常常刊在这份周报上。大约就在这个时候,他开办文化书社,售卖新思潮刊物。这间店子是由他的头一个爱人陶斯咏料理的[3],我们这位最年长又最可敬的女伙伴,我在前面已经谈过了。

湖南革命马到功成,张敬尧滚蛋了,谭延闿复任总督。最初煽动起义的易培基接掌新政府五名阁员的职务:总督第一秘书、陆军司令第一秘书、湖南教育会会长、省图书馆馆长、第一师范校长。第一师范是长沙知识分子的集中地,易培基任命毛泽东为附属小学的校长。

同时,年高德劭的"新民"会友何叔衡(我们叫他何胡子)被

---

[1] 1919年3月毛泽东离开北京返回湖南,主要原因是母亲病重。
[2] 《湘江评论》于1919年7月14日创刊。
[3] 主持文化书社的是易礼容,陶毅只是投资者之一。

任命为《平民教育日报》社长。[1] 该报是最优良的出版物，因为它有很多读者，何胡子获任新职，埋头苦干，很有成绩，影响了不少下层阶级的人。他手下有好几个十分优秀的编辑，其中一名谢觉哉[2]后来成为北京共产党政府的司法部长，后任内政部长。谢、何来自同一乡镇，是好朋友。何叔衡后来介绍谢觉哉给我们，于是大家又成为密友，我们也昵称他为"胡子"。这两位伙伴是新民学会最年长的会员，约在三十五岁左右，大部分会员平均比他们年轻十岁。何叔衡是我们多年的挚友，我们一起在楚怡小学教过书。对于谢胡子我虽然认识不深，但因为他是何叔衡的好朋友，所以我亦喜欢他。

现在，新民学会在长沙有了两个基地：一是《平民教育日报》，一是第一师范附属小学。又有蔡和森、熊光祖、向警予、李维汉、陈绍修，以及其他好几个新会员的协助。我自己则指挥在法国的第三基地。毛泽东返回湖南后，由于易培基和谭延闿统理省政，他行动上的自由绝无问题。

当时并无中国共产党的组织，我们所有活动都集中在新民学会上，虽然很多会员盲目信仰俄国共产主义，以为它是能够改造中国的魔术棒。

不过，两年之后，一九二一年，新民学会分裂为两个截然不同的组织，较大的一个是百分之百的共产党人，在毛泽东领导下，成为湖南的共产党。

第三十五章　中共在法国的萌芽

一九一八年十一月十一日，休战条约签署。翌年一月初（凡尔赛和会召开），我跟随李煜瀛先生在巴黎，开展华法教育会，协助勤工俭学学生，编组参战华工等等工作。

---

[1] 1920年9月何叔衡任湖南通俗教育社社长，主持编辑《湖南通俗报》。
[2] 谢觉哉（1884—1971），湖南宁乡人，1920年到《湖南通俗报》任主编。1925年入党，长期从事文化教育工作。建国后任内务部部长、最高人民法院院长、全国政协副主席等职。

我们先在巴黎近郊嘉兰·哥伦布买下一幢房屋,在那儿设立"华侨协社",作为勤工俭学学生和参战华工的汇集场所。我们和其他人手的大部分时间,都花在接待自华来法的勤工俭学学生身上。但我除了应付学生的工作外,还是《华工杂志》的主编,那是印给参战华工们看的。蔡子民校长在法国的时候,曾为这份刊物写了许多文章,该刊是我们侨居在法国的十万同胞唯一能读到的华文杂志。在都尔城有一所中文印刷所,因此在编印上也很醒目。

抵法数天后,我便写信告诉毛泽东关于我们的行动。并请他向我们家里的亲友报告一二。我将该信的一节摘引如下:

勤工俭学与华工组织极具功效,我们人力仍可应付至少多一千名的学生。在此一千人之中,应可挑选一二百名为新民学会新会员。至于参战华工,业已超过十万名,从其中挑选一万名,谅非难事。循此,我们定能增强新民学会,使成为改造中国的坚实基础。在目前,我全力集中于华工的选拔,因为征求学生为会员的工作,须待蔡和森抵埠后,才能正式开始。

毛泽东的回信万分热烈,他写道:"吾等正奠下改革中国的基石!弟当努力于长沙之扩展运动,唯目前兄等在法似乎较易进行……"

当时,我们双方都谨守新民学会的最初原则,注意会员的道德修养,主要目标是促进新民学会的成长,把它当作传播文化知识的摇篮。很多活跃聪明的学生,在半天工作的计划下,由华来法。不过我们不认识他们,所以很难邀请他们加入新民学会,这使不少人产生了嫉妒心理,在当时这倒是免不了的。

另一个无可避免的困难,是华法教育会的基金不够应付日益增加的勤工俭学生,许多人抵法时,只懂一点点法文,或完全不懂,要照顾所有这些青年人,为他们寻找适当的工作,绝非易事。于是怨言很多,那时经济情况不稳的学生,对我们诸多批评。

这上千上万在法国的华人——参战华工和学生,大多不懂共产主义为何物,倒是有不同程度的无政府主义的倾向,这很自然成为共产党宣传的对象。他们耳闻目睹俄国下层阶级取得革命成功的事实,至于对抽象的理论基础，有时间和能力去研究的可说没有几人，大部分人都是从现实的日常生活来了解马克思这三个字，他们并非站在分析和批评的立场上去看新俄罗斯的理论，而是把它当作一种新宗教，盲从马克思和他的教训，恰如基督教徒信奉耶稣基督一般。但即使这些人采取这样的态度和信念，仍还是他们自己个人的信奉，因为那时还没有组织性的宣传工作。

一九一九年春天，蔡和森抵法，一有机会他就发表谈话，总告诉同胞，共产主义是好东西。当时，他仍没有一个组织可以使他们加入，他也不曾研究过马克思或任何其他的革命理论。不过，在此之前很久，和森自己已经倡言"打倒资本主义！"的口号。他对我说："我写了一封长信给润之，说俄人一定要遭人到中国，在华组织秘密共产党，我认为我们应该效法俄国的榜样，而且应马上进行，我们已无时间事先研究所有的细节了。"

我清楚记得我们在这个问题上有过的交谈。我坚持道："我们在制订任何决策之前一定要把事情小心研究，我原则上同意应推翻资本主义，但我绝不盲从俄国共产主义的理论！"

"不管那是甚么形态的共产主义，都没有关系？"蔡和森说，"我们越研究便越难下决策，俄国的计划现成的摆在那里，一切都详细拟订妥当。为甚么还要去研究其他形态的主义呢？俄人的整个计划一色俱备，且已写在白纸黑字上让我们读到，他们自己也实现了这个计划。我们为甚么还要浪费时间作其他的尝试呢？"

蔡和森坚持道："我们一定要选择最有利的方向完成革命。我已经写信给润之！告诉他我的想法，我肯定他会同意的。你太空想、太感情用事、太重理论，也太散漫了！"

这次交谈发生在蔡和森抵法后两天。和他同船来的有五、六十名学生，"华法教育会"决定送他们到蒙达尼中学，先在那里暂住，等待找到适当的工作，也可利用时间学习法文。蒙达尼距巴黎四个钟头路程。蔡和森走后，我们的通信频密，他有时一天写两封信给我。但我们彼此的意见没有改变。

蔡和森向蒙达尼的朋友讲述共产主义，同时又向法国其他地方的学生写信游说。他说话的本领不大，但是纸上陈述意见却相当精彩，甚至胜过毛泽东。很多人都为他的信所激动，他的热情也就传开去了。同他来法的蔡大娘（当时约五十岁）和妹妹蔡畅都很尊重他的意见。不过，他头一次改变别人的思想，还是他的爱人向警予，她亦是新民学会的优秀会员之一。向警予不但写得一手好文章，演讲也十分有声有色。她为人特别恳挚，同时又美丽温柔。她成为中国第一名女共产党员，又是蔡和森的宣传助手。无论男女都受她的影响，很多人接受她的思想，很多妇女都耐心听她讲话，被她的热诚所感动。她写了很多信给我，谈论说不完的问题。

当时抵法的另一个老友是李维汉[1]。他亦名"和森"，我们称他为"李和森"，有时则叫"老李"。他亦是新民学会最早的会员之一，我们非常爱护他。在长沙考入第一师范时我便认识他，对他十分喜欢。他的父亲又老又穷，无力帮助李维汉，李维汉很孝顺，我们很为他们两父子难过。李维汉为人谦逊沉着，说话缓慢。在任何讨论场合中，他很难了解别人的观点。因为他不能讲法文，所以在蒙达尼便终日跟蔡和森谈话。这两个"和森"说话投机，自然是李维汉接受蔡和森的思想和意见居多。中日战争期间，中共派李维汉和周恩来为代表，在重庆（后来在南京）跟国民政府谈和。后来，我在报纸看到，他在北京曾任一个重大的政治会议的秘书长。现在，他在政府中身居高位。每逢我读到或听到有关他的新闻，我都禁不住记起我们在蒙达尼的谈话，以及他当时结结巴巴说不出话的神态。李维汉、蔡和森、向警予是致力宣扬共产主义的最热烈的三名传道者！

在一九一九年间，法共虽然注意到那一班人的潜力，但法共本身当时所进行的宣传工作，亦微不足道，且留法的十多万华工和学生之中，并无共产党的组织。但在华人聚居之地中，却有拥护共产主义的

---

[1] 李维汉（1896—1984），又名罗迈，湖南长沙人。1919年赴法勤工俭学。1922年入党。1927年"八七"会议后任政治局常委，1933年任中共中央组织部部长。建国后任中共中央统战部部长、中共中央顾问委员会副主任等职。

团体,在一九二〇年至一九二一年间,确已招募了一些成员。对这个团体的支持,直接来自北京,间接则来自莫斯科。

俄人曾先遣派一名特派员到北京,跟"北大"的急进的文学院长陈独秀和图书馆长李大钊接头,企图说服他们,在中国组织共产党[1]。由于中国政府不会容许任何的公开的共产党组织出现,于是先做铺路工作,设立一个青年人的协会,目标是建设社会主义社会。用两个英文字母来命名,简称CY,实即"共产主义青年团"(Communist Youth)的代称,但那些不明就里的人,当然不知道这两个英文字母的含义。为了保密的缘故,初期的中国党员依同一方式也称中共为CP(Communist Party)。CP的成员,是挑选最优秀和最有前途的CY分子组成。除此之外,同时还成立了"马克思主义研究会"的组织,又堂而皇之的开办了一所"外国语文学校",美其名曰教授俄文[2]。"马克思主义研究会"甚至有一段时期公然在北京大学挂出招牌来。

如前所示,陈独秀接纳了莫斯科的建议好几个组织和附属支部都由他直接控制。

陈独秀有两个儿子,陈延年和陈乔年,二人都加入了CY。一九二〇年年尾,这两个孩子受到他们的爸爸陈独秀的指示,到法国展开共产党的组织。他们在巴黎号称"二陈"。但交付给他们的工作,后果证明他们不能胜任,于是被召回华,另指派两人接办。

那两个人是当时住在法国的四川学生,赵世炎[3]和任卓宣[4]。赵、任这两个青年人十分能干,有责任感,在法国CY中任书记的职位,努力促进中国共产主义的事业。他们所掌握的秘密名册有几百个人,服从他们的命令,但这些人都不是华人聚居地的居民。

---

[1] 1920年4月,共产国际派俄共远东分局的维经斯基(1893—1953)来北京、上海,通过在北大任教的俄国教授认识李大钊、陈独秀,商讨建立中国共产党的计划。同时来华的俄共党员还有杨明斋等数人。

[2] 1920年在上海开办。

[3] 赵世炎(1901—1927),四川酉阳人,1920年赴法勤工俭学,1921年与周恩来等组织共产主义小组,同年入党,1922年发起组织旅欧中国少年共产党,任书记,回国后领导了1927年上海工人三次武装起义,同年7月被国民党杀害。

[4] 任卓宣(1896—1990),又名叶青,四川南充人,1920年赴法勤工俭学,参与组织共产党,回国后被捕叛变,后长期从事国民党宣传工作,曾任国民党中央宣传部副部长。

任卓宣后来返回中国，成为湖南长沙的 CY 和 CP 的头头。他终于遭政府逮捕，判以死刑枪毙了。他的躯体遗弃在他中枪倒下的地上，翌晨有人经过，听到他的呼吸声，便送他到医院去，救回他一命。当时报纸的舆论对他十分同情，于是政府没有对他采取进一步的行动。待他从鬼门关爬回来，完全康复以后，他宣布他为共产党效力已功德圆满，这条再拾回来的性命，不拟再做一个共产党人了！他后来入了国民党，获选为中央委员会委员，现居台湾。他成为三民主义的最佳理论家，但我四十年来，不曾见过他了。

当时我所熟知的共产党人中，蔡和森、向警予现已不在人世，徐特立则年近八十，他是我的教育学先生，后来也教过毛泽东同样的科目；他以"老学生"之名，随蔡和森赴法勤工俭学。我仍在第一师范读书时，他就提拔我到"修业"任教。虽然他不是顶好的理论家，但中共仍把他当作老战士，作为党的老招牌之一。蔡畅、李维汉、周恩来、李立三、李富春、陈毅、饶漱石，以及其他许多人，都曾名列在赵世炎、任卓宣秘密名册的几百个人名之中。

就这样，留法华人中间散播下第一批的共产主义的种籽。

第三十六章　森林群英会

一九二〇年十月，"华法教育会"的活动大为增加，急需遣派一名代表返国，跟蔡子民校长和李煜瀛先生讨论各种事项，议决由我负责。我动身之前，先分别写信给蔡和森和毛泽东，蔡和森回信说，在离法之前，"新民学会"应召开一次全体会议，一方面给我告别和送行，另一方面讨论一下采取什么方法来从事中国革命，并检讨俄式共产主义对于中国是否为切实可行的制度。

当时莫斯科所控制的 CY 还没有甚么力量，留法华人对之不大理会，所以我们讨论俄国共产主义是否适合中国这样的问题，没有顾忌之必要。

大多数"新民学会"会员都住在蒙达尼，所以开会的日子定在该城举行。我在开会的前一天下午四点钟离开巴黎，火车尚未驶入蒙达尼站，我已看见蔡和森同他的母亲蔡大娘、向警予等共约二十人，在月台等我了。我同他们一一握手，然后蔡和森同向警予请我到车站附近的一间餐馆去。我说先找一间旅店住下，可以在较为清静的气氛下详谈。但向警予说："和森同我已替你找妥房子，那旅店离我们学校不远。"

在我们到旅店途中，我问道："明天我们'新民学会'的集会在哪儿举行呀？"

"我们还未作最后决定，"蔡和森答道，"你知道，这儿有三十多个会员，其中有些住得很远，不能来，不过，我们这里可能有二十人左右参加。我们不能利用学校的课室，因为全日都有课上，而且，住在那儿的五、六十名中国学生又并非会员。"

向警予提议道："我们不能在萧先生的旅店开会吗？"

蔡和森马上答道："如果一连多天，有一群黄皮肤的东方人突然跑去旅店，会引起法国人的注意，店主也可能不允许，即使他允许，他会给我们开一张账单。你知道，这种账单我们怎么付得起呀！"

"市政公园如何？"我问道。

向警予说道："这个公园不太大，座椅又常常满座。我们的中国同学，下课后亦多在那里流连。"此时，蔡和森脸色为之一亮。"你刚才提过公园，我有个主意，就在镇外有一片大树林。为甚么不去那里坐在草地上开会呢？这样不是可以解决问题了吗？"

"好主意！"向警予同意道，"可是，若碰了个下雨天，'新民学会'在法国的大会将永远开不成了！"

"倘若碰巧下雨天，即预示菩萨不保佑我们改造中国，我肯定必会风和日丽的。"我向大家说。

向警予微笑道："好得很，萧先生，如果明天下雨，就是说菩萨不同意我们的计划，如果阳光普照，那表示菩萨赞成我们改造中国！"

翌晨，我醒来时，明亮的太阳光直射我的床上，我一跃而起，赶快穿衣。不一会，蔡和森与他的爱人向警予，带同其余十人左右来到

我房间。向警予欢天喜地向我道贺："快些呀，萧先生！我们立刻动身，改造中国！几天以来都没有阳光，突然却旭日腾升，多好呀！"我们一行人离开酒店，十分钟左右，便处身在森林之中了。

回想那个时刻，我恍惚又嗅到清晨林间空地上那种令人心旷神怡的芳香气味。我们选了一处薄薄的草坪，软绵绵、绿油油，就像我们坐在天鹅绒的沙发上面。但草坪仍是潮湿冰凉，于是决定在开会之前先作短程散步。就在太阳照耀着青草，所有会员都到齐之时，我们坐下来，围成一圈，由我宣布开会。向警予站起来说："首先我们向萧先生告别，祝福他回去一路顺风。然后，请他跟我们谈话。我们各人对萧先生这次返国寄望甚殷呢。"

蔡和森接着说："今天萧先生的开会议程我看过了。第一项是讨论甚么是革命最适当的步骤，其次是介绍新会员，第三，是他报告自己返国的职责和计划。我现在提议，将第三项放在首位，因为我们各人都急于听他说话，要知道他计划做些甚么。而且，第一项需时较多，应该在最后讨论。"

大家都同意他的提议，于是我说了一些关于我的计划，以及我打算在国内做些什么。然后，蔡和森介绍新会员。首二人是李富春和李立三。李富春个子瘦小，十分年轻，大家对他甚有好感。他口齿伶俐，措辞清晰，语调温文。他后来成为东三省省长，又在北京任国务院副总理。李立三则截然有别，他个子高大，举止粗野，直着喉咙说话。他习惯开玩笑，而所开的玩笑，又并非常常是风趣的。在会中，有一次他高声喊道："立三路！"大抵是指我们统统都须跟随他的领导。我们大多数人都认为这是幼稚粗鄙不堪的。其他几名新会员亦经介绍与众人认识，男的由蔡和森负责，女的由向警予。女的当中有蔡和森的妹妹蔡畅，她现在是中共"妇联"主席。在同一次会上，廖宜男和周恩来由蔡和森引荐为新会员。[1]

午饭后，我们各人在绿油油的斜坡上集合。现在讨论的主题是采

---

[1] 周恩来、李富春、李立三、廖宜男都不是"新民学会"会员。

行俄国共产主义作为新中国的政治制度的问题。蔡和森坚持必须毫无保留的采行俄国共产主义。我说我虽然完全同意共产主义的原则，但我不赞成在中国采行俄式共产主义。会员的意见有所分歧，有些人附和蔡和森，另一些则站到我这边来。大家表示思想和意见，平心静气的讨论，态度亦十分诚恳。我们在五时半结束一天的讨论，这样，住在学校的会员不会错过晚饭，我们又决定明晨八时半再开会，继续讨论。

晚饭后，一班人到我酒店房间，无拘无束的说东话西。十点钟，大多数人都走了，但蔡和森、向警予、陈绍修留下来继续研讨俄式共产主义究竟是好是坏的问题！我们谈至凌晨二时，还不曾得到结论。他们回学校已太迟了，大家又不愿骚扰店主，于是最后决定统统一头一尾的在床上睡觉。我们根本没考虑到向警予是女子，我肯定她自己在当时也没想到她是异性。我一直受当日我们所表现的心智清纯和崇高理想而感动。

翌日，整个会议都花在研讨上，但基本问题仍未解决，最后，决定我返国后，同国内会员从长讨论，我又写信给毛泽东，告诉他开会二天的详情，这样他可以将信件先在会友之中传阅。后来，毛泽东把我的信刊入"新民学会会员通信集"第三集。

第三十七章　长沙长叙

一九二〇年冬，我由巴黎回到北京，毛泽东已返回长沙很久了。虽然我们经常通信，但直至一九二一年三月我才能到长沙看望他。他是第一师范附小的校长，但他大多数的活动是秘密指挥共青团（CY）的组织。

由三月至七月，我们将大部分时间花在讨论社会主义革命上，但我们谈得越多，便似乎离得越远。不过，大家以老朋友相待，还不致割席，我们诚心诚意了解彼此的观点。

毛泽东对旧"新民学会"失去兴趣是明显不过的，因为它不是政治组织。会员虽然不曾研究社会主义或其他政治制度，但当时他们大部分人都参加了 CY 的秘密集会，也逐渐盲目地相信在那些集会上他们的说话。CY 的诞生累得"新民学会"命不久存。当我踏足长沙之际，我觉得我是回来为它送殡了。

不过，会员仍然衷心欢迎我，不待说毛泽东不喜欢这种情形，这是我跟好几个会员多次叙旧后发觉的。他害怕他们会受到我思想上的影响，使他们失去目前 CY 所授的对共产主义的盲目信心。我发觉他暗中要求老会员劝我回法，最后甚至亲自向我提议！他知道我要回巴黎的，他急于请我尽快离开。不过，他热切希望我接受他对俄国共产主义的信仰，同他合作，在全国宣扬这种教义，并将它付诸实现。

在长沙，有一间名叫"船山学社"的大屋，是为纪念学者王船山而设的。有五十多个信仰共产主义的人占住了这间屋，由于毛泽东是其中一分子，我也应邀住在那里。

我返国的主要目的之一是安排在法国的里昂和比利时的夏勒莱成立"中法大学"，于是我一踏足上海，便受到一流大报纸《时事新报》的记者访问，我的意见刊在第一版。长沙的老朋友自然读到那篇特写，当我过访长沙，他们便跟我谈论这计划的事情。毛泽东赶忙利用热烈的气氛，把他们拉拢在一起，实现自己的目的。他和我提出一个主张，将"船山学社"改为"自修大学"，各人都同意，我被推为首席策划人。

对我来说，"自修大学"计划始终是近乎一种理想制度，因为它强调自修，颇似中国古时的书院，没有固定的作业时间，亦没有先生。只是丰富的参考书和一间完善的实验室为不可或缺的设备而已。主要是安排学生的聚会和讨论。我就此制度发表了几个演讲，反应极为热烈。我向京沪的学术界和教育界征询制度的意见，获得一些好评。北京大学校长蔡元培和首屈一指的国学大师章太炎亲笔以他们漂亮的字体撰写鸿文，表示他们赞成自修大学计划。我亦接到吴稚晖的一封长函，分析自修大学的可能性，吴稚晖是著名的博学之士和改革家，又是中华民国的创建者之一

我将这些墨宝裱在一本书里，可惜留在大陆，我又不清楚现在落

在什么地方了。不久之后,我返回巴黎,"长沙自修大学"沦为梦想。[1]

我同毛泽东经过初步讨论后,考虑设法重振"新民学会",但毛泽东和我,这时已发觉我们的意见是无法一致了。

第三十八章 一连串的问题

我跟何胡子讨论这个问题,他对我说:"萧胡子,如果你留在长沙,不回法国,'新民学会'的老会员必在你周围结盟起来,若果你不在这儿,那我们都会不可避免地跟随润之了。我也会这样的!"

我的老友陈昌亦以同样的语气说:"我们的朋友统统已经秘密成为 CY 的团员了,把他们拉回来是很难的。你知道,'新民学会'改造中国的目的是用一种抽象的方法,它既无政治观,亦无固定的行动计划。他们现在都认为,要达到实际效果的不二法门,是唯俄国的马首是瞻,竭力向外宣传俄国的主义。没有人再去找寻改造中国的其他途径。为什么呢?首先因为他们有俄国的榜样可资模仿。其次,他们向俄国献媚,获得经援和其他方面的帮助。第三,任何人都热衷于鬼鬼祟祟的行动,秘密集会的诡谲气氛有某种诱惑力,没有什么办法能使他们转过头来了。我知道你有你个人的"无政府"主义的自由思想,我们当然不能期望每个人都赞同共产主义思想。我认为你和润之将来必定分道扬镳,但你们仍旧是我的挚友。个人方面,我觉得各走各路是好的,真理有很多方面,而统统都是可贵的。"

当我把陈昌这番话告诉毛泽东,他的意见是:"对极了!很多人都不满现状,倘若我们进行改造,便必须闹革命!倘若我们革命成功,上策便是师法俄国!俄国共产主义是最适合我们的制度,也是我们最先追随的制度。这是我们要走的唯一道路,我也诚恳的希望你同我们一起走这条路。"

---

[1] 湖南自修大学于 1921 年 8 月借助长沙城内"船山学社"社址创建,吸收学生宣传马克思主义。毛泽东任教务主任。1923 年 11 月,湖南省长赵恒惕下令封闭自修大学,党组织将自修大学 200 多名学生转到湘江学校继续学习。

毛泽东同我确有一连串的问题要讨论。在此期间，我们常常秉烛夜谈，为之废寝忘食。有时候我们的谈论弄得很不愉快，甚至潸然下泪，因为我们找不到互相协调的基础。我不能接受毛泽东的推理，但我的答复也令他不感满意。多月来被这些没有结果的讨论所虚耗，但大家都没有口出恶言，更恰当的说，使我们真真正正遗憾和不舒服的根源，是我们不能完成一个共同的行动计划。虽然我们的大前提南辕北辙，但我们还是非常珍惜我们的友谊。

第一次在极度难过的情形之下，我们都互相鼓励重新展开讨论，但讨论又带来一次又一次的难过和遗憾，如此循环不断，由笑而哭，由哭而笑，好像一个永不停止的螺旋。这样耐心和不厌烦的努力说服对方，完全是看在联系我们之间深厚的友谊份上。毛泽东深信我是只问对错，不是为个人自私自利而争吵，动机是真诚的热爱中华民族，亦的的确确为了人道本身而说话。

我们讨论的重点可以简略的概述一下。有一次，我用一个比喻作开场白："双轮呢，还是单轮呢？"

我说："人道主义可譬之于双轮的人力车，它有两个好车轮，便一路顺利，可是，如果拿走一个车轮，它便倒下来，变成废物，不能动弹。使它独轮能动的唯一办法是用手抬起另一边，用蛮力拉它起来。这力度在车行时，必须始终保持不变和平衡。现在，人道主义的双轮，"我指出，"便是自由和共产主义。我反对资本主义，完全同意共产主义的道理，但是，如果人民受俄国共产主义的治理，人力车便失去自由的车轮，于是要藉压迫人类以维持它的平衡。共产党领袖或者可以维持这种对人民的压迫好几年，不过，如果它一旦中止，车子便要倒下来。我说，所牵涉的道理根本是错误的。"

毛泽东十分明白我的意思，但他毫不踌躇的答道，他完全赞同使用压迫的手段。

他说："压迫是政治真正的本质。如果你压迫得法，表示你为政不差。最后分析起来，政治的影响力十分简单，不过是经常保持压迫罢了。"

我说:"如果你是对的话,那么我不敢再惹政治了。"

另一次,我建议我们把自由和共产主义看作两条路。

我说:"我们现在处身于三岔路或十字路口,经过以前几个世纪的斗争和流血,人类终于获得某个程度的自由,自由是极其珍贵的财宝,应该小心保护。两条路都是通向死亡,每个人都不可回避的往里走。那么,为什么我们走共产主义而不走自由之路呢?人类有两个原始的或基本的欲望,就是生存和自由,而唯有自由才能令文明兴盛。"

毛泽东的回答又是三言两语的:"移植共产主义,并不表示人民就没有自由呀!"

我说:"自由有好几种,有人性随心所欲的自由,也有猪鸡等家畜随心所欲的自由。猪无所拘束,但仅限于在猪栏的范围内。鸡亦限于鸡舍里才能优游自在。共产国家确会把自由配给人民,但那是鸡和猪的自由。俄国共产主义好像一种宗教,人必须盲目相信它的教义,永不能谈论它的对错。那是一种没有思想自由的宗教。共产主义者说他们相信自由,但他们不容许人民自由过活。俄国没有集会、结社的自由,没有发表、出版的自由,这就是人民的自由吗?"

毛泽东用一种笼统的说法回答,其大意是说,公众必须受法律控制,即使立法专断,个人亦必须服从国家,而且,如果需要的话,人民必须为国家的幸福牺牲。

我们讨论到国家和个人在共产主义统治下的关系,我说:"国家的权力太大了,它像菩萨一样无所不至,而个人在国家里好像苍蝇蝼蚁。如果国家命一些人杀害其他人,他们必须白刀子进,红刀子出。如果国家想人下火锅,他们亦必须任烧任煮。如果国家要人吃少些食物,他们必须勒紧肚子。如果国家要人民死,他们便死。有人认为个人比诸于国家,是微不足道的,但法王路易十四夸言'朕即国家'之际,人民对他讽笑,因为他认为国家总是至高无上的。这真是荒天下之大唐!本来,民主政制已经来临,国家权力为之大大削弱,个人增加了重要性。可是,今日的俄国共产主义却在社会主义的伪装之下重回国家的权力,完全控制俄国人民的日常生活。"

毛泽东对这点的答复,是坚认共产主义国家必须实施"新民主主义"。

接着,我提出第五点来讨论:新民主主义呢,还是新专制主义?在我看来:俄国共产主义制度,与其说是"新民主主义",不如说是"新专制主义"。

我说:"我国自古以来,帝王代表了老式的专制。俄共现在不过是实行一种新式的、科学的绝对专制主义!中国古时有很多帝王虽是专制君主,但却是优秀的统治者,他们实行'爱民如子'的政策。他们的治理比大多数的小国君王为佳。今日俄共的领袖所拥有的专断权力,却千倍坏于中国的专制君主!"

对此,毛泽东答道:"如果领袖没有权力,便不可能执行计划,不能得心应手。领袖有越多的权力,做事便越容易。为了改造国家,人民一定要刻苦自励,并需要牺牲一部分人民。"

于是,我们讨论到第六个问题,即为了国家的幸福而牺牲人民的幸福的问题。我十分直率的对毛泽东说:我不同意"牺牲一部分去帮助其他部分"的原则,我不同意"为未来一代的虚空的幸福,在某种范围内牺牲个人"的那种思想。他答道:"如果我们在这些事情上太重感情,社会革命的理想在一千年内也达不到!"跟着第七点的讨论便是:一千年,还是一万年呢?

"如果我们能在一千年内达成理想的社会结构,"我说,"可算十分心满意足了。即使要一万年,仍应惬意。对个人而言,一百年或一千年是非常漫长的岁月——好像无穷无尽;但对国家民族来说,也不算长;在全部人类历史里,还是很短暂的呢。共产主义在理论上是优秀的主义,确可付诸实行,但这一定要时间。俄国的革命方法是揠苗助长,这正如古语所云:'一步登天'。"

毛泽东说:"我佩服你有等一百年或一千年的耐心。我则十年也不能等了,我要明天就达到目的!"

我们讨论的第八点问题是:要实行共产主义,应以个人标准或是以社会标准来引导的问题?我认为,如果他要明天就付诸实行,那他只是凭自己个人的标准而进行。

"这是只管干眼前认为是好的事,而不理将来后果的作法。"我说,"这就是所谓历史上英雄的行径。那些英雄爱管他人闲事,无论如何是神憎鬼厌的人。英雄思想已经过时了,应该丢掉。像凯旋门歌颂英雄那种虚有其表的物质象征,我们有理由说是错误的。只有像孔庙的内在理想象征才应垂诸永久。如果改革社会的目标是诚笃的话,那么完成目标必须一直放眼未来。永久性的进步必须让每人免费接受较好的教育,同时一步一步的增广教化。但这一切都需要长久的时间。"

但毛泽东说,改革社会必须要军事力量和政治行动去达成。

第九个问题是:教育呢,还是政治呢?

我坚持己见:"使用武力完成改革,结果只有造成暴政,但若用教育改造,就会有和平与永恒的后果。这是'和平的改革'。当然如果你要立竿见影、朝发夕至的效果的话,那它们自然不能和武力逼成的改革相比拟。"

毛泽东说:"我喜欢立竿见影的事情。坦白说,你的意见完全说不动我!"

接着是讨论到个人的利益问题。我说:"如果你跟随俄共的领导,奋斗十年或廿年之后,你有朝一日会成功地使国家采行共产主义制度,这种成功不会特别困难,但却不是一项有价值的成就。如果有朝一日成立俄式共产主义制度,那就是中国哀鸿遍野之时!你的意见也说不动我,我若接受你的意见,我必永不安心。你记得孟子的话吧:'君子有三乐,而王天下不与存焉。'他说的确是肺腑之言。再想想刘邦和项羽那鬼哭神号的争权吧,在基督和佛祖看来,就像两个街童为争一个苹果而打架一样。"

毛泽东叹道:"你不同意马克思的学说,多可惜呀!"我回敬他:"你不同意普鲁东的学说,也多可惜呀!"[1]

我们谈论理想主义和唯物主义。不停的谈天说地,但我们谈得越

---

[1] 这句话明确体现了萧瑜的无政府主义思想观点。

多,也提出越多无法解答的问题。毛泽东显然以为不需要解答,要达到成功的话,只有行动是必需的。我反驳说:为达到目的,要作这样大的牺牲,那我宁可不干了!

我们这样谈论下去,始终是在挚友的气氛中。直到中国共产党正式成立之日。最后一晚,我们同床而睡,谈至天色发白,毛泽东一直请求我参加那个决定历史命运的集会。

第三十九章　中国共产党之诞生

一九二一年,我在长沙约莫住了三个月,因为我返回北京之前,有很多事情要办妥。我回京途中,顺路到上海探访湖北教育会主席和江西省省长。在我离长沙前几日,毛泽东示意他会和我同行,他说:"千万请严守秘密。我要告诉你,北京、广东、上海(事实上无处不是)已成立了共产主义小组,有十多个代表预备在上海集合,召开一个秘密会议。这个会议的目的是正式成立中国共产党。我是长沙的代表,我十分希望你和我一起赴会。"[1]

我对他说:"我们可以同船到上海,但我不参加你们的会议。"

他坚持道:"去吧!你到那里去,跟那些同道见见面,听听他们的意见,同他们谈谈吧!"

我反问道:"有甚么好谈的?你们的会议又不是讨论小组,一切已经决定了,现在就是要成立中国共产党,如果我赴会,我便成为中国共产主义的缔造人之一!我便要受中国人民注视一百年、一千年,要向人道主义负责一万年。我对你说吧,我不预备参与成立共产党!"

毛泽东答道:"如果我们戮力以赴,共产党在三十年至五十年的时间,也许便能统治中国。"

"不,我不这样想。"我答道,"我最好引老子的话来答你:'治大

---

[1] 毛泽东不可能邀请萧瑜去上海参加中共一大,萧不过是顺路去武汉,并不了解毛泽东的行动。

国若烹小鲜。'"

毛泽东此时纵声大笑。他以为我闹着玩。他不知道，也永不了解，我是非常认真说话的。我实际上全心全意赞同所引老子上面说的话。

当天下午，毛泽东同我坐着河渡，由西门出长沙。我们住在同一客舱，我用上层，他用下层。很多朋友下船来跟我话别，他们知道我快要回法国了，我们于是整个下午忙于同他们谈这谈那。入夜，河渡启碇，我们睡个痛快。当进入洞庭湖时，我们恍若置身汪洋大海中，给无边无际的水环绕着。毛泽东首先醒来，走去坐在甲板上。稍后，我跟着出去，注意到他袋里有一本薄薄的小书。我问他那是甚么，他拿出来，把那题目《资本主义制度大纲》给我看。我打趣的说："你研究资本主义，就能成立共产党了？"毛泽东浅浅一笑，没说甚么。为打破沉默，我接着道："我很了解，你要做共产主义者，根本不用去学习，也毋需读这类书，最要紧的还是信仰。这就是为什么共产主义好像一种宗教。"毛泽东又是微笑，仍没有答话。最后为打破闷局，我问他是否已吃早点了，他答道："还不曾呢，我正等着你，我们一起吃吧。"

河渡很快抵达汉口，我们分手了。我上岸，而毛泽东到上海，我们相约在沪滨碰头。他把秘密地址交给我，待我在鄂赣办完事后可找到他。

我到达上海时，直趋法租界环龙路，依毛泽东给我的门牌找到屋子。房内放有两张床，其中一张无疑是留给我的，但是毛泽东不在。他在黄昏时回来，对我说，他们跟巡捕有麻烦，巡捕曾向他们作冗长的审问。因为学校正值假期，他们几经困难，已获准使用一间女校的一个课室。虽然他们开会时锁上所有门户，但仍被巡捕查出，现在不能在那儿开会了。这些法租界的巡捕非常机警，代表们到哪里去，他们便跟到哪里。各代表于是不敢再大伙儿一起开会，分散于各处，只由一两名代表担任联络人。几天后，巡捕松弛下来，但他们仍照样保持严密的警戒。

有一天，毛泽东看来比平时快乐，对我说："我们已想出了一个新计划。有一位代表的女友是浙江嘉兴人，她说我们可以扮作游客由上海去西湖，行经嘉兴时，就在嘉兴城外的南湖的船上开会，为了要避开巡捕耳目，我们要加倍慎重，必须假装买火车票去杭州西湖，火车上有很多游客，到嘉兴时，我们便落月台下车去也。然后混在人群里，直至火车驶离。倘若巡捕由上海跟踪我们，也不会想到这一点的。而且，他们对上海市外的情形，也不大了了。你同我到嘉兴吧，会后，我们可以到西湖逛逛。自出娘胎以来便听说西湖景色甲天下，现在，多谢上海的巡捕，我可以去游西湖了。"

"好极了，"我同意道，"我们明天就逛西湖去吧。"

翌晨七时，毛泽东和我离开居处，到车站买三等票去杭州。我们进入火车站以后，约在九点钟的时候，就看到一块巨大的白色路牌，上有"嘉兴"两个大字。火车一抵埠，我们即跳下去，混入月台上的人群中。过了一会，我们尽量装作若无其事的走出去，步向大路。其他的代表亦已走下火车，但他们要开会，身上却没有认识的标志。毛泽东和我在走路时，虽没有人跟踪，但我们仍是小心翼翼。我们在横街找到一间小旅馆，租了一个房间过夜。

房内有一张床，一张小桌子。床十分大，约占了房间的三分之二有多，几乎没有地方走动。蚊帐洁白干净，我干脆就留在房内了。在炎夏里，一个好蚊帐是找房子的重要条件。我们刚安置妥当，毛泽东便要到开会的地点去，他执着我的手臂嚷道："我要你同我去逛逛南湖！"

"不去了，我在这儿等你回来。到时我们才一起去逛西湖吧。"我答道，"你打算甚么时候回来？"

"你不跟我去看南湖，真不痛快，"毛泽东接口道，"我打算迟至黄昏才回来。代表们要在船上吃饭，所以你不要等我吃晚饭了。"

说过话后，他瞪了我一阵，然后不发一语的离开。我写好几封信，然后慢慢的沿着南湖岸边散步，眼看舟艇缓然驶过。在船上举行秘密会议，真是好主意，我猜那只船上会诞生中国共产党。

晚饭时，还没有毛泽东的讯息，我便洗个澡，由小窗往外眺望以排遣时光。虽然天未入黑，水平线上已随处可见渔光泛映。我熄了房灯，上床睡去。两三个钟头后，毛泽东回来了，他打开蚊帐，问道："萧先生，你睡了？"

"是的，"我答道，"我睡了。但请勿打开蚊帐，这儿的蚊很可怕，它们会飞进来的。今天的工作可称心？"

"是的，称心极了，"毛泽东答道，"我们在船上一直谈得无拘无束！你不来，真可惜。"

我随即答道："你看，你在感激自由呢！在上海，你不能自由自在和你的同道谈话，你不能自由开会，巡捕到处跟踪你，你们在会上决定了什么？你们计划采取什么行动？"

毛泽东沉着的答道："我们决定必须将中国造成第二个俄国！我们必须组织起来，奋斗到底。"

"你们怎样组织起来？"我问。

"代表们都不是乌合之众，"毛泽东解释道，"他们有些人学识丰富，能读日文或英文。我们决定必须首先成立一个核心小组，这核心小组将成为中国共产党。之后，我们将安排宣传工作，并准备实行特别的行动计划。第一步是策动劳动阶级和青年学生投向共产主义。然后，我们必须建立充裕的经济基础。这说明为甚么一定要归属第三国际。"

"但是，"我抗议道，"第三国际是俄国。你们为甚么不组成第四国际呢？"

"那究竟是甚么东西？"毛泽东问道。

"第四国际，"我解释道，"是共产主义的理想主义部分，它是马克思和普鲁东的理想结合，它是自由的共产主义。你还记得我听说关于人力车的双轮吗？自由共产主义的人力车就是具备两个轮子，它不需要另外的力量支持它！如果你同意沿着第四国际的路线组织你的运动，我将为它贡献一生！"

"一千年后我们再谈它罢。"毛泽东苦着脸，一边说一边打开蚊帐上床。

他一边说一边躺下,伸了个懒腰,可是,无可避免的,又展开对共产主义和自由、国家或个人等继续不断的讨论,我们还未停止谈话,天几乎发白了。毛泽东从不愁睡不着,而睡在大床上,我不觉得他就在旁边。

我醒来时,晴天碧朗,而毛泽东还沉睡未起,于是我仍静静的躺着。过了一会,他张开眼睛,我便唤他:"润之,天大白了,起来吧!"

"什么时候?"他问道,"我再睡一会儿行吗?"

我告诉他可以,然后轻手轻脚地起了床,半小时后他醒了,迅速起床,问,"几点了,我们是否误了火车?"

"没有,不用着急,"我告诉他,"还早。从这里每天有好几趟车去西湖。"

因为火车上人很多,我们又长谈了几个小时,但没有深谈某个问题。我们多是在批评共产主义运动的领袖陈独秀,因为他太书生气了,外貌又像资产阶级。李大钊似乎更能赢得我们的拥护,但显然俄国人喜欢陈独秀,而他又是南湖会议的主要组织者。[1]

下午我们到达杭州——浙江的省会,湖边的房舍,道路和公园构成一幅难以形容的美丽图画。我想起一句话:"上有天堂,下有苏杭",感到那一点也不夸张。

毛泽东和我参观了许多著名的风景区,尽管水光山色美不胜收,可是我们却不能在这久留。

第四十章　最后的联系

直至此时,毛泽东对于他在共产党中的行动从未向我隐瞒,而他对我所说的许多秘密事情,我确实不曾向任何人吐露一字!我们

---

[1] 陈独秀没有出席中共一大。

在上海分手之后,通信频仍,有时使用只有我们才明白的隐语。数月后,我回到法国,我们的信件便须费时十至十二星期才到达目的地,因为当时还没有空邮。对于毛泽东的荷包来说,没有空邮是件好事,因为他的字头又大又粗,而他的信又常写得很长,那要他倾家荡产买邮票呢!

我迟至一九二四年才返国,住在北京。因为我不能到长沙见毛泽东和"新民学会"的其他会员,我们便频密的通信。这时,孙中山先生决定和共产党合作,结果共产党员都兼做国民党员。

在此期间,我所效忠的国民党,跟共产党都有相同的基本目标,就是攻击和打倒军阀。我参加了这个革命运动,到处奔走。毛泽东、我在"新民学会"的其他会员,同我自己都为这万众一心的目的齐心协力。

固然我跟共产党领袖李大钊和其他有力的共产党人有直接联系,

毛泽东和我的游学经历

不过，我对中共内部的秘密讨论和计划自然一无所知。毛泽东继续写冗长而亲切的信给我。他虽然不能公开讨论他党内的行动，但是我们仍像过去一样的坦诚地作理论上的辩论。

在北京，国共两党的党员融洽地工作。例如，当我奉任为《民报》（北方唯一重要的报纸）的总编辑，我们在每天午夜后都举行编辑会议。我们围坐着一张大台：对面是我的秘书，左边是三名国民党员，右边则是三名共产党员。共产党员之一是范鸿鹄，他后来跟李大钊一起遭绞杀。这实际上是一个雏形的众议院会议，而我们的意见又完全一致，一念及此，我现时还笑在心头。

国共两党都觉得很需要印行文章和小册子来反对军阀，但印务所全不敢印。共产党领袖李大钊有一次在会议中提到：他曾以国民党的名义在北京搞过一间印刷局，自任为总监，国民党的司库拨出一笔可观的经费支持这计划，又引荐熊瑾玎[1]自长沙来北京做执行编辑（熊和李同在楚怡小学任教员，后来成为"新民学会"的会员。现在他和学会的其他老会员同在北京做事）。警察后来开始怀疑，对他监视，李大钊做了四至五个月后，将余款归还顾孟余，他是国立北京大学教授和研究所所长，后来是中华民国的铁道部部长。这事件又一次说明了国共之间紧密合作的关系。

一九二五年，我经常在警察的监视之下，失去自由，一直匿在北京和天津的租界以免被捕。一九二六年，当李大钊和其他好几个共产党人被军政府绞杀的时候，我们革命党人更加活跃，虽然危险日甚。我们的家里经常由警察和士兵不遗一瓦的搜索。有一次，我躲在外国租界，我家将毛泽东和其他"新民学会"会员写给我的一整箱信件焚掉。间中收到一些简短的口信，由来往长沙和北京的朋友带来，但是逐渐连这些口信也停止了。

---

[1] 熊瑾玎（1886—1973），湖南长沙人，1918年加入新民学会，1922年接替毛泽东主持湖南自修大学校务。1927年入党，1938—1945年在武汉、重庆《新华日报》工作。建国后任全国政协委员。

毛泽东印象记

许之桢 编译

生活·读书·新知三联书店
1960

毛泽东同志略传

萧 三

深湛的思想家,杰出的理论家,渊博的学者,伟大的人道主义者,卓越的人民政治家、军事家、战略家,中国共产党的创立者与建设者,党中央委员会主席,中国人民伟大的导师和领袖——毛泽东同志,一八九三年(阴历癸巳,清光绪十九年)十一月十九日[1]生于湖南省湘潭县韶山冲。家务农。泽东同志很小就开始劳动,七八岁时入私塾,那时就反对读死书,十三岁废学,在家白天种地,晚上帮父亲记账,有暇就读书,读中国旧小说,特别喜欢述反抗统治者压迫的故事。泽东同志少年时代就同情被压迫群众,就和他们站在一道。读了当时的"时务""策论"文章,即有志于救国。十六岁入湘乡高等小学[2],很得国文及经学教员等的器重。十七岁去长沙入中学。十八岁,值辛亥革命、武昌起义,长沙响应,泽东同志决心亲自参加革命,因即入伍当兵(正规军,新军)。从到长沙时起就喜欢看报,注意研究时事和社会问题。也即在这时就开始赞成社会主义。辛亥革命流产,南北"统一",泽东同志当兵半年后即退伍。再考入中学,商业等等学校都不满意。乃退学自修。每天去图书馆读书,广泛地研究中外历史、地理、哲学、文学……一早即去,晚上回寓,中间只出来一次,买几个包子或饼子充饥。这样刻苦自学了半年多,生活日感困难。值湖南省立第一师范学校招生,学膳免费,泽东同志考入此校,五年而毕业。在师范学校仍以自修为主,自定读书计划。学习专而勤,能抓住中心,对中国历史研究特深。但他不是读死书的。攻书之外,积极参加领导校中各种活动。为了保护同学们的民主权益,组织学生自治会,使同学们的学业、体育、课外活动等都活跃起来,反抗专制腐败的学校行政。校方几次打算开除他,都以慑于全体学生的反抗,及个别进步、权威教员的拦阻而作罢。时南北军阀争夺湖南地盘,军队经

---

[1] 日期是阴历,公历为12月26日。
[2] 东山高等小学堂。

常占据学校,泽东同志曾组织搞体育的同学们,武装保卫校舍。第一师范后来在湖南各种社会政治革命活动中起过很大的和多半是带头的作用,第一师范的学生参加革命者很多,这都是有其由来的。在学生时代,泽东同志寻师觅友,不限于本校本城。一九一七年他发起组织"新民学会",这是一个以研究学术和改造社会为目标的青年团体,后来起着秘密的初期党组织的作用,许多它的会员后来成为中国共产主义运动的中坚分子与优秀干部。一九一八年在第一师范毕业,曾组织湖南一批贫苦学生赴法国勤工俭学,但自己不出国。各省勤工俭学学生内中一部分前进分子后来在欧洲组织了共产主义的团体。一九一九年泽东同志游北京、天津、上海。在北京大学图书馆作过小职员,业余参加哲学、新闻学等研究团体。"五四"运动起,泽东同志在长沙组织湖南的学生和进步知识者,主编《湘江评论》,宣传反帝、反封建、反军阀,提倡民主与新文化。这刊物影响及于南中国各省。为了组织反军阀的实际斗争,曾又到北京、上海。第二次到北京时,泽东同志读了许多关于苏俄的书报。读了《共产党宣言》、《阶级斗争》、《社会主义史》几种书,建立了对于马克思主义的信仰,认为是救国救民唯一的法宝,于是毫不犹豫,大踏步地走上了共产主义的大道。一九二〇年春回长沙,作第一师范附属小学主事,任第一师范某班国文教员。同时组织了"文化书社"、"青年图书馆",办"船山学社"、"自修大学"、"湘江中学",组织"马克思主义研究会"并实际做工人运动。一九二一年出席中国共产党第一次代表大会,亦即成立大会。回到长沙,正式成立湖南党的组织,任湘区(湖南全省兼江西萍乡安沅地区)党委书记(一九二一——二三),继续领导、发展工人运动。一九二一年下半年即已组织了几万工人,一九二三年夏,仅长沙城就有十多个工会,泽东同志自己兼八个工会的秘书,并任湖南工团联合会总干事(一九二二)。一九二三年五月湖南全省有了二十三个工会。五一节举行了一次全省总罢工。这时湖南的工运已达到了空前壮大的地步。一九二三年泽东同志出席中共第三次代表大会,决定国共合作政策,当选为中央委员。一九二四年出席国民党第一次全国代表大会,当选为国民党候补中央委员。会后回上海,仍任中共中央组织部长(一九二三——二四),兼作国民党上海执行部的工作。一九二五年回湖南做农民运动,短时间内成立许多农民协会。赵恒惕派兵来捕,泽东同志逃广州。在这里任国民党中央宣传部代理部长(一九二五——二六),编《政治周报》。这刊物树立起孙中山先生革命的三民主义的旗帜,打击右倾的、歪曲的"孙文主义",成为革命党人及广大人民的喉舌。出席国民党第二次代表大会,又当选为候补中央委员。组织成立"全国农民运动讲习所"——一个与黄埔军校同样重要的,培养大革命干部的学校,任该所所长,并亲自教课(一九二五——二七)。一九二六年秋到上海,任中共中央农民运动委员会主任(一九二六——二七)。一九二六年底、二七年初回湖南考察农民运动,写成了有名的《湖南农民运动考察报告》,怀着满腔热情,歌颂农村革命与革命先锋。根据从群众中来的群众路线,提出了在大革命中与陈独秀机会主义完全相反的正确的路线与策略。这篇报告是大革命时代异常重要的,与大革命同光辉的文献,是毛泽东同志布尔塞维主义革命理论的辉煌的著作,是中国马克思主义,中国布尔塞维主义最可宝贵的文献之一。考察了湖南农运后,来到武汉,任全国农民协会总干事(一九二七),武汉国民政府继南京叛变革命后,泽东同志奉党命到湖南领导秋收起义,组织工农革命军,建立井冈山革命根据地,开始苏维埃运动——土地革命。中共第六次大会选为中央委员(一九二八——四五)。一九二八年朱德同志率部来会合,成立中国工农红军第四军,泽东同志为红四军党代表(一九二八——三〇),旋任中国红军总政治委员(一九三〇——三二)。一九三一年全国苏维埃代表大会在瑞金开会,成立中华苏维埃临时中央政府,泽东同志被选为主席(一九三二——三六)。

在中央苏区领导军民粉碎国民党反革命和帝国主义者几次残酷的"围剿",深入土地革命,亲自做农村调查。红军北上抗日,在泽东同志领导下,二万五千里长征成为奇迹。渡过金沙江、大渡河等奇险,越过雪山、草地,来到陕北,建立和发展有名的陕甘宁边区。泽东同志及中共中央所在的延安成了国内国际进步人士所景仰的光明灯塔。一九三六年，和平解决西安事变，奠定民族统一战线，发动、促成"七七"全国抗日战争。

在抗战的各个时期，毛泽东同志都明白、具体地规定了人民战争各个阶段的战略，策略与步骤。以他为首的中共所领导的八路军、新四军及其他人民武装在敌后坚持抗战，打击了在华日寇军百分之六十五以上，伪军百分之九十五以上，创立了许多块抗日民主根据地，解放了一万万以上的人民。在抗战期间，在全国范围内，坚持抗战、团结、进步，反对任何妥协投降企图，反对分裂、倒退。在日寇投降以后，力主和平、民主、团结与统一，反对内战、独裁与分裂。为此目的，曾亲赴重庆，商谈国是。一九四五年四、五月中共第七次代表大会选为中央委员，中央委员会连选为主席。

在抗战期间，泽东同志先后发表了许多重要著作，这些著作是中国革命的指南，是中国化马克思主义的典范。

《论持久战》——一九三八年五、六月发表。这部书总结了抗日战争十个月的经验，分析了中日双方力量的对比与特点，和战争在双方的不同性质，指出了抗战的三个发展阶段，打击了亡国论和速胜论。"中国会亡吗？答复：不会亡，最后胜利是中国的。中国能够速胜吗？答复：不能，不能速胜，抗日战争是持久战。"这部天才的著作对抗日战争起了极伟大的作用，成为了抗战中正确的领导。后来抗战的发展过程，完全证实了泽东同志英明的、科学的预见。

《论新阶段》——一九三八年冬发表[1]。这部书除总结了抗战一年多以来的经验，估计了当前的形势，提出了全民族的紧急任务之外，还说明了中国共产党在民族战争中的地位，号召共产党员在民族战争中起模范作用，团结全民族及反对民族阵线中的奸细，照顾全局，照顾多数，及和同盟者一道来干……号召学习，号召团结全党到团结全民族。"……共产党员都要研究马克思、恩格斯、列宁、斯大

---

[1]《毛泽东选集》第2卷收录其中一部分，改名《中国共产党在民族战争中的地位》。

林的理论，都要研究我们民族的历史，都要研究当前运动的情况与趋势……""不是把他们（马、恩、列、斯）的理论当作教条看，而是当作行动的指南。不是学习马克思、列宁主义的字母，而是学习他们观察问题与解决问题的立场与方法。""学习我们的历史遗产，用马克思主义的方法给以批判的总结……承继遗产，转过来就变为方法……马克思主义必须通过民族形式才能实现……洋八股必须废止，空洞抽象的调头必须少唱，教条主义必须休息，而代之以新鲜活泼的，为中国老百姓所喜闻乐见的中国作风与中国气派……"书中论学习的这些名言伟论，成为我们学习的座右铭，成为我们做一切工作的准绳。

《论新民主主义》[1]——一九四〇年上半年发表。这部书系统地分析了国际国内的历史、形势，科学地解剖了中国国情，总结了百年来，特别是最近二十年来的中国革命经验，规定了今天中国革命的纲领——新民主主义。泽东同志这一革命学说，是唯一适合于殖民地半殖民地半封建的中国国情的革命理论，这是中国革命最重要的文献之一，是中国革命现阶段的准绳。新民主主义的政治、经济、文化，就是以无产阶级为领导的，人民大众反帝反封建的政治、经济、文化。"新民主主义的政治，新民主主义的经济与新民主主义的文化相结合，这就是新民主主义共和国，这就是名副其实的中华民国，这就是我们要造成的新中国。"

新民主主义的政治、经济、文化在各个解放区普遍建立了起来，政治清明廉洁，生产运动发展，经济自给自足，人民生活蒸蒸日上，文化教育普遍提高。一九四一年提出了政权的"三三制"；直至一九四五年中共第七次代表大会上，更提出"联合政府"的具体方案。

《论联合政府》——这部著作除提出了中国人民的基本要求，说明了国际、国内形势及抗日战争的两条路线等外，在述中共政策纲领时，将新民主主义革命的许多问题，如政权性质，国家制度，军事、经济、文化各项政策，尤其是关于土地与农民问题，更加具体化和更

---

[1]《毛泽东选集》第 2 卷改名《新民主主义论》。

进一步发挥了。这是毛泽东同志最近一部伟大的辉煌理论的著作，得到全国以及国际民主进步人士的拥护。"团结各党各派与无党无派的代表人物在一起，成立民主的联合政府，将中国建设成为一个独立、自由、民主与统一富强的新国家。"——成为中国人民今天奋斗的纲领。

此外，关于军事的《中国革命战争的战略问题》、《抗日游击战争的战略问题》，关于经济的《经济问题与财政问题》，关于文化的《在延安文艺座谈会上的讲话》以及其他论著，都是具体实际的和理论的名著，各个部门的工作者都可奉之以为圭臬。是的，毛泽东同志的伟大是多方面的，他的天才是无穷无尽，又广博又渊深的。应该指出，所有毛泽东同志的理论、学说都是从实践中来，又回到实践中去，成为革命实践的指南，并在实践中得到证明、检验、充实和发展的。他说："真正的理论在世界上只有一种，就是从客观实际抽出来又向客观实际得到证明的理论"。泽东同志的理论正是这一种的理论。他的理论之所以正确、有力，就是这个原因。

关于革命的统一战线问题，泽东同志主张团结而又斗争，斗争即是为了团结，要有理、有利、有节。

泽东同志的学说中，人民武装斗争问题占着极重要的位置。这是由于中国革命长期的经验证明了，人民的武装斗争是革命斗争必不可少的，武装斗争是中国革命的特点之一。泽东同志根据历次革命的经验，制定出了一套完整的人民军事路线，中国人民武装斗争的军事学说。泽东同志不但是伟大的人民政治家，而且是伟大的人民军事家、战略家。

由于深刻了解到思想领导之重要，一九四一、四二年泽东同志提出"改造我们的学习"，提出整顿三风（学风、党风、文风）运动，反对主观主义、宗派主义、党八股。——这是中国人民有史以来一次最大规模的学习运动，思想革命与文化革命运动，它的收获，是难以数目字来作估计的。

毛泽东同志的精神是全心全意为人民服务，一刻也不脱离群众；一切从人民利益出发，向人民负责。认识"人民，只有人民，才是创造世界的动力"。他热爱人民群众，经常细心倾听群众的呼声，时时处处和群众打成一片。他是人民群众的领袖,但他不高居于群众之上,而是结合于群众之中,他恭谨勤劳,做群众的学生,认识"群众是真正的英雄",所以成为群众的先生。他的领导方法是"从群众中来,到群众中去",和"集中起来,坚持下去"。他时刻准备坚持真理,时刻准备修正错误,一切依人民利益为依归。他的作风是"理论与实践相结合的作风,和人民群众紧密地联系在一起的作风与自我批评的作风"(《论联合政府》),是谦虚、谨慎、戒骄、戒躁的作风,是老老实实、诚诚恳恳的作风,是科学的作风,他的感情是人民群众的感情,他的喜、怒、哀、乐是人民群众的喜、怒、哀、乐。毛泽东同志——人民的领袖!毛泽东同志——中国真正大智大勇大仁的人物!中国广大的老百姓称他为"毛圣人""救星""福星"……。是的,毛泽东同志——中国有史以来第一个真正的救人民的,为人民造福的圣人!

毛泽东同志的学说、理论、实践——毛泽东思想,是马克思、列宁主义这一普遍真理和中国革命实践相结合的产物,他自己就是这个结合的巨手。毛泽东思想是马克思、恩格斯、列宁、斯大林学说在东方殖民地半殖民地得到了发挥、应用与发展的思想。毛泽东思想是中国革命、中华民族、中国人民获得真正独立自由民主解放的指南针。毛泽东思想的各方面是整个的,是内部相互联系和不可分割的。他的学说是不朽的,是会随着客观实际的改变前进而不断向前发展的。研究和学习毛泽东思想——这是每个共产主义者,中国每个爱国的人士应有的任务。

(中共成立二十五周年纪念日)

这就是毛泽东——中国共产党的领袖

I. 爱泼斯坦

纽约《下午报》编者按:中国共产党领袖毛泽东,正在重庆和蒋介石谈判,企图防止中国内战的威胁。作者爱泼斯坦曾在去年代表《纽约时报》和《时代》杂志参加外国记者团到过延安。如今他把对于这位中国解放区人民领袖的印象写出来。

我说，毛泽东是我们这世纪的伟大人物之一。我并不觉得这话说错，凡是见过他的人，包括政治立场上完全反对他的人在内，都有同样的印象。

毛的性格内混杂着深沉的严肃性和俚俗的幽默，忍耐和决断，思想和行动，自信和谦逊。他和记者相处的方法是独特的。他从不给你一次半小时或一小时的访问。他要就是干脆不见你，要就是抽出半天功夫。他答复问题非常详尽，刺激你和他辩论，然后再加解释，直至他确实知道你不但明白他的论点，而且明白他引以为立论根据的事实和见解为止。

深思熟虑

这人的主要特征是深思熟虑。他的声音和风度是沉静的。有一个事实比一大堆言辞更其有力。在一九二四年——二七年，当中共其他的人正在辩论抽象的理论和作出错误，而且这些错误使国民党把他们的运动浸在血泊里的时候，毛花了很多工夫，很有耐性地调查华中农村情况，并且在农民的直接痛苦之上组织农民。

他自己是农家子弟。他永远不忘记中国人民之中有百分之八十是住在城市以外的人。今天他在农民与士兵身上所花的时间，依然比花在较高级的人身上的时间多。他的柔和然而尖刻的讥讽之中，有很大部分是对付"我们的书蠹，他们知道罗马、希腊、德国、法国和俄国的历史、社会问题以及文化，但对于五里以外发生着的事情一无所知，也不知道怎么办"。

在他的领导之下，党里知识上骄慢的知识分子们被他派到乡村里去"向人民学习"，而土生土长、从斗争中成长的，能干、然而常常是不识字的领袖们，则被派到延安，以获得一般的教育和政治理论。

两条战线的斗争

在中国革命最初大失败的时候，他一方面反对愿意放下武器的人们,另一方面反对主张在中国主要城市中心进行拼死的暴动。代替这两个办法,他把运动的中心移到了遥远的乡村中。

在著名的"长征"的时候,红军中有些精疲力竭的部队,打算在富足的四川安居下来,不再前行。另有一些人打算冲向苏联的边境,以求至少能在一个侧翼上有一个友区,以便整顿自己的部队,但是毛辩论说,中国人民要打日本,谁要是不把自己的脸面对着民族敌人,人民就会抛弃谁。

在总司令朱德的支助之下,他把红色部队领到极其贫困的陕北,再进入山西,而在那边,他们被夹在一个似乎绝望的包围袋中,被夹在国民党和日本人之间。

可是正因为他们移动着对抗日本,同时用"中国人不打中国人"的口号对付国民党军队的攻击,蒋所派去打击他们的部队自己反叛了,反而把蒋扣了起来。其时,当毛可以随意处置他的旧敌的时候,他却坚持说必须把蒋释放,因为他相信蒋的经验已经使蒋明白内战是不可能的,并认为释放了蒋,国共合作反抗侵略者的基础,就能够奠定。

同样的对于原则性的坚持,规定了毛对于国民党封锁的反应。一九三九年后国民党的封锁,使共产党人有完全饿死的危险。八路军当时是能够以武力冲破封锁的,但是毛反对这样做,因为这样就会使中国内部发生全面冲突,这是日本人久已求之不得的事。

相反的,他在共产党领导的区域内主持了一次经济资源的充分调查,并且使每一个人都为发展资源而工作。政府官员和防军从事垦荒、纺纱、织布,把他们的技术知识凑在一起,从乌有之中建立工业。他们教农民组织在合作社之中,以节省劳力,增加生产力,获取抗战的人力,而不必扰乱后方的经济。

到一九四四年,他们得到报酬了。我和其他外国记者在那年访问共产党领导的地区,发现那边的老百姓和兵士比中国任何其他地方都吃得好、穿得好。

先见之明

在预测中国会发生什么事情的时候,毛一直永远是正确的。在一九三五年,他预言了未来的中日战争的过程和战略发展,而他的关于游击战术的著作,曾经激发了美国海军陆战队的卡尔生和英国的温格特将军等人。

今年四月间,他说如果中国在战争中没有组成联合政府,而中国的盟国并不坚持要和双方作军事合作,这样来使任何一方投外国援助之机,以拒却和另一方成立协议的话,那么胜利之后,可能马上发生内战。

在今天和蒋的谈判中,他的立场也不是什么新的。早在上述四月间的演讲中,他曾说:

"抗战胜利之后,应在广泛的民主基础上召集国民大会,以成立包括各党各派和无党无派人士代表的民主的联合政府。中国将来有了民主的选举制度之后,不论共产党是国民大会中的多数党或是少数党,政府都应该是在一个共同承认的新民主主义的纲领之下从事工作的联合政府。

"什么时候中国有一个新民主主义的联合政府与联合统帅部出现了,中国解放区的军队将立即交给它。但是一切国民党的军队也必须同时交给它。"

(以沛译自一九四五年九月二日纽约《下午报》)

毛泽东印象记

A. 斯诺

一

到保安[1]后不多时,我就会到毛泽东了。他是一个面目堂堂的,简直是林肯式的人物,高出了一般中国人的身长以上,似乎有些佝偻的,蓄着一头浓浓的乌发,睁着一双探索什么事物似的眼睛,还有一

---

[1] 今陕西省志丹县。

个高高的鼻梁和突出的颧骨。我的一瞬间的印象中，觉得他是一个大机智的知识分子的面孔，可是我有好多日子，一直找不到把这一点证实的机会。我第二次会见他的时候，正是薄暮时分，毛泽东秃着头，没有戴帽子，沿着街道在散步，一边和两个青年农民谈着话，一边热情地演着手势。我起初认不出他就是毛泽东，直到人们指出后才知道的。——虽然南京曾悬赏过二十五万元缉捕他的首级，他却是若无其事地和旁的散步的人走在一起啊!

二

毛泽东的生活故事，实在是整个时代的一个丰富的横断面，实在是对于中国运动的源流方面的重要的指针。

不可否认地，你会感觉着毛泽东的内心之中，有一种命运的力量。这决不是迅速现出的或一闪就完的东西，却是一种坚实的、本质上的活力。你又会感觉着，这人有一种特殊的东西从异样的程度中产生出来，他综合着、表现着千千万万中国人民，尤其是农民的迫切的要求——这些人，是贫困的、营养不良的、被榨取的、文盲，然而是善良的、慷慨的、英勇的，而且简直是革命的，占全中国人口的广大多数的人类。

三

我这样想：我的第一个印象——主要地是关于他先天的机敏性这一点——大概是正确的。不过，毛泽东也是一个精通中国旧学的学者，是一个无所不读的读书家，是一个深刻的哲学和历史的研究员，是一个完美的演说家，是一个具有非常记忆力和特殊集中力的人，是一个有才能的著作家，他对个人本身的习惯也漫不经意，似乎还有一种中国式的、责任式的惊人地注意琐事的样子，是一个不知疲倦的有精力的人，是一个具有极大天才的军事上、政治上的战略家。许多的日本人，都认为毛泽东是中国现存的最干练的战略家——这是一桩有兴味的事实。

四

毛泽东是一个热心的哲学研究者,有一次,我正在夜里访问他,谈中国共产党党史,忽然有人带来了几本哲学方面的书籍,这时,毛泽东就要求我延期再谈。他就用了三四夜的功夫精读了这些书,在这样的读书时间内,他似乎是不顾其他一切的样子。他并不只读马克思派哲学家的书,而且读些古希腊的东西,至于斯宾诺莎、康德、歌德、黑格尔、卢梭的著作,当然也是读的,并且遍读其他哲学家著作。

五

毛泽东每天做十三四小时的工作,往往做到深夜时分,时常到早上二三点钟才休息,但是他起身也迟。他似乎是具有铁一般的体质。关于这,他认为可以比得上他的少年时代,曾在他父亲的田场上做过苦工的事情,也可以比得上长沙师范学校的严肃的时期,那时,他曾经跟几个同志组织过"斯巴达俱乐部"一类的团体。他们常常地过着禁食生活,长途跋涉于华南的树木丛生的山丘中,游泳于寒冷不过的气候里,连衬衫都不穿地走在风霜雨雪之下——这一切都是叫人能耐艰苦的。他们只直觉地知道:来日的中国正需要着能够担当得了大困厄和大苦痛的能力。

六

当他在北京大学的时候,毛泽东曾有过一个赴法国谋深造的机会。他帮助组织一些战时和战后赴法的中国学生的工读团体。然而毛泽东自己却不愿去。他解释着说:中国本身也是一个大陆,自己所知既少,所见亦浅,然而祖国正在伟大的动乱中过着生活,他感觉着他不能站在这样的决战的生活圈之外。

七

毛泽东在某年的夏天回到了他的原籍——湖南。他替一家家的庄稼人家做田事,甚至有时候以乞食为生,在另一个时期有好几天他什么东西都没有吃,除了硬豆和水以外。——这又是磨砺他的胃度的一个机会,在这个时期中他所结交的农民,在此之后给了他伟大的帮助,因为在这时候他开始组织了本省的数千农民,成立了农民协会。当国共两党在一九二七年分裂以后,这些农民协会便成为苏维埃最初的基础。

八

毛泽东在我的印象中是一个富于感情的人,有一二次当他谈到死难的同志或追忆到他青年时代的偶发事件,例如湖南粮米大荒因而使嗷嗷待哺的农民向衙门要求米粮而被杀死的时候,我看见他的眼睛是潮湿的。有一个红军士兵曾经告诉我说,他亲眼看见毛泽东把他自己的短衫脱给一位前线受了伤的兄弟。一些红军士兵并且还告诉我说当红军弟兄没有皮鞋穿的时候,毛泽东也不愿独个儿享受的。

九

长征时期的六千英里,大部分他都是走的,跟红军的大队弟兄们一样。有几个星期他生了病,走路的事才成为例外。

我曾有许多次,跟毛泽东一同参加了村民的和红军学生的群众大会,也参观过红色剧场。他就毫不惹人注目地坐在群众中间,引为非常的快活。

十

在我的心目中,他是很忠实、诚恳而且忠于言行的。我考察过他的许多主张,我认为都很正确,他使我受到了政治宣传的温和剂,跟我在非赤区里所受的东西完全不同,他一点都不禁止我,无论写什么文章也好,拍什么照片也好,一样地都不干涉我,反而给我以便利,这是很可感谢的。他尽量地要看到我所得的材料能够表达苏区生活的全面。

十一

为了他的宣言在今日政治舞台上的重要,他的关于共产党政策主要的文章是值得郑重地研究的。现在整个的西北,和其他武装了的人民和没有武装的人民的各地,看来是同情于这些政策的,而这些政策呢,显然地将在中国人民的运命中,成为一种基本变化的有力的工具。

毛泽东会见记

根瑟·斯坦因

在中国西北一个小城——延安,几个涂刷白粉的窑洞的一间古朴"住宅"中,住着一个人。他,我相信,是今日世界上最伟大、最受爱戴的政治领袖之一。

一百万党员,以一种国民党党员之间对于蒋介石我所从未见过的无比热情,以及对于任何中国人都少有的纪律,遵从着毛先生的理论教导与实际政策。这主要是自动做的,因为党员们每天都看到毛泽东如何寻求并利用他们的意见,以制定政策。

其余在共产党管理下的绝大多数人民也随从着他,因为他们明白,他自己和他的党的基本原则,是从一切爱国人民的群众观点出发,来计划并实行一切政策,这是他在同非党人民的日益增进着的民主合作中所发展了的制度之实质。

然而毛泽东并不是党的独裁者。使二十来个实际指导党的卓越共产党人承认他为领袖的,只是他伟大的经验和真正的人望而已。

毛泽东,一个自幼的革命者和党的创立者,过去是一个教师,现在仍然还是。这就是他实行领导的情形,这就是他所以从刻板的事务中解脱出来,所以常有时间同各方面的领导者们、同人民、同纯朴的农民以及同任何向他寻求意见或关切的人们谈话的原因。

但是当我在几次长谈中会见他的时候,他所告诉我的第一件事情就是:"我还是一个小学生,群众的小学生,如果我们要争取到胜利与和平,群众的意见与经验一定要作为我们政策的基础。因为人民能教给我们许许多多事情。我们的任务就是听从他们,学习并了解他们的经验、愿望、批评,确定他们所需要的东西的总和,再作为政策交还给他们。"

我见到毛泽东,苛刻地、粗率地问道:"你以什么权利在这里指导政府和军队?"

"靠人民的信任,靠当前在我们新民主主义的各政府之下的八千六百万人民的信任。

"在我们的敌后抗日根据地,有八千六百万人民。靠着我们的帮助,并靠着大部分由他们自己补充的军队,他们从日本侵略者手里,解放了中国国民党所失掉的地方。解放区的政府是自由平等地选举出来的,我们共产党在一切参议会中,限定至多只能有三分之一的席位。

"至于其余的,不到两百万的人民,是在所谓边区,围绕着延安的后方根据地的行政机关领导之下的。我们到此地,是内战的结果……

"在一九三七年抗日战争爆发时,我们自动地退让,但我们却决未放弃过在边区和在我们所解放的区域内,自由选举地方政府的权利——那是在国家权力之下的地方政府。我们也决未放弃过在国民政府最高统帅下,领导我们自己所建立起来的军队的权利。

"最后,我们也决未放弃过在真正的民主中,共产党要同国民党有平等政治地位的权利。我们正在争取真正的民主。"

在我同毛泽东谈话的三十小时当中,我开始了解,就我所有我所访问过的几百个共产党人,包括地主、商人以及从前的国民党人员而言,毛泽东先生所享有的信任与爱戴了。

在他的强有力的前额后面,是一个稀有的、清晰而明敏的脑子。他几乎羞怯的谦逊与自然的热诚,反映着对于别人的人性尊严的深深敬重,以及对人的学习能力的深深信任,那正是他不断地让负责的工作者们所牢记的基本意识之一。

一开头,他显得有点温和。但他却有一种人的坚定性,那种人相信着智慧的说服而不信强力,并且知道怎样鼓舞别人热衷于战争的胜利作为当前的目标,热衷于社会与文化的进步作为久远的目标。

他锐利地、不妥协地批评了蒋介石和国民党的政策。

说服他们并争取他们而惩罚他们,是他对于战争俘虏们,从前脱离党的路线的人们,以及一般犯人的政策。他告诉我:"你不要打击一个害病的人,你必须打击的,是这人的疾病。"[1]

毛泽东给予我充分的发问、提问他的时间。我从来未遇见过我的访问对象像他这样耐心。

我们第一次会面从下午三点到夜里三点。我们在郊外他的四个窑洞"房间"的接待室里谈话。是一个小的高度拱形的窑洞,四壁被粉过,布置简单,往外可看到一个农民的老果树园。毛泽东坐在一把旧椅子上,接连不断地吸着香烟,吸吮着烟气的时候,像中国某些地方的农民所特有的一样,发出一种奇异的响声。我坐在一张钉有强力弹簧的沙发上,我的笔记本放在一张动摇的小桌上,像美国训练的《自由日报》(*Liberation Daily*)的助编一样,将他所说的话全部记下。毛泽东不时地在窑内外来回走动,有时高而巨大的身躯站在我的前面一会,他眼睛曾几分钟盯视着我,以一种安静的态度,缓慢地有条不紊地谈着。

在一棵老苹果树下略进餐食之后,我们在室内续谈。有两支蜡烛放在我们中间,毛泽东巨大的影子被映到窑洞拱形的顶上。他看到我在摇摆的桌子上写字不方便,跑到花园里,捡了一块平的石块回来,将桌子的一条腿垫平。我们不时地喝着葡萄酒,我们谈话期间一盒盒的土造香烟都给吸完了。

一入夜晚,我几次提议告别,虽然我是急于要问他许多问题的。但他都不听。他将给我更多的访问次数,他说,但为什么不在今夜继续下去尽可能多谈一些呢?直到早上三点钟,我最后决定要走。我已神色困倦,四肢发痛,眼睛发红,而他却是清醒活泼,谈吐不乱,一

---

[1] 即"惩前毖后,治病救人"的方针。

如昨日下午一样。

毛泽东不躲闪我的任何一个问题。他的信念因为是忠诚的,就感动了我。他辩论的逻辑,强烈地对照着我在边区五个月来天天见到的,社会的与政治的生活。

我访问的记录,又重拿给他,以便弄清里面有无弄错的地方。有一星期没有还给我,忽然有一天我碰到毛泽东了,他解释迟迟未还来的理由,"我得将我对你所谈的全部和朱德、周恩来同志商讨一下。他们同意。"我的笔记本原样被还回来。

以下本章所记的是这次会见的要点,为了保存其文件性质,里面丝毫无我自己的意见。

"你们不能把那可怕的名字'共产党'改一下吗?"盟国的军事代表团的官员们,他们相信延安作战的努力,延安实行民主与全国团结的愿望,最近以此就问于中共。

"从一般的公认的这字的概念来说,你们不像是共产主义者,"他们的辩解常这样说,"你们只是社会改良者,甚至你们也称自己的制度是新民主主义。把中国共产党这名字作一适宜的改换,将使我们美国人更易于了解你们真实的目的及将来的趋向,有很多美国人,是只要一提共产党这名字就害怕的。这将便利于盟国在抗日战争中与你们力量的合作。"

延安的领袖,以及在重庆的代表,回答是他们不能改换自己的名字——因为他们现在是而将来也是共产主义者。

"所有国家的共产主义者,只有一样是共同的,"毛泽东在回答我的问题——是否真无可能把党的名字,"那个可怕的字'共产主义者'改换一下"的时候说,"他们所共同的是他们政治的思想方法,全遵循着马克思主义的道路的。

"每个地方的共产党员都必须区别开这种思想方法与另一种全然两样的事:作为思想方法的最终政治目的底共产主义的社会组织制度。

"特别是在中国的我们,一定要严格地分别清楚,一方面是共产主义的观察、研究,与解决社会问题的方法,另方面是实际的我们新民主主义的各种政策,这些政策在中国社会发展的现阶段,一定要作为我们最近的目标。没有共产主义的思想方法,我们就无法指导目前我们社会革命的民主阶段。而没有政治上的新民主主义的制度,我们也无法将我们共产主义的哲学,正确地运用到中国的实际上面。

"我们现在的新民主主义在任何情况下都要被执行下去,而且适用未来的相当长的时期。因为存在在中国的具体情况规定我们要继续这一政策。

"目前中国需要的是民主,而不是社会主义。更具体点说,中国目前的需要有三个:(一)驱逐日本出中国;(二)在全围范围内实行民主,给予人民以近代的各种自由,组织真正由人民普遍选举出来的全国的及地方的政府,这些我们在解放区已全做到了;及(三)解决土地问题,这可以使一种进步性质的资本主义在中国发展,通过现代的生产方法以提高人民的生活水平。

"这些就是目前中国革命的任务。在这些任务未完成前要讲实现社会主义,那只是一种空话。这就是我一九四四年在我的《新民主主义论》里告诉我们的党员的。这在那时我已说到,我们革命第一期的民主阶段,是无法使其短促的。我们不是乌托邦主义者,我们不能使我们自己脱离目前的现实。"他微笑着补充说,"很有可能中国到达社会主义及共产主义阶段还落在你们西欧国家的后面,西欧经济已高度发展了。"

当我问他在他以为什么是新民主主义主要的经济与政治内容时,毛泽东给了我他对共产主义在未来对地主的态度问题的意见。

"新民主主义经济最主要的特点,"他说,"是土地改革,这个即令在以抗战为主的现阶段,我们也执行得很好。因为我们的农民是主要的被剥削对象——不仅是中国反动势力的,而且是敌占区日本帝国主义剥削的对象。只因在我们的战区实行了新民主主义,才能使我们在一开始就能抵抗日本,因为这有利于农民的改革,使农民大众成为我们抗战的最基本力量。

"在中国其他地区,尚未改革的土地制度,伴随着分散的、个体的农民经济——在这制度下农民毫无自由，只是束缚在土地上，农民彼此甚至毫无接触，过着一种不景气的劳作生活——乃是我们古老封建主义与专制主义的基础。未来的新民主主义，不能放置在这种基础上。因为中国社会的进步将主要依靠工业的发展。

"工业因此必须是新民主主义的主要经济基础。只有一个工业的社会，才能是充分民主的社会。为了发展工业，土地问题必须首先解决。如没有一种反对封建地主制度的革命，就无法发展资本主义，这是在许多年前已为西欧国家所充分证明了的。"

我问及战后中共对中国工商资本采取的态度问题。

"我们坚信，私人资本，中国一如外国一样，在战后中国一定要给予以自由的广阔发展的机会；因为，中国需要工业的发展。"毛泽东答道。

"在中国战后与外国的贸易关系上，我们想以同各国的自由平等贸易政策，来代替日本使中国殖民地化的政策。在国内，我们想取消国民党政府的，抑制人民生活水平的因而也就限制了国内工业发展的政策，而代之以我们在解放区已实行的政策，这政策就是，扶助人民的生产力量，提高他们的购买力，而因此也就造成了最迅速的、最坚实的近代工业成长的最主要的条件。

"依照孙中山博士的主张，中国工业化将有三种形式，而我们认为这是与存在在中国的情况相适合的。支配全国经济的大工业，如铁路、矿山，应由国家经营发展。其余工业应由私人资本经营。至于对我们巨大的潜伏着的手工业与农村作坊的开拓，我们将依靠强有力的、民主经营的合作制度。"

在战后中国，中共计划扮演什么样的政治角色呢？我问。

"我们党员的数目在中国人民中间自然是极小的一部分，"他说。"只有那极小的一部分能代表人民大众的意见，而且为人民的利益而工作时，人民大众与党的关系才是正确的。

"今天中共不但代表工农大众的意见，而且代表抗日的地主、商人及知识分子等的意见，也可说是代表我们地区一切抗日人民的意见。中共是愿意,而且永远预备着与中国一切愿意与其合作的人们密切合作的。

"这愿望表现在我们民主政治的'三三制'上面,这制度限制在所有要选举的团体内,共产党员最多不能超过全体人员的三分之一,而以三分之二的席位给予其他党派及无党无派的人士。"

"对你们目前的政策,中共内部有任何反对的意见吗?"我继续问,"或者对你解释的中国长时期的需要有反对的吗?"我指的是,重庆常谣传说中共内部不和。

"没有,"他说,"我们党内现在没什么反对的意见。在早期曾有过两次叛逆。一个是托洛茨基派性质的,以陈独秀为代表(他一九四二年死去了),距他的叛变已很多年,对党内已无任何影响。另一个是张国焘,他在某个时期曾反对我们党的正确政策,后来落得孤家寡人而去。他现在在国民党的特工部门工作。这两次叛变均未影响到我们党的团结,现在更是痕迹毫无。"

我插问:"你是说,你们没有一个政策曾引起过质问与反对吗?"

"自然,我们内部是时时存在着不同的意见的。但这些全以民主方法,讨论与分析问题中的疑点,而加以解决。如果少数人仍不相信多数人所决定的是正确的,即用党的会议上的展开辩论解决之。在我们工作中决定的因素,是我们总是去发现那些政策是人民大众接受的,而那些政策老百姓是有意见或提出反对的。只有证明了为大众所拥护的政策,才能成为我们党的政策。

"在刚采用一个新政策的时候,党内外可能有许多人对此均不十分了然,但在任何政策执行的过程中,一个压倒的党内外大多数的共同意见一定被形成,因为我们党的组织经常注意群众的反映,而根据人民的真正需要与呼声来不断修正我们的政策。全党上下组织,都遵从着我们党的不能脱离群众,而要与人民的需要与愿望谐调一致的重要原则。

"我们任何政策的正确性,经常必须是,而且是在为群众自己所考验着。我们自己经常检查我们自己的政策与决议。我们一发现错误立即纠正。我们从成功的与失败的两方面的教训中，总结经验，而尽可能广泛地运用这些经验。用了这些办法，共产党与人民大众的联系，总是经常在增进着。"

毛泽东已谈到他最喜欢的题目上，他常常要求所有的党员在他们一切决议与行动里持有他说的"群众观点"。他兴奋地谈着。

"这是最基本的关键。如果一个政党的领导人，是在真正地为人民大众的利益而工作着的，如果在这奋斗中他们是忠诚的，他们将有无限的倾听人民意见的机会。

"我们倾听人民的意见。通过村、镇、区、县以及我们地区的各个地方的群众会议；通过同党员以及各阶层男女的个别谈话；通过特殊的会议、报纸，我们收到的人民的电报和书信——通过所有这一切我们能，而且的确常常能发见到群众真实的、赤裸裸的意见。

"此外，我们的方法是在每个活动里面寻找成功的与失败的典型。我们彻底地研究这些典型，从典型里学习，总结我们在这事件上的经验，目的在于得出具体的结论对工作做必要的改进。这种了解实际，研究好坏典型的时间，在某种情况下也许需要几星期，而在另一种情况下也许得几个月，甚至有时是几年。但以此方法，我们常常与实际运动的发展保持着密切的联系，发现人民的要求与需要，向人民中间的党与非党的良好工作者学习。

"我们某些干部可能有时完全不了解我们的政策，因而在执行中犯了错误，因此这些同志应该受批评与教育。为了这个目的，彻底研究与分析一个好的典型也是非常重要的。"

毛泽东给我看一张《解放日报》，"就以今晚上的报纸作例吧，这里有一篇占了一整版的长文章，详细地描写八路军的一个连队如何克服了缺点，而成为最好连队里的一个，我们军队中的每个连队的干部与战士，要精读、钻研与讨论这篇文章。这是最简单的，以一个连队好的经验作为政策，去教育五千个连队的方法。在别天的报纸上，你可以看到相似的，关于一个合作社、一个学校、一个医院，或是一个地方行政机关的文章。

"回到党员与非党人士密切了解与合作这个重要问题上吧。这已有很大的急剧的进步,但我们某些同志还在这方面免不了犯错误。

"某种意外的事件与误解仍在发生。有些地方我们仍有一些同志企图把持包办。

"我们因此时时唤醒每个人注意,在我们民主的'三三制'下面给予非党人士以实权的重要。在我们政策的实际执行当中,我们很具体地向我们的全体党员指出,我们与非党人士的真诚合作怎样帮助了群众也帮助了我们。总之,党与非党人员的相互信赖,在他们要共同从事的工作进行中是增强了。"

我问毛泽东他是否以为中共在其政策中犯过任何严重的错误呢。

"在全部基本观点上,我们的政策已被证明一贯都是正确的。最主要的是我们在新民主主义下的基本政策的正确——让人民大众为一个革命自己组织起来,这革命的目的在于求得国家的独立、民主与在私有财产基础上的人民生活的改善。

"至于在这些基本政策运用到具体情况上时,是时常容易出现一些偏向的,偏向一部分是右的,一部分是左的。但这绝不是全党的偏向,也非是党内某一部分的偏向,而只是我们队伍中某一些的偏向。从所有这些错误中,党都全得到了经验。"

重庆的中国朋友,曾要我去发现中共是"中国第一"呢,还是"共产主义第一",我以此就问于毛泽东。

他微笑了。"没有中国,就不可能有中国共产党。你可以同样的问,谁是第一,是儿子还是父母?这不是一个理论问题,而是一个实际问题;这和国民党区域的人们问你的另一个问题是一样的——我们工作是为我们的党呢,还是为着人民。你随便到什么地方问我们的老百姓吧。他们非常清楚,共产党是为他们服务的。他们同我们度过最艰苦的时代,有他们自己的经验。

"至于说我们的思想方法,我已对你说过,就是我们,一如任何别的国家的共产党一样,是相信马克思主义的正确的。这也许就是那些问我们'共产主义第一'呢还是'中国第一'的人们所指的东西。

但我们相信马克思主义是正确的思想方法,这并不是说我们忽视中国的文化遗产,或非马克思主义的外国思想的价值。

"这是毫无疑惑的,即中国历史传给我们的东西许多都是好的。而这种遗产我们必须使之成为自己的。在中国却也有某些人的崇拜古代的陈腐的思想,这些思想已不适合我们今日的中国,而只会对国家有害。这些事情一定要被清除。

"在外国文化里,也同样有许多我们应该接受的优秀的进步的东西;而在另一方面,也一定有腐败的,像法西斯主义一类的东西,必须加以破坏。

"从中国的过去,或从外国接受思想,并非不顾情况地死搬。他们必须与中国的现实情况相和谐,而加以适当的运用。我们的态度是批判地接受我们自己历史的遗产以及外国的思想的。我们反对盲目的接受任何思想,如同反对盲目地反对一样。我们中国人必须用我们自己的脑筋来思考,必须我们自己决定什么东西能在我们的土地上生长。

"我愿意把中国今日的需要作一摘要,"毛泽东提议,"中国需要内部的和平与民主。没有内部的和平,中国不能战胜日本赢得和平。抗战后我们如不能达到和平,将一定会扰乱和平的国际关系。因为如果中国再一次发生内战,那将会打一个长时期,而这将同样地影响及外国。

"在外国人士中间,仍有许多不充分了解:在中国过去二十三年的政治发展期间,其关键问题总是国共两党的关系问题。而在将来也是如此。

"在我们二十三年历史的第一阶段——一九二四到一九二七年,如果没有国共合作就不会有中国的民族革命。

"在第二阶段的后期——一九三一到一九三六年,中国所以不能抗日,乃因这个事实而起,即国民党的国民政府倾其全力——借外债,请军事顾问,请外国支援,来打共产党。

"第三阶段,由一九三七年到现在,如果无国共两党的合作,我们的抗日战争将不可能发动起来，至少是中国不会支持得这样久。

"换言之，如果国民党能最低像抗战初期那样和共产党合作，中国今日抗战的势力一定会比现在强大得多。"

访问毛泽东

福尔曼

出人意料地，毛泽东在延安绝不是不可靠近的神灵，更不是一切智慧与指挥的唯一泉源。他底话也不是出口就变成法律。的确，毛泽东底理想与提示在树立政策上有很大的影响，可是毛泽东底理想与建议只不过是中共领导者委员会的讨论的基础及最后的准绳而已。这些中共领导者总不是只管盖图章的应声虫，所以毛泽东所要出版的东西，第一是经过一番精密的考虑，然后再经过党员的研究才能出版。是以任何出版物的最终形式都是共产党委员们的综合表现，总不是毛泽东个人底意见。

他派汽车来接我。这辆车是半吨重的救护车，在车厢上写着"野战病院"四个大字，在这四个字上头画一个大红十字，在四个字下头漆着纽约"中国洗衣店同盟赠"八个字。

毛泽东在一个小院子的门口接我，院子正面一连串有六个普通的洞。他就与他底家属及亲密的助手住在这里。有时他底年轻的妻子——蓝苹与他住在一起。蓝苹以前是上海有名的电影演员，是一位非常富于智力的女性，她自一九三三年起就是共产党员，一九三三年她放弃了影界生活来到延安，在鲁迅艺术学院工作。在鲁迅艺术学院，毛泽东对于戏剧的兴趣促使他们结合在一起。他们很快地便在一九三九年春结婚了[1]。他们两人穿得都很朴素。她穿一套睡衣式的服装，在腰上结一条带子。他穿一件手织的粗布衣。我被迎至一间客厅里。这间客厅是六个洞中的一个，有简单的砖地、刷白粉的墙以及

---

[1] 江青于1937年8月由西安八路军办事处介绍到延安，1938年11月与毛泽东结婚。

结实而粗糙的家具。晚上，在洞里的唯一光亮便是黏在茶几上的一支蜡烛。主人拿出淡茶果子，及土产的糖果和香烟。毛泽东连续不断地吸着他底延安烟卷。在整个会见时间中，他底小孩子们跑进跑出玩个不休。他们时常站下向我凝视一下，然后便拿一块糖果又跑出去。毛泽东对他们一点也不加注意。

毛泽东身材很高，肩很宽，大概有五十多岁，但是却好像还不到四十岁。他底眉梢长着浓厚的眉毛，他那副长着两道非常高起的眉毛的脸由于两只惊人的富于表情的眼睛呈现得非常活泼。他很爱笑，他轻轻地讲着话，在好奇方面却有点孩子脾气。他底癖性是他以有皱纹的唇吸烟时在喷烟之间很紧张地吸气。

他说："在最初，我们不要争论苏联底社会的与政治的共产主义。我们应先考察一下我们现在究竟在做些什么；其次与林肯在南北战争时所做的比较一下。在中国今天还有几百万被封建制度束缚着的奴隶。中国人民百分之八十是农民，他们都分散地在一块小小的土地上。这些零碎的土地又大部分属于无法无天的大地主底手里。百分之八十的佃户须缴纳土地生产品的百分之五十至百分之八十给地主。这的确是名符其实的农奴制度。"他举吴满有[1]为例说："在过去吴满有必须缴纳上述的剥削式的地租，以致他自己剩下来的东西不足以养活他底全家。现在中国有几百万像吴满有这样被压迫的农民，他们的妻子活活饿死，他们必须卖掉或溺死他们的子女，然后他们自己便变成乞丐或土匪。因为他们穷苦到这步田地，所以他们底妻子便迫不得已操卖淫生涯。因为缺乏充分的食粮，所以中国农民很容易就染上疾病。就是在今天的边区婴儿死亡率仍占百分之五十。"

"为了解放这些贫苦的农民，并且以农业革命改善他们底生活，我们并不想像苏联那样地把土地从地主手里夺过来，然后再重新分配给人民。我承认在过去我们实在曾那样做过，但是，依照一九三七年十二月二十二日与国民党的妥协我们放弃了这种办法，而另采取一个

---

[1] 吴满有在1941年陕甘宁边区大生产运动中，以其勤劳致富的业绩被评为边区劳动英雄，并当选边区参议员。

缓和的政策。这个缓和的政策，就是劝说地主们将地租减到合理的程度，同时我们对他们保证减过租的租金由佃户依规按期缴纳。关于这一点在经济意义上我们是与苏联不同的。[1] 在政治方面我们也与苏联不同，我们绝不要求建立无产阶级专政的政治。在事实上我们鼓励自由竞争及个人企业，并且在相互同意的原则下我们将允许并欢迎外国在我们底统治区内向商业及工业方面投资。我们所能做得到我们都要做，但是有很多事我们不能做。我们欢迎外国人及外国资本来中国做这起事。中国是落后的国家，所以我们非常需要外国的投资。

"关于政府，一如你所知道的，我们是相信民主，并且脚踏实地在实行民主。我们以'三三制'来限制如今天国民党所做的一党专政的可能性。在这一点我们也与苏联底制度迥然不同。在我们的民主政府里包括地主、商人、资本家以及资产阶级和农民工人。在苏联今天已不存在地主、商人及资产阶级。"

我问他过：既然你们不实行共产主义，那么为什么你们都自称为共产党呢？那么你们为什么不把党的名称改换一下？将"共产党"改为"民主党"、"新民主党"或与此类似的名称呢？他摇摇头说："别人怎样称呼我们，对于我们底意识是无关痛痒的。假使我们突然地改换了党底名称，那么在中国国内或国外的某些人民便将因袭旧名来责备我们，说我们在企图掩蔽事实。不，我们不能而且也不需要更改名称。重要的是内容与实践而不是称号。"

关于同一问题，周恩来告诉我说："我们底终极理想，是共产主义社会集产主义[2]。我总不相信在远远未来的中国不能实现共产主义。可是中国的发展不能与苏联走同样的路线。在中国有许多特殊的阶段，例如在个人生产的基础上我们不采取直接的或激烈的集产主义，而采取合作及变工等方法。其次，从私有原则出发，我们希望将交通机关、银行以及战时工业等大企业归为国有。第三，我们将从减租减

---

[1] 原编者注：'中国共产党的经济政策，与苏联的基本不同点首先在一者是新民主主义的（它的原则包括下面说的'鼓励自由竞争及个人企业'），一者是社会主义的，这里福尔曼说得不明白。'

[2] 即社会主义的公有制。

息进步到耕者有其田的阶段。最终我们将土地也归为国有。第四，在社会各阶层的公平选举的原则上，我们将促使多数的劳动阶级获得选举权。这种选举便是使少数不能支配多数。这就是实现于'三三制'里的精神。第五，在平等的条件下，我们将为国际和平及国际合作而奋斗。这五点就根据了我们所说的新民主主义。这五点也与孙中山先生在一九二四年国民党全国第一次代表大会宣言中所宣布的革命三民主义符合。"

（节译自福尔曼著 Report from Red China，一九四五年美国出版）

毛泽东先生访问记

赵超构

毛泽东先生招宴，是在六月十二日下午六时，那天早上便发来了浅红色的请柬，招待人同时说明，希望我们在下午四时就去，为的在晚餐之前可以先和毛先生作长谈。

对于一个中共领袖的宴会，我们是没有理由敢于迟误的，大家都准备好了，上车的时候，我发觉自己穿着新买的凉鞋，又是赤足，未免不郑重，而颇想去穿一双袜子，但招待人坚决地保证说，毫无关系，"到了那里，你将发现比你穿得更随便的人。这边是不讲究这些细节的"。

渡过清浅的延河，驶行了十分钟，在山谷中露出一所长方形的洋式建筑，那便是中共办公厅和大礼堂了。再驶近一看，环绕着这建筑的山腰，排列着无数的窑洞，那是办事人员的住宅，车子一直驶进大门。门口站着两名卫兵，是我到陕北来所见到的最整齐的红军。

我们被引导入大礼堂后面的客厅休息。

这个客厅，也是延安最漂亮的了，又长又宽，两边陈设沙发，中间是一排可以坐四十个人的丁字形桌子，洁白的桌布，摆着鲜花。壁上除了四大领袖的肖像外，还有两幅巨大的油画分挂两边，一幅是斯大林委员长，另一幅是毛氏本人的。

客人们纷纷到来，各找着对手谈话，我发现许多延安干部穿着草鞋来会见他们的领袖，这颇使我安心。因此，我也就坦然靠在沙发上，依着我的习惯，伸着赤裸裸的两只脚，点上一支此间最名贵的曙光牌烟卷，解除了所有做客人的局促与矜持。

等候了半支烟的工夫，毛先生昂然走进来。

由周恩来先生介绍，毛先生和我们一一握手。

身材颀长，并不奇伟。一套毛呢制服，显见已是陈旧的了。领扣是照例没有扣的，如他的照相画像那样露着衬衣，眼睛盯着介绍人，好像在极力听取对方的姓名。

谈话时，依然满口的湖南口音，不知道是否因为工作紧张的缘故，显露疲乏的样子，在谈话中简直未见笑颜。然而，态度儒雅，音节清楚，辞令的安排恰当而有条理。我们依次听下去，从头至尾是理论的说明，却不是煽动性的演说。

这就是中国共产党的领袖毛泽东先生。

听取谈话中，我有更多的余暇审视他。浓厚的长发，微胖的脸庞，并不是行动家的模样，然而广阔的额部和那个隆起而端正的鼻梁，却露出了贵族的气概，一双眼睛老是向前凝视，显得这个人的思虑是很深的。

谈话会大约继续了三小时之久，先由毛先生说一段话，再分别答复各报记者提出的问题。

几十分钟的话，如拼作一句讲，就是"希望国民政府、国民党及一切党派，从各方面实行民主"。他认为惟有在民主的基础上才有真正的统一，也惟有民主的政治，才能发挥最大的力量。这种议论本是我所预料的，我并不感到多大的惊异。使我觉得意外的，倒是他的词句异常的审慎平易，语气虽坚决，可不像一般延安朋友那种"张脉偾兴"的样子。我当时想，假如把毛先生这一番关于民主的谈论摘出来，放在重庆任何一家报纸上做社评，也不至于引起特别感觉的。事实上，对于民主的原则，我们任何人都几乎没有什么异点可资辩论，至于民主的程度，以及这一党对于那一党派所施行的民主作怎样的估计，那就难说了。

　　一边想着，一边倾听，日色渐渐向晚，通红的夕阳映得满堂辉煌。我一眼看到毛先生背后的油画上，斯大林委员长左手倚着桌子，伸着右手，摊着掌心，眉飞色舞地面对我们，似乎在雄辩，又似乎在向我们说教。

　　这时候，一种思潮蓦然在我脑中起伏。斯大林不是一个伟大的坦白的现实主义者么？他从来不创造什么空中楼阁的漂亮议论，他的议论一贯是为现实的斗争而存在的。所以我们对于承受斯大林作风的中共领袖们的议论，与其从议论本身去理解，实在还不如从他们环境的需要去理解——只有这样，才易于接触真相吧！

　　晚餐以后，我们在大会礼堂看戏。

　　这是由此间的平剧研究院演出的[1]，演的是《古城会》、《打渔杀家》、《鸿鸾禧》、《草船借箭》四场。

　　对于平剧缺少修养的我，这四出戏，算是比较能够理解一点的，在开幕前的锣鼓声中，我静坐在最前一排，胡乱地思索着这四出平剧是否也有共产党的宣传意味，《打渔杀家》之为革命剧，大概是无异议地可以通过了。《鸿鸾禧》是否表现恋爱与物质环境的关系？《古城会》有没有强调关羽精神？而《草船借箭》是否有类乎此间所传说的游击战故事？

　　用这类的眼光来看戏，本是大杀风景的事；以这样的观点来评戏，实在也是很幼稚的，但在当时，却无论如何驱逐不了这样的思考。在不知不觉中，忽然发现坐在我右侧，和我并肩的，正是毛泽东先生。

　　一时，我有点感到局促，但立刻便觉坦然了。因为此时见到的毛先生，并不是今日下午坐在主席位上肃然无笑容的人，而是一位殷勤的主人了。大概是吃了几杯酒吧，两颊微酡，不断地让茶让烟，朋友似的和我们谈话。

---

[1] 当时对京剧的称呼。

戏早已上演了，他非常有兴味地听、看，从始到终。对于《古城会》的张飞，对于《打渔杀家》中的教师爷，对于《鸿鸾禧》中的金老头，对于《草船借箭》中的鲁肃，他不断的发笑，不是微笑而是恣意尽情捧腹大笑，当演出张飞自夸"我老张是何等聪明之人"那一副得意的神情时，当教师爷演出种种没用的丑态时，当金老头在台上打诨时，他的笑声尤其响亮。

在这时，我理解到毛先生是保有和我们一般人所共通的幽默与趣味的。他并不是那些一读政治报告，便将趣味性灵加以贬斥的人物。他虽自谦"对于平剧没有研究"，但也承认："很喜欢看看。"

散场时，已经夜十一时，毛先生以微笑送客。在归途上，缺月衔山，清光似水，朋友问我今天得到了什么印象，我明快的答道：

"完全出乎意外的轻松。"

在这里，不妨带便谈一谈我对于毛泽东先生的印象。

不管我们喜欢不喜欢，毛泽东目前在边区以内的权威是绝对的。共产党的朋友虽然不屑提倡英雄主义，他们对于毛氏却用尽了英雄主义的方式来宣传拥护。凡有三人以上的公众场所，总有"毛主席"的像，所有的工厂学校，都有毛氏的题字。今年春节，延安书店所发售的要人图像中，毛氏的图像不仅超过其他要人的图像，而且是两三倍的超过。

"毛主席怎样说"，虽然不是经典，但是"响应毛主席的号召"依然是边区干部动员民众的有力口号。毛泽东说一声"组织起来"，于是通过干部，通过报纸，以至于无知识的乡农都说"组织起来"。口号标语是共产党宣传工作的有力武器，而毛先生所提的口号，其魅力有如神符，在工农分子眼中，"毛主席"的话是绝对的、保险的。

自然，单从宣传作用上去理解毛氏的权威，是不公道的。在造成毛氏权威的因素中，他本身的特点也决不能抹煞。他本身的特点在哪里呢？我曾以这个问题就教于许多共产党人，同时自己也冷眼的观察，综合起来，可以这样说："毛泽东是一个最能熟习中国历史传统的共产党行动家！"

我们知道共产党是舶来品，在过去所有的共党领袖中，都有一个共同的缺点，那就是原版翻印共产党理论，却不知道怎样活用到中国的社会来。在以农民占大多数的中国社会，这种作风的不受欢迎，是无可避免的。毛泽东则不然，他精通共产党理论，而同时更熟悉中国历史。据说，从中学生时代起，历史是他最喜欢的课程，在他的行动中，《资治通鉴》和列宁、斯大林的全集有同等的支配力。中国的史书包括许多统治民众经验，同时也指示许多中国社会的特性，精通了这些，然后可以知道在某种程度以内尊重传统的力量，或利用旧社会的形式，以避免不必要的摩擦；此外，再加上共产党所有的组织宣传，以及列宁、斯大林的经验，毛泽东成功了。

边区有许多事实可以证明上面的论断。这个有机会时再说，我现在先提一两件小事为例。

在我们想象，边区一定是共产理论像洪水一样泛滥的世界。然而不然，马列主义固是边区的基本思想，但已经不再以本来的面目出现了；因为现在边区马列主义已经照毛氏所提的口号化装过，那便是"马列主义民族化"。换一句话说，马克思和列宁，不再以西装革履的姿态出现，却已穿起了中国的长袍马褂或农民的粗布短袄来了。小如变工队[1]、秧歌队、合作社，大如新民主主义，我们都可发现，是马列理论的内容和民族形式的外衣综合品。在边区，开口马克思，闭口列宁，是要被笑为落伍的表现的，"打倒洋教条主义"是他们整风运动之一点，毛泽东给共产党员的教训，是在尊重农民社会的旧习惯之中播种共产党的理论与政策。

毛先生另一点长处，是综合的功夫。不论是一场辩论，不论是一个问题的检讨，他最善于综合各种意见，而做一个大家认可的结论，或者综合过去的经验，而决定以后的方针，这种功夫，也不妨解释为熟读史书的成就。

我无意介绍共产党党员对他们领袖的印象，因为他们的批评或者

---

[1] 抗日战争时期陕甘宁边区和各抗日根据地的一种劳动互助组织，由若干户农民自愿结合，以人工和畜工互换的方式从事生产，按等价交换的原则分配结算。

有溢美之处。我也不想在这里判断毛氏在政治上的功罪是非，因为这是颇费口舌的工作。我现在只分析了毛氏比他们的一般干部有什么特别优长之处，这是每一个关心国事的人们所应该知道的。

延安归来

黄炎培

我和冷遹两人与毛泽东畅谈了。畅谈到两点多钟，把紧要的语句，就我所记忆到的，写在下边：

中共作风，到民纪三十一那年转变的[1]。那时觉悟到过去种种错误，错误在中了主观主义、宗派主义、党八股的毒。

当了中国共产党员，没有看见中国，看见的只是书架上马克思主义等书。

中国的贫农，他们要求的是什么？要求让他们种田。他们情愿缴租，苦的是租太重，至于自己有田，当然是很好。这是第二步的希望。所以我们提倡减租。不反对田主收租，如果减租，可以保租。

我们也不反对债主取息，但须减息。如果减息，可以保息。因为贫民正要借钱应他们急需的缘故。

我们很愿意向老百姓学习。

我们很愿意使仅有书本知识的人，回到实际工作里去。

我们自称知识阶级，实则工农分子的知识，有时倒比我们多一点。

在共产党里，只想消灭别的党，简直和在别的党里，只想消灭共产党，一样的错误，这就是宗派主义的毒，我才是正宗，我以外都要不得。

毛泽东还说：我并没有其他资格，我只是一个师范学校毕业生。我说：我只觉你所讲的，都是教育学说上的要点。二三十年以前，提倡的新教育，不就是讲实际知识么？不就是讲尊重人类本能和个

---

[1] 即1942年延安整风。

性么？不就是讲适应人生需要么？我总觉真理只有一条路，不会歧出的。

我们的正式谈话，今天是第三天了。再到毛泽东家，作一个结束，毛泽东就慎重地分送我们一份谈话记录。第一部分，是中共和我们共同的意见，也就是我们来延安以前预定的主张。第二部分，是中共对中央的建议。

把这份建议，很充分明确地对着我们一一说明，末了，毛泽东从席上十分庄敬地起立嘱我们归去时务须向蒋委员长多多道谢，给我们难得的机会，有诸位来延安，使我们听到许多平时不易听到的话，增加了不少的了解。并祝蒋委员长健康。

正式谈话就此结束。

……

在延安仅仅九十五小时，为的是接洽团结问题，并不是为了视察，如果为视察，这短短时间当然不够，单看延安市，也不够，就论延安市，我所看到，也不过一个角落罢了。同行六人各有各的接触，上文所记，也不过是我个人所见到，所听到是了。

有一回，毛泽东问我感想怎样？我答：

我生六十多年，耳闻的不说，所亲眼看到的，真所谓"其兴也浡焉"，"其亡也忽焉"，一人，一家，一团体，一地方，乃至一国，不少单位都没有能跳出这周期率的支配力，大凡初时聚精会神，没有一事不用心，没有一人不卖力，也许那时艰难困苦，只有从万死中觅取一生。既而环境渐渐好转了，精神也就渐渐放下了。有的因为历时长久，自然地惰性发作，由少数演为多数，到风气养成，虽有大力，无法扭转，并且无法补救。也有为了区域一步步扩大了，它的扩大，有的出于自然发展，有的为功业欲所驱使，强求发展，到干部人才渐见竭蹶，艰于应付的时候，环境倒越加复杂起来了。控制力不免趋于薄弱了。一部历史，"政怠宦成"的也有，"人亡政息"的也有，"求荣取辱"的也有。总之没有能跳出这周期率。中共诸君从过去到现在，我略略了解的了。就是希望找出一条新路，来跳出这周期率的支配。

毛泽东答：我们已经找到新路，我们能跳出这周期率。这条新路，就是民主。只有让人民来监督政府，政府才不敢松懈。只有人人起来负责，才不会人亡政息。

我想：这话是对的。只有大政方针决之于公众，个人功业欲才不会发生。只有把每一地方的事，公之于每一地方的人，才能使地地得人，人人得事。把民主来打破这个周期率，怕是有效的。

延安五日中间所看到的，当然是距离我理想相当近的。我自己也明白，因为他们现时所走的路线，不求好听好看，切实寻觅民众的痛苦，寻觅实际知识，从事实际工作，这都是我们多年的主张，也曾经小小试验过，为了没有政权和军权，当然一切说不上，路线倒是相同的。我认为中共有这些表现，并没有奇异。集中这一大群有才有能的文人武人，来整理这一片不小也不算大的地方，当然会有良好的贡献。我认为中共朋友最可宝贵的精神，倒是不断地要好，不断地求进步，这种精神充分发挥出来，前途希望是无限的。至于方针定后，他们执行比较切实有效，就为组织力强，人人受过训练的缘故。

也许有人怀疑着：这样，中共不是开倒车了么？说这句话的人，也许就是中了洋八股党八股的毒，像毛泽东所指斥的。我想不妨先请他把中共的整风文献研究一下，再说。

我常想：做人必须自己立定脚跟，切不可依墙傍壁。人家说好，就是好，说坏，就是坏。且必须服从真理，也许好之中有坏，坏之中有好，不宜有成见，必须真真切切地查明它的实在。可是，不要单听人家怎样说，还得看人家怎样做。

（选自《延安归来》，国讯书店1945年7月出版）

毛泽东先生访问记

孔昭恺

六月十二日在延安郊外×××的中共中央党部，中外记者团正式拜访毛泽东先生。在一间相当宽敞的大客厅里，毛先生与记者团会见。毛先生今年五十一岁，比过去所见的毛先生照像胖一些，同时也苍老一些，衣着朴素简单，深咖啡色毛织的制服，黑色皮鞋。他原籍湖南湘潭，乡音甚重。在握手寒暄之后，毛先生致词，表示十分欢迎各位记者来到延安。接着他说："我们的目的是共同的，就是打倒日本军阀与打倒一切法西斯，全中国，全世界，都在这个共同基础上团结起来。"毛先生对欧洲第二战场的开辟，表示极大的庆祝，认为其影响不仅在欧洲，而且将及于太平洋与中国。他说："全中国所有抗战的人们，应该集中目标，努力工作，配合欧洲的决战，打倒日本军阀。现在时机是很好的。"毛先生特别申述中共对国事的态度："拥护蒋委员长，坚持国共与全国人民的合作，为着打倒日本帝国主义，建立独立民主的中国而奋斗。中国共产党此种政策始终不变，抗战前期如此，今天还是如此，因为这是全国人民所希望的。"最后他说："中国人民非常需要民主，因为只有民主，抗战才有力量，中国内部关系与对外关系，能走上轨道，才能取得抗战胜利，才能建设一个好的国家。"毛先生致词后，英记者斯坦因首先询问林祖涵先生[1]在渝商谈情形，毛先生答复是："商谈进行了许多，但是今天还在商谈中。我们希望商谈有进步，并能获得结果。其他今天还无可奉告。"那天晚上毛先生设宴招待记者团，宴后并有平剧余兴，他一直看到深夜终场。七月二日本报记者暨领队政府人员与毛先生、周恩来先生长期的谈话，所谈的问题很多很多，重庆商谈也包括在内。毛先生在商谈之初就声明这次商谈是非正式的，所以详情不便披露。那一次谈话将近八九时，毛先生有问必答，毫无倦容，他吸香烟几乎是不停的，深深的吸，缓缓地吐出来。在烟的喷雾里，他安详而深刻的解答各项问题，谈到有趣的地方，有时也哈哈大笑。本报记者认为第二次与毛先生谈话的收获比第一次多得多。

（选自三十三年七月三十日《大公报》[2]）

---

[1] 即林伯渠，当时任陕甘宁边区政府主席。
[2] 1944年7月30日重庆版《大公报》。

毛泽东先生到重庆

彭子冈

人们不少有接飞机的经验，然而谁也不能不说出昨天九龙坡飞机场迎毛泽东先生是一种新的体验，没有口号，没有鲜花，没有仪仗队，几百个爱好民主自由的人士却都知道这是维系中国目前及未来历史和人民幸福的一个喜讯。

这也许可以作为祥和之气的开始罢。

机场上飞机起落无止尽，到三点三十七分，赫尔利大使的专机才回旋到人们的视线以内，草绿的三引擎巨型机。警卫一面维持秩序，一面也没忘了对准了他的快镜镜头。美国记者们像打仗似的，拼着全力来捕捉这一镜头，中国摄影记者不多，因此倒强调了国际间关心中国团结的比重。塔斯社社长普金科去年曾参加记者团赴延安，他也在为"老朋友"毛泽东先生留像。昨日下午六时有重庆对莫斯科广播的节目。普金科看看表慰心的笑了。

第一个出现在飞机门口的是周恩来，他的在渝朋友们鼓起掌来，他还是穿那一套浅蓝的布制服。到毛泽东、赫尔利、张治中一齐出现的时候，掌声与欢呼声齐作，延安来了九个人。

毛泽东先生，五十二岁了，灰色通草帽，灰蓝色的中山装，蓄发，似乎与惯常见过的肖像相似，身材中上，衣服宽大得很，这个在九年前经过四川境的人，今天踏到了抗战首都的土地了。

这里有邵力子、雷震雨先生，这里有周至柔将军，这里有张澜先生，这里有沈钧儒先生，这里有郭沫若先生……多少新交故旧，他都以极大的安定来迎接这个非凡的情景。

"很感谢"，他几乎是用陕北口音说这三个字，当记者与他握手时，他仍在重复这三个字，他的手指被纸烟烧得焦黄。当他大踏步走下扶梯的时候，我看到他的鞋底还是新的，无疑的，这是他的新装。

频繁的开麦拉镜头阻拦了他们的去路，张治中部长说："好了罢"，赫尔利却与毛泽东、周恩来并肩相立，抚着八字银须说：

"这儿是好莱坞！"

于是他们作尽姿态被摄入镜头，这个全世界喜欢看的镜头。

张部长在汽车旁力劝："蒋主席已经预备好黄山及山洞两处住所招待毛先生，很凉快的。"结果决定毛先生还是暂住化龙桥十八集团军办事处，改日去黄山与山洞歇凉。

毛、张、赫、周四个人坐了美大使馆二八一九号汽车去张公馆小憩，蒋主席特别拨出一辆二八二三号的篷车给毛先生使用，也随着开回曾家岩五十号了。侍从室组长陈希曾忙得满头大汗。

记者像追看新嫁娘似的追进了张公馆，郭沫若夫妇也到了。毛先生宽了外衣，又露出里面的簇新白绸衬衫。他打碎了一只盖碗茶杯，广漆地板的客厅里的一切，显然对他很生疏，他完全像一位来自乡野的书生。

他和郭先生仔细谈着苏联之行，记者问他对于中苏盟约的感想时，他说：

"昨还只看到要点，全文来不及看呢"，我以为他下飞机时发表的中英文书面谈话甚为原则，因此问他：

"你这谈话里没有提到党派会议与联合政府，这次洽谈是否仍打算在这两件事上谈起呢？"

他指着中文书面谈话说："这一切包括在民主政治里了。还要看蒋先生的意见怎么样？"

对于留渝日期，他说不能预料。他翻看重庆报纸时说：我们在延安也能读到一些。他盼望有更多的记者可以到延安等地去。

张部长报告蒋主席电话里说：八时半在山洞官邸邀宴毛周诸先生，因此张公馆赶快备办过迟的午宴，想让毛先生等稍事休息后再赴宴，作世界所关心的一个胜利与和平的握手。

（一九四五年八月二十九日重庆《大公报》）

我所知道的毛泽东先生二三事

柳六文

毛泽东先生为了国际未来的安全，为了国内的和平、民主、团结来到了重庆，这消息对我这小小的公务员真是有说不尽的兴奋和快乐。如果有人要问我平生最感觉快乐的是什么一回事，我毫无疑问地要答复就是这回毛先生来重庆对我的感触了。同时从重庆市民热烈而欢慰的谈论中，更相信和我有一样感触的人，实在是千千万万不可数计！今天因为恰好经过民生路《新华日报》馆的门前，看见在一幅欢迎毛先生的红布联上挂着他本人的玉照，毛先生的像片，不是没有看过，但是用油画的放大到几尺的像片，这还算是初次，我不觉往还地在门前瞻仰了多次。的确，这个中国抗战人民真实的代表，东方弱小民族解放的领导者，在我脑海中的印象，只觉得是肃穆、慈祥和无畏的综合。当我走上回家的道路的时候，忽然想把我自己知道毛先生的三两件细事告诉给大家听。

毛先生的老家在湖南湘潭清溪乡的韶山地方，我们两下的家相隔只有十二里，可是因为我年纪太轻了，并不认识毛先生本人，关于他的几项细事，还是自己的堂叔、哥哥和认识他的朋友们口述给我听的。有一桩事是这样：当赵恒惕做湖南省长的时候，毛先生做过我们乡下雪耻会的发起人，一班加入雪耻会的分子，是小学教员和优秀的农家青年；所谓雪耻会，就是要图雪去日本帝国主义者加于我国不平等条约的耻辱而组织的人民团体，曾记得乡下人受宣传的影响，一时都知道有一个东方的倭奴国，是我们的敌人。那时我正在小学时代，清楚地记得老师们告诉过倭奴的残忍，并每天要我们写"卧薪尝胆"、"誓雪国耻"等类文字，有什么说到朝鲜、台湾、琉球等地亡国奴的悲惨生活，竟使我们哭泣和激昂的愤慨。今天抗日人民领袖的毛先生，亲身尝到了多年以前便决心抗日雪耻的胜利之果，应该是何等开怀！可是他绝无半点骄傲和自满，更进一步地竭诚来和执政党的领袖以及各党各派无党无派的人来商讨和平、民主、团结，非要使中国达到富强安乐的境域不止，这种崇高的人格，伟大的精神，我想不是文字和言语可以表达得了。只能让它永恒地存在人民的心底吧！纪功碑一类的东西有什么用途，那不过是呆子的行为！

另外一件事就是毛先生对人家的痛苦和不幸，是具有丰富而深刻的同情的人。在乡里有一件事是这样的发生过：毛先生父亲在世的时候，家里不过是有饭吃的农家，还够不上小地主的资格，我们家乡的经济情况，是家家都靠养猪饲鸡来维持油盐零用，有一年旧历年底，毛先生的父亲要他去接收一笔猪银，回家好度年关，银钱到年底照例是紧张得不得了，一角一分，在一个家庭都作过预算的，乡间那时很不清平，三五块大洋肇了杀身之祸的并非没有。闻说毛先生接到了猪钱，在回家的路上碰见了几伙衣服褴褛的可怜人，他便把手中的现钱通通散给那些贫民，忘记了自己家里早有的预算。这种事虽也平常，可是谁知道他是根据爱的出发的表露，又谁知道他这种崇高的同情继续不断的发展、高度的发展，今天不但是我们四万万同胞享有他这种爱的同情，就连全世界弱小民族也感觉到他这种爱的光辉而自豪呢！

还有我所知道的是毛先生爱护青年的事实。我们乡下有一个小地方叫做花园冲，那里有一个彭氏祠堂开办了一个小学，我的一个堂叔在这里读书，年龄小但是很聪明而且好学，可是家里很穷，因此纸笔之类都难常常购买。有一天毛先生来会那小学堂的老师，知道了有这样一个聪明而肯努力的小学生，便力劝老师助他求学，并从自己的荷包内拿出一千二百文铜元，送给这小学生作为成绩优良的奖金，又鼓励其他的小学生作成绩的竞赛。这些事在毛先生本身只能算点看不见的细微末节、不足道的事了，可是我不知道现在这些有大批存款在外国银行的人们可为人民做过一毫纤尘大的事吗？

最后我所知道的是毛先生是一个不嗜多言但和蔼可亲的人，这里是我的哥哥告诉我的一段事实。我哥哥在本乡一个小学教书，有次人家介绍一个陌生的人给他，说这人将要在他那里过夜，原来这人就是毛先生。毛先生在乡下的名字又叫做"润之"二字，那次润之先生穿一领蓝布长褂，少说笑，但非常和气，和我哥哥抵足同睡了一夜，大概毛先生怕耽搁主人的睡眠，一夜侧卧一旁，彼此反觉卧榻宽广。这事本是最小了，但可见毛先生处处为人着想。像他这样的一位好人，可是不记得是十九年还是二十年间，竟还有人派遣特种人物去掘过他的祖坟，这事在毛先生心里也许是仅以一苦笑置之，但是我们乡下人的心里，到今还是替毛家的祖坟抱不平，事过也不去多加追述，不过我不懂有些人为什么只许自家拜扫祖坟，却不准许人家有祖坟存在呢？

　　我虽然听说毛先生是不大说话的人，但究竟是中国现实问题的分析和归纳的专家，同时也是医治中国现社会的病理和生理的能手，今天在重庆的地位，是全国抗战人民发言的代表人，我谨祝他在和中央蒋主席的实现民主、团结、统一的商讨过程中，能够获得最理想的收获！这段文字当作我致毛先生的革命敬礼！

　　　　　　（选自一九四五年九月八日《新华副刊》）

关于毛泽东早期传记（代后记）

刘 统

读者看完了我们选编的毛泽东早期的传记和采访记，一定会产生一个问题：这些作品是在怎样的历史条件下产生的？今天读这些传记，还有什么特殊的意义？

伟人的传记通常有两种，一种是在伟人身后修撰的。这种传记是正史，由历史学者集体编写，周密而详尽，当然也充满了歌颂与崇敬，为民众树立了一个高大的形象。另一种是在伟人未成名之前，由个人为其撰写的传记或访问记。这些著作出于个人的视角和感受，写来比较朴实，自由，不必为尊者讳。由于这些传记，一个人物逐渐为广大群众所了解，威望大大提高，后来被拥戴为领袖。毛泽东的传记两类都有，但我们更重视他的早期传记。

一

提到毛泽东早期传记，首推斯诺的《毛泽东自传》。这部传记的产生，充满了偶然和传奇的因素。斯诺不是共产党人，是一位自由撰稿的记者。他回顾当年前往陕北红区的情况："1934年，我的出版商（哈里逊·史密斯，现属兰登书屋）提议同我签一项合同，预付稿费750美元，让我写一本关于中国共产主义运动的书。在一时乐观主义情绪的支配下，我接受了这个提议。但是几个月之后，我开始认识到，连一名'红色'士兵都没见过，要写这样一本书是不可能的。我想放弃整个计划,因为看不到有访问共区的可能性;虽然我已经收集了许多历史资料,从未亲眼目睹的事情我是不愿意写的。我所代表的英国报纸(《每日先驱报》)对这个题材也极感兴趣,它在1935年建议资助我作一次旅行,以获得'关于红色中国的真相'。这个建议我也放弃了。然而到去年(1936年)5月底,我得到了关于张学良和红军之间达成停战的一些好消息,听说有可能进入陕北的红色地区了。那是具有极大诱惑力的,被封锁了九年的世界性头号新闻。这彻底唤醒了我作为记者的本能欲望。"[1]

1936年7月,在宋庆龄的帮助下,斯诺由中共地下党员董健吾(化名王牧师)带领秘密进入陕北红区,开始了几个月的采访。当时毛泽东和中共中央带领红一方面军部队完成长征后,正处于极度困难的时期。1935年9月在草地,红四方面军领导人张国焘拥兵自重,命令中央和红一方面军南下。毛泽东等被迫脱离红四方面军,率红一方面军主力单独北上。这是被毛泽东自称为"一生最黑暗的时刻"。直到斯诺进入陕北前夕,在中共中央努力争取下,张国焘才放弃了自己的"第二中央",与红二方面军会合后北上,当时正在途中。毛泽东与红军到达陕北后,受到国民党军队的包围和封锁,生活处于极端的贫困之中,由于和张学良部达成了和平协议,严峻的形势才稍有缓和。当斯诺进入红区采访,毛泽东认为这是向全世界宣传红军的好机会。8月5日,毛泽东与杨尚昆联名致函参加过长征的同志们:"现因进行国际宣传,及在国内国外进行大规模的募捐运动,需要出版《长征记》,所以特发起集体创作。各人就自己所经历的战斗、行军、地方及部队工作,择其精彩有趣的写上若干片断。文字只求清通达意,不求钻研深奥。写上一段即是为红军作了募捐宣传,为红军扩大了国际影响。"在毛泽东的号召下,大家纷纷开始撰写回忆录。童小鹏在8月6日的日记中写道:"杨(尚昆)主任、陆(定一)部长又来要我们写长征的记载,据说是写一本《长征记》。用集体创作的办法

---

[1]《斯诺在中国》,生活·读书·新知三联书店1982年版,第77页。

来征集大家——长征英雄们的稿件,编成后由那洋人带出去印售。并云利用去募捐,购买飞机送我们,这真使我们高兴极了。"[1] 大家创作的积极性很高,短短两个月内,红军总政治部就征集到了约200篇作品。斯诺在1936年10月离开陕北时,"带着一打日记和笔记本,30卷照片,还有好几磅重的红军杂志、报纸和文件。"这里就有《红军长征记》的部分原稿。

可见,毛泽东欢迎斯诺的到来,首先是为红军的出路和生存考虑。他希望斯诺客观公正地报道这些被国民党称为"共匪"的人,使外界同情红军,帮助红军。红军长征的故事就是这样流传出去的,在中国民众中产生了巨大的影响。但毛泽东并没有请斯诺为自己作传的想法,斯诺在红区采访后,红军和中国革命的传奇故事使他处处感到新奇,兴奋不已。那么领导这些红军创造奇迹的领袖又是什么人呢?他自然对毛泽东本人产生了极大兴趣。因此,斯诺向毛泽东提出采访的要求,希望毛泽东讲述他本人的故事。毛泽东在与斯诺的长谈中讲述了中共的成长历史和红军的战略战术,但很少谈及自己和其他个人。而斯诺追求的恰恰是人的故事。在斯诺一再要求下,毛泽东终于说:"如果我索性撇开你的问题,而是把我的生平的梗概告诉你,你看怎么样?我认为这样会更容易理解些,结果也等于回答了你的全部问题。"

斯诺叫道:"我要的就是这个!"

斯诺回忆:"在以后接着几个晚上的谈话中,我们真像搞密谋的人一样,躲在那个窑洞里,伏在那张铺着红毡的桌子上,蜡烛在我们中间毕剥着火花,我振笔疾书,一直到倦得要倒头便睡为止。吴亮(黎)平坐在身边,把毛泽东柔和的南方方言译成英语。"[2]

参加翻译工作的吴黎平同志回忆:"毛泽东同志就此同斯诺谈了十几个晚上。谈话通常从晚上九点多钟开始,未谈正文之前,毛泽东同志常谈一二个短故事(斯诺后来在写书的时候说,他很遗憾没有把

---

[1] 《童小鹏军中日记》,解放军出版社1986年版。
[2] 《西行漫记》,东方出版社2005年版,第118页。

这些故事记下来）。谈到十一二点钟时，毛泽东同志招待他吃一顿便餐，有馒头和简单的菜，菜里有一点点肉，这在当时的困难条件下已是十分难得的了。对客人来说，这是夜宵。但对毛泽东同志来说，则是正常的晚饭。因为毛泽东同志为了指挥战争和领导全国革命工作的需要，往往在夜间工作直到凌晨才休息。毛泽东同志同斯诺谈话时，要我去作翻译。谈话时有正文，也插些故事、闲话，毛泽东同志的态度是那么平易近人，谈话又是那样生动活泼，逸趣横生，久久不倦。斯诺常说这是他生平经历过的最可宝贵的谈话。谈话一般都谈到夜间两点来钟。谈话时斯诺作了详细笔记。"[1]

谈话时在座的还有马海德医生，但他只是在一边旁听，也没有其他人作速记或作记录。毛泽东按照斯诺所提的问题，凭记忆而谈。斯诺按吴黎平的口译作了笔记。关于毛泽东个人经历部分，斯诺按照毛泽东的要求整理成文，由黄华译成中文，经毛泽东同志仔细审阅后作了少数修改后，退给斯诺。根据这些资料，斯诺写成了《毛泽东自传》，发表在英文的《密勒氏评论报》、《美亚》杂志上。因为它的发表早于《西行漫记》，所以译本很多。1937年9月延安文明书局出版、张宗汉的译本为国内现存最早的版本。1937年11月上海黎明书局出版的汪衡译本，流传最广。

斯诺在写作时曾要妻子把毛泽东的生平材料压缩一下，准备用第三人称重写其中某些部分。海伦·斯诺当即提出异议："这可是经典著作，是无价之作。"她认为毛泽东的生平材料是斯诺著作的核心，不能改动原材料。应当用毛泽东的原话，直接用第一人称写作。斯诺采纳了妻子的建议。[2] 因此，《毛泽东自传》以其原始性和真实性，一发表就引起了各方面的高度重视。

从内容看，《毛泽东自传》的记述比较简单。毛泽东自述他从一个农民的孩子，追求知识和真理，来到长沙求学。从一个爱国青年寻找新思想，接受了马克思主义，参与了中国共产党的创建。从国共

---

[1] 《毛泽东一九三六年同斯诺的谈话》，人民出版社1979年版，第1页注释。
[2] 《我在中国的岁月——海伦·斯诺回忆录》，中国新闻出版社1986年版，第220页。

合作走向独立进行武装斗争。他的每一步成长,都紧密地与中国革命的发展联系在一起。他从不认为自己是天生的领袖,而是在曲折的经历中逐渐成熟起来。正如他自己在1962年说过的:"如果有人说,有哪一位同志,比如说,中央的任何同志,比如说我自己,对于中国革命的规律,在一开始的时候就完全认识了,那是吹牛。你们切记不要信,没有那回事。过去,特别是开始时期,我们只是一股劲儿要革命。至于怎样革法,革些什么,那些先革,那些后革,那些要到下一阶段才革,在一个相当长的时间内,都没有弄清楚,或者说没有完全弄清楚。我讲我们中国共产党人在民主革命时期艰难地但是成功地认识中国革命规律这一段历史情况的目的,是想引导同志们理解这样一件事:对于建设社会主义的规律的认识,必须有一个过程。必须从实践出发,从没有经验到有经验,从有较少的经验到有较多的经验,从建设社会主义这个未被认识的必然王国,到逐步克服盲目性、认识客观规律,从而获得自由,在认识上出现一个飞跃,到达自由王国。"毛泽东正是本着这样的精神来叙述自己的革命经历的。[1]

既然是在探索过程中,毛泽东在自述中就不可避免地表现出当年一些不成熟的认识。比如谈到1930年12月发生在江西苏区的"富田事变"。他在自传中说:"在李立三主义确定地埋葬以前,在军队中有一个很危险的时期。一部分军队倾向李的路线,并要求与其他军队脱离。不过,这一部分的指挥员——彭德怀猛烈地与这种倾向搏斗,并能维持他部下的统一和对高级指挥的忠诚。但有一些军队公开叛乱了,并逮捕江西苏维埃的主席,逮捕许多官吏并根据李立三路线政治地攻击我。这件事在富田发生,就叫富田事变。[2] 富田较近吉安——当时苏维埃区的中心,这件事产生了一种激动,许多人都以为革命的

---

[1] 《毛泽东一九三六年同斯诺的谈话》,人民出版社1979年版,第3页。
[2] 中共中央党史研究室著:《中国共产党历史》上卷,对"富田事变"作了新的历史结论,指出:"在中央指导下进行的这场肃反斗争,不仅在中央革命根据地进行,在其他根据地也进行了。各根据地的情况虽有不同,但都程度不等地犯了扩大化的错误,给革命事业造成严重危害。……在这场肃反斗争中,被错杀的同志表现了至死忠诚于党,忠诚于共产主义事业的高尚革命精神,后来,他们陆续得到平反昭雪,并受到党的尊重和纪念。"(人民出版社1991年版,第307页)

前途,全要看这次斗争的结局如何了。但,因了党部的健全,红军部队的忠诚和农民的支助,这次叛变很快也就镇压下去了。为首的被捕,其余叛徒都经缴械消灭。"历史证明,"富田事变"是红军中肃反扩大化造成的一个历史悲剧,当年总前委的负责人毛泽东和特派员李韶九都负有责任。后来毛泽东也承认了苏区第一次肃反扩大化的错误,并吸取教训,制定了不搞"逼供信","一个不杀,大部不抓"的政策。

斯诺忠实地记录了毛泽东的自述,展现了一个平凡而伟大的革命者形象。延安的翻译者张宗汉在"后记"中写道:"'毛泽东到底是个怎样人?'人们对他所惊奇和怀疑的,因为他能作一般人所不能作不愿作的事情,他肯下工夫作那艰苦而又平凡的事情,一经成功,事情便不平凡了,人也不平凡了。其实他和平常人是没有甚么两样的。"

"真的,毛泽东先生,所言所行,都是很平凡的,例如:革命不爱钱,作大事不作大官,像这类的话,一般人喊得震天响亮,但革命牌子挂不上几天,竟作了大官,发了大财了,而没听得说毛先生是怎样发财的。他是布衣一身,穷得磕硬,只有他与士卒共甘苦,他为人民谋幸福,所以才得到人民的爱戴和拥护。"这是读者的感受,也是《毛泽东自传》的成功之处。

《毛泽东自传》首次向"国统区"读者展示了被国民党反动派丑化为"土匪"的共产党人的真实面目和思想,因而引起莫大的关注。各种版本不断出现。1938年斯诺著《红星照耀中国》(中译名《西行漫记》)出版,《毛泽东自传》作为其中一章,改名为"一个共产党员的由来"。他对《自传》进行了修订,文字更为简略、扎实。解放战争期间,《毛泽东自传》在各解放区再版发行,版本多达十几个。

建国后,因为中共中央有不祝寿、不以领导人名字命名城市、街道的决议(规定),意在少宣扬个人。中共党史以胡乔木著《中国共产党的三十年》为统一的口径。《毛泽东自传》这样的作品就不宜再公开出版发行了。到了"文化大革命"中,红卫兵又把这本书找出来,以《毛主席的回忆》为书名翻印了《毛泽东自传》。它不是正式出版物，大多数为油印本，流传广泛。"自传"全文之外，还收有《为有牺牲多壮志，敢教日月换新天》，是访问杨开慧烈士的哥哥嫂嫂的谈话。这种"抄本"不仅对研究毛泽东早年革命生活具有较高参考价值，而且为"红色经典"的出版发行留下了佳话。

"文革"结束后，考虑到早期的《毛泽东自传》版本多，翻译水平参差不齐。当年为毛泽东和斯诺作翻译的吴黎平将斯诺当年在《美亚》杂志上发表的英文文本找来，重新翻印并加以修订，以《毛泽东一九三六年同斯诺的谈话》为名，由人民出版社1979年出版。这是《毛泽东自传》最准确的译本。

二

抗战后期，延安先后来了两个访问团。一个是中外记者考察团，一个是国民参政员访问团。在此之前，重庆国民政府对延安陕甘宁边区一直进行封锁，禁绝陕甘宁边区和大后方的联系。珍珠港事件之后，美国参战，1942年罗斯福总统派史迪威中将到中国，担任中国战区参谋长、中缅印战区美军总司令、东南亚盟军司令部副司令等职务。史迪威到重庆后，目睹国民党政府的腐败，认识到无论从政治、经济，还是军事方面来看，都很难依靠国民党去战胜日本。同时，他认为中国共产党代表中国的新兴力量，对共产党给予同情，要求重庆政府与陕甘宁边区恢复正常的联系。在他的推动下，中外记者纷纷要求到延安采访。国民党当局无法阻拦，1944年6月，由国民党政府宣传部组织一批中外记者来延安采访。

这是一个向中外展示陕甘宁边区红色根据地的绝好机会，中共中央对此非常重视。周恩来副主席召集参加接待的同志开会，周密布置。周提出了"宣传出去，争取过来"的工作方针，还指出：这次我们的工作重点，应放在外国记者身上。外国记者中又要更加重视对史坦因、福尔曼等人的工作。史坦因是位很有政治见解、有活动能力的记者，他在苏联多年，后被当作"托派"赶了出来。但是他在中国多年，我们并没有发现他有什么托派活动。福尔曼是美国人，为人比较正直、单纯，政治上对国共两党也无明显偏见。至于带领中外记者来的国民党人员，我们要坚持独立自主的方针，对他们要强调宣传坚持抗日、坚持民主、坚持团结，防止他们挑拨，并打破他们的控制。

记者团于1944年6月9日到达延安。领队是国民党外事局副局长谢宝樵、新闻检查局副局长邓友德。记者有：美国《基督教科学箴言报》的史坦因，美国《时代》杂志、《纽约时报》的爱泼斯坦，合众社、伦敦《泰晤士报》的福尔曼（他到过延安，认识贺龙），路透社、《多兰多明星周刊》的武道，美国《天主教信号》杂志、中国通讯的夏南汉神甫，及苏联塔斯社的普金科。

中共中央和陕甘宁边区政府热情地接待了记者访问团。毛泽东、朱德、周恩来分别会见了他们，向他们介绍了中共的抗日主张和成就、陕甘宁边区的民主政治和经济建设，并回答了他们的问题。这些记者采访时，感受到延安清新的政治空气和共产党廉洁奋斗的作风，产生了深入考察的愿望和兴趣。国民党政府的领队起初尽量控制记者，一切活动都集体行动，限制记者的个人自由。史坦因率先冲破封锁，在我方安排下单独会见了毛泽东。随后记者们纷纷仿效，他们沿途考察了我党政机关工作情况和人民群众努力生产、支援抗战的情况，给他们留下了良好的印象。7月12日，中国记者离开延安回重庆，但外国记者都不走，他们继续到山西根据地和抗日前线采访，耳闻目睹了更多的中共领导人民抗战的事实。

防民之口，甚于防川。中国记者们回到重庆，在报上或私下如实地介绍了他们在陕甘宁根据地的所见所闻。《新民报》记者赵超构公开出版了《延安一月》，比较客观而技巧地介绍了他在延安访问参观的所得和感受。特别是"毛泽东访问记"一章，笔调客观、生动、含蓄，寥寥几笔写活了毛泽东的形象，说明了毛泽东受到人民拥护的原因。在国民党特务控制下的重庆，可以说是"透露出一线新民主主义新中国一角的曙光"了。

外国记者返回大后方和本国后，以翔实的笔调大量宣传延安和解放区的欣欣向荣的面貌和八路军、新四军抗日战绩。福尔曼1945年在美国出版了一本《红色中国的报道》，引起普遍关注。史坦因写了《红色中国的挑战》，1946年在美国出版。他还写过《中国共产党与解放区》等文章，在美国、英国的报刊上发表。爱泼斯坦给《纽约时报》和《时代》杂志写过不少文章，告诉人们：中国共产党领导的抗日根据地是中国的希望之所在。他又写了《中国未完成的革命》一书，1951年在美国出版。总之，中外记者团的延安之行，冲破了国民党的新闻封锁，将中国共产党、八路军和抗日根据地的真实情况，宣传到了大后方和世界许多国家，对大后方人民以及美英盟国政府对中共的重新认识，起了一定的作用。史迪威将军一再表示对八路军的支持，1944年8月，美军派观察组长驻延安，沟通和盟军及大后方的联络。1944年9月赫尔利来华担任美国驻中国大使，曾奔走于延安和重庆之间，与毛主席、周恩来分别会谈，表示支持中共成立民主联合政府的主张，并迫使蒋介石政治上作出让步。

然而，国民党和蒋介石拒不接受共产党和各民主党派的意见。1945年5月，国民党"六大"决定召开以国民党为主的"国民大会"，排斥中共和民主党派建立民主联合政府的主张。在这种形势下，中共中央于1945年6月16日发表声明，宣布不参加即将召开的国民参政会。国共两党的尖锐对立和斗争，引起一部分民主人士的忧虑。他们对国民党政府还抱有幻想，希望中共作出让步，以求两党通过商谈解决矛盾，团结抗战。蒋介石也希望有人出来帮他游说，促使共产党人出席参政会。国民参政会中的六位参政员褚辅成、黄炎培、冷遹、傅斯年、左舜生、章伯钧，于1945年7月1日飞抵延安，与毛泽东、周恩来等会谈，陈述他们的愿望。双方谈了两天，气氛坦率、诚恳。各抒己见，共商国是。六参政员谈了他们来延安的目的、对国际国内的形势的看法、对国共合作的建议等。当他们谈到国共双方商谈的门没有关闭时，毛主席风趣地说："双方的门没有关，但门外有一块绊脚的大石头挡住了，这块大石头就是国民大会。"对此，双方的看法倒是十分接近。最后通过的会谈纪要主要有两点：一、停止国民大会进行；二、召开政治会议。

六位参政员的另一个目的是要参观延安。他们利用会谈以外的时间，阅读了陕甘宁边区政府施政纲领，会见了李鼎铭副主席等边区民主人士，参观了延安市容、供销合作社、银行、延安大学、日本工农学校以及宝塔山等名胜古迹。对经济方面的减租减息，变工队、扎工队的互助方式，货币流通，商品贸易，机关供给制，工农业生产进行了详细的考察，并访问了劳动英雄。延安的艰苦奋斗、同心同德的精神面貌，夜不闭户、路不拾遗的社会风气，给他们留下了良好的印象。国民党当局一贯宣传共产党人是一群杀人放火、共产共妻的"土匪"，但六参政员与共产党干部接触时，却感到他们个个稳重、朴实、谨逊、诚恳，说起话来很有见地。在共产党人中间，真有如沐春风的感受。

7月5日，六参政员的访问结束了。毛主席、朱德、周恩来等到机场送行。六参政员的延安之行，效果是好的，这是中共统一战线政策的成功。通过中央负责同志与六参政员的面谈，延安各方人士对六参政员的接待，双方增强了相互了解，扩大了中共在民主党派中的政治影响，并找到了民主建国的共同点。

延安之行对黄炎培有格外重要的意义。可以说，延安的五日成为黄炎培一生中的重大转折点。来延安之前，黄炎培对中国共产党和边区没有太多的认识。及至身临其境，感受颇深。特别是毛泽东与他的谈话，黄谈到历史上各代兴衰的周期率时，毛泽东说："我们已经找到新路，我们能跳出这周期率。这条新路，就是民主。只有让人民来监督政府，政府才不敢松懈。只有人人起来负责，才不会人亡政息。"黄炎培感到：毛说出了社会发展的真理，只有共产党能够救中国。他回重庆后，写了《延安归来》。详细地记载了亲眼所见的中国共产党施政政策和边区的成就，澄清了国民党反动派的种种造谣诬蔑。这本书由中华职业教育社国讯书店出版发行，印十几万册，在大后方和香港、上海敌占区产生了巨大的政治影响。[1]

---

[1] 以上内容参考《为党交游六十年——金城文集》，华文出版社 2008 年版，第 156—182 页。

1945年8月，毛泽东到重庆谈判。他给山城重庆带来一股清新的空气。《大公报》记者彭子冈写下了经典的新闻报道《毛泽东先生到重庆》，在她的笔下，中共的领袖朴实、谦虚、平易近人。在下榻的张公馆，"毛先生宽了外衣，又露出里面的簇新白绸衬衫。他打碎了一只盖碗茶杯，广漆地板的客厅里的一切，显然对他很生疏，他完全像一位来自乡野的书生。"毛泽东在重庆广泛接触各界人士，受到热烈的欢迎，大大提高了中国共产党在国统区人民心中的地位。

为了满足国统区人民了解共产党和毛泽东的需要，当时在中共中央宣传部出版局工作的许之桢，把中外记者会见毛泽东的报道和毛泽东在重庆的新闻报道汇集成册，于1946年10月编辑了《毛泽东印象记》。"编后记"说："毛泽东是怎样一个人？他的生平事迹、战斗精神、崇高性格，是许多人都想知道的。过去虽然也有过毛泽东的传记、印象记之类的书刊，但早已无存。不是绝版，就是停售。编者便是在这样的要求下，来着手编这个小册子的。"这些文章虽然短，但寓意深刻，客观生动地反映了毛泽东的政治思想、言谈举止，使人读后感到非常真实。1960年三联书店再版此书，作为内部发行。

三

1942年延安整风到1945年中国共产党第七次全国代表大会期间，毛泽东的领袖地位逐渐确立，毛泽东思想成为统一全党的指导思想。在这期间，中共中央有意识地宣传毛泽东，建立他的威望。党内一些专家学者撰写的毛泽东的传记和研究著作，也在这个历史背景下出版发行。传记类作品当推萧三的《毛泽东同志的青年时代》，研究类著作则有张如心的《毛泽东的思想作风》。

萧三（1896—1983），现代作家、诗人。湖南湘乡人，原名萧子暲，萧子升（瑜）之弟。兄弟二人先后就读湘乡东山学堂、长沙湖南第一师范，与毛泽东同学。后与毛泽东、蔡和森一起创建了"新民学会"。1936年，毛泽东在与美国记者埃德加·斯诺回忆起他早年在湘乡小学堂读书的往事时说:"许多阔学生因此看不起我,因为我平常总是穿一身破旧的衫裤。可是在他们当中也有我的朋友,特别有两个人是我的好同志。其中一个现在是作家,住在苏联。"[1]毛泽东提到的两个人,就是萧氏兄弟;作家就是指萧三。

1939年4月,萧三在苏联居住工作多年后,回到延安。他负责文联工作,主编《大众文艺》和《新诗歌》两个刊物。1942年延安整风期间,中共中央政治局委员、中央直属学习小组组长王若飞曾要萧三报告毛泽东的生平事迹,萧三讲了两个下午,引起听众的极大兴趣。随后中共中央政治局委员、中央书记处书记任弼时郑重嘱咐萧三:"写一本毛主席传,以庆祝他的五十大寿。"这说明萧三为毛泽东写传记,不仅是个人行为,而是组织上交给的任务。但毛泽东不同意宣传他个人,不肯做寿,写传记的事情拖了下来。萧三却为此遍访了延安的许多老同志,有周恩来、朱德、董必武、林伯渠、徐特立、谢觉哉、贺龙、陈毅、罗瑞卿、蔡畅、谭政、陈正人、何长工、郭化若等,搜集了大量的素材。1944年7月1日和2日,萧三在《解放日报》发表《毛泽东同志的初期革命活动》一文。

当时,萧三准备写完整的毛泽东传记。写了初期活动后,他又继续写了井冈山、古田、遵义会议,直至颇为完整的"七大"一章。一方面受到读者的欢迎,另一方面毛泽东几次传话,叫萧三停止写他个人,还亲自劝萧三多写群众。1945年在延安枣园春节联欢午餐之前,朱德向毛泽东提议,让当时在延安学习的许多高级将领、干部写出各个解放区的缘起、略史,毛泽东极为赞成。萧三在旁插言说:"那就好了!省得我一个人跳来跳去。"毛泽东听了,转过身子,盯着萧三说:"那你还是有心人喏!"停一会儿又说:"那你就搞下去吧。"[2]

毛泽东的同意使萧三受到鼓励。1946年张家口出版的《北方文化》月刊第1号发表了萧三的《毛泽东同志传略》。同年7月1日,即中国共产党建党25周年,《晋察冀日报》整版刊发了萧三的《大革

---

[1]《毛泽东一九三六年同斯诺的谈话》,人民出版社1979年版,第14页。
[2] 萧三:《毛泽东同志的青少年时代和初期革命活动》,中国青年出版社1980年版,第1页。

命时代的毛泽东同志》。华北解放区出版的《时代青年》发表了萧三写的《毛泽东同志的儿童时代》、《毛泽东同志的青年时代》。从此萧三便以研究毛泽东生平的第一位专家而声誉大起。

在此之后，出于宣传歌颂毛泽东的需要，各解放区书店未经萧三同意，就将他的作品出版了单行本。版本繁多，名称也各不相同。如《毛泽东故事选》（新华书店晋察冀分店1945年版）、《毛泽东故事》（东北书店1946年版）、《毛泽东印象记》（晋绥新华书店1947年版）、《毛泽东同志——儿童时代、青年时代与初期革命活动》（山东新华书店1947年版）、《毛泽东的青年时代》（东北书店1948年版）。这些版本需要统一，1949年年春，萧三修订了《毛泽东同志的青少年时代》，经中共中央宣传部部长陆定一审查批准，同年8月在北京由人民出版社出版发行。这是中共中央批准出版的第一本毛泽东传记，发行量很大，并很快被翻译成日、德、英、印地、捷、匈等文本，法文也有摘译。

这本毛泽东早期生活的传记，最初的版本是比较生动真实的。有些情节是他们两人之间的交往，具有第一手的价值。书中有个故事：

在东山学堂里，有一次也是黄昏时，游戏完了，到了上自修的时间，摇铃了，一群小学生经过操场蜂拥而入自修室去。一个同学和毛泽东同志一起也向着学校第二道大门走，他看见那个小朋友手里有本书。

——你那是什么书？

——《世界英雄豪杰传》。

——借给我读一读……

过了几天，他很客气的，像犯了错误似地还书给那个小朋友：

——对不住，我把书弄脏了！

那个同学打开一看，整册书都用墨笔打了许多圈点，圈得最密的是华盛顿、拿破仑、彼得大帝、迦德邻女皇、惠灵吞、格兰斯顿、卢梭、孟德斯鸠和林肯那些人的传记。

这个同学就是萧三本人。毛泽东读了这本伟人传记，深受感动，自己也立志要把救国救民作为自己崇高的责任。后来毛泽东在回忆这段往事时说："中国古代帝王尧、舜、秦皇、汉武的事迹使我向往……在一部叫做《世界英雄传》的书里，我也读到了拿破仑、俄国叶卡德琳娜女皇、彼得大帝。"可见那本书对毛泽东影响之深。[1]

1954年萧三在已有版本的基础上，修订改写了《毛泽东同志青少年时代和初期革命活动》一书。建国后毛泽东是领袖，写领袖传记是严肃的事情，由个人来写似乎不太适宜。再者毛泽东建国初反对宣传个人，搞个人崇拜，有关毛泽东的传记不再出版。1979年"文革"结束后，萧三又修订了1954年的版本，1980年由中国青年出版社重版。

重修的版本，内容更加严谨，文字更为圆熟，毛泽东已经是神圣的偶像，萧三在修订过程中，必须遵循已有的规则。这就使1949年版的那些自然朴实的情节，不自然地被拔高和神圣化了。我们从一个故事来看其中的变化：

> 也是姓毛的一个邻人，把自己的猪卖给了泽东同志的父亲。说好了价，也交了些钱，但是没有立即赶猪回家。过了十来天，猪价又涨了，父亲叫泽东同志把猪赶回来。泽东同志到了邻家，邻人说："猪价涨了，我又喂了十多天，现在我是不卖了。"泽东同志说："是呀！你又喂了十多天，还是说好了那些钱，你当然不卖了。"泽东同志空手回到家里……。[2]

1980年版修订为：

> 也是姓毛的一个邻居，老妇人，把自己的猪卖给了泽东同

---

[1]《毛泽东一九三六年同斯诺的谈话》，人民出版社1979年版，第16页。
[2] 萧三：《毛泽东同志的青少年时代》，人民出版社1949年版，第9页。

志的父亲。说好了价,也交了定钱,但是没有赶猪回家。过了六七天,猪价也涨了,父亲叫泽东同志把猪赶回来。泽东同志到了邻家,那老妇人正在抽声叹气,埋怨自己的运气不好,因为把猪卖早了。她又说:"有钱的人损失这几元钱不要紧,穷苦人少两块钱就是一个大缺空呵。如今也没有办法,既已卖了,又放了定钱,你就赶去好了。"泽东同志听了这些话,想了一番,就对她说:"是呀!你又喂了六天,还是说好了的那些钱,你当然不卖了。"泽东同志只拿了邻人退还的那一元定钱,回到家里。

原来的版本简单情节,表现毛泽东是个善良、纯朴的孩子。现在经过修订,毛泽东变成了从小就会关心穷人利益、考虑问题周全的早熟儿童。究竟哪个版本更为真实,读者自有分辨。

延安整风时期到七大前后,中共中央领导人在宣传毛泽东的领袖地位、总结宣传毛泽东思想方面,做了大量工作,发表了许多讲话、文章和专著。党的理论工作者张如心在延安发表了一系列有关毛泽东思想的论文和著作。他是第一个为毛泽东的理论命名的人。1941年3月,他在《共产党人》杂志第16期上发表了《论布尔什维克的教育家》一文,提出党的教育人才,"是忠实于列宁、斯大林的思想,忠实于毛泽东同志的思想"。"毛泽东同志的思想"的概念,在党内首次提出。同年4月,张如心在《解放》周刊上发表了《在毛泽东同志的旗帜下前进》的文章,明确指出:"说到创造性马克思主义在中国问题上的发展,最主要最典型的代表,应指出的是我们党的领袖毛泽东同志。"1942年2月18、19日,他在延安《解放日报》上发表了《学习和掌握毛泽东的理论和策略》一文,提出"毛泽东同志的理论就是中国的马克思列宁主义"。他把毛泽东同志的理论和策略分为思想路线、政治路线和军事路线三个组成部分,指出"这三个组成部分内在有机的统一便构成毛泽东的理论和策略的体系"。并对毛泽东作出了"是我们党天才的领袖,党的最好的政治家、理论家、战略家","中国最好的创造性的马克思列宁主义者"的高度评价。

1946年初，张如心在华北联合大学任教务长时，先后在华北联大及张家口市的"青年讲座"上，就"毛泽东的人生观"、"毛泽东的科学方法"、"毛泽东的科学预见"、"毛泽东的作风"等问题，作了几场演讲。他从毛泽东为人民服务的人生观的初步形成，早期革命实践活动，科学理论的来源，在土地革命战争、抗日战争关键时期对时局的分析和预见，平凡而伟大的人格魅力，甘当群众小学生的虚心态度，不屈不挠的斗争精神等诸多方面对毛泽东进行了客观的宣传评价。文中特别强调，毛泽东是中国人民的伟大领袖，但也是普通人，和人民群众有着密切的联系和深厚的感情。演讲稿发表在晋察冀边区理论文艺刊物《北方文化》第一卷一至四期上。山东、冀南、香港等地书店纷纷进行翻印和再版，分别命名《毛泽东论》、《毛泽东的思想及作风》、《毛泽东的人生观》、《毛泽东的作风》、《毛泽东的人生观与作风》等，广为发行。有的版本后集录了朱德、刘少奇、周恩来、王稼祥、艾思奇等18人关于毛泽东思想的论述。这些版本是党内出版的早期论述毛泽东思想和理论的专著。

值得一提的是，在该书的后面，附录了两篇文章。一篇是孔厥写的《人民领袖这样爱咱们——吴满有去见毛主席的故事》；另一篇是贺敬之编辑的《人民歌颂毛泽东》。吴满有是陕甘宁边区大生产运动中的劳动英雄，当年被毛泽东树立为勤劳致富的标兵。吴满有的方向，就是边区农民的方向。文章描述了毛泽东夫妇在枣园驻地会见吴满有的情景，充满了领袖和百姓的亲密感情："真是知心的人儿说知心的话。毛主席的话，句句都说到吴满有的心里。他是那样关心农民呀！他问长问短，尽说些庄稼的事。他对庄稼事务可有研究哩！今年雨水广，他也跟咱农民一样，了解农事，就担心下雨，希望晴。他生怕咱们受损失呢！他说今年开荒多了，只要天时不太坏，大家再加把力，就有个好收成。人人吃饱穿暖了，还怕甚！""大家一同坐在院子里，那院子也真是美，像个小花园！各人坐在矮凳上，围着一只小圆桌，在一棵大槐树的影子下，在花香、草香和果树园吹来的甜蜜蜜的香气里，毛主席还亲手递西瓜给吴满有吃，一面谈心。"

然而，吴满有的辉煌，却因战争而中断。1948年5月，西北野战军在西府陇东战役中被国民党军胡宗南部包围，受到重大损失。随军支前的陕北民工队伍没有跟上突围，多数被国民党军俘虏，其中就有吴满有。当时他没暴露身份，在审查过程中，国民党军官对这个老头产生怀疑，看他言谈自然大方，不像个没文化的普通农民。有人举报说他是吴满有，胡宗南闻讯立即召见，吴还是不承认自己的真实身份。谈完话胡宗南对部属说："他就是吴满有！因为他一坐到沙发上，就架起了腿，态度自若，相当镇静。这工夫绝对不是一般人能有的态度。"消息传开，轰动一时。胡宗南把吴满有送到南京，为了宣传需要，国民党当局逼迫吴满有发表广播讲话。西安解放后，吴满有回到家乡。组织上把他定为"叛徒"，剥夺了一切荣誉称号。从此以后，这位延安大生产的明星在政治舞台上消失了，解放后一直默默无闻，在痛苦中了其余生。毛泽东当年与吴满有亲切交往的文章，再也看不到了。这次重新发表当年的采访记，对回顾毛泽东早期的经历，是有史料价值的。

《人民歌颂毛泽东》记录了当时陕北流行的歌颂毛泽东的几首民歌小调。这些来自民间歌手创作的曲子，后来变成了红色经典歌曲。特别是《东方红》，几十年来作为毛泽东的音乐艺术形象，是中国亿万人民最熟悉的歌曲。其他如《绣金匾》、《咱们的领袖毛泽东》，也都广为传唱，经久不衰。但是这些歌曲的原始歌词，却鲜为人知了。我们再次把它们发掘出来，让读者比较一下。原始歌词虽然粗糙一些，土气一些，却更贴近历史的真实和本色。从草根到经典，这个演变过程与毛泽东的传记一样，早期的作品更应引起我们的重视和关注。

值得一提的是，在张如心等理论家宣传毛泽东思想的时候，美国著名女作家安娜·路易斯·斯特朗于1946年秋来到延安，对中共领导人和解放区进行了长达八个月的采访。直到1947年3月国民党军队进攻延安，她才听从毛泽东的劝告，离开解放区回到美国。在延安期间，她曾与毛泽东多次谈话，毛泽东关于"帝国主义和一切反对派都是纸老虎"的著名谈话,就是由她整理发表的。她在延安的时候,中共中央正在贯彻中国共产党第七次全国代表大会的方针路线,确立毛泽东思想为中国革命的指导思想。斯特朗敏锐地抓住这个主题,采访了刘少奇和陆定一等中共中央领导人。通过他们的介绍,使斯特朗对毛泽东思想的基本内容和中国革命的历史有了初步的了解。她把这些谈话整理出来,并阅读了毛泽东的《论持久战》、《新民主主义论》、《论联合政府》等著作,写成了《毛泽东的思想》这本小册子。向全世界介绍和宣传毛泽东思想,斯特朗是第一人。她的介绍是客观准确的,写作态度是严肃的。1947年在美国《美亚》杂志上发表后,影响很大。这次采访之后,斯特朗的命运也改变了。她热爱新中国,和毛泽东建立了深厚的友谊,是中国共产党和中国人民最亲密的朋友。

四

1949年是改变中国命运的一年。人民解放军渡过长江后,迅速解放了国民党统治区的许多大城市。国统区群众在欢迎解放的同时,急需了解共产党和毛泽东的情况。上海文化界的进步人士配合这个需求,迅速出版了一批反映解放区情况、党的政策和领袖传记读物,《向毛泽东学习》作为"新生丛书"的一种,就是在这个背景下产生的。

这本书的资料来源,主要是国统区的书籍和刊物,特别是外国记者采访解放区和毛泽东的报道。作者汇集了不少资料,将其融会贯通,形成一本有特色的毛泽东传记,既写毛泽东的生平,也介绍共产党的政治路线和政策。本书的前半部分,在很大程度上参考了斯诺的《西行漫记》,延安时期的情况则使用了一些外国记者的报道。有些材料还是很有价值的,例如"阶级关系的性质"一节中引用了毛泽东会见外国记者的谈话,分析了中国社会各阶级的基本情况,阐述了新民主主义革命的性质和任务。书中引用的一些毛泽东的文章和讲话,出自解放战争时期解放区出版的《毛泽东选集》,与建国后正式出版的《毛泽东选集》有所不同。这些资料都是比较宝贵的。

这本书的编辑出版目的，与解放区出版的毛泽东传记有所不同。它反映了新解放区的知识分子，急于了解共产党和毛泽东，跟上新时代的愿望和要求。所以编者在前言中说："我们出版这个集子（虽这小小的一本）的动机，除了让读者们熟悉我们这位人民领袖的思想向他致着无限的敬意之外，主要地还是想使大家跟着这位人民领袖学习，因为已经翻了身的全新的人民，在人生观、世界观、思想方法、处事条理、工作态度、工作技能、种种方面，都跟以往有本质上的不同，这就是我们印行本书的目的。"

但是，与解放区出版的毛泽东传记不同的是，斯诺、萧三、斯特朗等人都是与毛泽东有直接接触和采访的，写出的作品比较准确，有第一手资料的价值。这本书主要参考了已出版的毛泽东传记和著作，属间接的研究和反映毛泽东的生平和思想，因而在资料的取舍和引用上难免有不准确的地方。但是作为一个时代的反映，一个除旧迎新的历史变革时期的作品，还是有一定参考价值的。

五

新中国建立后，思想舆论需要统一。宣传中共的历史和毛泽东的生平，是一项很严肃的工作。1951年6月22日，《人民日报》发表了胡乔木署名的《中国共产党的三十年》。胡乔木长期担任毛泽东的秘书，当时又是中共中央宣传部副部长兼新闻总署署长。这篇文章经过刘少奇等领导人的修改，毛泽东定稿，实际上是中共中央正式发表的简明党史。此后，全国党史界的口径，都遵循于此。毛泽东的传记除了萧三的《毛泽东同志青少年时代和初期革命活动》、李锐的《毛泽东同志初期的革命活动》等少数作品，多数都是回忆录和毛泽东活动的报道。这些作品充满了对领袖的爱戴和感激之情，50年代后期开始，文章中对毛泽东的崇拜和溢美之词也越来越多。

在海外，由于美国为首的西方阵营对新中国的敌对立场和封锁，很少有严肃的毛泽东传记问世。斯诺、史沫特莱、斯特朗等进步作家也都受到不同程度的迫害，其作品的发行受到限制。但是1959年在美国出版的萧瑜著 Mao Tse-Tung and I were beggers（《毛泽东和我曾经是乞丐》），引起了较大的轰动。

　　这是萧瑜撰写的有关毛泽东早期生活经历的回忆录。萧瑜，字子升，萧三的哥哥，毛泽东早年的同学和朋友。书中回忆了他和毛泽东自1916—1921年期间在长沙湖南第一师范学校学习和组织"新民学会"的经历。萧瑜和毛泽东曾是关系密切的同学，他们都是杨昌济先生的得意门生，曾经一同怀着救国之志，纵论天下大事，寻求强国之路。他们一起创办"新民学会"，一起组织留法勤工俭学。1917年暑假，萧瑜和毛泽东为了调查社会，一起化装成"乞丐"，身无分文，步行千里，考察了长沙、宁乡、安化、益阳和沅江五县，深入社会底层，广泛接触各阶层人士。1936年毛泽东曾对斯诺谈起此事："(1917)年夏天，我开始在湖南徒步旅行，游历了五个县。一个名叫萧瑜的学生与我同行。我们走遍了这五个县，没有花一个铜板。农民们给我们吃的，给我们地方睡觉；所到之处，都受到款待和欢迎。"[1] 这次社会调查给毛泽东留下深刻印象，也是他后来重视社会调查和实事求是作风的一个起源。这段不寻常的经历也使萧瑜终生难忘，所以他用5万字的篇幅详细叙述考察的全过程，并且起了这样一个书名。其实文人"行乞"是当时湖南的一种社会风气。萧三在《毛泽东同志的青年时代》中这样说："一个夏天，毛泽东同志利用暑假期间，游历湖南各县。身边一个钱也不带，走遍了许多地方。遇到政府机关、学校、商家，他们就作一副对联送去；然后人们给他吃饭，或打发几个钱，天黑了就留他住宿。这在旧社会叫做'游学'。——没有出路的'读书人'，又不肯从事体力劳动生产，就靠写字作对联送人，'打秋风'以糊口。毛泽东同志却用这个办法来游历乡土，考察农民生活，了解各处风俗习惯——这是他这个举动的现实主义的一面。"[2] 以后，他与蔡和森又进行了类似的考察。鉴于此，我们这次整理出版时

---

[1] 埃德加·斯诺：《西行漫记》，生活·读书·新知三联书店1979年版，第122页。
[2] 萧三：《毛泽东同志的青少年时代》，人民出版社1949年版，第64页。

将书名改为《毛泽东和我的游学经历》,是比较贴切的。

在长沙的几年间,毛泽东与萧瑜交往密切,在现存的《毛泽东早期文稿》(湖南出版社1990年版)中,尚保存了1915—1916年间毛泽东给萧的11封信。信中很少谈及私事,而是讨论学问、修身、道德、社会等一系列问题。正是因为这种求真知的共同理想,使他们共同创办了"新民学会"这个湖南早期革命组织。萧瑜在书中叙述了学会的一些活动情况,还是有历史研究价值的。而且书中反映出,随着形势的发展,在寻求救国的道路上,新民学会的会员中产生了两条道路:以毛泽东、蔡和森等人为代表,找到了马克思列宁主义,走上了无产阶级革命道路,成为中国共产党的先驱;而以萧瑜等为代表,信奉无政府主义和资产阶级革命,终于与毛泽东分道扬镳。尽管萧瑜以自我为中心,标榜自己与毛泽东的争论,但是历史早已作了结论。毛泽东成为新中国的缔造者和伟大领袖,而萧瑜则在政治上连遭失败,最后流落海外。

因为萧瑜与毛泽东的关系,作为当事人写的回忆录,对研究早年的毛泽东是有重要的参考价值的。例如萧瑜留法回国后,与毛泽东作最后的长谈。毛泽东阐述了他信仰马克思主义,主张走新民主主义革命的道路,而萧则主张走蒲鲁东主义的道路,导致他们最后的分手。反映了毛泽东在探索真理的道路上,从一个爱国青年成长为无产阶级革命者的过程。书中写毛泽东对知识的渴求,对国家和社会前途的关注,对封建礼教的反抗,性格的豁达奔放,都是符合历史事实的。但是书中也有明显的不实之词。例如在萧瑜笔下,毛泽东表现得像一个追随者,什么大事都是萧瑜作决断。当他们讨论问题时,萧瑜的滔滔不绝常使毛泽东没有话说。这显然不能让人相信。从毛泽东早期给萧的信来看,他们讨论问题都是平等的、各抒己见。毛泽东虽然尊重萧瑜,但绝不盲目服从他的意见。萧瑜还写到毛泽东邀请他一起到上海出席中国共产党第一次全国代表大会,更属杜撰。他们已经政见不合,毛泽东是不会把党的机密大事随便告诉他的。而且当时毛泽东和何叔衡在一起,张国焘在《我的回忆》中也证实毛泽东根本没有带任何朋友来上海开会。

此外，书中还有一些情节属于对毛泽东的人身攻击和丑化。例如写毛泽东对当皇帝的向往，感情的冷酷等等，与书中的大部分内容自相矛盾。这可能出于两个原因：一是毛泽东与斯诺谈话中对萧瑜评价不好，他说："和我一同旅行的萧瑜这个家伙，后来在南京在易培基手下当国民党的官。易培基原来是湖南师范的校长，后来成了南京的大官，他给萧瑜谋到北京故宫博物院管理的职位。萧瑜盗卖了博物院里一些最珍贵的文物，于1934年卷款潜逃。"[1] 这是毛泽东看报得来的消息。事情的真相是1928年易培基任故宫博物院院长后，萧瑜因为是老乡和学生的关系，被安排在故宫任委员。他与故宫和文物素无渊源，所以故宫的同事都很冷落他。为了解决故宫的维持和修缮经费，故宫管理者将宫中非文物的黄金、绸缎、器物等变卖。后来出了监守自盗的事情，将珍珠和钻石掉包。于是易培基陷入"故宫盗宝案"的纠纷，萧瑜也连带作为被告之一，上了法庭。这个案子虽然不了了之，但却断送了萧瑜的声誉，使他在国内无法立足，流亡海外。此事吴祖光先生的父亲吴景洲（瀛）在其回忆录《故宫盗宝案真相》（文史资料出版社1983年版）中有详细记载，此不赘述。《西行漫记》是一本广泛流传的著作，萧瑜想必也读过。出于个人的恩怨，他在回忆录中对毛的丑化也就不足为奇。

第二，萧瑜写回忆录的时代，全球正处于"冷战"时期，美国和西方对中国进行遏制和封锁。在西方那种反共的氛围中，萧瑜如果写一本颂扬毛泽东的书，是不可能出版的。这本书的写作得到了美国福特基金会的赞助，其立场也必然迎合西方的需要。对书中那些属于人身攻击的内容，我们进行了必要的处理。这部分文字并不多，不会损害全书的完整。

虽然有上述的问题，但这本回忆录依然具有参考价值。因为萧瑜作为当事人，与毛泽东的交往给他留下了深刻的印象。所以他笔下的

---

[1]《毛泽东一九三六年同斯诺的谈话》，人民出版社1979年版，第27页。

毛泽东，是个有理想、刻苦学习、勇于实践的青年。我们重新整理这本书，介绍给读者，相信读者会有所收获。

前几年，《毛泽东自传》等早期传记曾被多家出版社整理出版，引起很大的社会反响。有的学者不以为然，发表文章，认为毛泽东的早期传记不成熟，有很多错误，不如去读《红星照耀中国》。我认为，历史的形成有个过程。从早期的史料到经过史家的整理编撰，成为正史。但是不能因为有了正史，就把原始史料弃之不理。相反，原始史料中有很多真实朴素的成分，在修正史时为尊者讳，被删除了。如果想了解一个真实的历史人物，这些早期的素材还是很有价值。恰如一块璞玉，虽有瑕疵，但却天然。这就是我们整理早期毛泽东传记的初衷。

2011 年 5 月于上海交通大学